L'autonomie de l'ordre juridique de l'Union européenne selon la Cour de justice

Logiques Juridiques

Fondée par Gérard Marcou

Dirigée par Jean-Claude Némery et Thomas Perroud

Le droit n'est pas seulement un savoir, il est d'abord un ensemble de rapports et pratiques que l'on rencontre dans presque toutes les formes de sociétés. C'est pourquoi il a toujours donné lieu à la fois à une littérature de juristes professionnels, produisant le savoir juridique, et à une littérature sur le droit, produite par des philosophes, des sociologues ou des économistes notamment.

Parce que le domaine du droit s'étend sans cesse et rend de plus en plus souvent nécessaire le recours au savoir juridique spécialisé, même dans des matières où il n'avait jadis qu'une importance secondaire, les ouvrages juridiques à caractère professionnel ou pédagogique dominent l'édition, et ils tendent à réduire la recherche en droit à sa seule dimension positive. À l'inverse de cette tendance, la collection « Logiques juridiques » des éditions L'Harmattan est ouverte à toutes les approches du droit. Tout en publiant aussi des ouvrages à vocation professionnelle ou pédagogique, elle se fixe avant tout pour but de contribuer à la publication et à la diffusion des recherches en droit, ainsi qu'au dialogue scientifique sur le droit. Comme son nom l'indique, elle se veut plurielle.

Dernières parutions

Boubacar EL IDE, *Influence du droit international des droits de l'homme sur le droit des investissements. L'économique au détriment du social ?* 2025.

Adolphe KUMBA SHINDANO, *Introduction au droit congolais de la santé,* 2025.

Marcelle BONGRAIN, *Grands-parents, quels droits ?*, 2025.

Patrick MBOYO BAKAMBO, *La représentation des collectivités territoriales*, 2025.

Jean-Louis SABLON, *Violences et autres infractions sexuelles. Le droit de A à Z pour les connaître et les combattre*, 2025.

Vincent BENELBAZ, *Les doctrines du corporatisme : Vichy et les Républiques*, 2025.

Sous la coordination de Cristina Elena POPA TACHE, Elise Nicoleta VÂLCU et Cătălin-Silviu SĂRARU, *Droit international et intégration européenne, Perspectives de l'Europe centrale et orientale*, 2025.

Laetitia Desmons

L'autonomie de l'ordre juridique de l'Union européenne selon la Cour de justice

Contribution à l'étude des fondements de la construction européenne

L'Harmattan

5-7, rue de l'École Polytechnique, 75005 Paris
http://www.editions-harmattan.fr
ISBN : 978-2-336-54684-1
EAN : 9782336546841

Cet ouvrage est une version abrégée et remaniée de la thèse de doctorat intitulée « La construction par la Cour de justice du principe d'autonomie de l'ordre juridique de l'Union européenne », préparée au sein de l'Université de Paris-Panthéon-Assas – sous la direction du professeur Claude BLUMANN – et soutenue le 25 octobre 2024.

La rédaction d'une thèse de doctorat est une tâche de longue haleine, particulièrement laborieuse et exigeante. Je ne serais jamais parvenue à la mener à bien sans le soutien indéfectible de certains membres de ma famille. Que chacun d'eux soit ici profondément et chaleureusement remercié.

Sommaire

Principales abréviations

Abréviations relatives au corps de l'ouvrage

AELE :	Association européenne de libre-échange
CDDH :	Comité directeur pour les droits de l'Homme du Conseil de l'Europe
CE :	Communauté européenne
CECA :	Communauté européenne du charbon et de l'acier
CED :	Communauté européenne de défense
CEDH :	Convention de sauvegarde des droits de l'Homme et des libertés fondamentales
CEE :	Communauté économique européenne
CEEA :	Communauté européenne de l'énergie atomique
CETA :	Comprehensive Economic and Trade Agreement
CIJ :	Cour internationale de justice
CJUE :	Cour de justice de l'Union européenne (institution)
Cour de justice :	Cour de justice de l'Union européenne (juridiction)
Cour EDH :	Cour européenne des droits de l'Homme
CPJI :	Cour permanente de justice internationale
EEE :	Espace économique européen
ONU :	Organisation des Nations Unies
PESC :	Politique étrangère et de sécurité commune
TECE :	Traité établissant une Constitution pour l'Europe
Traité CE :	Traité instituant la Communauté européenne
Traité CECA :	Traité instituant la Communauté européenne du charbon et de l'acier
Traité CEE :	Traité instituant la Communauté économique européenne
Traité CEEA :	Traité instituant la Communauté européenne de l'énergie atomique
Traité de fusion :	Traité de fusion des exécutifs des Communautés européennes
Traité FUE :	Traité sur le fonctionnement de l'Union européenne
Traité UE :	Traité sur l'Union européenne
UE ou Union :	Union européenne

Abréviations relatives aux notes et aux indications bibliographiques

aff. :	affaire
CVCE :	centre virtuel de la connaissance sur l'Europe – Université du Luxembourg
dir. :	sous la direction de
ECLI :	identifiant européen de la jurisprudence
Ed. :	éditeur
éd. :	édition
fasc. :	fascicule
ibid. :	*ibidem*
in :	dans
LGDJ :	Librairie générale de droit et de jurisprudence
op. cit. :	*opus citatum*
PUF	Presses universitaires de France
trad. franç. :	traduction française
ULB :	Université libre de Bruxelles
v. :	voir
vol. :	volume

Introduction

> « *The examination of the concept of autonomy of Community law is of paramount importance since it relates to an essential, if not the most essential characteristics of this body of law.* »[1]

1. Dérivée du mot grec *autonomos*, lequel est composé des termes « *autos* » – qui signifie « soi-même » – et « *nomos* » – qui renvoie au concept de règle, de loi –, l'autonomie correspond étymologiquement à la capacité d'agir de son propre chef. En matière de sciences juridiques, cette notion a ainsi logiquement connu ses premiers développements avec le principe d'autonomie de la volonté, qui désigne « la capacité des parties dans un contrat d'établir les règles qui régiront leur activité future »[2] et qui, « établi par l'article 1134 du Code Napoléon, est accepté dans pratiquement tous les droits privés »[3]. La notion d'autonomie a par la suite été exploitée dans la sphère du droit public ; « la relation entre le concept d'autonomie et celui de fédéralisme [ayant] été faite originellement par les commentateurs de la Constitution de l'Empire Allemand en 1871 »[4], l'autonomie a finalement été associée à « la capacité constituante et législative des Etats membres d'une fédération »[5]. Relativement au droit de l'Union européenne (ci-après l'Union ou l'UE), la notion d'autonomie revêt une acception particulière qui, sans s'affranchir du substrat normatif susmentionné, le dépasse notablement.

2. De fait, en tant qu' « ensemble organisé et structuré de normes juridiques possédant ses propres sources, doté d'organes et procédures aptes à les émettre, à les interpréter ainsi qu'à en faire constater et sanctionner, le cas échéant, les violations »[6], tout ordre juridique – qu'il soit étatique ou inhérent à une organisation internationale – dispose d'un degré d'autonomie certain. A ce titre, l'ordre juridique de l'UE, qui répond sans conteste aux critères de définition énoncés ci-dessus, est indubitablement autonome. Toutefois, l'autonomie de l'ordre juridique de l'Union est, aux termes de la jurisprudence de la Cour de justice qui en procède, revêtue d'une dimension spécifique qui la distingue substantiellement de l'autonomie primaire – ou élémentaire – sus-évoquée.

---

1 BARENTS R., *The Autonomy of Community Law*, La Haye, Kluwer law international, 2004, p. 243.

2 DE ROUGEMONT D. (dir.), *Dictionnaire international du fédéralisme*, Bruxelles, Bruylant, 1994, p. 22.

3 *Ibid.*

4 *Ibid.*

5 *Ibid.*

6 BLANQUET M., *Droit général de l'Union européenne*, Paris, Dalloz, Sirey, 11ème éd., 2018, p. 351.

3. Non mentionnée par les traités européens, l'autonomie de l'ordre juridique de l'Union – qui s'est substituée, consécutivement au traité de Lisbonne, à celle de l'ordre juridique communautaire – est, en effet, une construction prétorienne dont la doctrine s'est largement saisie. L'étude de la jurisprudence de la Cour de justice, conjuguée à celle des travaux pertinents de la doctrine, révèle ainsi que l'autonomie de l'ordre juridique de l'Union en est un principe fondamental qui comporte non seulement une dimension constitutionnelle, mais également une dimension fonctionnelle, qui sont affirmées de façon bien distincte par le juge de l'Union.

4. Dans sa dimension constitutionnelle, la notion d' « autonomie de l'ordre juridique de l'Union » correspond, stricto sensu, à la formule utilisée par la doctrine pour rendre compte de la jurisprudence développée par la Cour de justice relativement à la spécificité du processus d'intégration européenne ; le terme autonomie faisant écho aux arguments employés par la Cour dans les décisions pertinentes. Cependant, cette notion renvoie également, communément, à l'affirmation même par la Cour de justice de la particularité constitutionnelle de l'Union européenne et se confond, finalement, avec celle-ci. Ainsi, pour le professeur Jean-Claude Gautron, « la Cour de justice a posé le principe de l'autonomie de l'ordre juridique communautaire dans plusieurs arrêts de principe et dans son avis du 14 décembre 1991 : « ... *la Communauté constitue un nouvel ordre juridique de droit international au profit duquel les Etats ont limité, bien que dans des domaines restreints, leurs droits souverains et dont les sujets sont non seulement les Etats membres, mais également leurs ressortissants...*»[7].

5. Sous cet angle, l'autonomie s'apparente à un principe de définition de l'ordre juridique de l'Union dans la mesure où elle postule son altérité et sa singularité. Ce principe exprime en effet l'idée que l'UE constitue un ordre juridique *sui generis*, qui se distingue radicalement de l'ordre juridique international tout en se rapprochant de la structure étatique. Il a été inauguré le 5 février 1963, par l'arrêt *Van Gend & Loos*, dont les termes rapportés plus haut[8] traduisent la substance. La Cour de justice déclare en effet, dans l'affaire citée, qu' « attendu que l'objectif du traité C.E.E. qui est d'instituer un marché commun dont le fonctionnement concerne directement les justiciables de la Communauté, implique que ce traité constitue plus qu'un accord qui ne créerait que des obligations mutuelles entre les États contractants ; que cette conception se trouve confirmée par le préambule du traité qui, au-delà des gouvernements, vise les peuples, et de façon plus concrète par la création d'organes qui institutionnalisent des droits souverains dont l'exercice affecte

---

[7] GAUTRON J-C., GRARD L., « Le droit international dans la construction de l'Union européenne », in SFDI (Ed.), *Droit international et droit communautaire, perspectives actuelles*, Actes du colloque de la SFDI du 30 septembre au 2 octobre 1999, Paris, Pedone, 2000, p. 21.

[8] Nous nous référons ici à la partie figurant en italique de la citation de Jean-Claude Gautron reproduite plus haut.

aussi bien les États membres que leurs citoyens ; [...] qu'il faut conclure de cet état de choses que la Communauté constitue un nouvel ordre juridique de droit international, au profit duquel les États ont limité, bien que dans des domaines restreints, leurs droits souverains, et dont les sujets sont non seulement les États membres mais également leurs ressortissants »[9].

6. Aussi, dans les conclusions qu'il présentait respectivement les 16 et 23 janvier 2008 pour les affaires jointes *Kadi et Al Barakaat International Foundation*[10] – qui vont donner l'occasion à la Cour de justice de proclamer avec force l'autonomie de l'ordre juridique communautaire à l'égard du droit international – l'avocat général Poiares Maduro considérait-il que « le point de départ logique de [la] discussion [devait] être, bien entendu, l'arrêt de principe Van Gend & Loos, dans lequel la Cour a affirmé l'autonomie de l'ordre juridique communautaire. La Cour a jugé que le traité ne constituait pas un simple accord entre États, mais un accord entre les peuples d'Europe. »[11]. Et d'ajouter, « [e]lle a jugé que le traité avait institué un «nouvel ordre juridique» découlant de l'ordre juridique existant en droit international public, mais distinct de celui-ci. En d'autres termes, le traité a créé un ordre juridique interne de dimension transnationale, dont il forme la «charte constitutionnelle de base»[12]»[13].

7. Le principe de l'autonomie constitutionnelle de l'ordre juridique de l'Union a été constamment confirmé par la Cour de justice depuis lors. L'affirmation de l'autonomie constitutionnelle a, de surcroît, été consolidée au fur et à mesure des différents arrêts et avis rendus par la Cour sur le sujet. Ainsi, dans l'arrêt *Costa contre ENEL* du 15 juillet 1964, la Cour renforce l'argumentation développée un an plus tôt à l'occasion de l'affaire *Van Gend & Loos* en soutenant « qu'à la différence des traités internationaux ordinaires, le traité de la C.E.E. a institué un ordre juridique propre, intégré au système juridique des États membres lors de l'entrée en vigueur du traité et qui s'impose à leurs juridictions ; qu'en effet, en instituant une Communauté de durée illimitée, dotée d'institutions propres, de la personnalité, de la capacité juridique, d'une capacité de représentation internationale et plus

---

[9] Cour de justice, arrêt du 5 février 1963, *Van Gend & Loos*, aff. 26/62, ECLI:EU:C:1963:1, p. 23.

[10] Cour de justice, arrêt du 3 septembre 2008, *Kadi et Al Barakaat International Foundation / Conseil et Commission,* aff. jointes C-402/05 P et C-415/05 P, ECLI:EU:C:2008:461.

[11] Conclusions respectivement présentées les 16 et 23 janvier 2008 par l'avocat général Poiares Maduro pour les affaires Kadi et Al Barakaat International Foundation / Conseil et Commission (Cour de justice, arrêt du 3 septembre 2008, aff. jointes C-402/05 P et C-415/05 P, ECLI:EU:C:2008:461), ECLI:EU:C:2008:11, point 21.

[12] Note de l'auteur : Arrêt du 23 avril 1986, Les Verts/Parlement (294/83, Rec. p. 1339, point 23).

[13] Conclusions respectivement présentées les 16 et 23 janvier 2008 par l'avocat général Poiares Maduro pour les affaires *Kadi et Al Barakaat International Foundation / Conseil et Commission* (Cour de justice, arrêt du 3 septembre 2008, aff. jointes C-402/05 P et C-415/05 P, ECLI:EU:C:2008:461), ECLI:EU:C:2008:11, point 21.

particulièrement de pouvoirs réels issus d'une limitation de compétence ou d'un transfert d'attributions des États à la Communauté, ceux-ci ont limité, bien que dans des domaines restreints, leurs droits souverains et créé ainsi un corps de droit applicable à leurs ressortissants et à eux-mêmes. »[14]. La Cour ajoute ici un argument de taille à sa rhétorique sur la spécificité de l'intégration européenne en soutenant que l'ordre juridique issu du traité de Rome est intégré à celui de ses Etats membres.

8. La Cour affirme cependant de façon encore plus marquante l'autonomie constitutionnelle de l'ordre juridique communautaire dans l'avis 1/91 du 14 décembre 1991, lorsqu'elle considère que « le traité CEE, bien que conclu sous la forme d'un accord international, n'en constitue pas moins la charte constitutionnelle d'une communauté de droit. Selon une jurisprudence constante de la Cour de justice, les traités communautaires ont instauré un nouvel ordre juridique au profit duquel les États ont limité, dans des domaines de plus en plus étendus, leurs droits souverains et dont les sujets sont non seulement les États membres, mais également leurs ressortissants »[15]. De fait, avec l'avis 1/91, la Cour fait évoluer de façon significative sa jurisprudence relative à l'autonomie constitutionnelle de l'ordre juridique de l'Union au moyen de trois éléments.

9. En effet, reprenant la formule qu'elle avait consacrée en 1986 dans l'arrêt *Les Verts / Parlement* du 23 avril 1986, la Cour de justice fait, en premier lieu, un parallèle clair entre l'institution communautaire et l'ordre étatique en déclarant que « le traité CEE, bien que conclu sous la forme d'un accord international, n'en constitue pas moins la charte constitutionnelle d'une communauté de droit ». En second lieu, la Cour en vient logiquement à escamoter la filiation du droit communautaire avec le droit international en affirmant que « selon une jurisprudence constante de la Cour de justice, les traités communautaires ont instauré un nouvel ordre juridique », alors qu'elle considérait, en 1963, que la Communauté constituait « un nouvel ordre juridique de droit international »[16]. Enfin, la Cour étaye la thèse de la particularité de la nature de la Communauté en relevant pour la première fois que les Etats membres ont limité, au profit de celle-ci, leurs droits souverains dans « des domaines de plus en plus étendus », et non plus seulement « restreints »[17].

---

[14] Cour de justice, arrêt du 15 juillet 1964, *Costa contre ENEL*, aff. 6/64, ECLI:EU:C:1964:66, pp. 1158-1159.

[15] Cour de justice, avis 1/91 du 14 décembre 1991, ECLI:EU:C:1991:490, point 21.

[16] Cour de justice, arrêt du 5 février 1963, *Van Gend & Loos*, aff. 26/62, ECLI:EU:C:1963:1, p. 23.

[17] Dans les arrêts *Van Gend & Loos* et *Costa contre ENEL* précités, la Cour considérait en effet que les Etats membres avaient limité leurs droits souverains, mais seulement dans des domaines restreints (v. Cour de justice, arrêt du 5 février 1963, *Van Gend & Loos*, aff. 26/62, ECLI:EU:C:1963:1, p. 23 et Cour de justice, arrêt du 15 juillet 1964, *Costa contre ENEL*, aff. 6/64, ECLI:EU:C:1964:66, p. 1159).

10. Le premier élément de cette nouvelle approche de l'autonomie constitutionnelle de l'ordre juridique communautaire sera confirmé dans l'arrêt *Kadi et Al Barakaat International Foundation / Conseil et Commission* du 3 septembre 2008, qui précise que « la validité de tout acte communautaire au regard des droits fondamentaux doit être considérée comme l'expression, dans une communauté de droit, d'une garantie constitutionnelle découlant du traité CE en tant que système juridique autonome »[18]. Ses deux derniers éléments seront également repris dans un avis rendu par la Cour de justice le 8 mars 2011 qui rappelle, après l'entrée en vigueur du traité de Lisbonne, qu' « il résulte d'une jurisprudence constante de la Cour que les traités fondateurs de l'Union ont, à la différence des traités internationaux ordinaires, instauré un nouvel ordre juridique, doté d'institutions propres, au profit duquel les États ont limité, dans des domaines de plus en plus étendus, leurs droits souverains et dont les sujets sont non seulement les États membres, mais également leurs ressortissants »[19].

11. Il convient du reste d'observer que la doctrine évoque également l'autonomie constitutionnelle de l'ordre juridique de l'Union en se référant simplement à l'autonomie du droit qui en est issu. Dans une contribution consacrée aux *fondements de l'autonomie du droit communautaire*, le professeur Denys Simon affirme ainsi qu' « [i]l est banal de constater que rien dans les traités constitutifs ne permet d'établir que les Etats membres, en signant et en ratifiant les traités de Paris et Rome, et même les traités de Maastricht et d'Amsterdam, aient entendu, en tout cas *expressis verbis*, instituer un ordre juridique distinct de l'ordre juridique international. »[20]. Le professeur Denys Simon observe, au demeurant, qu' « *[i]l est clair par conséquent que la théorie de l'autonomie du droit communautaire trouve sa source dans une affirmation jurisprudentielle, répétée rituellement et progressivement systématisée*[21]. »[22] ; avant de conclure cependant que : « loin d'apparaître comme une succession d'*obiter dicta* figurant dans les motifs des arrêts de principe, ces prises de position judiciaires ont structuré un processus d'autonomisation, qui devrait trouver une confirmation dans la mise en évidence progressive de la dimension constitutionnelle de la construction communautaire. »[23].

---

[18] Cour de justice, arrêt du 3 septembre 2008, *Kadi et Al Barakaat International Foundation / Conseil et Commission*, aff. jointes C-402/05 P et C-415/05 P, ECLI:EU:C:2008:461, point 316.

[19] Cour de justice, avis 1/09 du 8 mars 2011, ECLI:EU:C:2011:123, point 65.

[20] SIMON D., « Les fondements de l'autonomie du droit communautaire », in SFDI (Ed.), *Droit international et droit communautaire, perspectives actuelles*, *op. cit.*, p. 215.

[21] Mis en italique par nous.

[22] SIMON D., « Les fondements de l'autonomie du droit communautaire », in SFDI (Ed.), *Droit international et droit communautaire, perspectives actuelles*, *op. cit.*, p. 215.

[23] *Ibid.*

12. Dans sa dimension fonctionnelle, l'autonomie de l'ordre juridique de l'Union traduit l'idée que les normes et principes issus d'autres ordres juridiques ne peuvent être admis dans celui de l'UE que dans la mesure où ils sont compatibles avec ses objectifs, et ce, tels qu'ils sont explicités par la Cour de justice. L'autonomie s'apparente donc ici à un principe de régulation de l'ordre juridique de l'Union – découlant de sa nature même – qui postule que celui-ci ne peut fonctionner que sur la base d'une logique et de règles qui lui sont propres, telles que les principes de primauté et d'effet direct du droit de l'UE, consacrés corrélativement aux Etats membres. En effet, selon le professeur René Barents, « this concept implies that the direct effect of Community law in national legal orders and its primacy over national law are not dependent on national constitutions, acts of ratification or any other provision of national law. Instead theses characteristics find their basis exclusively in Community law, thus reflecting its normative independence from national legal orders. »[24].

13. L'autonomie fonctionnelle de l'ordre juridique de l'Union apparaît dès lors logiquement, dans la jurisprudence de la Cour de justice, comme une conséquence de son autonomie constitutionnelle. Les décisions pertinentes de la Cour de Luxembourg tendent en effet à indiquer que c'est la nature particulière de l'ordre juridique de l'UE qui justifie son autonomie de fonctionnement, tant à l'égard des ordres juridiques nationaux des Etats membres, que de l'ordre juridique international.

14. De fait, dans l'arrêt *Costa contre ENEL* du 15 juillet 1964, la Cour de justice, après avoir affirmé l'autonomie constitutionnelle de l'ordre juridique de l'Union dans les termes rapportés plus haut[25], pose le principe de la primauté de son droit à l'égard de ceux des Etats membres en soulignant : « qu'il résulte de l'ensemble de ces éléments, qu'issu d'une source autonome, le droit né du traité ne pourrait donc, en raison de sa nature spécifique originale, se voir judiciairement opposer un texte interne quel qu'il soit, sans perdre son caractère communautaire et sans que soit mise en cause la base juridique de la Communauté elle-même »[26].

15. Elle utilise le même procédé dans l'arrêt *Kadi et Al Barakaat International Foundation / Conseil et Commission*, rendu le 3 septembre 2008, pour affirmer l'autonomie de l'UE à l'égard du droit international. Afin

---

[24] BARENTS R., *The Autonomy of Community Law*, *op cit.*, p. 243.

[25] Cour de justice, arrêt du 15 juillet 1964, *Costa contre ENEL*, aff. 6/64, ECLI:EU:C:1964:66, pp. 1158-1159 : « à la différence des traités internationaux ordinaires, le traité de la C.E.E. a institué un ordre juridique propre, intégré au système juridique des États membres lors de l'entrée en vigueur du traité et qui s'impose à leurs juridictions ; qu'en effet, en instituant une Communauté de durée illimitée, dotée d'institutions propres, de la personnalité, de la capacité juridique, d'une capacité de représentation internationale et plus particulièrement de pouvoirs réels issus d'une limitation de compétence ou d'un transfert d'attributions des États à la Communauté, ceux-ci ont limité, bien que dans des domaines restreints, leurs droits souverains et créé ainsi un corps de droit applicable à leurs ressortissants et à eux-mêmes. ».

[26] *Ibid.*, p. 1160.

de poser le principe selon lequel aucune immunité juridictionnelle ne saurait être reconnue, au sein de l'ordre juridique de l'Union, aux normes qui en sont issues au seul motif qu'elles transposent une résolution du Conseil de sécurité de l'Organisation des Nations Unies (ci-après l'ONU), la Cour déclare en effet que « la validité de tout acte communautaire au regard des droits fondamentaux doit être considérée comme l'expression, dans une communauté de droit, d'une garantie constitutionnelle découlant du traité CE en tant que système juridique autonome à laquelle un accord international ne saurait porter atteinte. La question de la compétence de la Cour se pose en effet dans le cadre de l'ordre juridique interne et autonome de la Communauté, dont relève le règlement litigieux, et dans lequel la Cour est compétente pour contrôler la validité des actes communautaires au regard des droits fondamentaux. »[27].

16. L'arrêt *République de Moldavie*, rendu le 2 septembre 2021, indique au demeurant de manière particulièrement claire que l'autonomie fonctionnelle de l'ordre juridique de l'Union découle de son autonomie constitutionnelle. Il vient en effet rappeler que « [s]elon une jurisprudence [...] constante de la Cour, l'autonomie du droit de l'Union, au regard tant du droit des États membres que du droit international, se justifie en raison des caractéristiques essentielles de l'Union et de son droit, relatives, notamment, à la structure constitutionnelle de l'Union ainsi qu'à la nature même de ce droit. Le droit de l'Union se caractérise en effet par la circonstance d'être issu d'une source autonome, constituée par les traités, par sa primauté par rapport aux droits des États membres ainsi que par l'effet direct de toute une série de dispositions applicables à leurs ressortissants et à eux-mêmes. »[28].

17. Il faut en outre souligner que si, à l'égard du droit international général – considéré dans son ensemble et tel que « constitué de coutumes universelles, de traités multilatéraux à vocation mondiale ainsi que de principes généraux du droit »[29] – l'autonomie fonctionnelle est généralement mise en œuvre de manière diffuse dès lors que « les rapports du droit international et du droit de l'Union sont entièrement guidés par le principe de la spécificité du droit de l'Union ou de son « autonomie » par rapport aux autres ordres juridiques, issu de la jurisprudence de la Cour, et systématisé par celle-ci »[30] ; la Cour de justice convoque de façon spécifique – et expressément – l'autonomie du droit, de l'ordre ou encore du système juridique de l'Union, face au droit international conventionnel susceptible d'intégrer ou d'affecter ce dernier.

---

[27] Cour de justice, arrêt du 3 septembre 2008, *Kadi et Al Barakaat International Foundation / Conseil et Commission*, aff. jointes C-402/05 P et C-415/05 P, ECLI:EU:C:2008:461, points 316-317.

[28] Cour de justice, arrêt du 2 septembre 2021, *République de Moldavie*, ECLI:EU:C:2021:655, point 43.

[29] BLUMANN C., *Droit institutionnel de l'Union européenne*, Paris, LexisNexis, 8ème éd., 2023, p. 723.

[30] *Ibid.*, pp. 722-723.

18. Depuis l'avis 1/91, en date du 14 décembre 1991, la Cour de justice a en effet – au-delà de l'affirmation abstraite de l'autonomie constitutionnelle de l'ordre juridique de l'UE – développé une approche pragmatique qui se fonde sur l'économie des traités européens et les objectifs qu'ils assignent à l'Union pour déterminer si, et dans quelles conditions, les normes issues d'un accord international peuvent être intégrées à son système juridique ou produire des effets en son sein. La Cour a dans ce cadre recours à la notion « d'ordre des compétences défini par les traités »[31] pour déterminer si les normes prévues par un accord international sont susceptibles de porter atteinte à l'autonomie de l'ordre juridique de l'Union, puis, le cas échéant, les écarter.

19. Dans l'arrêt qu'elle a rendu le 30 mai 2006 relativement à l'affaire dite de *l'usine Mox*[32], la Cour censure ainsi le recours, entre les Etats membres, aux procédures d'arbitrage prévues dans le cadre de la convention des Nations Unies sur le droit de la mer de 1982, dite de Montego Bay, – à laquelle l'UE et ses Etats membres sont parties – au motif « qu'un accord international ne saurait porter atteinte à l'ordre des compétences fixé par les traités et, partant, à l'autonomie du système juridique communautaire dont la Cour assure le respect en vertu de l'article 220 CE. Cette compétence exclusive de la Cour est confirmée par l'article 292 CE selon lequel les États membres s'engagent à ne pas soumettre un différend relatif à l'interprétation ou à l'application du traité CE à un mode de règlement autre que ceux prévus par celui-ci. »[33].

20. Sans se fonder explicitement sur l'autonomie constitutionnelle de l'ordre juridique de l'Union, et de façon assez lapidaire, la Cour soutient ici, comme dans l'avis 1/91 – fondateur de la notion « d'ordre des compétences fixé par les traités » –, que, face aux normes prévues par un accord international, la préservation de l'ordre des compétences fixé par les traités et, partant, de l'autonomie de l'ordre juridique de l'Union, suppose le respect de son monopole de juridiction.

21. Relativement au droit international conventionnel, l'autonomie fonctionnelle de l'ordre juridique de l'Union – qui est expressément désignée comme telle par l'actuel président de la Cour de justice, Koen Lenaerts[34] –

---

[31] Cour de justice, avis 1/91 du 14 décembre 1991, ECLI:EU:C:1991:490, point 35.

[32] Cour de justice, arrêt du 30 mai 2006, *Commission / Irlande*, aff. C-459/03, ECLI:EU:C:2006:345.

[33] *Ibid.*, point 123.

[34] Le juge Koen Lenaerts évoque notamment l'autonomie fonctionnelle de l'ordre juridique de l'Union dans l'article suivant : LENAERTS K., « Le cadre constitutionnel de l'Union et l'autonomie fonctionnelle de son ordre juridique », in PETRLIK D. et al. (dir.), *Évolution des rapports entre les ordres juridiques de l'Union européenne, international et nationaux : liber amicorum Jiří Malenovský*, Bruxelles, Bruylant, 2020, pp. 285-306. Dans cet article, le président de la Cour de justice propose justement une analyse des limites qu'impose l'autonomie fonctionnelle de l'ordre juridique de l'Union au droit international conventionnel, en examinant spécifiquement l'avis 1/17, rendu par la Cour de justice le 30 avril 2019, relativement à l'accord de libre-échange signé le 30 octobre 2016 par l'Union et ses Etats membres, d'une part, et le Canada, d'autre part ; accord communément dénommé « CETA ».

correspond donc à une règle de régulation spécifique, s'expliquant sans doute, en grande partie, par la force obligatoire dont jouissent les accords internationaux conclus par l'UE[35], qu'il conviendra d'analyser ultérieurement, de manière particulière, compte tenu de son caractère systématique.

22. Les deux dimensions du principe d'autonomie ayant ainsi été explicitées, il convient de souligner qu'elles sont étroitement liées. De fait, que l'autonomie fonctionnelle apparaisse ou non, dans la jurisprudence de la Cour de justice, comme une conséquence plus ou moins directe de l'autonomie constitutionnelle, la première est essentiellement justifiée par la particularité constitutionnelle de l'ordre juridique de l'Union ; la jurisprudence de la Cour indiquant, en substance, que l'ordre juridique de l'Union doit être autonome sur le plan fonctionnel parce qu'il est singulier sur le plan constitutionnel.

23. Ce lien substantiel qui existe entre les deux versants du principe d'autonomie peut rendre leur distinction malaisée. Cependant, pour tracer une frontière suffisamment nette entre eux, il y a lieu de rappeler qu'ils ont des finalités bien différentes. En effet, comme cela ressort de nos précédents développements, dans sa dimension constitutionnelle, l'autonomie tend à révéler ce qu'est l'ordre juridique de l'Union et s'apparente ainsi à un principe de définition de celui-ci. Dans sa dimension fonctionnelle, en revanche, l'autonomie vise à ordonner le fonctionnement de cet ordre juridique corrélativement à ceux des Etats membres de l'UE et au droit international. Elle fait ainsi office de principe de régulation de l'ordre juridique de l'Union.

24. Dans un article commun, Koen Lenaerts et José A. Gutiérrez-Fons, référendaire à la Cour de justice, expliquent ainsi que le principe d'autonomie « is governed by two different, albeit interrelated, dynamics. On the one hand, it operates as a shield against external norms that may constitute a threat to the values contained in art. 2 TEU and a threat to the EU constitutional framework. On the other hand, autonomy operates as a sword that contributes to defining what European integration is all about [...] »[36]. Les deux auteurs considèrent au demeurant que : « In protecting and promoting liberal values, the principle of autonomy enables the EU to find its own identity, whilst allowing room for openness towards the laws of the Member States and international law. »[37].

---

[35] L'article 216 du traité FUE dispose en effet que : « 1. L'Union peut conclure un accord avec un ou plusieurs pays tiers ou organisations internationales lorsque les traités le prévoient ou lorsque la conclusion d'un accord, soit est nécessaire pour réaliser, dans le cadre des politiques de l'Union, l'un des objectifs visés par les traités, soit est prévue dans un acte juridique contraignant de l'Union, soit encore est susceptible d'affecter des règles communes ou d'en altérer la portée.
2. Les accords conclus par l'Union lient les institutions de l'Union et les États membres. ».

[36] LENAERTS K., GUTIERREZ-FONS J. A., « The autonomy of EU law, legal theory and european integration », European papers, 2023, vol. 8, n° 3, p. 1496.

[37] *Ibid.*

25. Cela étant, il convient d'observer que l'affirmation par la Cour de justice du caractère *sui generis* de l'ordre juridique de l'Union n'est pas réellement justifiée. En effet, si dans les arrêts et avis pertinents, la Cour proclame très clairement la particularité des traités européens, comme celle de l'ordre juridique qui en est issu, elle se contente, pour la justifier, d'énumérer ce qu'elle considère constituer les éléments de la spécificité de l'Union, sans démontrer véritablement en quoi ils font de celle-ci un objet constitutionnel à part.

26. De fait, dans l'arrêt *Van Gend & Loos* du 5 février 1963, la Cour soutient que « l'objectif du traité C.E.E. qui est d'instituer un marché commun dont le fonctionnement concerne directement les justiciables de la Communauté, implique que ce traité constitue plus qu'un accord qui ne créerait que des obligations mutuelles entre les États contractants »[38]. Elle défend cette position en soulignant principalement, d'une part, que le préambule du traité CEE vise les peuples européens et, d'autre part, que les citoyens des Etats membres sont concernés par les compétences exercées par la Communauté, lorsqu'elle affirme que : « cette conception se trouve confirmée par le préambule du traité qui, au-delà des gouvernements, vise les peuples, et de façon plus concrète par la création d'organes qui institutionnalisent des droits souverains dont l'exercice affecte aussi bien les États membres que leurs citoyens »[39].

27. Cependant, ne précisant pas les dispositions du préambule du traité CEE qu'elle invoque, la Cour ne démontre pas en quoi cette référence est pertinente pour apprécier la portée des obligations contractées par les Etats membres. De même, elle n'indique pas quels sont les droits souverains que la Communauté exerce à l'égard des individus, ni pourquoi l'exercice de ces droits pourrait avoir une incidence sur la nature de la Communauté. Cette argumentation elliptique n'empêche cependant pas la Cour de justice de conclure de ses assertions que « la Communauté constitue un nouvel ordre juridique de droit international, au profit duquel les États ont limité, bien que dans des domaines restreints, leurs droits souverains, et dont les sujets sont non seulement les États membres mais également leurs ressortissants »[40]. L'affirmation du caractère novateur de l'ordre juridique communautaire n'apparaît à cet égard pas suffisamment justifiée.

28. Or, si, comme nous l'avons précédemment constaté, la Cour consacre encore plus nettement la particularité constitutionnelle de l'ordre juridique de l'Union dans sa jurisprudence postérieure à l'affaire *Van Gend & Loos*, – et ce, dans la mesure où elle le déconnecte désormais totalement du droit international – elle n'expose pas pour autant de façon plus claire les

---

[38] Cour de justice, arrêt du 5 février 1963, *Van Gend & Loos*, aff. 26/62, ECLI:EU:C:1963:1, p. 23.

[39] *Ibid.*

[40] *Ibid.*

fondements de cette singularité. Son argumentation se fait, au contraire, de plus en plus sommaire. Ainsi, dans l'arrêt *Costa contre ENEL* du 15 juillet 1964, la Cour de justice considère « qu'à la différence des traités internationaux ordinaires, le traité de la C.E.E. a institué un ordre juridique propre, intégré au système juridique des États membres lors de l'entrée en vigueur du traité et qui s'impose à leurs juridictions »[41].

29. Pour asseoir cette position, la Cour évoque certaines caractéristiques de la Communauté en affirmant « qu'en effet, en instituant une Communauté de durée illimitée, dotée d'institutions propres, de la personnalité, de la capacité juridique, d'une capacité de représentation internationale et plus particulièrement de pouvoirs réels issus d'une limitation de compétence ou d'un transfert d'attributions des États à la Communauté, ceux-ci ont limité, bien que dans des domaines restreints, leurs droits souverains et créé ainsi un corps de droit applicable à leurs ressortissants et à eux-mêmes»[42]. La Cour n'explique cependant pas en quoi les caractéristiques énumérées confèreraient à l'ordre juridique communautaire une quelconque originalité, alors même qu'elles sont partagées par d'autres organisations internationales.

30. De même, dans l'avis 1/91 du 14 décembre 1991, la Cour de justice soutient que « le traité CEE, bien que conclu sous la forme d'un accord international, n'en constitue pas moins la charte constitutionnelle d'une communauté de droit »[43], mais se contente de justifier cette assertion par un renvoi à sa jurisprudence antérieure qui – comme nous l'avons souligné – n'explicite pas les fondements de la thèse de la spécificité constitutionnelle de l'ordre juridique de l'Union. De fait, elle poursuit, dans l'avis en question, son argumentation en relevant que « selon une jurisprudence constante de la Cour de justice, les traités communautaires ont instauré un nouvel ordre juridique au profit duquel les États ont limité, dans des domaines de plus en plus étendus, leurs droits souverains et dont les sujets sont non seulement les États membres, mais également leurs ressortissants »[44]. Au demeurant, dans l'avis 1/91, la Cour de justice étoffe sa rhétorique propre à l'autonomie constitutionnelle en considérant que les Etats membres ont limité leurs droits souverains dans « des domaines de plus en plus étendus » et plus seulement « restreints »[45] sans pour autant le justifier.

31. En tout état de cause, la jurisprudence récente, bien que développée non plus dans le cadre communautaire mais dans celui de l'Union, n'est pas plus explicite dans la mesure où elle s'appuie essentiellement sur des renvois aux différents arrêts fondateurs évoqués plus haut. A titre d'illustration, l'on relèvera que, dans l'avis 1/09 du 8 mars 2011, la Cour, pour s'opposer à

---

[41] Cour de justice, arrêt du 15 juillet 1964, *Costa contre ENEL*, aff. 6/64, ECLI:EU:C:1964:66, p. 1158.
[42] *Ibid.*, p. 1159.
[43] Cour de justice, avis 1/91 du 14 décembre 1991, ECLI:EU:C:1991:490, point 21.
[44] *Ibid.*
[45] V. la note 17.

l'institution d'une juridiction du brevet européen estimée concurrente à la sienne, s'appuie notamment sur l'autonomie constitutionnelle de l'ordre juridique de l'Union en se contentant de rappeler qu': « [i]l résulte d'une jurisprudence constante de la Cour que les traités fondateurs de l'Union ont, à la différence des traités internationaux ordinaires, instauré un nouvel ordre juridique, doté d'institutions propres, au profit duquel les États ont limité, dans des domaines de plus en plus étendus, leurs droits souverains et dont les sujets sont non seulement les États membres, mais également leurs ressortissants (voir, notamment, arrêts du 5 février 1963, van Gend & Loos, 26/62, Rec. p. 1, 3, ainsi que du 15 juillet 1964, Costa, 6/64, Rec. p. 1141, 1149). Les caractéristiques essentielles de l'ordre juridique de l'Union ainsi constitué sont, en particulier, sa primauté par rapport aux droits des États membres ainsi que l'effet direct de toute une série de dispositions applicables à leurs ressortissants et à eux-mêmes (voir avis 1/91, du 14 décembre 1991, Rec. p. I-6079, point 21). »[46].

32. De même, dans l'arrêt *RS* du 22 février 2022, la Cour de justice, afin de faire échec aux velléités de remise en cause du principe de primauté du droit de l'Union de la Cour constitutionnelle roumaine, rappelle simplement la dimension constitutionnelle du principe d'autonomie en indiquant que « dans sa jurisprudence constante relative au traité CEE, la Cour a jugé que les traités communautaires ont, à la différence des traités internationaux ordinaires, instauré un nouvel ordre juridique propre, intégré au système juridique des États membres lors de l'entrée en vigueur des traités et qui s'impose à leurs juridictions. Les États membres ont limité, au profit de ce nouvel ordre juridique doté d'institutions propres et dont les sujets sont non seulement les États membres, mais également leurs ressortissants, dans les domaines définis par les traités, leurs droits souverains (voir, en ce sens, arrêts du 5 février 1963, van Gend & Loos, 26/62, EU:C:1963:1, p. 23 ; du 15 juillet 1964, Costa, 6/64, EU:C:1964:66, p. 1158 et 1159, ainsi que du 21 décembre 2021, Euro Box Promotion e.a., C-357/19, C-379/19, C-547/19, C-811/19 et C-840/19, EU:C:2021:1034, point 245). »[47].

33. Ainsi, dans la mesure où la Cour ne présente pas réellement les assises de son affirmation de l'autonomie constitutionnelle de l'ordre juridique de l'Union – qui, rappelons-le, constitue le fondement essentiel de son autonomie fonctionnelle – celle-ci s'avère être un postulat qui repose nécessairement sur la conception que la Cour de justice s'est forgée de cet ordre juridique. Or, si, de prime abord, la jurisprudence ne permet pas de déterminer si l'affirmation de l'altérité de l'ordre juridique de l'Union est justifiée, elle recèle de termes qui tendent à indiquer que la Cour de justice a pu avoir une conception fédéraliste du processus d'intégration européenne.

---

[46] Cour de justice, avis 1/09 du 8 mars 2011, ECLI:EU:C:2011:123, point 65.

[47] Cour de justice, arrêt du 22 février 2022, *RS*, aff. C-430/21, ECLI:EU:C:2022:99, point 47.

34. L'on peut en effet relever à cet égard que, dans tous les arrêts et avis où elle affirme l'autonomie constitutionnelle de l'ordre juridique de l'Union, la Cour insinue l'idée que les traités européens échapperaient à la sphère du droit international. Elle considère tantôt qu'ils constituent « plus qu'un accord qui ne créerait que des obligations mutuelles entre les États contractants »[48], tantôt qu'ils se différencient « des traités internationaux ordinaires »[49], ou encore qu'ils constituent une « charte constitutionnelle »[50]. Or, pour comprendre ces assertions que la Cour ne justifient pas véritablement dans sa jurisprudence, il convient de les resituer dans le contexte de l'adoption des premiers traités européens et, donc, de la création des Communautés européennes.

35. Il apparaît ainsi, qu'à ses prémices, la construction européenne était clairement mue par un idéal fédéraliste qui avait vocation à se concrétiser progressivement. De fait, Robert Schuman, à la suite de Jean Monnet – dont le rôle dans la mise en œuvre du processus d'intégration européenne est bien connu – envisageait clairement les efforts de coopération qu'il appelait à faire dans le cadre de la Communauté européenne du charbon et de l'acier (ci-après CECA) comme « les premières assises concrètes d'une Fédération européenne indispensable à la préservation de la paix »[51].

36. Or, la jurisprudence de la Cour inhérente à la spécificité de l'ordre juridique communautaire s'inspire très largement de conclusions rendues par l'avocat général Maurice Lagrange, peu de temps après l'institution de la CECA[52]. Dans sa contribution déjà citée sur *les fondements de l'autonomie du droit communautaire*, le professeur Denys Simon note en effet que « dès 1956, l'Avocat général Lagrange n'hésitait pas à affirmer que « le traité dont la Cour a pour mission d'assurer l'application, s'il a bien été conclu sous la forme des traités internationaux et s'il en est un incontestablement, n'en constitue pas moins, du point de vue matériel, la charte de la Communauté, les règles de droit qui s'en dégagent constituant le droit interne de cette Communauté. » »[53]. Il faut de surcroît relever que, pour défendre cette position, l'avocat

---

[48] Cour de justice, arrêt du 5 février 1963, *Van Gend & Loos*, aff. 26/62, ECLI:EU:C:1963:1, p. 23.

[49] V. notamment, Cour de justice, arrêt du 15 juillet 1964, *Costa contre ENEL*, aff. 6/64, ECLI:EU:C:1964:66, p. 1158 et Cour de justice, avis 1/09 du 8 mars 2011, ECLI:EU:C:2011:123, point 65.

[50] V. notamment Cour de justice, avis 1/91 du 14 décembre 1991, ECLI:EU:C:1991:490, point 21 et Cour de justice, arrêt du 10 décembre 2018, *Wightman e.a.*, aff. C-621/18, ECLI:EU:C:2018:999, point 44.

[51] 10ème paragraphe de la déclaration Schuman du 9 mai 1950, disponible sur le site internet : https://european-union.europa.eu/principles-countries-history/history-eu/1945-59/schuman-declaration-may-1950_fr.

[52] Conclusions présentées le 12 juin 1956 pour l'arrêt de la Cour de justice du 16 juillet 1956, *Fédération charbonnière de Belgique / Haute autorité de la CECA*, aff. 8/55, ECLI:EU:C:1956:7.

[53] SIMON D., « Les fondements de l'autonomie du droit communautaire », *op. cit.*, p. 216.

général Maurice Lagrange affirmait préalablement, dans la même phrase de ses conclusions, qu' « [*o*]*n pourrait sans doute rappeler que notre Cour n'est pas une juridiction internationale, mais la juridiction d'une Communauté créée par six Etats sur un type qui s'apparente beaucoup plus à une organisation fédérale qu'à une organisation internationale*[54]»[55].

37. Au demeurant, plusieurs positions doctrinales faisaient écho à ces affirmations de l'avocat général Maurice Lagrange. Dans les années soixante-dix, le professeur Pierre-Henri Teitgen considérait en effet que les « traités [avaient] bien comme objectif virtuel ou potentiel l'institution entre les Etats membres d'une « union politique » de type … confédéral ou fédéral. »[56]. Le professeur Prodomos D. Dagtoglou considérait également, en 1982, que l'ordre juridique communautaire était mû par une « visée fédéraliste latente »[57]. Il soulignait en outre qu' « il n'[était] pas contesté que la Communauté n'était à l'origine, ni n'est devenue ultérieurement, ni ne deviendra par nécessité juridique ou par automaticité politique, un Etat fédéral – *bien que cette perspective rest[ât]sûrement ouverte*. Or, cet élément (la possibilité ouverte d'une solution « fédéraliste »), précisément, [était] une composante essentielle de la Communauté »[58]. Le même professeur affirmait de surcroît que cette composante essentielle de la communauté, « du point de vue qualitatif, différenci[ait] cette dernière des organisations internationales traditionnelles. »[59].

38. L'on peut dès lors considérer que le discours connoté de la Cour sur la nature des traités, qui tend, d'une part, à les éloigner du droit international et, d'autre part, à les introduire dans la matière constitutionnelle, postule clairement une approche fédéraliste de la construction européenne. En tout état de cause, si la Cour de justice ne lie jamais explicitement l'autonomie constitutionnelle de l'ordre juridique de l'Union à la « visée fédéraliste latente »[60] de la construction européenne, elle la promeut au moyen de termes qui sont assez révélateurs de l'idéologie qui a pu être à l'œuvre au sein de la juridiction.

39. De fait, dans l'arrêt *Van Gend & Loos* du 5 février 1963, la Cour de justice déclare que « l'objectif du traité C.E.E. qui est d'instituer un marché commun dont le fonctionnement concerne directement les justiciables de la

---

[54] Mis en italique par nous.

[55] Conclusions de l'avocat général Maurice Lagrange, présentées le 12 juin 1956 relativement à l'affaire de la *Fédération charbonnière de Belgique / Haute autorité de la CECA* (Cour de justice, arrêt du 16 juillet 1956, aff. 8/55, ECLI:EU:C:1956:7) ECLI:EU:C:1956:7, p. 263.

[56] TEITGEN P.H., *Cours de droit institutionnel communautaire, structure et fonctionnement des Communautés européennes*, Paris, Les cours de droit, 1974-1975, p. 100.

[57] DAGTOGLOU P., « La nature juridique de la Communauté européenne », p. 38, in Commission des Communautés européennes, *Trente ans de droit communautaire*, Luxembourg, Office des publications officielles des Communautés européennes, 1982, 536 p.

[58] *Ibid.*

[59] *Ibid.*

[60] Selon l'expression du professeur Dagtoglou déjà mentionnée ci-avant, v. la note 57.

Communauté, implique que ce traité constitue plus qu'un accord qui ne créerait que des obligations mutuelles entre les États contractants »[61]. Elle ajoute que « cette conception se trouve confirmée par le préambule du traité qui, au-delà des gouvernements, vise les peuples, et de façon plus concrète par la création d'organes qui institutionnalisent des droits souverains dont l'exercice affecte aussi bien les États membres que leurs citoyens »[62]. Elle soutient finalement « qu'il faut conclure de cet état de choses que la Communauté constitue un nouvel ordre juridique de droit international, au profit duquel les États ont limité, bien que dans des domaines restreints, leurs droits souverains, et dont les sujets sont non seulement les États membres mais également leurs ressortissants »[63].

40. Or, à travers ces *obiter dicta*, la Cour reconnaît incontestablement une dimension politique au processus d'intégration économique initié par le traité de Rome. De fait, en soulignant, d'une part, que le traité CEE vise les peuples européens et que, de surcroît, il institutionnalise des droits souverains, la Cour entend clairement asseoir, au-delà de la vocation essentiellement économique de la Communauté, son caractère politique. Le fait qu'elle soutienne, d'autre part, non seulement que les organes communautaires procèdent de droits immanents à l'Etat, mais également qu'ils ont vocation à les exercer sur les citoyens européens au sein « d'un nouvel ordre juridique de droit international » est également significatif de la dimension politique qu'elle confère à ce dernier. L'ensemble de ces affirmations véhicule en effet l'idée que la Communauté européenne, érigée en nouvelle puissance juridique, s'est substituée à ses Etats membres pour l'exercice de droits souverains qui affectent aussi bien ces derniers, que leurs ressortissants.

41. Il faut au demeurant ici rappeler que l'avocat général Poiares Maduro explique que, dans l'arrêt de principe évoqué, « la Cour a affirmé l'autonomie de l'ordre juridique communautaire. La Cour a jugé que le traité ne constituait pas un simple accord entre États, mais un accord entre les peuples d'Europe. »[64]. Il estime de surcroît que « [la Cour] a jugé que le traité avait institué un «nouvel ordre juridique» découlant de l'ordre juridique existant en droit international public, mais distinct de celui-ci. En d'autres termes, le traité a créé un ordre juridique interne de dimension transnationale, dont il forme la «charte constitutionnelle de base» »[65]. L'avocat général souligne ainsi que le principe d'autonomie, tel qu'il résulte de l'arrêt *Van Gend & Loos*, est

---

[61] Cour de justice, arrêt du 5 février 1963, *Van Gend & Loos*, aff. 26/62, ECLI:EU:C:1963:1, p. 23.

[62] *Ibid.*

[63] *Ibid.*

[64] Conclusions respectivement présentées les 16 et 23 janvier 2008 par l'avocat général Poiares Maduro pour les affaires *Kadi et Al Barakaat International Foundation / Conseil et Commission* (Cour de justice, arrêt du 3 septembre 2008, aff. jointes C-402/05 P et C-415/05 P, ECLI:EU:C:2008:461), ECLI:EU:C:2008:11, point 21.

[65] *Ibid.*

intrinsèquement lié à la singularité de l'ordre juridique communautaire. Bien qu'ici encore cette dernière et la perspective fédérale de l'intégration européenne ne soient pas explicitement associées, les termes employés par l'avocat général sont particulièrement éloquents. En effet, selon ce dernier, il ressort de la jurisprudence en question que le principe d'autonomie découle de ce que le traité de Rome a créé « un ordre juridique interne de dimension transnationale », dont il forme la « charte constitutionnelle de base ». Or, l'évocation du caractère « interne » de l'ordre juridique « transnational » issu du traité de Rome, dont la nature constitutionnelle est au demeurant soulignée, fait indubitablement écho à l'ordre fédéral.

42. L'idée que l'affirmation de l'autonomie constitutionnelle de l'ordre juridique de l'Union repose sur une conception fédéraliste de la construction européenne peut également être appuyée par une analyse de l'arrêt *Costa contre ENEL* du 15 juillet 1964. Dans cet arrêt, la Cour proclame l'autonomie de l'ordre juridique communautaire, afin d'établir la primauté du droit qui en est issu. Or, elle décrète à cet effet l'existence d'un bloc communautaire caractérisé par une imbrication des systèmes juridiques en présence qui évoque le cadre fédéral, lorsqu'elle déclare qu' « à la différence des traités internationaux ordinaires, le traité de la C.E.E. a institué un ordre juridique propre, intégré au système juridique des États membres lors de l'entrée en vigueur du traité et qui s'impose à leurs juridictions »[66].

43. La Cour de justice justifie par la suite ses assertions relatives à l'autonomie constitutionnelle en se fondant de nouveau sur l'argument selon lequel la Communauté a succédé à ses Etats membres pour ce qui est de l'exercice de certains droits de nature régalienne. Elle observe « qu'en effet, en instituant une Communauté de durée illimitée, dotée d'institutions propres, de la personnalité, de la capacité juridique, d'une capacité de représentation internationale et plus particulièrement de pouvoirs réels issus d'une limitation de compétence ou d'un transfert d'attributions des États à la Communauté, ceux-ci ont limité, bien que dans des domaines restreints, leurs droits souverains et créé ainsi un corps de droit applicable à leurs ressortissants et à eux-mêmes »[67].

44. La Cour clôt enfin l'argumentaire posé dans l'arrêt *Costa contre ENEL* avec des propos qui sont révélateurs de la portée particulière qu'elle confère à la construction européenne. Elle déclare en effet « que le transfert opéré par les États, de leur ordre juridique interne au profit de l'ordre juridique communautaire, des droits et obligations correspondant aux dispositions du traité, entraîne donc une limitation définitive de leurs droits souverains contre laquelle ne saurait prévaloir un acte unilatéral ultérieur incompatible avec la

[66] Cour de justice, arrêt du 15 juillet 1964, *Costa contre ENEL*, aff. 6/64, ECLI:EU:C:1964:66, p. 1158.
[67] *Ibid.*, p. 1159.

notion de Communauté »[68]. Or, en relevant le caractère définitif de la limitation des droits souverains à laquelle les Etats membres ont consenti au profit de la Communauté, et ce, en sus d'avoir préalablement noté que cette dernière a été instituée pour une durée illimitée, la Cour entend certainement, non seulement souligner la gravité des concessions opérées, mais également indiquer qu'elles ont une incidence sur la nature de l'institution communautaire. Elle confirme en outre la dimension spéciale de l'intégration européenne en évoquant, sans la définir, « la notion de Communauté », afin d'établir la primauté du droit communautaire. Il serait hasardeux de tenter de déterminer la portée exacte de la formule utilisée par la Cour de justice. Cependant, il y a lieu de considérer qu'en ayant recours à la locution « notion de Communauté », là où elle aurait simplement pu faire référence à l'institution elle-même, la Cour semble exprimer l'idée qu'au-delà de sa dimension matérielle, la Communauté européenne correspond à une réalité conceptuelle qui doit être prise en compte pour déterminer l'étendue des obligations qui affectent les Etats membres et appréhender sa nature.

45. Ce dernier point de vue renvoie, au demeurant, au constat fait en 1997 par le professeur Denys Simon corrélativement à l'essence de l'ordre juridique communautaire. Ce dernier observait en effet que « d'une part, en termes fonctionnels, le système communautaire est déterminé par un axiome fondateur, qui correspond aux caractères de ce que l'on appelle généralement le droit de l'intégration (P. Pescatore). D'autre part, en termes substantiels, la constitution communautaire incarne, à la manière des constitutions étatiques, l' « officialisation d'une idée de droit » »[69]. Le professeur Denys Simon ajoutait, du reste, que « [c]es deux approches, fonctionnelle et substantielle, permettent seules de saisir les principes de base de la construction constitutionnelle communautaire, qui se révèlent à travers l'analyse des fondements, de la dynamique et de l'identité de l'Union européenne. »[70].

46. En tout état de cause, la position soutenue par la Cour de justice, après l'entrée en vigueur du traité de Lisbonne, dans l'avis 2/13 en date du 18 décembre 2014, fait état de façon particulièrement éloquente de cette conception spéciale – car orientée par un idéal fédéraliste – que la juridiction se fait toujours de l'ordre juridique de l'Union. Appelée, dans le cadre de l'avis 2/13, à se prononcer sur la compatibilité avec les traités du premier projet d'accord d'adhésion de l'UE à la convention européenne de sauvegarde des droits de l'Homme et des libertés fondamentales (ci-après CEDH), la Cour y défend en effet l'autonomie de l'ordre juridique de l'Union dans des termes qui manifestent clairement la dimension fédérative qu'elle assigne à la construction européenne. De fait, pour juger incompatible avec l'autonomie fonctionnelle de l'UE le projet d'accord évoqué, la Cour souligne notamment

[68] *Ibid.*, p. 1160.
[69] SIMON D., *Le système juridique communautaire*, Paris, PUF, 3ème éd., 1997, p. 83
[70] *Ibid.*

que « [l]a poursuite des objectifs de l'Union, tels que rappelés à l'article 3 TUE, est, pour sa part, confiée à une série de dispositions fondamentales, telles que celles prévoyant la liberté de circulation des marchandises, des services, des capitaux et des personnes, la citoyenneté de l'Union, l'espace de liberté, de sécurité et de justice ainsi que la politique de concurrence. Ces dispositions, s'insérant dans le cadre d'un système propre à l'Union, sont structurées de manière à contribuer, chacune dans son domaine spécifique et avec ses caractéristiques particulières, à *la réalisation du processus d'intégration qui est la raison d'être de l'Union elle-même*[71]. »[72].

47. On peut ainsi observer qu'à défaut d'être réellement justifiée par la Cour de justice, la jurisprudence relative à l'autonomie de l'ordre juridique de l'Union repose sur un idéal de fédéralisme européen inhérent au contexte de création des Communautés européennes. Toutefois, si avoir une conception fédéraliste de la construction européenne était, sans conteste, pertinent lorsque le processus d'intégration en était encore à ses prémices, une telle approche peut apparaître relativement dépassée aujourd'hui. En effet, l'état actuel du processus d'intégration européenne, qui est notamment confronté à la résurgence des nationalismes européens, à la volonté des Etats membres de servir leurs intérêts propres au sein de l'œuvre commune ou encore à la défiance des citoyens de l'Union, pourrait logiquement permettre de conclure à la caducité de l'option fédérale.

48. En outre, la complexité du fonctionnement actuel de l'Union et le caractère protéiforme du processus d'intégration européenne soulèvent de nombreuses interrogations sur la visée exacte de la construction européenne. Le professeur François d'Arcy observe très justement à cet égard que « la réussite du plan que Robert Schuman et Jean Monnet avaient tracé pour l'Europe en 1950 reposait sur une idée simple : commencer par des réalisations concrètes en gardant en arrière-plan l'idée « d'une fédération européenne indispensable à la préservation de la paix » »[73]. Il souligne ainsi que « [p]endant un demi-siècle, cette méthode n'a jamais cessé de prévaloir : les traités successifs ont multiplié les domaines concrets de coopération en allongeant la liste des politiques européennes et en adaptant les dispositifs institutionnels pour chacune d'elles. Le débat de fond sur la nature même de l'ensemble ainsi créé était esquivé cependant que l'idée même de fédération continuait d'être récusée par une partie des Etats membres. »[74]. François d'Arcy considère dès lors que « [d]e cette démarche empirique et progressive résulte la grande complexité des traités, des institutions et des instruments juridiques sur la base desquels sont produites les politiques européennes,

---

[71] Mis en italique par nous.
[72] Cour de justice, avis 2/13 du 18 décembre 2014, ECLI:EU:C:2014:2454, point 172.
[73] D'ARCY F., *Les politiques de l'Union européenne*, Paris, Montchrestien, « Clefs – Politique », 2003, p. 23.
[74] *Ibid.*

complexité qui est pour beaucoup dans l'ignorance dans laquelle la majorité des citoyens européens tient l'Union européenne »[75].

49. Il convient par ailleurs de souligner que le renforcement de la logique intergouvernementale[76] dans l'ordre juridique de l'Union contribue également à marginaliser la conception fédéraliste de la construction européenne. De fait, si l'intergouvernementalisme croissant au sein de l'ordre juridique de l'Union n'a pas conduit à la disparition de la méthode communautaire, il semble l'infléchir sérieusement étant donné qu'il correspond à la reconnaissance, au profit des institutions représentant les Etats membres – que sont le Conseil et le Conseil européen[77] –, d'un rôle déterminant dans la formation du droit de l'UE. Evoquant le fait que le traité de Lisbonne a conféré le statut d'institution au Conseil européen, le professeur Didier Blanc indique ainsi que « cette institutionnalisation de la réunion des chefs d'État ou de gouvernement et du président de la Commission témoigne on ne peut plus clairement que dans l'Union, rien ne se fait sans les États membres, rien ne se fait contre leur volonté. La distinction pour didactique et juridique qu'elle soit entre l'Union et ses États rend mal compte de l'essence même de la construction européenne. »[78].

50. Or, seule la méthode communautaire semble pouvoir étayer la thèse de la spécificité de l'ordre juridique de l'Union dans la mesure où, contrairement à la pratique intergouvernementale classique, elle permet aux organes chargés de défendre l'intérêt de l'UE de jouer un rôle prépondérant dans le processus d'intégration européenne, dès lors qu'elle « est caractérisée par un ensemble d'éléments qui la différencie des schémas traditionnels de la coopération internationale : des transferts de compétences des Etats membres à l'Union européenne ; le rôle central joué par un organe supranational, la Commission européenne, dans l'élaboration des politiques communautaires ; la possibilité de décisions à la majorité qualifiée »[79] ; ainsi que par « la définition de règles communes à caractère contraignant ; le contrôle exercé

---

[75] *Ibid.*

[76] Si nous aurons l'occasion de définir plus amplement cette logique, nous pouvons dès à présent noter que la professeure Sabine Saurugger explique que « [l]'intergouvernementalisme trouve ses origines dans la pensée réaliste des relations internationales, qui part de l'hypothèse que les acteurs et les gouvernements des États membres agissent selon des préférences fixes et se comportent de manière rationnelle. » (SAURUGGER S., *Théories et concepts de l'intégration européenne*, Paris, Presses de Sciences Po, 2ème éd., 2020, p. 71).

[77] L'article 10, paragraphe 2, alinéa 2, du traité sur l'Union européenne (ci-après traité UE) précise en effet, dans sa rédaction issue du traité de Lisbonne, que : « Les États membres sont représentés au Conseil européen par leur chef d'État ou de gouvernement et au Conseil par leurs gouvernements ».

[78] BLANC D., « Histoire juridique des traités de l'Union européenne de Maastricht à Lisbonne », *Répertoire de droit européen*, février 2023, point 159.

[79] DEHOUSSE R., « La méthode communautaire a-t-elle encore un avenir ? in VANDERSANDEN G. (dir.), *Mélanges en hommage à Jean-Victor Louis*, Bruxelles, éd. de l'ULB, 2003, vol. I, p. 95.

par la Commission sur leur application ; la possibilité pour la Cour de justice de sanctionner les violations du droit communautaire. »[80].

51. Plus généralement, il convient d'observer que la conception fédéraliste de la construction européenne a été largement battue en brèche par l'échec de certaines initiatives qui en procèdent, telles que celles de la Communauté européenne de défense (ci-après CED) en 1954 et du traité établissant une constitution pour l'Europe (ci-après TECE) en 2005. En effet, d'une part, le rejet en 1954, par l'Assemblée nationale française, du traité signé à Paris le 27 mai 1952 pour la création de la CED a conduit à l'abandon de la création d'« une communauté européenne de défense, de caractère supranational, comportant des institutions communes, des Forces armées communes et un budget commun »[81], laquelle était au demeurant conçue comme le prélude à « une structure fédérale ou confédérale ultérieure fondée sur le principe de la séparation des pouvoirs et comportant, en particulier, un système représentatif bicaméral »[82]. D'autre part, l'échec du TECE – dont l'approche fédéraliste incarnée par la Convention sur l'avenir de l'Europe, qui l'a rédigé, avait le mérite de se confronter « aux questions fondamentales du « pourquoi » et du « comment » de l'Union européenne »[83] –, consécutivement à son rejet par les peuples français et hollandais les 29 mai et 1er juin 2005, a entraîné une remise en cause de la vocation fédérale que l'UE tient du projet politique porté par ses Pères fondateurs.

52. Cependant, comme nos précédents développements le démontrent, malgré cet affaiblissement de la logique fédérale dans le processus d'intégration européenne, l'affirmation par la Cour de justice de la spécificité constitutionnelle de l'ordre juridique de l'Union – et, partant, de son autonomie constitutionnelle et fonctionnelle – repose aujourd'hui encore sur les mêmes arguments, et donc la même logique fédéraliste, qu'au début de la construction européenne. Il faut ici rappeler que cela ressort notamment de l'avis 1/09 du 8 mars 2011, qui souligne qu' « il résulte d'une jurisprudence constante de la Cour que les traités fondateurs de l'Union ont, à la différence des traités internationaux ordinaires, instauré un nouvel ordre juridique, doté d'institutions propres, au profit duquel les États ont limité, dans des domaines de plus en plus étendus, leurs droits souverains et dont les sujets sont non seulement les États membres, mais également leurs ressortissants »[84].

---

80 *Ibid.*

81 Article premier du traité instituant la CED, disponible sur le site internet du centre virtuel sur la connaissance de l'Europe (ci-après CVCE) : https://www.cvce.eu/obj/traite_instituant_la_communaute_europeenne_de_defense_paris_27_mai_1952-fr-2af9ea94-7798-4434-867a-36c4a256d0af.html.

82 Article 38, paragraphe 1, du traité instituant la CED.

83 SCHWOK R., *Théories de l'intégration européenne*, Montchrestien, « Clefs – Politique », 2005, p. 36.

84 Cour de justice, avis 1/09 du 8 mars 2011, ECLI:EU:C:2011:123, point 65.

53. De même, l'arrêt *RS* du 22 février 2022 nous indique, plus récemment, que la conception fédéraliste de la construction européenne constitue toujours le sous-bassement de la rhétorique inhérente à l'autonomie de l'ordre juridique de l'Union lorsqu'il tire argument de ce que, « dans sa jurisprudence constante relative au traité CEE, la Cour a jugé que les traités communautaires ont, à la différence des traités internationaux ordinaires, instauré un nouvel ordre juridique propre, intégré au système juridique des États membres lors de l'entrée en vigueur des traités et qui s'impose à leurs juridictions. Les États membres ont limité, au profit de ce nouvel ordre juridique doté d'institutions propres et dont les sujets sont non seulement les États membres, mais également leurs ressortissants, dans les domaines définis par les traités, leurs droits souverains »[85].

54. Or, si à travers le postulat de l'autonomie de l'ordre juridique de l'Union, pris dans sa double dimension constitutionnelle et fonctionnelle, la Cour de justice entend, d'une part, révéler ce qu'est l'UE et, d'autre part, réguler son fonctionnement, le décalage existant entre l'état actuel du processus d'intégration européenne et ce qu'en dit la Cour conduit à s'interroger sur la pertinence de ses positions. De fait, comme cela ressort des constations faites plus haut, les assertions récurrentes de la Cour sur le caractère constitutionnel des traités n'ont pas été confirmées par la réalité de l'intégration européenne. Elles semblent, au contraire, avoir été en quelque sorte marginalisées par l'échec du traité qui entendait établir une Constitution pour l'Europe. De même, le discours constant de la Cour de justice sur la spécificité de l'ordre juridique de l'Union par rapport aux canons du droit international peut interroger à l'heure où la place des Etats membres dans le processus de formation du droit de l'Union, n'a, à travers les institutions de l'UE qui les représentent, jamais été aussi déterminante. Au demeurant, le fait que les termes de la jurisprudence de la Cour de justice relative à l'autonomie n'aient, contrairement à nombre de ses positions sur les modalités de l'intégration – notamment celles liées au marché commun – jamais été entérinés par les traités est particulièrement éloquent.

55. En outre, s'interroger sur la pertinence du discours inhérent à l'autonomie constitutionnelle et fonctionnelle de l'UE semble d'autant plus nécessaire que, comme nous l'avons démontré précédemment, la Cour de justice justifie de façon plus que sommaire son affirmation de la spécificité de l'ordre juridique de l'Union. Au demeurant, cette remise en question apparaît également justifiée au regard du contraste existant entre l'immutabilité du principe d'autonomie postulé par la Cour de justice et l'incessante évolution des traités européens. En effet, si la Cour affirme toujours de la même façon l'autonomie de l'ordre juridique de l'Union depuis le milieu des années soixante, les traités dont cet ordre procède sont, eux, régulièrement l'objet de modifications dont certaines, comme l'affirmation de l'obligation, pour l'UE,

[85] Cour de justice, arrêt du 22 février 2022, *RS*, aff. C-430/21, ECLI:EU:C:2022:99, point 47.

de respecter l'identité nationale de ses Etats membres – posée par le traité de Maastricht et largement explicitée par celui de Lisbonne[86] – peuvent dévoiler des tendances ou inflexions dans le processus de construction politique européen qui ne vont pas nécessairement dans le sens d'une plus grande unité politique.

56. A travers notre étude, nous nous proposons donc de tenter de déterminer si la jurisprudence relative à l'autonomie de l'ordre juridique de l'Union – prise dans sa double dimension constitutionnelle et fonctionnelle – permet, comme la Cour de justice l'affirme, d'appréhender d'une façon juridiquement pertinente non seulement la nature, mais également le fonctionnement de l'ordre juridique de l'Union. Pour ce faire, il nous faudra notamment confronter les arguments développés par la Cour de justice dans sa jurisprudence à la réalité actuelle et concrète de l'intégration européenne.

57. Comme nous l'avons vu, la proclamation par la Cour de l'autonomie constitutionnelle de l'ordre juridique de l'Union passe d'abord par l'affirmation du caractère exceptionnel des traités européens, la Cour n'hésitant pas à les distinguer des « traités internationaux ordinaires »[87] ou à les ériger en « charte constitutionnelle de base de l'Union »[88]. Afin d'éprouver la pertinence juridique du discours de la Cour de justice sur la dimension constitutionnelle du principe d'autonomie, il conviendra donc d'analyser, en premier lieu, la nature des traités européens non seulement à l'aune de ses assertions sur le sujet mais également – et surtout – au regard de leurs conditions de conclusion et de leur contenu (**première partie**).

58. La Cour de justice justifie ensuite ses assertions sur l'autonomie constitutionnelle de l'ordre juridique de l'Union en se prévalant de certaines

---

[86] L'article 4, paragraphe 2, du traité UE, tel que modifié par le traité de Lisbonne, affirme en effet que « L'Union respecte l'égalité des États membres devant les traités ainsi que leur identité nationale, inhérente à leurs structures fondamentales politiques et constitutionnelles, y compris en ce qui concerne l'autonomie locale et régionale. Elle respecte les fonctions essentielles de l'État, notamment celles qui ont pour objet d'assurer son intégrité territoriale, de maintenir l'ordre public et de sauvegarder la sécurité nationale. En particulier, la sécurité nationale reste de la seule responsabilité de chaque État membre ». Avant cela, l'article 6, paragraphe 3, du traité UE, disposait, dans sa formulation issue du traité d'Amsterdam, simplement que : « l'Union respecte l'identité nationale de ses États membres. ».

[87] Comme nous avons pu le constater, cette formule est constamment employée par le Cour de justice depuis l'arrêt de principe *Costa contre ENEL* (Cour de justice, arrêt du 15 juillet 1964, aff. 6/64, ECLI:EU:C:1964:66, p. 1158).

[88] Cette formule, qui constitue une transposition à l'Union de la logique adoptée par la Cour de justice, pour la CEE, dans l'arrêt du 23 avril 1986, *Les Verts / Parlement* (aff. C-294/83, ECLI:EU:C:1986:166, point 23), est également récurrente dans la jurisprudence de la Cour de justice inhérente à l'autonomie constitutionnelle de l'ordre juridique de l'UE. Elle est notamment employée dans l'avis 2/13 du 18 décembre 2014 (ECLI:EU:C:2014:2454, point 163), relatif au projet d'accord d'adhésion de l'UE à la CEDH, ainsi que dans l'arrêt, du 10 décembre 2018, *Wightman e.a.* (aff. C-621/18, ECLI:EU:C:2018:999, point 44), dans lequel la Cour se prononce sur une question relative à l'interprétation de l'article 50 du traité UE, dans le cadre du retrait de l'UE du Royaume-Uni.

des caractéristiques de celle-ci, notamment, sa personnalité juridique, le caractère propre de ses institutions, le fait qu'elle exerce des droits dits souverains – et ce, dans des domaines de plus en plus étendus –, ainsi que la supposée intégration de l'ordre juridique de l'UE à ceux de ses Etats membres[89]. Pour parachever notre étude de la dimension constitutionnelle du principe d'autonomie, nous tâcherons donc, en second lieu, de déterminer si et dans quelle mesure, les caractéristiques mises en exergue par la Cour de justice contribuent à faire de l'ordre juridique de l'Union un système juridique constitutionnellement à part (**deuxième partie**).

59. Enfin, compte tenu du fait que le volet fonctionnel du principe d'autonomie repose essentiellement sur son versant constitutionnel, il nous faudra déterminer, à l'aide des conclusions que nous aurons tirées des deux premières parties de notre étude, si, comme le soutient la Cour de justice, les règles spécifiques de régulation des rapports de l'ordre juridique de l'Union avec les autres systèmes juridiques qu'elle a consacrées découlent bien de la nature supposément particulière du premier. De fait, le versant fonctionnel du principe d'autonomie se traduit essentiellement, d'une part, par des rapports d'intégration particuliers entre le droit de l'Union et ceux de ses Etats membres – qui tiennent fondamentalement à l'application des principes de primauté et d'effet direct du droit de l'UE –, d'autre part, par une subordination systématique du droit international conventionnel au respect de l'ordre des compétences fixé par les traités. Il conviendra ainsi de déterminer si chacun de ces principes procède réellement de la nature de l'ordre juridique de l'Union (**troisième partie**).

---

[89] Comme nous avons pu le démontrer, ces caractéristiques, dont l'énumération faite plus haut n'est pas exhaustive, constituent l'un des fondements de l'autonomie constitutionnelle de l'ordre juridique de l'UE aux termes des arrêts de principe *Van Gend & Loos* (Cour de justice, arrêt du 5 février 1963, aff. 26/62, ECLI:EU:C:1963:1, p. 23) et *Costa contre ENEL* (Cour de justice, arrêt du 15 juillet 1964, aff. 6/64, ECLI:EU:C:1964:66, p. 1159), tels que complétés par l'avis 1/91 (Cour de justice, avis 1/91 du 14 décembre 1991, ECLI:EU:C:1991:490, point 21, v. à ce sujet les paragraphes 8-9 de cet ouvrage).

Première partie : Autonomie constitutionnelle et nature des traités européens

62. Après avoir progressivement développé toute une rhétorique sur l'autonomie constitutionnelle de l'ordre juridique de l'Union européenne dans la jurisprudence inaugurée en 1963 par l'incontournable sentence de l'arrêt *Van Gend & Loos*[90], la Cour de justice a, dans le jugement rendu relativement à l'affaire *Achmea*[91], synthétisé l'expression de ce principe fondamental dans les termes suivants : « l'autonomie du droit de l'Union, au regard tant du droit des États membres que du droit international, se justifie en raison des caractéristiques essentielles de l'Union et de son droit, relatives, notamment, à la structure constitutionnelle de l'Union ainsi qu'à la nature même dudit droit. Le droit de l'Union se caractérise en effet par la circonstance d'être issu d'une source autonome, constituée par les traités, par sa primauté par rapport aux droits des États membres ainsi que par l'effet direct de toute une série de dispositions applicables à leurs ressortissants et à eux-mêmes. De telles caractéristiques ont donné lieu à un réseau structuré de principes, de règles et de relations juridiques mutuellement interdépendantes liant, réciproquement, l'Union elle-même et ses États membres, ainsi que ceux-ci entre eux. »[92].

63. Si cette formule synthétique est aujourd'hui principalement employée par la Cour de justice pour faire état de l'autonomie constitutionnelle de l'ordre juridique de l'Union européenne, elle doit être rapprochée de sa jurisprudence antérieure sur le sujet. Cela ressort notamment des termes de l'avis défavorable de la Cour sur le projet d'accord d'adhésion de l'UE à la CEDH, adopté le 5 avril 2013.

---

[90] « attendu que l'objectif du traité C.E.E. qui est d'instituer un marché commun dont le fonctionnement concerne directement les justiciables de la Communauté, implique que ce traité constitue plus qu'un accord qui ne créerait que des obligations mutuelles entre les États contractants ; que cette conception se trouve confirmée par le préambule du traité qui, au-delà des gouvernements, vise les peuples, et de façon plus concrète par la création d'organes qui institutionnalisent des droits souverains dont l'exercice affecte aussi bien les États membres que leurs citoyens ; [...] qu'il faut conclure de cet état de choses que la Communauté constitue un nouvel ordre juridique de droit international, au profit duquel les États ont limité, bien que dans des domaines restreints, leurs droits souverains, et dont les sujets sont non seulement les États membres mais également leurs ressortissants », Cour de justice, arrêt du 5 février 1963, *Van Gend & Loos*, aff. 26/62, ECLI:EU:C:1963:1, p. 23.

[91] Cour de justice, arrêt du 6 mars 2018, *Achmea*, aff. C-284/16, ECLI:EU:C:2018:158.

[92] *Ibid.*, point 33.

64. En effet, dans l'avis 2/13 du 18 décembre 2014, la Cour de justice introduit sa synthèse de la jurisprudence inhérente à l'autonomie constitutionnelle de l'ordre juridique de l'Union de la façon suivante : « comme la Cour l'a relevé à maintes reprises, le droit de l'Union se caractérise par le fait d'être issu d'une source autonome, constituée par les traités, par sa primauté par rapport aux droits des États membres (voir, en ce sens, arrêts Costa, EU:C:1964:66, p. 1159 et 1160, ainsi que Internationale Handelsgesellschaft, EU:C:1970:114, point 3; avis 1/91, EU:C:1991:490, point 21; 1/09, EU:C:2011:123, point 65, et arrêt Melloni, C-399/11, EU:C:2013:107, point 59) ainsi que par l'effet direct de toute une série de dispositions applicables à leurs ressortissants et à eux-mêmes (arrêt van Gend & Loos, EU:C:1963:1, p. 23, et avis 1/09, EU:C:2011:123, point 65). Ces caractéristiques essentielles du droit de l'Union ont donné lieu à un réseau structuré de principes, de règles et de relations juridiques mutuellement interdépendantes liant, réciproquement, l'Union elle-même et ses États membres, ainsi que ceux-ci entre eux, lesquels sont désormais engagés, comme il est rappelé à l'article 1er, deuxième alinéa, traité UE, dans un « processus créant une union sans cesse plus étroite entre les peuples de l'Europe ». »[93]. Or, en multipliant ainsi les références à sa jurisprudence antérieure dans les points de l'avis 2/13 cités ci-dessus, la Cour de justice met clairement en évidence l'existence d'une continuité entre celle-ci et le nouvel argumentaire qu'elle emploie désormais pour rendre compte de l'autonomie constitutionnelle de l'ordre juridique de l'Union.

65. Il convient dès lors de fonder notre étude du versant constitutionnel du principe d'autonomie tant sur les termes actuels de la jurisprudence pertinente de la Cour que sur ses termes antérieurs. Cela semble d'autant plus approprié que l'ensemble de ces termes reposent sur une seule et même logique. En effet, comme aux prémices de la construction européenne, la proclamation, par la Cour de justice, de la dimension constitutionnelle du principe d'autonomie s'appuie aujourd'hui encore, en premier lieu, sur l'affirmation de la nature particulière des traités fondateurs de l'Union.

66. De fait, l'évocation de « la source autonome » du droit de l'Union que constituent les traités, dans l'arrêt *Achmea*[94] en date du 6 mars 2018, renvoie au discours de la Cour relatif à leur singularité par rapport aux instruments internationaux « ordinaires »[95], lequel a été initié par les arrêts de principe *Van*

---

[93] Cour de justice, avis 2/13 du 18 décembre 2014, ECLI:EU:C:2014:2454, points 166-167.

[94] Cour de justice, arrêt du 6 mars 2018, *Achmea*, aff. C-284/16, ECLI:EU:C:2018:158, point 33.

[95] La Cour de justice distingue encore aujourd'hui les traités fondateurs de l'Union européenne des traités internationaux qu'elle qualifie d'ordinaires depuis l'arrêt *Costa contre ENEL* (Cour de justice, arrêt du 15 juillet 1964, aff. 6/64, ECLI:EU:C:1964:66, p. 1158). Ainsi, l'arrêt du 21 décembre 2021, *Euro Box Promotion e.a.*, aff. C-357/19, ECLI:EU:C:2021:1034, point 245) souligne que « la Cour a déjà jugé que les traités communautaires ont, à la différence des traités

Gend & Loos[96] et *Costa contre ENEL*[97] – qui consacrent respectivement l'effet direct du droit de l'Union et sa primauté – et parachevé par la consécration des traités en tant que « charte constitutionnelle de base de l'Union »[98].

67. Dès lors, pour confronter les assertions de la Cour inhérentes à l'autonomie constitutionnelle de l'ordre juridique de l'Union à la réalité du processus d'intégration européenne, il nous faudra tout d'abord éprouver la pertinence juridique de l'ensemble de son discours relatif à la nature des traités fondateurs de l'Union en procédant à une étude approfondie de ces derniers. Cette étude sera faite en tenant compte des termes de la jurisprudence de la Cour de justice relative à la nature des traités européens, qui a d'abord entendu distinguer ces derniers du droit international en mettant en exergue leur caractère exceptionnel (**chapitre I**), avant de consacrer leur pleine et entière autonomie en leur reconnaissant une dimension constitutionnelle (**chapitre II**).

---

internationaux ordinaires, instauré un nouvel ordre juridique propre, intégré au système juridique des États membres lors de l'entrée en vigueur des traités et qui s'impose à leurs juridictions. Ce nouvel ordre juridique, au profit duquel les États membres ont limité, dans les domaines définis par les traités, leurs droits souverains et dont les sujets sont non seulement les États membres, mais également leurs ressortissants, est doté d'institutions propres (v. en ce sens, arrêts du 5 février 1963, van Gend & Loos, 26/62, EU:C:1963:1, p. 23, et du 15 juillet 1964, Costa, 6/64, EU:C:1964:66, p. 1158 et 1159). ».

[96] Cour de justice, arrêt du 5 février 1963, *Van Gend & Loos*, aff. 26/62, ECLI:EU:C:1963:1.

[97] Cour de justice, arrêt du 15 juillet 1964, *Costa contre ENEL*, aff. 6/64, ECLI:EU:C:1964:66.

[98] Cette formule, qui résulte d'une transposition à l'Union de la logique adoptée par la Cour de justice relativement à la CEE, dans l'arrêt du 23 avril 1986 *Les Verts/Parlement* (aff. C-294/83, ECLI:EU:C:1986:166, point 23), est notamment employée dans l'avis 2/13 du 18 décembre 2014 (ECLI:EU:C:2014:2454, point 163), relatif au projet d'accord d'adhésion de l'UE à la CEDH, ainsi que dans l'arrêt, du 10 décembre 2018, *Wightman e.a.* (aff. C-621/18, ECLI:EU:C:2018:999, point 44), dans lequel la Cour se prononce sur une question relative à l'interprétation de l'article 50 du traité UE, dans le cadre du retrait de l'UE du Royaume-Uni.

Chapitre I - L'affirmation de la nature exceptionnelle des traités : la distanciation avec le droit international

68. Dans sa jurisprudence relative au versant constitutionnel du principe d'autonomie, la Cour de justice décrète la particularité de la nature des traités fondateurs de l'Union sans s'appuyer sur des critères de distinction touchant aux conditions de leur formation. De fait, le Cour se contente encore aujourd'hui d'affirmer cette spécificité en érigeant les traités européens en « source autonome »[99] du droit de l'Union, sans réelle explication, ou en exposant qu'ils se distinguent des autres traités internationaux en raison des caractéristiques de l'ordre juridique qu'ils ont établi. A cet égard, la Cour considère notamment que « les traités communautaires ont, à la différence des traités internationaux ordinaires, instauré un nouvel ordre juridique propre, intégré au système juridique des États membres lors de l'entrée en vigueur des traités et qui s'impose à leurs juridictions. »[100]. Or, si souligner la spécificité de l'ordre juridique de l'Union permet incontestablement de comprendre en quoi cette dernière se distingue d'une organisation internationale classique, il nous semble que seules les conditions de formation des traités européens sont susceptibles d'apporter des éléments d'appréciation pertinents quant à leur nature, cette dernière étant, comme pour tout acte juridique, essentiellement déterminée par ces conditions.

69. Aux termes de la Convention de Vienne sur le droit des traités en date du 23 mai 1969, un traité constitue « un accord international conclu par écrit entre Etats et régi par le droit international, qu'il soit consigné dans un instrument unique ou dans deux ou plusieurs instruments connexes, et quelle que soit sa dénomination particulière »[101]. Si l'on se réfère à cette définition classique, les traités fondateurs de l'Union européenne ne se distinguent aucunement des autres, étant donné qu'ils sont incontestablement des accords internationaux conclus selon les formes prescrites par le droit international. Dans *Les fondements juridiques internationaux du droit communautaire*[102], le professeur Alain Pellet soulignait ainsi qu'« en accord avec les principes les plus classiques et les mieux établis du droit international, de tels traités entrent en vigueur, conformément à leurs dispositions, après que les Etats parties ont exprimé leur consentement à être liés – en l'espèce par la ratification. C'est donc à la suite d'un processus parfaitement orthodoxe de droit international que les Communautés ont été créées. »[103].

---

[99] V. notamment le point 33 de l'arrêt de la Cour du 6 mars 2018, *Achmea*, aff. C-284/16, ECLI:EU:C:2018:158, qui cite sa jurisprudence constante en la matière.

[100] Cour de justice, arrêt du 21 décembre 2021, *Euro Box Promotion e.a.*, aff. C-357/19, ECLI:EU:C:2021:1034, point 245.

[101] Article 1., a), de la Convention de Vienne sur le droit des traités du 23 mai 1969.

[102] PELLET A., « Les fondements juridiques internationaux du droit communautaire », *Recueil des Cours de l'Académie de Droit Européen*, vol. 2, 1997, pp. 193-271.

[103] *Ibid.*, pp. 212-213.

70. Cependant, en s'attachant au contexte comme aux conditions de négociation et de rédaction des différents traités sur lesquels repose l'édification de l'Union européenne, il apparaît qu'ils constituent, tant pris séparément que dans leur ensemble, les composantes essentielles d'un processus tendant à aboutir à une certaine unification politique de l'Europe. Dès lors, si les instruments fondateurs de l'Union européenne ont bien été établis conformément au droit international, ils se distinguent radicalement des autres traités en ce que leur conception s'inscrit dans le cadre d'une logique d'intégration politique européenne propre et inédite dont ils assurent, au demeurant, une traduction concrète. Nos développements nous donneront ainsi l'occasion de démontrer la réelle singularité des traités fondateurs de l'Union européenne en mettant en évidence le fait qu'ils procèdent non seulement de l'idée d'une unification politique progressive de l'Europe portée par ses Etats membres tout au long du processus d'intégration européenne (**section 1**), mais également qu'ils assurent une certaine concrétisation de celle-ci (**section 2**).

Section 1 - L'idée de l'unification politique progressive de l'Europe portée par les auteurs des traités

71. L'idée à l'origine de la construction européenne est bien connue. Elle est énoncée sans équivoque dans la déclaration faite par Robert Schuman, dans le Salon de l'Horloge du Quai d'Orsay, le 9 mai 1950, laquelle est communément appelée « déclaration Schuman ». C'est celle de la réalisation progressive d'une « Fédération européenne indispensable à la préservation de la paix »[104]. Cette idée politique fondamentale, portée notamment par les penseurs et militants fédéralistes du Mouvement européen[105], était défendue dès 1944 par l'instigateur de la déclaration Schuman, Jean Monnet, auprès du Comité français de libération nationale, dans les termes suivants : « [i]l n'y aura pas de paix en Europe, écrivais-je, si les Etats se reconstituent sur une base de souveraineté nationale, avec ce que cela entraîne de politique de prestige et de protection économique. […] Les pays d'Europe sont trop étroits pour assurer à leurs peuples la prospérité que les conditions rendent possible

---

104 10ème paragraphe de la déclaration Schuman du 9 mai 1950, disponible sur le site internet : https://european-union.europa.eu/principles-countries-history/history-eu/1945-59/schuman-declaration-may-1950_fr.

105 Ce mouvement créé le 25 octobre 1948, qui succède au Comité international mixte pour l'unité européenne, a coalisé plusieurs organisations fédéralistes européennes et est notamment à l'origine de la création du Conseil de l'Europe, ainsi que du collège de Bruges. Les organisations qu'il a regroupées (la ligue européenne de coopération économique (LECE), l'union européenne des fédéralistes (UEF) et l'union européenne des démocrates-chrétiens (UEDC), entre autres) ont compté parmi leurs membres de grandes figures de la construction européenne, telles qu'Altiero Spinelli, Konrad Adenauer et Alcide De Gasperi. Le Mouvement européen a au demeurant été présidé par certaines d'entre elles, comme Paul-Henri Spaak de 1950 à 1955, Robert Schuman de 1955 à 1961 et Walter Hallstein de 1968 à 1974.

et par conséquent nécessaire. Il leur faut des marchés plus larges... »[106]. Jean Monnet ajoutait au demeurant que « [c]ette prospérité et les développements sociaux indispensables supposent que les Etats d'Europe se forment en une fédération, ou une « entité européenne » qui en fasse une unité économique commune. »[107]. Ainsi, en adhérant pleinement au projet porté par la « déclaration Schuman », les six futurs Etats-membres de la CECA mettront clairement en œuvre un processus politique fondé sur l'idée de l'établissement progressif d'une fédération européenne.

72. Après la mise en place de la CECA, l'échec du traité instituant la CED va conduire à une inflexion de ce processus. Signé à Paris le 27 mai 1952, ce traité s'inscrivait de manière radicale dans la continuité de l'idée fédérale inhérente à la CECA en prévoyant « une COMMUNAUTÉ EUROPÉENNE DE DÉFENSE, de caractère supranational, comportant des institutions communes, des Forces armées communes et un budget commun »[108], laquelle avait de surcroît vocation à intégrer « une structure fédérale ou confédérale ultérieure fondée sur le principe de la séparation des pouvoirs et comportant, en particulier, un système représentatif bicaméral »[109]. Son rejet par l'Assemblée nationale française le 30 août 1954 et l'abandon subséquent du projet d'une communauté politique européenne, rédigé par une commission constitutionnelle formellement mandatée par les six Etats membres fondateurs[110], conduit ces derniers à revenir à une approche nettement plus progressive, et finalement plus conforme au plan Schuman, de la construction européenne. Cette inflexion se traduit cependant par l'occultation de la perspective fédérale du mouvement initié avec la CECA par les Etats membres, occultation qui passe notamment par la disparition de la notion de supranationalité du discours relatif à la construction européenne.

73. Cependant, l'affirmation toujours plus nette de l'idée de l'établissement progressif d'une union politique européenne par les Etats

---

[106] MONNET J., *Mémoires*, Paris, Fayard, 1976, p. 263.

[107] *Ibid.*

[108] Article 1 du traité instituant la CED, disponible sur le site internet du CVCE : https://www.cvce.eu/obj/traite_instituant_la_communaute_europeenne_de_defense_paris_27_mai_1952-fr-2af9ea94-7798-4434-867a-36c4a256d0af.html.

[109] Article 38, paragraphe 1, du traité instituant la CED.

[110] Dans la résolution de Luxembourg en date du 10 septembre 1952 (disponible sur le site internet du CVCE : https://www.cvce.eu/obj/resolution_adoptee_par_les_six_ministres_des_affaires_etrangeres_luxembourg_10_septembre_1952-fr-68b6b3b5-11d3-425b-8a50-7983807c95a1.html), les six ministres des affaires étrangères des Etats-membres de la CECA, réunis en Conseil spécial de ministres, chargent une assemblée ad hoc, composée des membres de l'Assemblée de la CECA et de membres de l'Assemblée consultative du Conseil de l'Europe, d'élaborer un projet de « Communauté politique européenne », en s'inspirant des dispositions de l'article 38 du traité de la CED. Un projet de traité portant statut d'une communauté européenne, rédigé par une commission constitutionnelle issue de l'Assemblée *ad hoc*, sera ainsi officiellement remis aux ministres des affaires étrangères des six Etats membres, le 9 mars 1953, par le président de cette Assemblée, Paul Henri Spaak, puis adopté par celle-ci, le 10 mars 1953.

membres dans le cadre de la CEE, puis dans celui de l'UE, va permettre à l'idéal fédéraliste initial de se maintenir dans le processus de construction européenne, dans la mesure où une correspondance est toujours possible entre les deux projets politiques évoqués. L'idée d'une union politique européenne n'est en effet pas exclusive de celle d'une fédération et est, au contraire, susceptible de trouver un plein aboutissement dans le schéma fédéral.

74. En tout état de cause, la volonté manifestée par les Etats membres de continuer dans la voie de l'intégration à travers l'Union européenne révèle clairement la survivance de l'idée d'une construction politique progressive de l'Europe portée par les pères fondateurs. Il convient dès lors de mettre en exergue la façon dont cette idée a été affirmée par les Etats membres dans le cadre des Communautés européennes (**§ 1**), avant d'être perpétuée dans celui de l'UE (**§ 2**).

§ 1. L'affirmation de cette idée dans le cadre des Communautés européennes

75. Dès l'origine, l'unification politique de l'Europe a été envisagée par les concepteurs du projet européen comme une construction progressive censée évoluer au fil de différentes étapes. Dans les propos introductifs à sa déclaration du 9 mai 1950, Robert Schuman affirmait ainsi que « [p]our que la paix puisse vraiment courir sa chance, il faut, d'abord, qu'il y ait une Europe. Cinq ans, presque jour pour jour, après la capitulation sans conditions de l'Allemagne, la France accomplit le premier acte décisif de la construction européenne et y associe l'Allemagne »[111]. Cependant, alors que cette construction progressive s'inscrivait clairement, pour les six pays fondateurs, dans le cadre d'un schéma fédéral au moment de l'élaboration de la CECA (**A**), elle sera conçue dans la perspective plus équivoque d'une union politique européenne avec la CEE (**B**).

A. L'idée de l'établissement progressif d'une fédération européenne inhérente à la CECA

76. Si l'idée bien connue de la création d'une fédération européenne comme moyen de garantir la paix et la prospérité en Europe était notamment endossée par Winston Churchill, dès 1946, à l'occasion de son discours à l'Université de Zurich[112], celle de la mise en œuvre d'un processus tendant à

[111] Propos liminaires de la déclaration Schuman du 9 mai 1950, disponibles sur le site internet de la fondation Robert Schuman : https://www.robert-schuman.eu/fr/declaration-du-9-mai-1950.

[112] Le 19 septembre 1946, Winston Churchill a livré, à l'Université de Zurich, un plaidoyer en faveur de la création des Etats-Unis d'Europe, création basée sur la réconciliation franco-allemande mais excluant le Royaume-Uni.

établir concrètement cette fédération ne sera clairement exposée qu'avec la déclaration Schuman du 9 mai 1950. Aux termes de cette déclaration, « [p]ar la mise en commun de productions de base et l'institution d'une Haute Autorité nouvelle, dont les décisions lieront la France, l'Allemagne et les pays qui y adhéreront, cette proposition réalisera les premières assises concrètes d'une Fédération européenne indispensable à la préservation de la paix. »[113]. Selon Jean Monnet, ce passage de la déclaration Schuman avait une importance particulière car « il décrivait à la fois la méthode, les moyens et l'objectif désormais indissociables. »[114]. De fait, faisant écho aux termes de la même déclaration selon lesquels « L'Europe ne se fera pas d'un coup, ni dans une construction d'ensemble [mais] par des réalisations concrètes créant d'abord une solidarité de fait »[115], cet extrait démontre non seulement que l'initiative française avait une visée fédérale très nette mais également qu'elle était censée s'inscrire dans la durée, ainsi que dans le cadre d'un schéma déterminé et, donc, d'un processus cohérent. Dès lors, si la première étape du processus évoqué devait, selon ses concepteurs, passer par le biais économique à travers le placement de « l'ensemble de la production franco-allemande de charbon et d'acier sous une Haute Autorité commune, dans une organisation ouverte à la participation des autres pays d'Europe »[116], elle n'en revêtait pas moins une dimension politique forte du fait de la démarche fédérale qu'elle était supposée inaugurer.

77. Rendant compte d'un entretien avec le chancelier allemand Konrad Adenauer dédié à la présentation du plan Schuman dans ses *Mémoires*, Jean Monnet indique en effet que « la proposition française est donc, dans son inspiration, essentiellement politique. Elle a même un aspect pour ainsi dire moral. Dans son essence, elle vise un objectif très simple que notre gouvernement cherchera à réaliser sans se préoccuper, dans une première phase, des difficultés techniques. »[117]. Il souligne de plus l'entente totale qui existait alors entre les gouvernements français et allemand sur cette question en relevant les propos tenus par Walter Hallstein dans le cadre des négociations du traité instituant la CECA : « [l]e gouvernement allemand réaffirme que le plan Schuman revêt en tout premier lieu une importance politique. Dans cette perspective, les problèmes économiques, si considérables soient-ils, n'occupent qu'une place secondaire : on leur trouvera toujours une solution. C'est pourquoi la délégation allemande adresse à tous les membres de cette conférence l'appel urgent de subordonner les intérêts économiques au grand but politique. »[118]. Ainsi, selon les professeurs Gérard Soulier et Olivier Descamps, «[l]a construction européenne, engagée à ce

---

[113] 10ème paragraphe de la déclaration Schuman du 9 mai 1950, *op. cit.*

[114] MONNET J., *Mémoires, op. cit.*, p. 353.

[115] 3ème paragraphe de la déclaration Schuman du 9 mai 1950, *op. cit.*

[116] 5ème paragraphe de la déclaration Schuman du 9 mai 1950, *op. cit.*

[117] MONNET J., *Mémoires, op. cit.*, pp. 365-366.

[118] *Ibid.*, p. 384.

moment-là, est un projet politique destiné à réaliser une unité qui n'a jamais existé, dans aucune époque du passé. »[119].

78. Cependant, outre cette affirmation claire de la vocation fédérale du plan Schuman, l'objectif politique de la construction progressive d'une fédération européenne était censé se concrétiser en premier lieu à travers les compétences reconnues à la Haute Autorité de la CECA dans la sphère économique, lesquelles procèderaient de transferts de souveraineté de ses Etats membres vers celle-ci. Nous aurons l'occasion d'interroger la notion sujette à controverses de transfert de souveraineté dans nos futurs développements, étant donné que la définition classique du principe en cause ne tolère aucune atteinte à son intangibilité[120]. Pour l'heure, il y a lieu de souligner que ces transferts de souveraineté constituaient le « principe fondamental »[121] du projet politique alors porté par le gouvernement français, principe dont l'acceptation était, qui plus est, indispensable pour participer aux négociations du traité CECA, et dont le refus explique l'absence du Royaume-Uni à ces dernières. Cela ressort très clairement des précieuses informations apportées par Jean Monnet sur le contexte des négociations du traité CECA dans ses *Mémoires*[122] et notamment des propos suivants, issus de sa correspondance avec l'un des plus éminents responsables du parti conservateur britannique d'alors, Harold Macmillan : « [l]es propositions Schuman, disais-je, sont révolutionnaires ou elles ne sont rien. Leur principe fondamental est la délégation de souveraineté dans un domaine limité, mais décisif. [...] La coopération entre les nations, si importante soit-elle, ne résout rien. »[123].

79. Le professeur Paul Reuter fera également état du caractère fondamental des transferts de souveraineté dans la construction européenne en soulignant qu'« [à] la différence des simples limitations, qui laissent subsister les cloisonnements nationaux, les transferts instituent une compétence commune qui résulte de la fusion partielle des compétences

[119] SOULIER G., DESCAMPS O., « Histoire de la construction européenne », *JurisClasseur Europe – Traité*, fasc. 100, 2021, § 2.

[120] En effet, la souveraineté « [s]ignifie, négativement, l'absence de toute dépendance extérieure et de tout empêchement intérieur » (AVRIL P., GICQUEL J., *Lexique de droit constitutionnel*, PUF, « Que sais-je ? », 5ème éd., 2016, p. 115) ; tandis que « [p]ositivement, [elle] désigne le caractère suprême de la puissance étatique, et cette puissance elle-même, c'est-à-dire les pouvoirs effectifs compris dans la puissance de l'État. La souveraineté emporte donc à la fois l'indépendance dans l'ordre international (la souveraineté de l'État), le pouvoir exclusif et sans limites, sinon celles que l'État de droit s'assigne à lui-même, dans l'ordre interne (souveraineté dans l'État), et le contenu de ce pouvoir. Elle est l'apanage de l'État à l'opposé d'une organisation internationale (Union européenne) qui ne peut bénéficier que de transferts de compétences consentis par les États membres [...]. » (*ibid.*).

[121] MONNET J., *Mémoires, op. cit.*, p. 371.

[122] *Ibid.*, pp. 367-372.

[123] *Ibid.*, p. 371.

nationales. C'est pourquoi on peut parler d'une Communauté. »[124]. L'importance ainsi reconnue au principe des transferts de souveraineté témoigne de la visée fédérale très nette du projet politique porté par la déclaration Schuman. En effet, que l'on soit enclin ou non lui à reconnaître une réelle pertinence sur le plan juridique, il manifeste clairement la volonté des auteurs du plan Schuman de déposséder les Etats membres de compétences essentielles, aux fins de les confier à une institution européenne fondamentalement commune. Au demeurant, bien que le principe des transferts de souveraineté ne soit pas expressément mentionné par la déclaration Schuman, cette dernière y fait implicitement allusion en proposant « une Haute Autorité nouvelle, dont les décisions lieront la France, l'Allemagne et les pays qui y adhéreront »[125]. En effet, le caractère obligatoire des décisions de la Haute Autorité envisagée suppose, dans les domaines d'action concernés, un dessaisissement total de leurs compétences, par les Etats membres, et ce, au profit de l'institution commune.

80. L'on peut, au demeurant, dès à présent relever, pour la suite de nos développements, que le principe des transferts de souveraineté a été associé à l'idée de la supranationalité, dès la genèse du plan Schuman. Jean Monnet indique en effet qu'elle est apparue dans l'une des versions préparatoires de la déclaration Schuman pour caractériser l'institution commune qu'est la Haute Autorité corrélativement à la force obligatoire de ses décisions[126] à l'égard des Etats. Comme le mot même tend à l'indiquer, la supranationalité renvoie ainsi à ce qui surpasse l'ordre national, et donc l'Etat qui en a naturellement l'apanage, au profit d'une entité commune. Par conséquent, à l'instar du principe des transferts de souveraineté, la notion de supranationalité manifeste clairement l'idée fédérale qui sous-tend la conception de la CECA. Selon le professeur Pierre Pescatore, elle permet en effet de rendre compte de la réalité nouvelle qu'ont constituée les Communautés européennes. Il affirme à ce sujet que « [la] réunion des trois critères : objectif commun, réalité du pouvoir et autonomie, est une chose extrêmement rare. Elle est le propre du droit de l'intégration, de la supranationalité. »[127]. Cette conception était partagée par Robert Schuman qui, dans sa préface de l'ouvrage du professeur Paul Reuter dédié à la CECA[128], considère que la notion de supranationalité consacre « l'établissement d'un échelon nouveau dans la gradation des

---

[124] REUTER P., *La Communauté européenne du charbon et de l'acier*, LGDJ, Paris, 1953, p. 139.

[125] 10ème paragraphe de la déclaration Schuman du 9 mai 1950, *op. cit.*

[126] MONNET J., *Mémoires*, *op. cit.*, p. 352.

[127] PESCATORE P., *Le droit de l'intégration - Emergence d'un phénomène nouveau dans les relations internationales selon l'expérience des Communautés européennes*, Bruxelles, Bruylant, coll. Droit de l'Union européenne, 2005 (réimpression de l'ouvrage publié chez A.W. Sijthoff-Leiden en 1972), p. 52.

[128] REUTER P., *La Communauté européenne du charbon et de l'acier*, LGDJ, Paris, *op. cit.*

pouvoirs »[129], après avoir souligné que « [l]e supranational se situe à égale distance entre, d'une part, l'individualisme international qui considère comme intangible la souveraineté nationale et n'accepte comme limitations de la souveraineté que des obligations contractuelles, occasionnelles et révocables ; d'autre part, le fédéralisme d'Etats qui se subordonnent à un Super-Etat doté d'une souveraineté territoriale propre »[130].

81. Aux termes de ces développements, il apparaît clairement que la conception de la CECA a reposé sur l'idée de l'établissement progressif d'une fédération européenne, censé intervenir dans le cadre d'un processus politique déterminé ; fédération européenne dont il faut souligner que les contours n'ont jamais été clairement définis. En effet, « le plan Schuman se place en dehors des schémas classiques et prend soin d'ignorer tout autant le modèle du droit international fondé sur le principe de souveraineté des États et le modèle intégrateur de l'État fédéral. Le plan Schuman ouvre une voie intermédiaire : il n'utilise pas le mot État ni le mot souveraineté ; il parle de la France, de l'Allemagne, des nations, des pays. »[131]. En outre, si le plan Schuman « évoque, pour l'avenir, une « Fédération européenne indispensable à la préservation de la paix », le mot fédération ne désigne pas un système institutionnel bien déterminé ; il faut l'entendre dans son sens premier d'alliance ou d'union, sans autre précision. Il n'est rien d'autre, dans la déclaration Schuman, que la proposition téléologique, généralement assez vague, dont aucun grand projet ne saurait faire l'économie. »[132].

82. Cela étant, l'association du processus politique susmentionné au terme d' « intégration » permet aujourd'hui de rendre plus aisément compte de sa particularité. En effet, selon un *Dictionnaire critique de l'Union européenne*, « [i]ssu du langage de la sociologie, le terme « intégration » a été appliqué à l'Union européenne par les juristes et les politistes pour qualifier une forme de relation entre les Etats qui n'est pas de la simple coopération intergouvernementale »[133], l'intégration se distinguant en effet de cette dernière par le fait qu'elle supposerait « des transferts de souveraineté des Etats vers un nouveau centre composé d'institutions dotées d'une certaine autonomie. »[134]. L'on peut également considérer que, « [d]ans le cadre de la construction européenne, l'intégration est ce processus progressif par lequel les États membres mettent en commun un certain nombre d'activités et créent des institutions supranationales pour assurer la régulation de ces activités. »[135].

---

[129] *Ibid.*, p. 7.
[130] *Ibid.*
[131] SOULIER G., DESCAMPS O., « Histoire de la construction européenne », *op. cit.*, § 4
[132] *Ibid.*
[133] BERTONCINI Y., CHOPIN T., et al. (dir.), *Dictionnaire critique de l'Union européenne*, Paris, Armand Colin, 2008, p. 236.
[134] *Ibid.*
[135] QUERMONNE J-L. (dir.), *Les mots de l'Europe – Lexique de l'intégration européenne*, Paris, Presses de Sciences Po, 2001, pp. 160-161.

83. Enfin, si l'objet de nos présents développements ne nous permet d'exploiter ici que très modestement les virtualités de la *Théorie de la Fédération* du professeur Olivier Beaud, il est intéressant de relever, à ce stade, que le processus d'intégration sous-tendu par l'idée de l'établissement progressif d'une fédération européenne conceptualisé par les auteurs du plan Schuman peut s'inscrire dans le cadre du schéma fédéral décrit dans l'ouvrage cité. En effet, selon le professeur Olivier Beaud, le fédéralisme « est à la fois une technique juridique et une idée politique »[136], idée politique qui s'avère être une « idée fédérale »[137]. Or, le plan Schuman, qui a été politiquement endossé par les six Etats membres fondateurs avec la mise en place de la CECA, comporte à la fois l'affirmation de l'objectif politique de l'établissement progressif d'une fédération européenne et la proposition d'une technique fondée sur le principe des transferts de souveraineté pour y parvenir. L'idée fédérale assumée par les Etats membres dans le cadre de la CECA va cependant se diluer dans celle d'une union politique européenne, qui sera portée par ces derniers après l'échec de la démarche d'intégration radicale entreprise avec la CED.

B. L'idée de l'établissement progressif d'une union politique européenne inhérente à la CEE

84. Après l'échec de la CED, le plan d'une poursuite de l'intégration politique européenne via la création d'un marché commun général, porté par le ministre néerlandais des affaires étrangères d'alors, Johan Willem Beyen, est formalisé dans un mémorandum des pays du Benelux adressé aux six Etats membres de la CECA, officiellement communiqué le 20 mai 1955. Selon ce document, « [l]es gouvernements de Belgique, du Luxembourg et des Pays-Bas croient [alors] le moment venu de franchir une nouvelle étape dans la voie de l'intégration européenne. Ils sont d'avis que celle-ci doit être réalisée tout d'abord dans le domaine économique. Ils estiment qu'il faut poursuivre l'établissement d'une Europe unie par le développement d'institutions communes, la fusion progressive des économies nationales, la création d'un grand marché commun et l'harmonisation progressive de leur politique sociale. »[138]. Ce texte officiel s'inscrit de surcroît dans le cadre de la résolution de Luxembourg[139] – qui affirme clairement le caractère politique de la

---

[136] BEAUD O., *Théorie de la Fédération*, Paris, PUF, 2ème éd., 2009, p. 102.

[137] *Ibid.*, p. 110.

[138] Mémorandum des pays Benelux aux six pays de la CECA en date du 18 mai 1955, p. 2, disponible sur le site internet du CVCE : https://www.cvce.eu/obj/memorandum_des_pays_benelux_aux_six_pays_de_la_ceca_18_mai_1955-fr-69a6f717-1c7b-4491-a820-54540fa93ec7.html#:~:text=S%27enregistrer-,M%C3%A9morandum%20des%20pays%20Benelux%20aux%20six,la%20CECA%20(18%20mai%201955)

[139] V. la note 110.

construction européenne – en soulignant qu' « [e]n rédigeant le présent mémorandum, les pays Benelux se sont efforcés d'apporter une contribution à la solution des problèmes discutés entre les six pays de la CECA lors de l'élaboration de la résolution de Luxembourg du 10 septembre 1952. »[140].

85. Le mémorandum des pays du Benelux exprime ainsi l'idée d'une unification politique progressive de l'Europe à travers l'intégration économique globale, bien que graduelle, proposée. Cela ressort spécifiquement du souhait de ces pays de voir se « poursuivre l'établissement d'une Europe unie par le développement d'institutions communes, la fusion progressive des économies nationales, la création d'un grand marché commun et l'harmonisation progressive de [la] politique sociale [des Etats membres] »[141].

86. Ce lien entre unification politique et intégration économique européennes est, au demeurant, reconnu par le Gouvernement italien dans un mémorandum sur la poursuite de l'intégration en date du 1er juin 1955 dans lequel il soutient que « s'[étant] toujours assigné l'intégration économique comme un des buts principaux de son programme d'unification politique européenne, [il] accueille avec satisfaction l'initiative que les Gouvernements du Benelux ont voulu prendre pour la relance de l'idée européenne et partage avec eux l'opinion que de nouveaux efforts doivent être maintenant faits en vue de réaliser une fusion progressive des économies nationales en Europe et particulièrement entre les six pays de la Communauté Européenne du Charbon et de l'Acier. »[142].

87. Reprenant totalement à leur compte le projet d'une unification politique progressive de l'Europe passant en premier lieu par une intégration économique, tel que porté par les pays du Benelux, les six Etats membres de la CECA affirment, lors de la conférence de Messine intervenue du 1er au 3 juin 1955, « [croire] le moment venu de franchir une nouvelle étape dans la voie de la construction européenne. Ils sont d'avis que celle-ci doit être réalisée tout d'abord dans le domaine économique. Ils estiment qu'il faut poursuivre l'établissement d'une Europe unie par le développement d'institutions communes, la fusion progressive des économies nationales, la création d'un marché commun et l'harmonisation progressive de leurs

---

[140] Mémorandum des pays Benelux aux six pays de la CECA en date du 18 mai 1955, *op. cit.*, p. 3.

[141] *Ibid.*, p. 2.

[142] Mémorandum du Gouvernement italien sur la poursuite de l'intégration européenne en date du 1er juin 1955, Archives historiques du Conseil de l'Union européenne, *Réunion des ministres des affaires étrangères, Messine, 01-03.06.1955, 1957*, dossier CM3 NEGO/NEGO1/3, disponible sur le site internet commun au Conseil de l'UE et au Conseil européen : https://www.consilium.europa.eu/fr/.

politiques sociales. »[143]. Ils définissent à cet effet une procédure pour la rédaction et la négociation des futurs traités de Rome qui figure dans la résolution adoptée à l'issue de la conférence évoquée.

88. Après l'entrée en vigueur du traité CEE, les Etats membres vont réaffirmer la vocation politique de l'intégration économique qui en est issue de façon très explicite et répétée. Ainsi, désireux de souligner la « signification politique majeure »[144] du passage à la phase définitive du marché commun, les chefs d'Etat ou de gouvernement des pays membres des Communautés européennes soutiennent, dans le communiqué final du sommet de la Haye des 1er et 2 décembre 1969, que cette étape « ce n'est pas seulement, en effet, consacrer le caractère irréversible de l'œuvre accomplie par les Communautés, c'est aussi préparer les voies d'une Europe unie en mesure d'assumer ses responsabilités dans le monde de demain et d'apporter une contribution répondant à sa tradition et à sa mission. Aussi, les Chefs d'Etat ou de gouvernement tiennent-ils à réaffirmer leur foi dans les finalités politiques qui donnent à la Communauté tout son sens et sa portée, leur détermination de mener jusqu'à son terme leur entreprise et leur confiance dans le succès final de leurs efforts. »[145]. Exprimant au demeurant la volonté de renforcer et de faire progresser plus rapidement le processus d'intégration européenne, ils décident qu' « un plan par étapes sera élaboré au cours de l'année 1970 en vue de la création d'une union économique et monétaire. »[146].

89. Issu de cette décision, le rapport au Conseil et à la Commission concernant la réalisation par étapes de l'Union économique et monétaire (ci-après UEM) dans la Communauté du 8 octobre 1970, dit « rapport Werner »[147], en sus d'établir un programme détaillé pour la mise en place progressive de l'UEM, met en exergue le lien existant entre celle-ci et une union politique entre les Etats membres. Le rapport Werner souligne en effet que, « sur le plan des réformes institutionnelles, la réalisation de l'UEM exige la création ou la transformation d'un certain nombre d'organes communautaires auxquels devront être transférées des attributions jusque-là exercées par les autorités nationales. Ces transferts de responsabilité représentent un processus de signification politique fondamental qui implique

---

[143] Résolution adoptée par les ministres des affaires étrangères des États membres de la CECA, réunis à Messine du 1er au 3 juin 1955, p. 2, disponible sur le site internet du CVCE : https://www.cvce.eu/education/unit-content/-/unit/02bb76df-d066-4c08-a58a-d4686a3e68ff/102300b1-57f8-4ba0-a349-c9cbf09dccb2/Resources#d1086bae-0c13-4a00-8608-73c75ce54fad_fr&overlay.

[144] Communiqué final du sommet de La Haye des 1er et 2 décembre 1969, p. 2, disponible sur le site internet du CVCE : http://www.cvce.eu/obj/communique_final_du_sommet_de_la_haye_2_decembre_1969-fr-33078789-8030-49c8-b4e0-15d053834507.html.

[145] *Ibid.*

[146] *Ibid.*, p. 3.

[147] Par référence au nom du président et ministre des finances du gouvernement luxembourgeois, Pierre Werner, qui a présidé à sa rédaction.

le développement progressif de la coopération politique. L'union économique et monétaire apparaît ainsi comme un ferment pour le développement de l'union politique dont elle ne pourra, à la longue, se passer. »[148]. Or, dans une résolution concernant la réalisation par étapes de l'UEM dans la Communauté datant du 22 mars 1971, le Conseil des Communautés européennes et les représentants des gouvernements des Etats membres endossent l'objectif de la réalisation de l'UEM en trois étapes, tel qu'il est défini par le rapport Werner, en soulignant être « conscients de la signification politique profonde de la réalisation de l'union économique et monétaire pour la Communauté et les Etats membres qui la composent [et] désireux de consacrer le caractère irréversible de l'action [qu'ils] ont décidé d'entreprendre en vue de la création d'une union économique et monétaire »[149]. Ce faisant, ils manifestent de nouveau la volonté d'établir progressivement une union politique sur la base des progrès de l'intégration économique inhérents à l'UEM.

90. L'affirmation par les Etats membres du caractère politique de l'intégration économique européenne apparaît également dans la perspective du premier élargissement des Communautés européennes, l'adhésion des pays candidats étant clairement subordonnée à l'acceptation de cette dimension du processus mis en œuvre par les traités fondateurs. Le communiqué final du sommet de la Haye des 1er et 2 décembre 1969 indique en effet que « pour autant que les Etats candidats acceptent les traités et leur finalité politique, les décisions intervenues depuis l'entrée en vigueur des traités et les options prises dans le domaine du développement, les Chefs d'Etat et de gouvernement ont marqué leur accord pour l'ouverture d'une négociation entre la Communauté d'une part et les Etats candidats d'autre part. »[150].

91. Après la signature du traité d'adhésion aux Communautés européennes du Royaume-Uni, du Danemark et de l'Irlande le 22 janvier 1972, l'idée de l'établissement progressif d'une union politique européenne se présente comme un objectif commun à l'ensemble des Etats membres de la

---

148 Rapport au Conseil et à la Commission concernant la réalisation par étapes de l'Union économique et monétaire dans la Communauté en date du 8 octobre 1970, disponible sur le site internet du CVCE : https://www.cvce.eu/obj/rapport_au_conseil_et_a_la_commission_concernant_la_realisation_par_etapes_de_l_union_economique_et_monetaire_luxembourg_8_octobre_1970_version_finale-fr-2dfa2a56-59bb-4f0c-bbc1-c7a06adc34fe.html.

149 Résolution du Conseil et des représentants des gouvernements des États membres concernant la réalisation par étapes de l'Union économique et monétaire dans la Communauté en date du 22 mars 1971, p. 3, disponible sur le site internet du CVCE : https://www.cvce.eu/obj/resolution_du_conseil_concernant_la_realisation_par_etapes_de_l_union_economique_et_monetaire_dans_la_communaute_22_mars_1971-fr-a985b0a5-9023-4107-afb6-8d033eb8ee93.html.

150 Communiqué final du sommet de La Haye des 1er et 2 décembre 1969, *op. cit.*, p. 3.

future Communauté européenne élargie[151]. Ainsi, la déclaration commune faite à l'issue du premier sommet ayant réuni à Paris les chefs d'Etat ou de gouvernement des Etats membres et des Etats adhérents, en octobre 1972, indique que : « [c]onformément à ses finalités politiques, la construction européenne permettra à l'Europe d'affirmer sa personnalité dans la fidélité à ses amitiés traditionnelles et aux alliances de ses États membres et de marquer sa place dans les affaires mondiales en tant qu'entité distincte [...]. Les États membres de la Communauté, élément moteur de la construction européenne, affirment leur intention de transformer, avant la fin de l'actuelle décennie, l'ensemble de leurs relations en une union européenne. »[152]. L'union européenne est ici clairement envisagée comme une construction politique fondée sur la CEE, destinée de surcroît à ériger l'Europe en une « entité distincte » dans l'ordre juridique international. Il est en outre intéressant de relever que la déclaration précitée relègue au second plan le caractère économique de la CEE. Elle emploie, en effet, uniquement les termes « Communauté » ou « Communauté européenne » pour la désigner, comme pour manifester la volonté des Etats membres d'affirmer sans équivoque la vocation politique de la CEE, à l'heure où elle est présentée comme le ferment de la construction européenne.

92. Confirmant l'ambition ainsi affichée, les désormais neuf Etats membres de la CEE, réunis lors d'un sommet intervenu à Paris les 9 et 10 décembre 1974, « constatent que le processus de transformation de l'ensemble des relations entre les États membres, conformément aux décisions prises en octobre 1972 à Paris, a déjà commencé, et [se disent] déterminés à faire de nouveaux progrès dans cette voie. »[153]. Ils chargent à cet effet le premier ministre belge d'alors, Leo Tindemans, d'établir un rapport de synthèse sur l'Union européenne, en se basant notamment sur les rapports des institutions européennes requis sur le sujet lors de la conférence de Paris d'octobre 1972, afin d'en dégager une « conception d'ensemble »[154] commune à tous les Etats membres.

93. Adressé le 29 décembre 1975 au Conseil européen – instance informelle de réunion des exécutifs des Etats membres des Communautés

---

[151] L'adhésion du Royaume-Uni, du Danemark et de l'Irlande à la Communauté économique européenne et à la Communauté européenne de l'énergie atomique ne sera effective qu'au 1er janvier 1973.

[152] Déclaration du sommet de Paris, intervenu du 19 au 21 octobre 1972, p. 3, disponible sur le site internet du CVCE : https://www.cvce.eu/obj/declaration_du_sommet_de_paris_19_au_21_octobre_1972-fr-b1dd3d57-5f31-4796-85c3-cfd2210d6901.html.

[153] Communiqué final du sommet de Paris des 9 et 10 décembre 1974, p. 3, disponible sur le site internet du CVCE : https://www.cvce.eu/education/unit-content/-/unit/02bb76df-d066-4c08-a58a-d4686a3e68ff/be352e74-1857-489d-a975-8ffada2a408d/Resources#2acd8532-b271-49ed-bf63-bd8131180d6b_fr&overlay.

[154] Communiqué final du sommet de Paris des 9 et 10 décembre 1974, *op. cit.*

européennes depuis le sommet de Paris des 9 et 10 décembre 1974 –, le rapport Tindemans définit l'Union européenne comme une construction progressive liée à la mise en œuvre d'un programme d'actions concrètes, au niveau interne comme dans le domaine des relations extérieures, allant de pair avec un renforcement des institutions communautaires. Il estime en effet que : « [l]es différentes facettes de l'Union européenne [...] sont étroitement liées. Le développement des relations extérieures de l'Union ne va pas sans développement parallèle des politiques communes sur le plan interne, l'un et l'autre sont irréalisables sans consolidation de l'autorité et de l'efficacité des institutions communes. Dans ce grand dessein tout se tient, et c'est la somme des progrès réalisés parallèlement qui constitue la mutation qualitative correspondant à l'Union européenne. »[155].

94. Si la conception technique et pragmatique de Leo Tindemans peut sembler amoindrir la vocation politique de l'Union européenne, force est de constater qu'elle tend au contraire à préserver « l'idée européenne »[156] au sein d'un ordre juridique communautaire fragilisé par la crise économique que connaît alors l'Europe, et ce, en favorisant la réalisation d'avancées concrètes[157]. Or, s'il semble difficile de définir l'idée européenne de manière exhaustive, il est possible de constater avec le Professeur Michael Burgess qu'elle est singulièrement liée à celle d'une unification politique de l'Europe[158].

---

[155] Rapport sur l'Union européenne de Leo Tindemans, adressé au Conseil européen le 29 décembre 1975, p. 12, disponible sur le site internet du CVCE : https://www.cvce.eu/recherche/unit-content/-/unit/02bb76df-d066-4c08-a58a-d4686a3e68ff/63f5fca7-54ec-4792-8723-1e626324f9e3/Resources#284c9784-9bd2-472b-b704-ba4bb1f3122d_fr&overlay.

[156] Leo Tindemans souligne en effet que : « [d]ans cette perspective, les propositions contenues dans mon rapport devront nous amener à surmonter la crise actuelle, à améliorer le fonctionnement des institutions, à donner corps aux options politiques d'hier et d'aujourd'hui et à en développer de nouvelles. C'est là, à mon sens, la tâche essentielle du présent. Si nous réussissons dans notre entreprise, l'idée européenne sera définitivement préservée et, de ce fait, l'avenir de nos peuples assuré. », *ibid.*, p. 7.

[157] Leo Tindemans indique encore à ce sujet : « [c]'est la raison pour laquelle j'ai volontairement refusé de faire un rapport qui aurait la prétention d'être, en partie, la constitution de la future Union européenne. Je n'ai pas voulu non plus décrire ce que devrait être une Europe idéale, tout en restant personnellement convaincu que l'Europe n'aura sa véritable signification que si elle s'engage dans une voie fédéraliste. La crise en Europe est à ce point profonde que nous devons dans l'immédiat sauver ce qui a été réalisé et, à partir de là, entreprendre une action énergique en vue d'effectuer un bond en avant significatif. J'ai dû faire un choix difficile. Mes propositions ne concernent pas directement la phase finale du développement européen. Elles indiquent les objectifs et les moyens qui peuvent redonner à l'Europe une nouvelle vitalité et permettre de surmonter les impasses actuelles. », *ibid.*, pp. 6-7.

[158] Le professeur Michael Burgess souligne en effet que : « [m]uch has been written about the 'European idea' and it has been conceptualized in several different ways. A recent collection of essays on the subject has claimed that it is embedded in a mix of three interrelated concepts : first, the claim that there is something specific called 'Europe'; second, that there is a European

95. Cela étant, réunis en Conseil européen à la Haye les 29 et 30 novembre 1976, les chefs d'Etat ou de gouvernement des Etats membres des Communautés européennes entérinent la conception de l'Union européenne portée par Leo Tindemans en indiquant « partage[r] les vues exprimées par le Premier Ministre de Belgique sur la nécessité de construire l'Union européenne par un renforcement de la solidarité concrète des neuf Etats membres et de leurs peuples, tant sur le plan interne que dans leurs relations avec l'extérieur et de doter progressivement l'Union des instruments et des institutions nécessaires à son action »[159].

96. Les Etats membres considèrent, à cet égard, que l'Union européenne doit « se traduire effectivement dans la vie quotidienne des individus en concourant à la protection de leurs droits et à l'amélioration de leur cadre de vie. »[160]. Ils affirment enfin qu'elle « se construira progressivement en consolidant et en développant l'acquis communautaire, les traités existants pouvant servir de base à de nouvelles politiques [; l]a réalisation de l'union économique et monétaire [étant] fondamentale pour la consolidation de la solidarité communautaire et pour l'établissement de l'Union européenne. »[161]. En endossant de la sorte les préconisations du rapport Tindemans, les Etats membres démontrent ici encore leur volonté d'établir progressivement une union politique européenne tout en rappelant la vocation originelle de l'intégration économique, complétée par leur coopération politique, à créer, entre les peuples européens, les solidarités de fait nécessaires à son institution, comme à son acceptation.

97. Opérant une synthèse des idées et principes inhérents à l'Union européenne affirmés par les Etats membres dans les termes évoqués plus haut, la déclaration solennelle sur l'Union européenne, issue du Conseil européen de Stuttgart de juin 1983, confirme « leur volonté de transformer l'ensemble des relations entre leurs Etats en une Union européenne »[162], après avoir rappelé leur résolution « à poursuivre l'œuvre entreprise sur la base des traités de Paris et de Rome et à créer une Europe unie »[163]. Les Etats membres considèrent à cet égard que « l'idée européenne, les résultats acquis dans les domaines de l'intégration économique et de la coopération politique ainsi que la nécessité de nouveaux développements répondent aux vœux des peuples

---

'self-identity' which is perceived by Europeans themselves; and, third, that history has revealed various political schemes for European unity. », BURGESS M., *Federalism and European Union : the building of Europe 1950-2000*, New York, Routledge, 2000, p. 16.

[159] Conclusions de la présidence du Conseil européen de La Haye des 29 et 30 novembre 1976, p. 5, disponibles sur le site internet du Conseil de l'UE et du Conseil européen : https://www.consilium.europa.eu/media/20788/the_hague_novembre_1976__fr_.pdf.

[160] *Ibid.*

[161] *Ibid.*, p. 6.

[162] Conclusions du Conseil européen de Stuttgart du 17 au 19 juin 1983, p. 10, disponibles sur le site internet du Conseil de l'UE et du Conseil européen : https://www.consilium.europa.eu/media/20677/1983_juin_-_stuttgart__fr_.pdf.

[163] *Ibid.*, p. 9.

démocratiques européens »[164]. Le Conseil européen de Stuttgart définit au demeurant des objectifs matériels et institutionnels tendant à « l'édification progressive de l'Union européenne »[165].

§ 2. La perpétuation de cette idée dans le cadre de l'UE

98. Après avoir constamment rappelé le lien existant entre la création d'une union économique et monétaire et l'unification politique progressive de l'Europe dans le cadre des Communautés européennes, les Etats membres, conformément aux préconisations du rapport du comité présidé par Jacques Delors sur la réalisation de l'UEM en trois étapes publié en avril 1989, s'accordent sur la convocation d'une conférence intergouvernementale dédiée à une révision du traité CEE tendant au parachèvement de cette dernière, lors du Conseil européen de Strasbourg des 8 et 9 décembre 1989. Ce faisant, ils manifestent collectivement leur volonté de poursuivre l'édification progressive d'une union politique européenne, édification que les dirigeants français et allemand d'alors, François Mitterrand et Helmut Kohl, entendent au demeurant hâter en adressant un message conjoint au président du Conseil européen « sur la nécessité d'accélérer la construction de l'Europe politique »[166], en avril 1990. Les deux dirigeants y indiquent que : « [c]ompte tenu des profondes transformations en Europe, de l'établissement du marché intérieur et de la réalisation de l'Union économique et monétaire, [ils jugent] nécessaire d'accélérer la construction politique de l'Europe des Douze. [Ils pensent] que le moment est venu de « transformer l'ensemble des relations entre les Etats-membres en une Union européenne et de doter celle-ci des moyens d'action nécessaires », ainsi que l'a prévu l'Acte unique. »[167]. François Mitterrand et Helmut Kohl souhaitent à cet effet qu'une conférence intergouvernementale consacrée à l'Union politique se tiennent parallèlement à celle consacrée à l'UEM dans l' « objectif [...] que ces réformes fondamentales - l'Union économique et monétaire ainsi que l'Union politique - entrent en vigueur le 1er janvier 1993, après ratification par les Parlements nationaux. »[168].

---

164 *Ibid.*, p. 10.
165 *Ibid.*
166 Message conjoint de François Mitterrand, président de la République française, et Helmut Kohl, chancelier de la République fédérale d'Allemagne, adressé à Charles Haughey, président du Conseil européen, sur la nécessité d'accélérer la construction de l'Europe politique, publié le 19 avril 1990, 1 p., disponible sur le site internet de la présidence de la République française : https://www.elysee.fr/francois-mitterrand/1990/04/19/message-conjoint-de-mm-francois-mitterrand-president-de-la-republique-et-helmut-kohl-chancelier-dallemagne-federale-adresse-a-m-haughey-sur-la-necessite-daccelerer-la-construction-de-leurope-politique-paris-le-19-avril-1990.
167 *Ibid.*
168 *Ibid.*

99. Le Conseil européen de Rome des 14 et 15 décembre 1990 répond à cet appel en inaugurant les deux conférences intergouvernementales respectivement dédiées à l'UEM et à l'Union politique. Il souligne de surcroît que les Etats membres « ont marqué leur détermination à parachever dans les délais prévus le grand marché unique, à poursuivre le renforcement de la cohésion économique et sociale et à définir les étapes du processus de transformation de la Communauté en une Union politique conçue comme un pôle de stabilité en Europe. »[169]. Il démontre en outre la volonté très nette des Etats membres de faire progresser l'Union politique en confiant à la conférence intergouvernementale qui y est dédiée l'examen de cinq questions fondamentales pour la construction européenne : la légitimité démocratique – considérée notamment à l'aune d'un renforcement des pouvoirs du Parlement européen –, une politique commune en matière de relations extérieures et de sécurité, la citoyenneté européenne, l'extension et le renforcement de l'action de la Communauté et l'efficacité de l'Union, cette dernière étant envisagée à travers les compétences de ses institutions[170].

100. Confirmant les orientations prises par les Etats membres en faveur de la construction progressive de l'Union politique, le Conseil européen de Luxembourg des 28 et 29 juin 1991 considère notamment que l'Union doit être fondée sur le principe du « caractère évolutif du processus d'intégration ou d'union »[171] et « souligne l'importance de l'institution d'une citoyenneté de l'Union comme élément essentiel de la construction européenne. »[172]. Ce Conseil européen approuve au demeurant comme base pour les négociations le projet de traité relatif à l'Union de la présidence luxembourgeoise qui, synthétisant les travaux des conférences inhérentes à l'UEM et à l'Union politique, veut ériger l'instrument envisagé en « une nouvelle étape dans le processus graduel menant à une Union à vocation fédérale. »[173]. Si la formule ne sera finalement pas reprise par le traité de Maastricht en raison de l'opposition du Royaume-Uni[174], elle témoigne de la persistance de l'idée

---

[169] Conclusions de la présidence du Conseil européen de Rome des 14 et 15 décembre 1990, 1ère partie, p. 2, disponibles sur le site internet du Conseil de l'UE et du Conseil européen : https://www.consilium.europa.eu/media/20534/1990_decembre_-_rome_fr_part_i.pdf.

[170] *Ibid.*, pp. 3-9.

[171] Conclusions de la présidence du Conseil européen de Luxembourg des 28 et 29 juin 1991, p. 3, disponibles sur le site internet du Conseil de l'UE et du Conseil européen : https://www.consilium.europa.eu/media/20525/1991_juin_-_luxembourg_fr_.pdf.

[172] *Ibid.*

[173] Article A, paragraphe 3, du projet de traité sur l'Union de la présidence luxembourgeoise en date du 18 juin 1991, disponible sur le site internet du CVCE : https://www.cvce.eu/obj/projet_de_traite_sur_l_union_de_la_presidence_luxembourgeoise_luxembourg_18_juin_1991-fr-dbebd2a6-a860-4915-8edf-0a228ecde976.html.

[174] Le professeur Pierre Gerbet affirme que « [l]a formule « Union à vocation fédérale » demandée par la majorité des délégations n'a pu être adoptée en raison de l'opposition

fédérale dans le processus d'intégration communautaire au moment où sa dimension politique doit être renforcée à travers la création de l'Union européenne. De plus, en écho avec les déclarations faites collectivement par les Etats membres depuis le début de la construction européenne, elle confirme le fait que ces derniers ne conçoivent pas l'Union politique comme un objectif immédiat mais bien comme le résultat d'un processus supposant nécessairement plusieurs étapes.

101. Après la signature du traité de Maastricht le 7 février 1992, cette vocation politique particulière de l'Union européenne est réaffirmée dans la perspective historique de l'adhésion des pays d'Europe centrale et orientale, comme celle des Communautés européennes l'avait été au moment du premier élargissement. De fait, lors du Conseil européen de Copenhague des 21 et 22 juin 1993, les Etats membres de l'Union affirment que « [l]'adhésion présuppose la capacité du pays candidat à en assumer les obligations, et notamment à souscrire aux objectifs de l'union politique, économique et monétaire. »[175]. Ils soutiennent de plus que « [la] capacité de l'Union à assimiler de nouveaux membres tout en maintenant l'élan de l'intégration européenne constitue également un élément important répondant à l'intérêt général aussi bien de l'Union que des pays candidats. »[176]. Cette orientation est confirmée par le Conseil européen de Madrid des 15 et 16 décembre 1995 qui indique que « [l]'élargissement doit servir à renforcer la construction européenne dans le respect de l'acquis communautaire, y compris des politiques communes. »[177]. Enfin, inaugurant la conférence intergouvernementale qui débouchera sur la signature du traité d'Amsterdam le 2 octobre 1997, le Conseil européen de Turin du 29 mars 1996 indique que l'élargissement doit être concilié avec la vocation politique de l'Union en affirmant que « [l]'objectif [de cette conférence] est de répondre aux besoins et aux attentes des citoyens européens tout en approfondissant le processus de construction européenne et en préparant l'Union à son futur élargissement. »[178].

---

britannique », dans un article en ligne portant sur *Les caractéristiques du traité sur l'Union européenne* (p. 2), disponible sur le site internet du CVCE : https://www.cvce.eu/content/publication/2003/10/16/beec7a53-4023-412d-a1ab-2c31b6a3c39d/publishable_fr.pdf.

[175] Conclusions de la présidence du Conseil européen de Copenhague des 21 et 22 juin 1993, p. 25, disponibles sur le site internet du Conseil de l'UE et du Conseil européen : https://www.consilium.europa.eu/media/21222/72922.pdf.

[176] *Ibid.*

[177] Conclusions de la présidence du Conseil européen de Madrid des 15 et 16 décembre 1995, p. 7, disponibles sur le site internet du Conseil de l'UE et du Conseil européen : https://www.consilium.europa.eu/media/21175/madrid-conseil-europeen.pdf.

[178] Conclusions de la présidence du Conseil européen de Turin du 29 mars 1996, p. 2, disponibles sur le site internet du Conseil de l'UE et du Conseil européen : https://www.consilium.europa.eu/media/21165/turin-conseil-europeen.pdf.

102. Au regard de l'ensemble des éléments exposés plus haut, il est manifeste que l'idée de l'établissement progressif d'une union politique sur le fondement de laquelle les Etats membres ont fait progresser l'intégration dans le cadre des Communautés européennes s'est perpétuée dans celui de l'UE. C'est, en tout état de cause, ce que met en évidence la déclaration de Laeken sur l'avenir de l'Europe, faite par les Etats membres dans le cadre du Conseil européen réuni dans la commune du même nom les 14 et 15 décembre 2001. En effet, aux termes de cette déclaration, « l'idée que le rêve d'une Europe forte et unie ne pourrait se réaliser que dans la paix et la concertation a fait son chemin. Pour vaincre définitivement les démons du passé, on a commencé par instaurer une communauté du charbon et de l'acier, à laquelle se sont ajoutées par la suite d'autres activités économiques, comme l'agriculture. En fin de compte, un véritable marché unique concernant les marchandises, les personnes, les services et les capitaux a été mis en place, auquel on a adjoint une monnaie unique en 1999. Le 1er janvier 2002, l'euro fera partie de la réalité quotidienne de 300 millions de citoyens européens. L'Union européenne s'est donc créée progressivement. Au début, il s'agissait avant tout d'une coopération économique et technique. Il y a vingt ans, la première élection directe du Parlement européen a considérablement renforcé la légitimité démocratique de la Communauté, dont le Conseil était le seul dépositaire jusque là. Ces dix dernières années, une union politique a été mise en chantier et une coopération a été instaurée dans les domaines de la politique sociale, de l'emploi, de l'asile, de l'immigration, de la police, de la justice, de la politique étrangère, ainsi qu'une politique commune de sécurité et de défense. »[179].

103. Consécutivement au Conseil européen de Laeken, le caractère fondamental de l'idée politique décrite dans la déclaration qui en est issue a de plus été mis en exergue par les Etats membres à travers la consécration du processus d'intégration européenne dans la déclaration de Rome du 4 octobre 2003. De fait, à l'occasion de l'ouverture de la conférence intergouvernementale consacrée à l'examen du projet de TECE – issu des travaux de la Convention sur l'avenir de l'Europe convoquée par le Conseil européen de Laeken – les chefs d'Etat ou de gouvernement des Etats membres, accompagnés de ceux des pays adhérents, des pays candidats à l'adhésion à l'Union européenne et des présidents du Parlement et de la Commission, « réaffirment que le processus d'intégration européenne constitue la vocation majeure de notre continent, car il s'agit de l'instrument dont dispose l'Union pour jouer un rôle international plus efficace dans la défense de la paix, de la démocratie, de la prospérité et de la solidarité dans tous les États

---

[179] Annexe I des conclusions de la présidence du Conseil européen de Laeken des 14 et 15 décembre 2001, p. 19, disponibles sur le site internet du Conseil de l'UE et du Conseil européen : https://www.consilium.europa.eu/media/20946/68779.pdf.

membres »[180]. La dénomination du TECE manifeste, en tout état de cause, la volonté politique des Etats membres d'assurer concrètement la réalisation de cette « vocation majeure » pour l'Europe qu'est son processus d'intégration politique.

104. Si l'échec du TECE, en 2005[181], discrédite l'approche constitutionaliste du processus d'intégration européenne portée par la Convention sur l'avenir de l'Europe, il ne conduit pas pour autant au désaveu de l'idée politique dont procède ce dernier. En effet, dans une déclaration relative à la ratification du TECE faite à l'occasion du Conseil européen des 16 et 17 juin 2005, les Etats membres réaffirment la vocation politique de l'Union européenne dans les termes suivants : « Notre ambition européenne, qui nous a si bien servi depuis plus de 50 ans et qui a permis que l'Europe se réunisse autour d'une même vision, demeure plus que jamais pertinente. C'est elle qui permet d'assurer le bien-être des citoyens, la défense de nos valeurs et de nos intérêts et de prendre nos responsabilités en tant qu'acteur international de premier plan. Pour mieux lutter contre le chômage et l'exclusion sociale, pour favoriser une croissance économique durable, pour répondre aux défis de la mondialisation, pour sauvegarder la sécurité intérieure et extérieure, pour protéger l'environnement, nous avons besoin de l'Europe, d'une Europe plus unie et plus solidaire. »[182]. Prenant cependant acte du rejet du traité constitutionnel par les peuples français et néerlandais, les Etats membres décident de l'ouverture d'une période de réflexion sur la construction européenne programmée pour se clore au premier semestre 2006.

105. Bien qu'aucune avancée concrète n'ait été réalisée à l'issue de cette période de réflexion, la présidence allemande du Conseil de l'UE fait état de sa volonté d'assurer la poursuite du processus d'intégration de l'Union en janvier 2007. En effet, dans un discours adressé au Parlement européen le 17 janvier 2007, Angela Merkel « [s]'engage à faire en sorte que, d'ici la fin de la présidence allemande du Conseil de l'UE, une feuille de route pour la suite

---

[180] Déclaration de Rome faite à l'occasion de l'ouverture de la conférence intergouvernementale convoquée pour la négociation du TECE, le 4 octobre 2003, disponible sur le site internet du CVCE : https://www.cvce.eu/obj/declaration_de_rome_a_l_occasion_de_l_ouverture_de_la_cig_4_octobre_2003-fr-dfee76a1-33c4-46ae-a0e3-a2e8920d9dd3.html.

[181] Le processus de ratification du TECE par les Etats membres s'est enlisé après que la France et les Pays-Bas l'ont respectivement rejeté par référendum les 29 mai et 1er juin 2005.

[182] Déclaration des chefs d'État ou de gouvernement des États membres de l'Union européenne sur la ratification du traité établissant une Constitution pour l'Europe faite dans le cadre du Conseil européen de Bruxelles des 16 et 17 juin 2005, disponible sur le site internet du CVCE : https://www.cvce.eu/obj/declaration_des_chefs_d_etat_ou_de_gouvernement_sur_la_ratification_du_traite_constitutionnel_bruxelles_16_et_17_juin_2005-fr-6f48b533-b2e1-437e-a01b-0d762b593c08.html.

du processus du traité constitutionnel puisse être adoptée. »[183], et ce, dans la perspective du cinquantenaire des traités de Rome. La déclaration commune au Parlement européen, au Conseil de l'UE, et à la Commission européenne faite à Berlin à l'occasion de ce cinquantenaire confirmera que l'ensemble des Etats membres souhaite que la dynamique politique inhérente à la construction européenne soit perpétuée, malgré l'échec du TECE. Les auteurs de cette déclaration y affirment en effet que « GRÂCE À L'UNIFICATION EUROPÉENNE, le rêve des générations précédentes est devenu réalité. Notre histoire nous commande de préserver cette chance pour les générations futures. Il nous faut pour cela toujours adapter la construction politique de l'Europe aux réalités nouvelles. C'est pour cette raison qu'aujourd'hui, cinquante ans après la signature des traités de Rome, nous partageons l'objectif d'asseoir l'Union européenne sur des bases communes rénovées d'ici les élections au Parlement européen de 2009. »[184].

106. Rappelant cet objectif, le rapport de la présidence allemande du Conseil de l'UE relatif à la poursuite du processus de réforme des traités, transmis aux délégations des Etats membres le 14 juin 2007, en vue du Conseil européen des 21 et 22 juin 2007, fait état de la possibilité de conserver « l'essence »[185] du TECE moyennant un abandon de sa dimension constitutionnelle, cette dernière résultant notamment de la terminologie de ce traité et de sa vocation à se substituer aux précédents. Aux termes de ce rapport, cette concession permettrait en effet de répondre aux préoccupations de certains Etats membres, tout en préservant « la substance des innovations convenues lors de la conférence intergouvernementale (CIG) de 2004 »[186], défendue par ceux qui ont ratifié le TECE.

---

[183] Discours d'Angela Merkel sur le programme de la présidence allemande prononcé devant le Parlement européen, à Strasbourg, le 17 janvier 2007, p. 4, disponible sur le site internet du Parlement européen :
https://www.europarl.europa.eu/doceo/document/CRE-6-2007-01-17_FR.pdf.

[184] Déclaration à l'occasion du cinquantième anniversaire de la signature des traités de Rome, faite à Berlin le 25 mars 2007, p. 2, disponible sur le site internet de l'UE :
https://europa.eu/50/docs/berlin_declaration_fr.pdf.

[185] Rapport de la présidence allemande sur la poursuite du processus de réforme des traités du 14 juin 2007, p. 3, disponible sur le site internet du CVCE :
https://www.cvce.eu/obj/rapport_de_la_presidence_allemande_sur_la_poursuite_du_processus_de_reforme_des_traites_14_juin_2007-fr-2376823e-9b89-4ff9-97fe-e27958accb71.html.

[186] Le rapport précité indique en effet, qu' « [u]n certain nombre d'États membres ont insisté sur le fait qu'il importait d'éviter de donner l'impression, avec le symbolisme associé au titre "Constitution", que l'Union subit un changement de nature radical. Selon eux, il faudrait également revenir à la méthode traditionnelle de révision des traités par le biais d'un traité portant modification des traités existants, et apporter un certain nombre de changements de terminologie, dont le plus important est l'abandon du titre "Constitution". Une telle approche n'est pas incompatible avec la demande émanant des États membres qui ont déjà ratifié, selon lesquels il conviendrait de préserver autant que possible l'essence du traité constitutionnel. Ces États sont prêts à envisager un recours à l'autre méthode de révision des traités, si ce changement

107. A la suite du rapport de la présidence allemande du Conseil de l'UE, le Conseil européen de Bruxelles des 21 et 22 juin 2007 « convient que, après deux ans d'incertitude quant au processus de réforme des traités de l'Union, le moment est venu de résoudre cette question et, pour l'Union, d'aller de l'avant. »[187]. Tenant compte des préconisations de la présidence allemande, il établit un mandat strict pour la conférence intergouvernementale chargée de faire aboutir la réforme des traités, lequel tend à garantir leur déconstitutionnalisation, considérée comme nécessaire pour répondre à l'échec du TECE devant les peuples français et néerlandais, tout en préservant « les innovations résultant des travaux de la CIG de 2004 »[188].

108. Dès lors, si le Parlement européen regrette « le fléchissement de la volonté européenne et du courage politique des représentants des États membres et se déclare préoccupé par l'évolution des attitudes hostiles aux idées européennes de solidarité et d'intégration »[189], dans sa résolution du 11 juillet 2007 relative à la convocation de la conférence intergouvernementale en question, il « se félicite cependant que [son] mandat préserve en grande partie la substance du traité constitutionnel, notamment la personnalité juridique unique de l'Union et la suppression de la structure en piliers, l'extension du vote à la majorité qualifiée au sein du Conseil et de la codécision entre le Parlement et le Conseil, les éléments d'une démocratie participative, le caractère juridiquement contraignant de la Charte des droits fondamentaux, le renforcement de la cohérence de l'action extérieure de l'Union et la structure institutionnelle adaptée »[190].

109. Ainsi, si le traité de Lisbonne, signé le 13 décembre 2007 dans le strict respect d'un mandat qui occulte la dimension constitutionnelle de l'UE, peut être considéré comme traduisant un affaiblissement de la logique politique qui a conduit au TECE, force est de constater que sa conclusion manifeste également la volonté des Etats membres d'assurer la continuité du processus d'intégration européenne. De fait, alors que l'échec du TECE aurait pu mettre définitivement fin à l'élan de l'intégration européenne, la solution de compromis que constitue le traité de Lisbonne permet de relancer concrètement sa dynamique politique – conformément à la volonté

---

peut contribuer à atteindre un résultat acceptable par tous et à sortir de l'impasse actuelle. Ils ont toutefois déjà dit très clairement qu'il s'agirait d'une concession majeure. Ils insistent sur la nécessité de préserver la substance des innovations convenues lors de la conférence intergouvernementale (CIG) de 2004 et d'assurer dans toute la mesure du possible la lisibilité et la simplicité du nouveau traité. », *ibid.*

[187] Conclusions de la présidence du Conseil européen de Bruxelles des 21 et 22 juin 2007, p. 2, disponibles sur le site internet du Conseil de l'UE et du Conseil européen : https://data.consilium.europa.eu/doc/document/ST-11177-2007-REV-1/fr/pdf.

[188] *Ibid.*, p. 16.

[189] Résolution du Parlement européen du 11 juillet 2007 sur la convocation de la Conférence intergouvernementale, point 6, disponible sur le site internet du Parlement européen : https://www.europarl.europa.eu/doceo/document/TA-6-2007-0328_FR.pdf.

[190] *Ibid.*, point 8.

solennellement affichée dans la déclaration de Berlin du 25 mars 2007 – et ce, en permettant à une union européenne au cadre juridique simplifié et aux compétences élargies de succéder aux Communautés européennes. Or, en garantissant de la sorte la poursuite du processus d'intégration, les Etats membres ont permis à l'idée politique dont il procède de perdurer dans l'ordre juridique de l'Union, comme sa concrétisation par les traités européens l'a toujours fait.

Section 2 - La matérialisation de l'idée d'une unification politique progressive de l'Europe par les traités

110. En consacrant l'idée et la technique inhérentes au plan Schuman, le traité CECA va véritablement initier le processus politique tendant à l'établissement d'une fédération européenne approuvé par les six pays fondateurs, et ce, conformément aux termes même de ce plan qui prévoyait que : « [l]es principes et les engagements essentiels [qu'il contient] feront l'objet d'un traité signé entre les Etats et soumis à la ratification des parlements. »[191]. Si les traités relatifs à la CEE sont plus équivoques en ce qui concerne la visée précise de la construction européenne, ils ne s'inscrivent pas moins dans le cadre du processus initié par la CECA et le perpétuent en matérialisant la perspective d'une union politique européenne progressive, qui n'exclut pas l'option fédérale. La matérialisation de cette perspective est, de fait, assurée par ces traités par le biais des objectifs poursuivis à travers et par la CEE et le développement d'institutions communes qui ont vocation à permettre « l'établissement d'une Europe unie »[192], conformément à la résolution prise par les Etats membres à Messine pour la relance de l'intégration européenne, en juin 1955. Aussi, défendant l'unité de l'ordre juridique communautaire deux ans après l'entrée en vigueur des traités de Rome – dans le cadre d'une affaire portant sur les conditions litigieuses de la démission d'un fonctionnaire de la Haute Autorité recruté par la banque européenne d'investissement – l'avocat général Karl Roemer pouvait-il soutenir que « [l]es traités européens ne sont donc rien d'autre que la mise en œuvre partielle d'un grand programme général dominé par l'idée de l'intégration complète des États européens. »[193].

111. Le traité de Maastricht et les instruments européens postérieurs à celui-ci s'inscrivent dans le cadre de ce programme en instituant et développant, dans la continuité des traités inhérents à la CEE, une Union européenne dont les objectifs, caractéristiques et compétences graduellement

---

[191] 15ème paragraphe de la déclaration Schuman du 9 mai 1950, *op. cit.*

[192] Résolution adoptée par les ministres des affaires étrangères des États membres de la CECA, réunis à Messine du 1er au 3 juin 1955, *op. cit.*

[193] Conclusions du 10 mai 1960, présentées sous Cour de justice, arrêt du 15 juillet 1960, *Campolongo c/ Haute Autorité*, aff. jointes 27/59 et 39/59, ECLI:EU:C:1960:21.

élargies correspondent à l'aspiration à une unité politique progressive exprimée par ses Etats membres tout au long du processus d'intégration. L'on soulignera à cet égard que, s'exprimant sur l'une des compétences économiques de l'Union les plus significatives sur le plan politique, le professeur François d'Arcy considère que « globalement, le pari de la création de la monnaie unique, ultime étape dans l'unification du marché, a été réussi. Il constitue une avancée irréversible, car il est difficile d'imaginer un Etat de la zone euro revenant en arrière et recréant sa propre monnaie. L'intégration européenne s'en trouve renforcée et on peut considérer que c'est un pas supplémentaire vers le fédéralisme européen [...]. »[194].

112. Enfin, l'affirmation et l'approfondissement du caractère propre des institutions de l'Union par les traités qui lui sont relatifs, assurés notamment à travers le renforcement constant de leurs prérogatives, répond au souhait des Etats membres de favoriser de manière concrète la construction progressive de l'Europe politique, comme cela ressort notamment des conclusions du Conseil européen de Rome des 14 et 15 décembre 1990[195]. Nous aurons ainsi l'occasion de constater qu'à la suite des traités relatifs aux Communautés européennes qui concrétisent l'idée d'une unification politique progressive de l'Europe développée par les Pères fondateurs (**§ 1**), les traités instituant l'UE et pris dans son cadre en assurent également une certaine matérialisation (**§ 2**).

§ 1. La consécration de cette idée par les traités relatifs aux Communautés européennes

113. Négocié sur la base des propositions fondamentales contenues dans la déclaration Schuman et reprenant son esprit et certains de ses termes les plus évocateurs, le traité CECA consacre l'idée de l'établissement progressif d'une fédération européenne tout en initiant le processus qui lui correspond avec l'instauration de la première Communauté européenne (**A**). Le traité CEE, tout comme ceux qui le complètent, occultent l'idéal fédéral initial sans pour autant l'exclure de l'ordre juridique communautaire en matérialisant la perspective d'une union politique européenne (**B**).

A. L'intégration de la visée fédéraliste de la construction européenne par le traité CECA

114. La consécration de la visée fédéraliste de la construction européenne par le traité CECA apparaît, en premier lieu, dans les termes de son préambule qui indiquent clairement que les six Etats membres fondateurs ont collectivement repris à leur compte l'idée de l'établissement d'une fédération

---

[194] D'ARCY F., *Les politiques de l'Union européenne*, *op. cit.*, p. 64.

[195] Conclusions de la présidence du Conseil européen de Rome des 14 et 15 décembre 1990, *op. cit.*, pp. 3-9.

européenne, comme moyen de garantir la paix en Europe, selon le schéma progressif proposé par le plan Schuman. L'appropriation de cette idée par les Etats membres s'est avérée telle que le préambule du traité CECA paraphrase la déclaration Schuman sur plusieurs points fondamentaux. De fait, après avoir manifesté leur souhait de concourir efficacement à la sauvegarde de la paix mondiale dans le premier alinéa du préambule du traité[196], les Etats membres se disent « conscients que l'Europe ne se construira que par des réalisations concrètes créant d'abord une solidarité de fait, et par l'établissement de bases communes de développement économique »[197]. Ils affirment enfin être « résolus à substituer aux rivalités séculaires une fusion de leurs intérêts essentiels, à fonder par l'instauration d'une communauté économique les premières assises d'une communauté plus large et plus profonde entre des peuples longtemps opposés par des divisions sanglantes, et à jeter les bases d'institutions capables d'orienter un destin désormais partagé »[198]. Dans un commentaire de cet alinéa du préambule du traité de la CECA, le professeur Vlad Constantinesco affirme au demeurant qu' « une telle affirmation et un tel programme montrent que les rédacteurs du traité CECA envisageaient, dès les années 1950, l'irréversibilité du processus d'intégration, conséquence essentielle d'une communauté de destin »[199].

115. La consécration de l'idée de l'établissement progressif d'une fédération européenne par le traité CECA est assurée, en second lieu, par l'institution même de cette Communauté qui, conformément au plan Schuman et au préambule du traité, constitue « la communauté économique [qui fonde] les premières assises d'une communauté plus large et plus profonde entre des peuples longtemps opposés par des divisions sanglantes»[200], par le

---

[196] Dans le 1er alinéa du préambule du traité CECA, les Etats membres considèrent que « la paix mondiale ne peut être sauvegardée que par des efforts créateurs à la mesure des dangers qui la menacent ». Cet alinéa fait écho au 1er paragraphe de la déclaration Schuman du 9 mai 1950, *op. cit.*, : « [l]a paix mondiale ne saurait être sauvegardée sans des efforts créateurs à la mesure des dangers qui la menacent. ».

[197] Ce 3ème alinéa du préambule du traité CECA fait écho au 3ème paragraphe de la déclaration Schuman du 9 mai 1950, *op. cit.,* : « [l]'Europe ne se fera pas d'un coup, ni dans une construction d'ensemble : elle se fera par des réalisations concrètes créant d'abord une solidarité de fait. », ainsi qu'au 6ème paragraphe de cette déclaration : « [l]a mise en commun des productions de charbon et d'acier assurera immédiatement l'établissement de bases communes de développement économique, première étape de la Fédération européenne [...] ».

[198] Ce 5ème alinéa du préambule du traité CECA fait écho au 9ème paragraphe de la déclaration Schuman du 9 mai 1950, *op. cit.,* : « [a]insi sera réalisée simplement et rapidement la fusion d'intérêts indispensable à l'établissement d'une communauté économique qui introduit le ferment d'une communauté plus large et plus profonde entre des pays longtemps opposés par des divisions sanglantes. ».

[199] CONSTANTINESCO V., « Les noms de l'Europe (des Communautés européennes à l'Union européenne) », in FLAUSS J-F, WACHSMANN P. *et al* (Ed.), *Le droit des organisations internationales. Recueil d'études à la mémoire de Jacques Schwob,* Bruylant, Bruxelles, 1997, p. 317.

[200] V. la note 198.

biais de l'établissement d'un marché commun du charbon et de l'acier entre les six Etats membres fondateurs.

116. Au demeurant, à travers la mission générale assignée à la CECA, qui consiste à « contribuer, en harmonie avec l'économie générale des Etats membres et grâce à l'établissement d'un marché commun [...], à l'expansion économique, au développement de l'emploi et au relèvement du niveau de vie dans les Etats membres »[201], les Etats membres entendent manifestement établir les bases communes de développement économique nécessaires à la construction de l'Europe, selon le préambule du traité[202], ou à la constitution par étapes d'une fédération européenne, selon la déclaration Schuman[203]. S'exprimant sur les caractéristiques de la CECA, Jean Monnet considérait ainsi que « [s]on ultime objet [était] de contribuer essentiellement à la création des Etats-Unis d'Europe. »[204].

117. Les professeurs Gérard Soulier et Olivier Descamps observent à ce sujet que « [l]e traité [CECA] illustre bien le projet global par l'emploi répété de l'adjectif « commun » dans plusieurs expressions : l'article 1er indique que la Communauté est « fondée sur un Marché commun, des objectifs communs, des institutions communes » ; l'article 3 évoque « l'intérêt commun ». [...] L'ensemble de ces missions est accompli par des institutions dont le statut et les attributions sont la grande invention de la Communauté. »[205].

118. L'idée de l'établissement progressif d'une fédération européenne est ainsi également traduite par le traité à travers l'institution de la Haute Autorité envisagée par le plan Schuman. De fait, conformément au projet initial, la Haute Autorité créée par le traité CECA est bien une institution commune d'un genre nouveau, en ce qu'elle est dotée de pouvoirs réels et autonomes conférés par ses Etats membres, aux fins « d'assurer la réalisation des objets fixés par le présent Traité »[206]. En effet, d'une part, sa dimension supranationale est reconnue par l'article 9 du traité CECA, qui stipule que : « [l]es membres de la Haute Autorité exercent leurs fonctions en pleine indépendance, dans l'intérêt général de la Communauté. Dans l'accomplissement de leurs devoirs, ils ne sollicitent ni n'acceptent d'instructions d'aucun gouvernement ni d'aucun organisme. Ils s'abstiennent de tout acte incompatible avec le caractère supranational de leurs fonctions.

---

[201] Article 2, paragraphe 1, du traité CECA.

[202] De fait, dans le 3ème alinéa du préambule du traité CECA, les Etats membres soulignent être « conscients que l'Europe ne se construira que par des réalisations concrètes créant d'abord une solidarité de fait, et par l'établissement de bases communes de développement économique ».

[203] Le 6ème paragraphe de la déclaration Schuman du 9 mai 1950, *op. cit.*, prévoit en effet que : « La mise en commun des productions de charbon et d'acier assurera immédiatement l'établissement de bases communes de développement économique, première étape de la Fédération européenne [...] ».

[204] MONNET J., *Les Etats-Unis d'Europe ont commencé – La Communauté européenne du charbon et de l'acier – Discours et allocutions, 1952-1954*, Paris, Robert Laffont, 1955, p. 52.

[205] SOULIER G., DESCAMPS O., « Histoire de la construction européenne », *op. cit.*, § 11.

[206] Article 8 du traité CECA.

Chaque Etat membre s'engage à respecter ce caractère supranational et à ne pas chercher à influencer les membres de la Haute Autorité dans l'exécution de leur tâche. ».

119. D'autre part, en sus de la consécration du caractère obligatoire des décisions de la Haute Autorité par l'article 14 du traité CECA, la force exécutoire de celles qui impliquent des obligations financières est particulièrement assurée par son article 92, selon lequel : « [l]es décisions de la Haute Autorité comportant des obligations pécuniaires forment titre exécutoire. L'exécution forcée sur le territoire des États membres est poursuivie suivant les voies de droit en vigueur dans chacun de ces Etats et après qu'aura été apposée, sans autre contrôle que celui de la vérification de l'authenticité de ces décisions, la formule exécutoire usitée dans l'Etat sur le territoire duquel la décision doit être exécutée. ».

120. Le traité CECA adjoint en outre à cette Haute Autorité, chargée à titre principal de la mise en œuvre des objectifs qu'il fixe, des institutions qui partagent la même essence communautaire et la même vocation à créer la « solidarité de fait »[207] indispensable à la construction européenne. En effet, pour assister la Haute Autorité dans l'exercice de ses missions, le traité CECA crée un Comité Consultatif comprenant « en nombre égal, des producteurs, des travailleurs, et des utilisateurs et négociants »[208] dont il protège lui-même l'indépendance[209]. Parachevant en outre le système autonome envisagé par le plan Schuman, le traité CECA crée une assemblée commune, constituée de délégués des parlements nationaux, notamment chargée de contrôler l'action de la Haute Autorité[210], ainsi qu'une Cour de justice qui « assure le respect du droit dans l'interprétation et l'application du présent Traité et des règlements d'exécution »[211] et ce, de manière effective, grâce à la « force exécutoire » reconnue à ses arrêts par son article 44.

121. Enfin, si la CECA comporte un organe intergouvernemental classique, un Conseil de ministres composé d'un membre du gouvernement de chaque Etat membre, l'article 26 du traité relie ses fonctions à l'intérêt communautaire en prévoyant qu'il exerce ses attributions « notamment en vue d'harmoniser

---

[207] 3ème alinéa du préambule du traité CECA.

[208] Article 18, paragraphe 1, du traité CECA.

[209] Aux termes de l'article 18, paragraphe 4, du traité CECA, « [l]es membres du Comité Consultatif sont nommés à titre personnel et pour deux ans. Ils ne sont liés par aucun mandat ou instruction des organisations qui les ont désignés. ».

[210] Aux termes de l'article 24 du traité CECA, « [l]'Assemblée procède, en séance publique, à la discussion du rapport général qui lui est soumis par la Haute Autorité. L'Assemblée, saisie d'une motion de censure sur le rapport, ne peut se prononcer sur ladite motion que trois jours au moins après son dépôt et par un scrutin public. Si la motion de censure est adoptée à une majorité des deux tiers des voix exprimées et à la majorité des membres qui composent l'Assemblée, les membres de la Haute Autorité doivent abandonner collectivement leurs fonctions. Ils continueront à expédier les affaires courantes jusqu'à leur remplacement conformément à l'article 10. ».

[211] Article 31 du traité CECA.

l'action de la Haute Autorité et celle des gouvernements responsables de la politique économique générale de leurs pays. »[212]. Selon Jean Monnet, l'ensemble institutionnel ainsi créé manifestait clairement la volonté des six Etats membres fondateurs d'inaugurer, à travers la CECA, le processus d'intégration politique dont il fut l'un des plus efficaces artisans. Considérant que les institutions de la CECA étaient fédérales car, « dans la limite de leur compétence, [...] souveraines, c'est-à-dire dotées du droit de décider et d'exécuter »[213], il soutenait en effet que « [d]epuis que ces institutions sont créées, l'Europe que nous voulons laisser en héritage à nos enfants a commencé d'être une réalité vivante »[214].

122. En s'inscrivant dans la droite ligne du plan Schuman tant du point de vue symbolique que technique en en endossant, d'une part, l'esprit global dans son préambule et, d'autre part, le programme matériel et institutionnel dans son corps, le traité CECA matérialise incontestablement l'idée politique dont il procède, à savoir l'établissement progressif d'une fédération européenne. Dans sa préface de l'ouvrage du professeur Paul Reuter dédié à la CECA[215], Robert Schuman mettait ainsi en exergue le fait qu'à travers son objectif économique, la CECA traduisait l'idée de l'unification politique des peuples européens portée par sa déclaration du 9 mai 1950 en affirmant notamment que « [l]a Communauté a été constituée sous forme d'un Traité élaboré en commun par six délégations [...]. Ce n'était pas une négociation de type classique, avec les habituels marchandages qu'inspirent des préoccupations nationales. Délégués et experts se sont mis au service d'une même idée, et le Traité est devenu une œuvre indivise dans laquelle chacun a sa part de mérite »[216].

123. Si l'affirmation de cette idée s'avère moins nette dans le cadre des traités relatifs à la CEE, elle reste présente à travers l'objectif plus diffus d'une unification politique progressive des Etats membres au sein d'une union européenne. Le maître de conférences Guillaume Dezobry souligne à cet égard qu'après la mise en œuvre du plan Schuman, « [d]e fédération européenne, il sera moins question [...]. On parlera plus volontiers d'intégration communautaire pour nommer le processus à l'œuvre. Toutefois, la différence est sémantique. Si le signifiant change, le signifié est identique ; le projet reste le même. »[217].

---

212 Article 26, paragraphe 1, du traité CECA.

213 MONNET J., *Les Etats-Unis d'Europe ont commencé – La Communauté européenne du charbon et de l'acier – Discours et allocutions*, *op. cit*, p. 58.

214 *Ibid.*, pp. 22-23.

215 REUTER P., *La Communauté européenne du charbon et de l'acier*, *op. cit.*

216 *Ibid.*, p. 5.

217 DEZOBRY G., « Le système institutionnel dans les annexes », in BARBOU DES PLACES S. (dir.), *Aux marges du traité. Déclarations, protocoles et annexes aux traités européens*, Bruxelles, Bruylant, « Droit de l'Union européenne », 2011, p. 194.

B. La matérialisation de la perspective d'une union politique européenne par les traités inhérents à la CEE

124. Préparé dans le cadre défini par la conférence intergouvernementale de Messine de juin 1955, le traité CEE matérialise l'idée politique véhiculée par la résolution qui en est issue : celle d'une unification politique progressive de l'Europe à travers l'outil économique que constitue la création d'un marché commun. Les instruments européens pris dans le cadre de la CEE en feront de même, par la suite. Cela ressort non seulement des principes fondamentaux affirmés dans les préambules des traités et leurs dispositions inhérentes aux missions de la CEE (1), mais également de l'ensemble institutionnel qu'ils ont développé (2).

1. L'union politique européenne dans les principes fondamentaux posés par les traités relatifs à la CEE

125. L'idée de la construction progressive d'une union politique européenne est portée, en premier lieu, par les préambules des traités relatifs à la CEE. De fait, le premier alinéa du préambule du traité qui institue cette Communauté marque la détermination des Etats membres à « établir les fondements d'une union sans cesse plus étroite entre les peuples européens ». Si cette affirmation bien connue peut sembler anodine, elle acquiert une dimension politique essentielle et, de surcroît, une valeur juridique certaine en ce qu'elle éclaire sur la *ratio legis* des traités de Rome, lorsqu'elle est mise en relation avec les discours politiques tenus par les dirigeants européens à l'occasion de leur signature, le 25 mars 1957.

126. En effet, chacun de ces discours permet d'établir le fait qu'au-delà de son objet économique, le traité CEE incarne, aux côtés de celui qui crée concomitamment la Communauté européenne de l'énergie atomique (ci-après CEEA), l'idée politique évoquée plus haut. De fait, dans son discours prononcé à l'occasion de la signature de ces traités, le chancelier Konrad Adenauer considère, après avoir déclaré que leur importance « dépasse largement celle de traités ordinaires »[218], que leur signature constitue un « pas capital dans la voie de l'unification de l'Europe »[219]. Les propos tenus par le ministre des affaires étrangères belge, Paul-Henri Spaak, renvoient quant à eux à l'idéal d'une paix résultant de l'union des peuples européens porté par

---

[218] Discours prononcé par S.E. M. Adenauer, chancelier de la République Fédérale d'Allemagne, à l'occasion de la signature des Traités instituant la Communauté Economique Européenne et la Communauté Européenne de l'Energie Atomique, Archives historiques du Conseil de l'Union européenne, *Conférence des ministres des affaires étrangères et signature des traités de la CEE et de la CEEA, Rome, 25.03.1957*, dossier CM3 NEGO/NEGO1/98, disponible sur le site internet commun au Conseil de l'UE et au Conseil européen : https://www.consilium.europa.eu/fr/.

[219] *Ibid.*, p. 42.

la déclaration Schuman. Paul-Henri Spaak souligne en effet qu' « à travers l'économique et la technicité »[220], les traités de Rome constituent « l'affirmation solennelle d'une solidarité profonde entre six peuples qui si souvent au cours des temps se sont trouvés dans des camps opposés, dressés les uns contre les autres sur les champs de bataille et qui maintenant se rejoignent et s'unissent, à travers la richesse de leur diversité, pour la défense d'un même idéal humain. »[221]. Le ministre français des affaires étrangères, François Pineau, renvoie également cet idéal lorsqu'il affirme : « l'œuvre, dont nous franchissons aujourd'hui la deuxième étape, après celle de la Communauté Européenne du Charbon et de l'Acier, n'aura point pour effet la création, comme certains nous le reprochent, d'une petite Europe isolée, mais sera l'ébauche de la grande Europe qui constitue notre objectif final. »[222].

127. En outre, pour le ministre des affaires étrangères italien, Gaetano Martino, « [l]a Communauté européenne qui est sur le point de naître a des fins et des limites d'ordre économique mais elle s'inscrit dans un processus historique et politique plus large. Nous l'envisageons comme un moment et un instrument d'une vie européenne plus solidaire et intégrée dans l'ensemble de ses manifestations. »[223]. Cette conception de la CEE est au demeurant partagée par le ministre des affaires étrangères du Luxembourg, Joseph Bech, qui considère que « [l]a signature des Traités instituant la Communauté économique européenne et la Communauté nucléaire constitue sur la route ardue qui mène à l'Europe unie, l'étape la plus importante franchie depuis la guerre. »[224]. Il observe en outre que la « Communauté Economique Européenne ne vivra et ne réussira que si, tout au long de son existence, elle reste fidèle à l'esprit de solidarité européenne qui l'a fait naître et si la volonté

---

[220] Discours prononcé par S.E. M. Spaak, ministre des affaires étrangères de Belgique, à l'occasion de la signature des Traités instituant la Communauté Economique Européenne et la Communauté Européenne de l'Energie Atomique, Archives historiques du Conseil de l'Union européenne, *op. cit.*, disponible sur le site internet commun au Conseil de l'UE et au Conseil européen : https://www.consilium.europa.eu/fr/.

[221] *Ibid.*

[222] Discours prononcé par S.E. M. Pineau, ministre des affaires étrangères de la France, à l'occasion de la signature des Traités instituant la Communauté Economique Européenne et la Communauté Européenne de l'Energie Atomique, Archives historiques du Conseil de l'Union européenne, *op. cit.*, disponible sur le site internet commun au Conseil de l'UE et au Conseil européen : https://www.consilium.europa.eu/fr/.

[223] Discours prononcé par S.E. M. Martino, ministre des affaires étrangères de l'Italie, à l'occasion de la signature des Traités instituant la Communauté Economique Européenne et la Communauté Européenne de l'Energie Atomique, Archives historiques du Conseil de l'Union européenne, *op. cit.*, disponible sur le site internet commun au Conseil de l'UE et au Conseil européen : https://www.consilium.europa.eu/fr/.

[224] Discours prononcé par S.E. M. Bech, ministre des affaires étrangères du Luxembourg, à l'occasion de la signature des Traités instituant la Communauté Economique Européenne et la Communauté Européenne de l'Energie Atomique, Archives historiques du Conseil de l'Union européenne, *op. cit.*, disponible sur le site internet commun au Conseil de l'UE et au Conseil européen : https://www.consilium.europa.eu/fr/.

commune de l'Europe en gestation est plus puissante que les volontés nationales. »[225]. Enfin, confirmant la position exprimée par ses pairs, le ministre des affaires étrangères des Pays-Bas, Joseph Luns, souligne que la signature des traités de Rome constitue « un progrès considérable, un progrès d'extrême importance, dans la voie de l'unification européenne »[226].

128. Ainsi, à la lumière de l'ensemble de ces déclarations très explicites sur le caractère politique des Communautés européennes, l'affirmation par les Etats membres de leur détermination à « établir les fondements d'une union sans cesse plus étroite entre les peuples européens », dans le préambule du traité CEE, apparaît clairement comme la consécration de leur volonté de poursuivre, à la suite de la création de la CECA, l'édification progressive d'une Europe politiquement unie à travers cette nouvelle Communauté.

129. C'est en tout état de cause ce qu'indique clairement l'un des principaux architectes de la Communauté économique européenne, Paul-Henri Spaak[227]. Dans ses mémoires, l'ancien homme d'Etat belge affirme en effet que « [l]e Traité de Rome marquait le triomphe de l'esprit de coopération et la défaite du nationalisme égoïste. Ceux qui avaient mené à bien l'entreprise étaient animés des mêmes convictions et du même idéal. Sans rien renier de leur attachement à leurs patries respectives, ils proclamaient la nécessité de les unir afin d'assurer leur puissance économique et, au-delà de celle-là, leur force politique. »[228]. Au demeurant, selon le ministre belge des affaires étrangères d'alors, les signataires du traité de Rome « avaient la certitude qu'en agissant ainsi, ils allaient arrêter le déclin d'une civilisation et rendre au continent européen sa place et son rayonnement. Ils n'entendaient pas limiter leurs efforts à cette réalisation immédiate. Ils espéraient qu'un jour d'autres pays se joindraient à eux. Ils croyaient aussi que l'intégration économi-que les conduirait immanquablement à l'union politique. »[229]. Dès lors, « [l]eur objectif final était de créer une Europe, non pas satellite des Etats-Unis, mais

[225] *Ibid.*

[226] Discours prononcé par S.E. M. Luns, ministre des affaires étrangères des Pays-Bas, à l'occasion de la signature des Traités instituant la Communauté Economique Européenne et la Communauté Européenne de l'Energie Atomique, Archives historiques du Conseil de l'Union européenne, *op. cit.*, disponible sur le site internet commun au Conseil de l'UE et au Conseil européen : https://www.consilium.europa.eu/fr/.

[227] A l'issue de la conférence de Messine, intervenue du 1er au 3 juin 1955, Paul-Henri Spaak, alors ministre belge des Affaires étrangères, est placé à la tête du comité intergouvernemental chargé de travailler à l'élaboration du marché commun envisagé ; comité dont le résultat des travaux, publié le 21 avril 1956 et connu sous le nom de « rapport Spaak » (officiellement, le rapport des chefs de délégation sur le Marché commun et l'Euratom) a servi de base aux négociations des traités de Rome.

[228] SPAAK P-H., *Combats inachevés – De l'espoir aux déceptions*, Fayard, 1969, vol. II, pp. 99-100.

[229] *Ibid.*

partenaire valable de ceux-ci dans un monde occidental organisé et uni pour la défense d'un certain genre de vie. »[230].

130. Cette vocation politique de la CEE est au demeurant confirmée par le préambule du traité de fusion des exécutifs des Communautés européennes du 8 avril 1965 (ci-après, traité de fusion). Les Etats membres y font, en effet, état de leur souhait d'établir progressivement une union dans les termes suivants : « RÉSOLUS à progresser dans la voie de l'unité européenne, DÉCIDÉS à procéder à l'unification des trois Communautés, CONSCIENTS de la contribution que constitue pour cette unification la création d'institutions communautaires uniques, ONT DÉCIDÉ de créer un Conseil unique et une Commission unique des Communautés européennes ». Ils soulignent ainsi le fait que loin d'être un simple ajustement technique, la fusion des exécutifs des Communautés européennes procède de la logique politique de l'intégration tout en en constituant un outil. En effet, aux termes du préambule du traité de fusion, la création d'organes exécutifs communs découle de la volonté d'unifier les Communautés européennes et doit elle-même favoriser la réalisation de progrès dans la voie de l'unité européenne.

131. Ainsi, « [l]e traité de fusion des exécutifs ouvrait la voie à une simplification institutionnelle avec la création d'une Commission commune – et d'un Conseil des ministres commun – aux trois Communautés ; loin de se réduire à une réforme à caractère purement technique, cette simplification était susceptible de revêtir une portée politique permettant de donner un nouvel élan au processus d'intégration. »[231].

132. Le préambule de l'Acte unique européen, signé en 1986[232], témoigne, en outre, encore plus nettement de la volonté des Etats membres d'établir progressivement une union politique en reprenant littéralement les termes de la déclaration solennelle sur l'Union européenne du Conseil européen de Stuttgart de juin 1983. Dans ce préambule, les Etats membres affirment en effet leur volonté « de transformer l'ensemble des relations entre leurs Etats en une union européenne conformément à la déclaration solennelle de Stuttgart du 19 juin 1983 »[233] et se disent « CONVAINCUS que l'idée européenne, les résultats acquis dans les domaines de l'intégration économique et de la coopération politique ainsi que la nécessité de nouveaux

---

[230] *Ibid.*

[231] BLIN O., « 50 ans de Commission européenne ou la légitimité intégrative en question », in BLANQUET M. (dir.), *Mélanges en hommage à Guy Isaac. 50 ans de droit communautaire*, Toulouse, Presses de l'Université des Sciences sociales, 2004, vol. I, p. 297.

[232] L'Acte unique européenne a été signé par la Belgique, la République fédérale d'Allemagne, l'Espagne, la France, l'Irlande, le Luxembourg, les Pays-Bas, le Portugal et le Royaume-Uni, à Luxembourg, le 17 février 1986, puis par le Danemark, l'Italie et la Grèce, à La Haye, le 28 février 1986.

[233] 1er alinéa du préambule de l'Acte unique européen.

développements répondent aux vœux des peuples démocratiques européens »[234].

133. La matérialisation de l'idée de l'établissement progressif d'une union politique européenne par les traités relatifs à la CEE résulte, en second lieu, de la mission générale qu'ils assignent à cette dernière. Aux termes du deuxième article du traité CEE, « [l]a Communauté a pour mission, par l'établissement d'un marché commun et par le rapprochement progressif des politiques économiques des États membres, de promouvoir un développement harmonieux des activités économiques dans l'ensemble de la Communauté, une expansion continue et équilibrée, une stabilité accrue, un relèvement accéléré du niveau de vie, et des relations plus étroites entre les États qu'elle réunit. ». Or, l'attribution de cette mission générale à la CEE par son traité constitutif correspond essentiellement au projet formulé par les Etats membres pour la relance de la construction européenne lors de la conférence de Messine de juin 1955. La résolution de Messine soulignait en effet leur volonté de « poursuivre l'établissement d'une Europe unie par [...] la fusion progressive des économies nationales, la création d'un marché commun et l'harmonisation progressive de leurs politiques sociales. »[235].

134. L'Acte unique européen est encore plus explicite quant à la vocation de la CEE à permettre le développement d'une union politique au sein de l'ensemble qu'elle constitue avec les autres Communautés européennes. Il indique en effet, dans son premier article, que « [l]es Communautés européennes et la coopération politique européenne ont pour objectif de contribuer ensemble à faire progresser concrètement l'Union européenne ». L'Acte unique européen codifie à cet effet la coopération des Etats membres en matière de politique étrangère dans un titre III qui, sans s'insérer dans le cadre des Communautés européennes, vient étoffer la dimension politique de l'intégration européenne, conformément à l'ambition affichée dans l'article cité plus haut. L'Acte unique européen prévoit en tout état de cause des innovations institutionnelles significatives.

2. L'union politique européenne dans l'ensemble institutionnel propre à la CEE

135. Dans la résolution prise à Messine en juin 1955 pour la relance de la construction européenne, les Etats membres font notamment état de leur volonté de « poursuivre l'établissement d'une Europe unie par le développement d'institutions communes »[236]. On peut dès lors considérer qu'en consacrant, dans la continuité de la logique intégrationniste inaugurée

---

234 4ème alinéa du préambule de l'Acte unique européen.

235 Résolution adoptée par les ministres des affaires étrangères des États membres de la CECA, réunis à Messine du 1er au 3 juin 1955, *op. cit.*

236 *Ibid.*

avec la Haute Autorité de la CECA, le caractère communautaire des institutions de la CEE – et donc leur vocation à assurer la réalisation des objectifs politico-économiques inhérents à cette dernière – les traités qui y sont relatifs matérialisent à cet égard la volonté des Etats membres de construire progressivement une union politique européenne. C'est, en tout état de cause, ce qui ressort du sixième alinéa du préambule de l'Acte unique européen qui souligne la détermination des Etats membres « à assurer un meilleur fonctionnement des Communautés, en permettant aux institutions d'exercer leurs pouvoirs dans les conditions les plus conformes à l'intérêt communautaire ».

136. Ainsi, si ni le traité de Rome, ni le traité de fusion ne reconnaissent de caractère supranational à la Commission européenne devenue commune aux trois Communautés européennes avec ce dernier – ce qui marque un réel recul dans l'affirmation, par les Etats membres, de la visée fédérale de la construction européenne –, son caractère communautaire est toutefois bel et bien affirmé dans le cadre de la CEE. En effet, pour « assurer le fonctionnement et le développement du marché commun »[237], la Commission dispose « d'un pouvoir de décision propre et participe à la formation des actes du Conseil et de l'Assemblée »[238], notamment à travers un droit d'initiative qui ne peut être contourné que par l'unanimité du Conseil, en vertu de l'article 149 du traité CEE. L'article 10, paragraphe 2, alinéa 1, du traité de fusion confirme en outre que « [l]es membres de la Commission exercent leurs fonctions en pleine indépendance, dans l'intérêt général des Communautés »[239].

137. Ainsi, bien que, dans le cadre de la CEE, la Commission européenne ne soit pas l'organe de pouvoir central qu'elle est dans celui de la CECA en succédant à la Haute Autorité[240], ses caractéristiques traduisent la volonté des Etats membres de maintenir un organe unificateur dans l'ordre juridique communautaire. Cet état de fait est d'ailleurs confirmé par l'engagement des Etats membres à respecter la vocation de la Commission à défendre l'intérêt général de la CEE. De fait, aux termes de l'article 10, paragraphe 2, alinéa 2 du traité de fusion, les membres de la Commission « ne sollicitent ni n'acceptent d'instructions d'aucun gouvernement ni d'aucun organisme. Ils

---

[237] Article 155 du traité CEE.

[238] Article 155, tiret 3, du traité CEE.

[239] L'article 157 du traité CEE, qui contenait une disposition similaire, a été abrogé par le traité de fusion.

[240] L'article 9 du traité de fusion prévoit en effet qu' « [i]l est institué une Commission des Communautés européennes, ci-après dénommée la Commission. Cette Commission se substitue à la Haute Autorité de la Communauté européenne du charbon et de l'acier ainsi qu'à la Commission de la Communauté économique européenne et à la Commission de la Communauté européenne de l'énergie atomique. Elle exerce les pouvoirs et les compétences dévolus à ces institutions dans les conditions prévues aux traités instituant respectivement la Communauté européenne du charbon et de l'acier, la Communauté économique européenne et la Communauté européenne de l'énergie atomique ainsi qu'au présent traité ».

s'abstiennent de tout acte incompatible avec le caractère de leurs fonctions. Chaque État membre s'engage à respecter ce caractère et à ne pas chercher à influencer les membres de la Commission dans l'exécution de leur tâche. ».

138. Dès lors, selon la professeure Marie-Thérèse Bitsch, « [s]i la Commission peut prendre des décisions (à la majorité simple) dans certains domaines, assez limités, prévus par le traité [CEE], elle dispose surtout d'un important droit d'initiative qui s'impose au Conseil. C'est la Commission qui choisit le moment de faire une proposition ; elle peut la modifier tant que le Conseil n'a pas statué mais si ce dernier veut amender la proposition, il doit le faire à l'unanimité. »[241]. Marie-Thérèse Bitsch souligne en outre très justement à cet égard qu' « [a]insi la combinaison entre le pouvoir d'initiative de la Commission, organe communautaire par excellence, et le vote majoritaire du Conseil pouvait rendre possible, à la fin de la période transitoire, une évolution vers beaucoup plus de supranationalité. »[242].

139. Par ailleurs, l'association toujours plus étroite de l'Assemblée commune à l'œuvre communautaire, à travers le renforcement constant de ses compétences dans le cadre des traités relatifs à la CEE, traduit également la volonté des Etats membres de progresser vers une union essentiellement politique. Cette association est en effet perçue par ces derniers comme un moyen de renforcer la légitimité démocratique du processus d'intégration, laquelle est indispensable pour en assurer la viabilité. Ainsi, après l'adoption par le Conseil des Communautés européennes de la décision du 21 avril 1970 relative au remplacement des contributions financières des États membres par des ressources propres aux Communautés, ces derniers considèrent que cette autonomisation de l'ordre juridique communautaire doit aller de pair avec un renforcement des pouvoirs budgétaires de l'Assemblée.

140. Le traité modifiant certaines dispositions budgétaires adopté en 1970[243], puis le traité modifiant certaines dispositions financières de 1975[244] organisent ainsi le partage des pouvoirs budgétaires du Conseil avec l'Assemblée commune en soulignant que l'évolution induite par le système des ressources propres doit nécessairement conduire à un accroissement des pouvoirs du Parlement européen dans le domaine considéré. En effet, aux termes des deuxièmes alinéas des préambules de chacun de ces deux traités, « le remplacement des contributions financières des États membres par des

---

[241] BITSCH M-T., *Histoire de la construction européenne de 1945 à nos jours*, Bruxelles, Editions Complexe, 2ème éd., 2001, p. 120.

[242] *Ibid.*

[243] Dans sa dénomination exacte, le traité portant modification de certaines dispositions budgétaires des traités instituant les Communautés européennes et du traité instituant un Conseil unique et une Commission unique des Communautés européennes, signé à Luxembourg, le 22 avril 1970.

[244] Dans sa dénomination exacte, le traité portant modification de certaines dispositions financières des traités instituant les Communautés européennes et du traité instituant un Conseil unique et une Commission unique des Communautés européennes, signé à Bruxelles, le 22 juillet 1975.

ressources propres aux Communautés appelle un accroissement des pouvoirs budgétaires de l'Assemblée »[245].

141. L'Acte unique européen, intervenu en 1986, confirme également la vocation de l'Assemblée commune, désormais reconnue en tant que Parlement européen[246] et élue au suffrage universel direct[247], à contribuer à la construction politique de l'Europe. De fait, d'une part, le préambule de ce traité légitime le processus d'intégration en érigeant le Parlement européen en garant de la participation des peuples européens à la construction européenne, au moment où l'objectif de la création d'une Union européenne est consacré. Le préambule de l'Acte unique européen indique en effet que « l'idée européenne, les résultats acquis dans les domaines de l'intégration économique et de la coopération politique ainsi que la nécessité de nouveaux développements répondent aux vœux des peuples démocratiques européens pour qui le Parlement européen, élu au suffrage universel, est un moyen d'expression indispensable »[248]. D'autre part, fort de ce constat, l'Acte unique européen renforce les pouvoirs du Parlement européen en instituant la procédure de coopération. Celle-ci permet au Parlement européen d'être associé à l'élaboration des actes communautaires grâce à sa faculté d'amender les positions communes adoptées par le Conseil relativement aux propositions de la Commission, et ce, notamment, dans des domaines fondamentaux pour l'intégration européenne comme la libre circulation des travailleurs et la liberté d'établissement[249].

142. Par ailleurs, si, dans le cadre de la CEE, le pouvoir de décision est essentiellement confié à l'organe intergouvernemental qu'est le Conseil, il y a lieu de relever que ce dernier a vocation à exercer ses attributions « [e]n vue d'assurer la réalisation des objets fixés par le [...] Traité »[250], ce qui tend à souligner son caractère communautaire. La vocation du Conseil à favoriser la réalisation des objectifs inhérents à la CEE est au demeurant renforcée par l'Acte unique européen qui étend le vote à la majorité qualifiée, au détriment de l'unanimité, afin d'assurer la réalisation du marché intérieur qui – rappelons-le – revêt, pour les Etats membres, une importance capitale dans le processus de construction politique européen. L'Acte unique européen charge ainsi, notamment, le Conseil de définir à la majorité qualifiée, et sur proposition de la Commission, « les orientations et conditions nécessaires

---

[245] Le traité de 1975 ajoute simplement le terme « intégral » après le mot « remplacement » dans la formule introduite par le traité de 1970.

[246] L'Assemblée commune s'est rebaptisée « Parlement européen » par le biais d'une résolution en date du 30 mars 1962. L'Acte unique européen entérine ce changement de nom.

[247] Les premières élections au suffrage universel direct des membres de l'Assemblée commune ont eu lieu du 7 au 10 juin 1979, en vertu de l'Acte portant élection des représentants à l'Assemblée au suffrage universel direct, adopté à Bruxelles, le 20 septembre 1976, conformément à l'objectif défini par l'article 138 du traité CEE.

[248] Quatrième alinéa du préambule de l'Acte unique européen.

[249] Cela résulte des articles 6 et 7 de l'Acte unique européen.

[250] Article 145 du traité CEE.

pour assurer un progrès équilibré dans l'ensemble des secteurs concernés » par la réalisation du marché intérieur[251].

143. Ce renforcement de la majorité qualifiée dans ce qui constitue le cœur du projet politique européen – qui implique concrètement que des Etats membres puissent être dans l'obligation d'appliquer des normes auxquelles ils se sont opposés – témoigne non seulement de la vivacité de la logique communautaire mais traduit également la volonté des auteurs des traités de concrétiser leur aspiration à l'unité politique. L'Acte unique européen étoffe de plus la dimension communautaire des compétences du Conseil en prévoyant que, sauf exceptions, ce dernier « confère à la Commission, dans les actes qu'il adopte, les compétences d'exécution des règles qu'il établit »[252]. Si ce pouvoir d'exécution du droit communautaire délégué par le Conseil à la Commission, est encadré, il permet qu'à travers cette dernière, l'intérêt général de la Communauté soit au mieux assuré dans l'application du droit communautaire.

144. Enfin, la Cour de justice des Communautés européennes reste, dans le cadre du traité CEE, l'institution chargée d'assurer le respect du droit dans son interprétation et son application[253] et dont la force exécutoire des arrêts[254] permet d'en garantir le plein effet, caractéristiques qui s'avèrent essentielles à la réalisation des objectifs politico-économiques souvent implicites de l'intégration européenne. De fait, « Maître de sa méthode, la Cour s'est comportée dès le début comme une Cour suprême fédérale. Elle a donné sa force et sa cohérence au système communautaire. Parfois critiquée pour ses audaces, dans les CIG à venir, elle a cependant bénéficié, régulièrement, dans chaque nouveau traité, d'une extension de ses compétences. »[255].

145. Il apparaît ainsi que les caractéristiques de l'ensemble institutionnel créé et développé par les traités inhérents à la CEE, tout comme les principes d'ordre général évoqués plus haut, traduisent concrètement l'idée de l'édification progressive d'une union politique européenne, endossée par les Etats membres après l'échec de la CED. Le juge Pescatore pouvait dès lors légitimement observer à cet égard que « la structure de la Communauté européenne et son droit forment un système, c'est-à-dire un tout structuré, organisé, finalisé. La Communauté profite dès lors des ressources et de la dynamique de ce système. »[256]. Le traité créant l'Union européenne, tout comme ceux qui le réviseront, matérialiseront de la même façon le projet politique fondamental dont il est ici question.

---

251 Cela résulte de l'article 14 de l'Acte unique européen.

252 Article 10 de l'Acte unique européen.

253 Article 164 du traité CEE.

254 Cette force exécutoire est garantie par l'article 187 du traité CEE.

255 SOULIER G., DESCAMPS O., « Histoire de la construction européenne », *op. cit.*, § 30.

256 PESCATORE P., *Le droit de l'intégration - Emergence d'un phénomène nouveau dans les relations internationales selon l'expérience des Communautés européennes*, *op. cit.*, p. 43.

§ 2. La consécration de cette idée par les traités relatifs à l'UE

146. A la suite des instruments propres à la CEE, les traités relatifs à l'UE traduisent la conception politique défendue par Leo Tindemans, et approuvée par les Etats membres lors du Conseil européen de la Haye des 29 et 30 novembre 1976, selon laquelle « [l]'Union européenne [doit être] une phase nouvelle sur le chemin de l'unification de l'Europe, laquelle ne peut être que le résultat d'un processus continu. »[257]. Cela résulte tant des principes fondamentaux affirmés dans les préambules et les dispositions consacrées aux caractéristiques et objectifs de l'UE (**A**), que de l'ensemble institutionnel qui lui est propre (**B**).

A. L'union politique européenne dans les principes fondamentaux posés par les traités relatifs à l'UE

147. A l'instar des traités relatifs à la CEE, le traité de Maastricht du 7 février 1992, qui crée l'UE, reflète, en premier lieu, la volonté des Etats membres d'édifier progressivement une union politique européenne dans son préambule. De fait, quatre des treize alinéas du préambule de ce traité soulignent que la création de l'UE s'inscrit dans le cadre du processus politique spécifique initié par les Communautés européennes tout en réaffirmant la volonté des Etats membres d'en assurer la progression à travers la création de l'UE. Le premier alinéa du préambule du traité de Maastricht fait ainsi état de la résolution des Etats membres « à franchir une nouvelle étape dans le processus d'intégration européenne engagé par la création des Communautés européennes », tandis que le deuxième rappelle « l'importance historique de la fin de la division du continent européen et la nécessité d'établir des bases solides pour l'architecture de l'Europe future ». De même, le onzième alinéa du préambule évoqué réaffirme la détermination des Etats membres « à poursuivre le processus créant une union sans cesse plus étroite entre les peuples d'Europe », quand le douzième souligne que l'institution de l'UE a été pensée « DANS LA PERSPECTIVE des étapes ultérieures à franchir pour faire progresser l'intégration européenne ».

148. Cette affirmation très nette, du fait notamment de sa redondance, de la vocation de l'UE à favoriser l'instauration d'une union politique est, en tout état de cause, étoffée par les huitième et neuvième alinéas du préambule du traité de Maastricht qui font respectivement état de la volonté des Etats membres d' « établir une citoyenneté commune aux ressortissants de leurs pays » et de « mettre en œuvre une politique étrangère et de sécurité commune, y compris la définition à terme d'une politique de défense commune, qui pourrait conduire, le moment venu, à une défense commune ».

[257] Rapport sur l'Union européenne de Leo Tindemans, adressé au Conseil européen, le 29 décembre 1975, *op. cit.*, p. 7.

149. En effet, l'institution d'une citoyenneté de l'Union est, d'une part, considérée par les Etats membres comme un « élément essentiel de la construction européenne »[258], aux termes des conclusions du Conseil européen de Luxembourg des 28 et 29 juin 1991, qui était notamment chargé d'examiner les avancées des deux conférences intergouvernementales qui ont débouché sur le traité de Maastricht. L'établissement d'une citoyenneté de l'Union constitue de fait une donnée fondamentale dans le processus de construction de l'Europe politique dans la mesure où, sans se substituer à celles des Etats membres et tout en étant fondée sur la nationalité d'au moins l'un d'eux[259], cette citoyenneté commune manifeste l'appartenance de leurs ressortissants à un corps politique européen propre, à travers les droits et devoirs dont elle est assortie, tels que le droit de vote et d'éligibilité aux élections au Parlement européen et municipales dans l'État membre de résidence[260]. De fait, observant que « l'idée de citoyenneté européenne »[261] est aujourd'hui inscrite dans la Charte des droits fondamentaux de l'UE[262], le professeur Luis Maria Diez-Picazo indique qu' « [i]l ne s'agit pas, cependant, d'une notion nouvelle dans le processus d'intégration européenne, puisque, comme chacun sait, elle a été introduite par le Traité de Maastricht en 1992. A ce moment, l'affirmation d'une citoyenneté de l'Union européenne, aux côtés des citoyennetés traditionnelles de ses Etats membres eut pour but de constituer un pas important vers l'union politique. »[263].

150. D'autre part, la réintroduction prudente, à travers la politique étrangère et de sécurité commune (ci-après PESC), de la perspective d'une politique commune dans le domaine sensible et régalien de la défense, en dépit du retentissement négatif de l'échec de la CED sur le processus d'intégration européenne, témoigne de la disposition des Etats membres à réaliser, dans le cadre de l'UE, des avancées significatives dans la voie de l'unité politique, et ce, malgré les tensions inhérentes à la question de la défense commune européenne. De fait, lors des négociations du traité de Maastricht, « contre la proposition franco-allemande d'une « défense européenne commune », qui avait l'appui de la plupart des États membres, la position britannique s'en tenait à une « politique européenne de défense commune » ; elle avait le

[258] Conclusions de la présidence du Conseil européen de Luxembourg des 28 et 29 juin 1991, *op. cit.*, p. 3.

[259] Reprenant les principes posés à partir du traité de Maastricht, l'article 20, paragraphe 1, du traité FUE stipule qu' « [i]l est institué une citoyenneté de l'Union. Est citoyen de l'Union toute personne ayant la nationalité d'un État membre. La citoyenneté de l'Union s'ajoute à la citoyenneté nationale et ne la remplace pas. ».

[260] Article 20, paragraphe 2, b), du traité FUE.

[261] DIEZ-PICAZO L. M., « Citoyenneté et identité européennes », in COHEN-JONATHAN G., DUTHEIL DE LA ROCHERE J. (dir.), *Constitution européenne, démocratie et droits de l'homme*, Bruxelles, Bruylant, « Droit et justice », p. 165.

[262] Le cinquième titre de la Charte des droits fondamentaux de l'UE est en effet consacré à la citoyenneté de l'Union.

[263] DIEZ-PICAZO L. M., « Citoyenneté et identité européennes », *op. cit.*

soutien des Pays-Bas traditionnellement favorables à l'intégration mais atlantistes inconditionnels, du Danemark et du Portugal. Le texte final satisfait les Britanniques. »[264] Ainsi, « tout au plus, l'article J-4 n'exclut pas que la politique de défense commune puisse conduire, « le moment venu, à une défense commune ». »[265].

151. Cela étant, l'ensemble des considérations essentielles figurant dans les alinéas du préambule du traité de Maastricht évoqués ci-dessus n'a été remis en cause par aucun des traités postérieurs à ce dernier, ce qui indique que les Etats membres ont, jusqu'ici, entendu confirmer dans le droit primaire la vocation politique spécifique de l'UE, à l'occasion de chacune des étapes du processus d'intégration. Cette vocation apparaît de plus dans les dispositions des traités relatives aux caractéristiques de l'UE.

152. En effet, de l'article A du traité de Maastricht au premier article du traité UE, tel qu'issu du traité de Lisbonne, l'UE est présentée comme « une nouvelle étape dans le processus créant une union sans cesse plus étroite entre les peuples de l'Europe »[266]. De ce fait, et conformément à la logique d'intégration progressive suivie par les Etats membres, l'UE a été « fondée sur les Communautés européennes complétées par les politiques et les formes de coopération »[267] issues des traités qui lui sont relatifs, avant de se substituer pleinement à la Communauté européenne en tant qu'entité politique autonome[268]. Il y a, au demeurant, lieu de relever qu'avant même cette succession, le traité de Maastricht avait signifié, tant sur le plan formel que matériel, le fait que la création de l'UE constituait une réelle évolution dans la construction politique de l'Europe à travers les modifications apportées à la Communauté sur laquelle elle a été principalement établie. En effet, en substituant, d'une part, la Communauté européenne à la CEE[269], le traité de Maastricht confirmait formellement que l'intégration européenne ne se cantonnait pas à la sphère économique, en résonnance avec l'ambition politique nourrie par les Etats membres relativement à l'UE. D'autre part, l'introduction, dans l'ordre juridique communautaire, de l'UEM, dont le rôle fondamental dans le processus de création d'une union politique a clairement

---

[264] SOULIER G., DESCAMPS O., « Histoire de la construction européenne », *op. cit.*, § 58.

[265] *Ibid.*

[266] En effet, aux termes des deux premiers paragraphes du premier article du traité UE, « [p]ar le présent traité, les HAUTES PARTIES CONTRACTANTES instituent entre elles une UNION EUROPÉENNE, ci-après dénommée «Union», à laquelle les États membres attribuent des compétences pour atteindre leurs objectifs communs. ».
Le présent traité marque une nouvelle étape dans le processus créant une union sans cesse plus étroite entre les peuples de l'Europe, dans laquelle les décisions sont prises dans le plus grand respect possible du principe d'ouverture et le plus près possible des citoyens. ».

[267] Cette formule, issue de l'article A, paragraphe 3, du traité de Maastricht, est restée en vigueur jusqu'au traité de Lisbonne.

[268] L'article premier, paragraphe 3, du traité UE dispose en effet que « [l]'Union se substitue et succède à la Communauté européenne. ».

[269] Cette substitution est prévue par l'article G, A., 1) du traité de Maastricht.

et souvent été souligné par les Etats membres[270], ainsi que l'extension des compétences de la Communauté européenne dans des domaines aussi variés que la santé, la culture, l'industrie et l'éducation, conféraient nécessairement à la création concomitante de l'UE une portée particulière.

153. En outre, la structuration de l'UE, par l'ensemble des traités qui lui sont relatifs, autour d'objectifs qui non seulement revêtent une dimension fondamentale dans le processus d'intégration européenne mais correspondent également à des compétences concrètes, permet également d'établir le fait que les instruments européens matérialisent l'idée de l'édification progressive d'une union politique, portée par les Etats membres depuis le début de la mise en œuvre du plan Schuman. En effet, conformément à ce dernier, les objectifs économiques assignés à l'UE par les traités sont de nature à créer la solidarité de fait indispensable au rapprochement politique des Etats membres. La consolidation du marché intérieur et l'établissement de l'UEM sont ainsi compris dans les objectifs de l'Union depuis le traité de Maastricht. Selon l'article B de ce traité, « [l]'union se donne pour objectif : [...] de promouvoir un progrès économique et social équilibré et durable, notamment par la création d'un espace sans frontières intérieures, par le renforcement de la cohésion économique et sociale et par l'établissement d'une union économique et monétaire comprenant, à terme, une monnaie unique ». Le traité de Lisbonne, signé le 13 décembre 2007, confirme clairement ces finalités économiques spécifiques de l'UE tout en revêtant la notion de marché intérieur d'une dimension politique forte. De fait, l'article 3, paragraphe 3, du traité UE l'associe clairement à la poursuite de buts essentiels pour la construction politique de l'Europe, tels que le développement durable, la protection de l'environnement, la promotion de la justice et de la protection sociales[271]. L'article 3, paragraphe 4, du même traité souligne, quant à lui, que « [l]'Union établit une union économique et monétaire dont la monnaie est l'euro », à la suite de la Communauté européenne.

154. De plus, l'objectif fondamental, pour assurer l'adhésion des peuples européens au processus d'intégration – laquelle est indispensable à la réussite

---

[270] V. sur ce point les développements figurant aux pages 51-56.

[271] L'article 3, paragraphe 3, du traité UE prévoit en effet que : « [l]'Union établit un marché intérieur. Elle œuvre pour le développement durable de l'Europe fondé sur une croissance économique équilibrée et sur la stabilité des prix, une économie sociale de marché hautement compétitive, qui tend au plein emploi et au progrès social, et un niveau élevé de protection et d'amélioration de la qualité de l'environnement. Elle promeut le progrès scientifique et technique.
Elle combat l'exclusion sociale et les discriminations, et promeut la justice et la protection sociales, l'égalité entre les femmes et les hommes, la solidarité entre les générations et la protection des droits de l'enfant.
Elle promeut la cohésion économique, sociale et territoriale, et la solidarité entre les États membres.
Elle respecte la richesse de sa diversité culturelle et linguistique, et veille à la sauvegarde et au développement du patrimoine culturel européen. ».

de ce dernier – de la protection des citoyens de l'Union est affirmé depuis le traité de Maastricht. Aux termes de ce dernier, « [l]'union se donne pour objectif : […] de renforcer la protection des droits et des intérêts des ressortissants de ses Etats membres par l'instauration d'une citoyenneté de l'Union »[272]. Après l'adjonction du développement d'un espace de liberté, de sécurité et de justice aux objectifs de l'Union par le traité d'Amsterdam, en 1997, celui de Lisbonne vient de surcroît étoffer le contenu de la citoyenneté de l'Union en soulignant qu'elle implique que la protection de ses citoyens soit non seulement concrètement assurée dans l'ordre juridique de l'UE, mais également à l'extérieur de celle-ci[273].

155. Le professeur Emmanuel Castellarin souligne à cet égard qu' « [e]n définitive, le droit à la protection consulaire est la composante du statut de citoyen de l'Union qui, presque à elle seule, est censée manifester et en même temps consolider l'identité et la solidarité européennes hors de l'Union. […] Introduit par le traité de Maastricht pour prolonger la citoyenneté en dehors de l'Union et mis en œuvre en 1995 par une décision à l'effectivité limitée, ce droit a été renforcé par le traité de Lisbonne. […]. »[274].

156. Enfin, l'introduction par le traité de Lisbonne d'un objectif tendant à la promotion des valeurs de l'Union, tant au niveau interne, que dans le cadre de ses relations extérieures[275], confère à cette dernière une identité politique certaine, dans la mesure où ces valeurs sont aujourd'hui définies précisément par l'article 2 du traité UE. En effet, selon cet article, « [l]'Union est fondée sur les valeurs de respect de la dignité humaine, de liberté, de démocratie, d'égalité, de l'État de droit, ainsi que de respect des droits de l'homme, y compris des droits des personnes appartenant à des minorités. Ces valeurs sont communes aux États membres dans une société caractérisée par le pluralisme, la non-discrimination, la tolérance, la justice, la solidarité et l'égalité entre les femmes et les hommes. ».

---

[272] Article B du traité de Maastricht.

[273] L'article 3, paragraphe 2, du traité UE, dispose en effet que « [l]'Union offre à ses citoyens un espace de liberté, de sécurité et de justice sans frontières intérieures, au sein duquel est assurée la libre circulation des personnes, en liaison avec des mesures appropriées en matière de contrôle des frontières extérieures, d'asile, d'immigration ainsi que de prévention de la criminalité et de lutte contre ce phénomène. », tandis que le 5ème paragraphe du même article prévoit que : « dans ses relations avec le reste du monde, l'Union affirme et promeut ses valeurs et ses intérêts et contribue à la protection de ses citoyens. ».

[274] CASTELLARIN E., « La dimension externe, angle mort de la citoyenneté de l'Union ? », in BOUVERESSE A., et al. (dir.), *La citoyenneté européenne : quelle valeur ajoutée ? – European citizenship : what added value ?*, Bruxelles, Bruylant, « Droit de l'Union européenne – Colloques », 2023, pp. 346-347.

[275] Le premier paragraphe de l'article 3 du traité UE prévoit en effet que « [l]'Union a pour but de promouvoir la paix, ses valeurs et le bien-être de ses peuples. », tandis que le cinquième paragraphe du même article précise notamment que « [d]ans ses relations avec le reste du monde, l'Union affirme et promeut ses valeurs ».

157. Or, l'affirmation de cette identité apparaît comme une évolution fondamentale dans le processus de construction politique européen, étant donné qu'elle contribue à définir et à singulariser l'Union en tant qu'entité propre, et ce, y compris par rapport à ses Etats membres, l'article 7 du traité UE permettant en effet de les sanctionner pour toute « violation grave et persistante » des valeurs évoquées. Dans un article dédié à l'autonomie du droit de l'Union, l'actuel président de la Cour de justice, Koen Lenaerts, et José A. Gutiérrez-Fons, référendaire au sein de la même juridiction, considèrent ainsi que « The EU endorses a new type of identity that operates outside the paradigms of the nation-State. The identity of the EU brings all Europeans together, since we can all identify with the values contained in art. 2 TEU, regardless of our national identity. That identity is the bedrock on which to build "the process of creating an ever-closer union among the peoples of Europe". »[276]. L'ensemble institutionnel développé par les traités dans le cadre de l'UE participe de la même dynamique.

B. L'union politique européenne dans l'ensemble institutionnel propre à l'UE

158. Dans le cadre de l'UE, la vocation des quatre institutions historiques, que sont le Parlement, le Conseil, la Commission et la Cour de justice, à favoriser la réalisation de l'objectif politique qui sous-tend le processus d'intégration européenne est également concrétisée par les traités à travers la confirmation et le renforcement de leur capacité à promouvoir l'intérêt général de l'Union et, subséquemment, à assurer l'accomplissement de ses buts ; ce, en dépit de l'abandon – consécutif à l'échec de la CED – du recours à la notion de supranationalité dans l'ordre juridique communautaire, puis de l'Union. De fait, selon le professeur Claude Blumann, « [l]e système institutionnel de l'Union mis en place dès les premières Communautés et sur lesquelles les critiques de désuétude se sont abattues depuis plusieurs décennies tient bon. Le célèbre quadripartisme du juge Pescatore résiste à l'usure du temps. »[277].

159. La technique consistant à assurer la construction d'une union politique européenne à travers le renforcement des institutions communes aux Etats membres – qui correspond clairement à la méthode d'intégration progressive proposée par Leo Tindemans en 1975 et entérinée par le Conseil européen de la Haye de novembre 1976[278] – a ainsi été mise en œuvre. Reflétant cette logique, l'article 13, paragraphe 1, du traité UE, qui recense l'ensemble des institutions de l'Union, souligne au demeurant que cette dernière « dispose

---

[276] LENAERTS K., GUTIERREZ-FONS J. A., « The autonomy of EU law, legal theory and european integration », *op. cit.*, p. 1499.

[277] BLUMANN C., « Quelques interrogations sur un avenir hasardeux », in CHALTIEL F. (dir), 1957 - 2017 – *Les 60 ans des traités fondateurs de l'Union européenne*, Paris, Dalloz, « Les Panoramas de revues Dalloz – Revue de l'Union européenne », 2019, p. 466.

[278] Se référer sur ce point aux développements figurant aux pages 53-56.

d'un cadre institutionnel visant à promouvoir ses valeurs, poursuivre ses objectifs, servir ses intérêts, ceux de ses citoyens, et ceux des États membres, ainsi qu'à assurer la cohérence, l'efficacité et la continuité de ses politiques et de ses actions. ».

160. Aussi, le Parlement européen, qui, du fait de la représentation directe des citoyens de l'Union qu'il assure, incarne le mieux la légitimité démocratique essentielle à la viabilité et à l'aboutissement du processus d'intégration européenne, s'est-il vu conforté dans son rôle de législateur européen. En effet, après l'introduction de la procédure de codécision par le traité de Maastricht en 1992[279] – laquelle a doté le Parlement européen d'un pouvoir normatif égal à celui du Conseil dans des domaines d'action fondamentaux pour l'Union[280] – puis son extension avec les traités d'Amsterdam et de Nice en 1997 et 2001, le traité de Lisbonne est venu consacrer son rôle de colégislateur européen en faisant de la codécision la procédure législative ordinaire[281]. Le traité de Lisbonne étend de plus l'application de cette procédure à plusieurs secteurs politiquement sensibles, tels que l'immigration, la coopération judiciaire et l'harmonisation des législations des Etats membres en matière pénale[282], dans le cadre de la consolidation de l'espace de liberté, de sécurité et de justice. Au demeurant, outre ce renforcement significatif de ses pouvoirs législatifs, le Parlement européen est défini par le traité de Lisbonne comme une institution politique essentielle au bon fonctionnement comme au développement de l'ordre juridique de l'Union. De fait, selon l'article 14, paragraphe 1, du traité UE, « [l]e Parlement européen exerce, conjointement avec le Conseil, les fonctions législative et budgétaire. Il exerce des fonctions de contrôle politique et consultatives conformément aux conditions prévues par les traités. Il élit le président de la Commission. ».

161. De même, l'extension continue du vote à la majorité qualifiée au sein du Conseil par les traités relatifs à l'UE, qui favorise la prise de décision au sein d'une Union comptant actuellement vingt-sept Etats membres et, donc, la réalisation de ses objectifs spécifiques, confirme la vocation de cette institution à contribuer, malgré son caractère intergouvernemental, à la

---

[279] Cette introduction est faite par l'article G, point 61), du traité de Maastricht.

[280] On peut notamment relever que les points 10) et 11) de l'article G du traité de Maastricht prévoient respectivement l'application de la procédure de codécision aux domaines de la libre circulation des travailleurs et de la liberté d'établissement, tandis que le point 22) du même article permet son application pour l'adoption de mesures relatives au rapprochement des législations des Etats membres nécessaires à l'établissement et au fonctionnement du marché intérieur.

[281] Aux termes de l'article 289, paragraphe 1, du traité FUE : « [l]a procédure législative ordinaire consiste en l'adoption d'un règlement, d'une directive ou d'une décision conjointement par le Parlement européen et le Conseil, sur proposition de la Commission. Cette procédure est définie à l'article 294. ».

[282] L'application de la procédure législative ordinaire est respectivement prévue dans ces trois domaines par les articles 79, 81 et 82, ainsi que 83 du traité FUE.

construction politique de l'Europe. Le traité de Lisbonne indique ainsi aujourd'hui que le vote à la majorité qualifiée constitue la règle en matière de prise de décision au sein du Conseil. De fait, selon l'article 16, paragraphe 3, du traité UE, « [l]e Conseil statue à la majorité qualifiée, sauf dans les cas où les traités en disposent autrement. ». Le traité de Lisbonne étend au demeurant le vote à la majorité qualifiée à de nombreux domaines, laissant l'application de la règle de l'unanimité aux matières sensibles liées principalement à la fiscalité, à la sécurité sociale, à la PESC, ainsi qu'aux questions de portée constitutionnelle que sont l'adhésion de nouveaux Etats membres et la révision des traités.

162. La Commission est, quant à elle, solennellement confirmée dans l'exercice de missions essentielles à l'intégration européenne par l'article 17, paragraphe 1, du traité UE, aux termes duquel « [elle] promeut l'intérêt général de l'Union et prend les initiatives appropriées à cette fin. Elle veille à l'application des traités ainsi que des mesures adoptées par les institutions en vertu de ceux-ci. Elle surveille l'application du droit de l'Union sous le contrôle de la Cour de justice de l'Union européenne. Elle exécute le budget et gère les programmes. Elle exerce des fonctions de coordination, d'exécution et de gestion conformément aux conditions prévues par les traités. À l'exception de la politique étrangère et de sécurité commune et des autres cas prévus par les traités, elle assure la représentation extérieure de l'Union. Elle prend les initiatives de la programmation annuelle et pluriannuelle de l'Union pour parvenir à des accords interinstitutionnels. ». Au demeurant, le traité de Lisbonne parachève le renforcement de sa légitimité démocratique, qui, étant indispensable à l'acceptation, par les citoyens européens, des prérogatives importantes dont elle dispose corrélativement à l'accroissement des compétences de l'Union, constitue un élément nécessaire au processus de construction politique européen. Ainsi, après que le traité de Maastricht a introduit l'approbation préalable à sa nomination de l'ensemble du collège de la Commission par le Parlement européen[283] et, le traité d'Amsterdam, la double investiture parlementaire du président, puis des autres membres de la Commission[284], le traité de Lisbonne instaure l'élection de son président par le Parlement européen[285]. Il impose de surcroît au Conseil européen de prendre en compte les résultats des élections au Parlement européen pour la désignation du candidat à la fonction de président de la Commission[286].

163. En outre, avec le traité de Lisbonne, la capacité de la désormais Cour de justice de l'Union européenne[287] à « assure[r] le respect du droit dans

---

[283] Article G, point 48), du traité de Maastricht.

[284] Article 2, point 40), du traité d'Amsterdam.

[285] Articles 14, paragraphe 1 et 17, paragraphe 7 du traité UE.

[286] Article 17, paragraphe 7, du traité UE.

[287] Aux termes de l'article 19, paragraphe 1, du traité UE, « [l]a Cour de justice de l'Union européenne comprend la Cour de justice, le Tribunal et des tribunaux spécialisés. ».

l'interprétation et l'application des traités »[288], au sein d'un ordre juridique complexifié par l'élargissement considérable du champ d'action de l'Union, est accrue de manière significative avec le renforcement de ses compétences. Le traité de Lisbonne étend en effet sa capacité d'intervention dans le champ fondamental, pour l'intégration politique européenne, de l'espace de liberté, de sécurité et de justice en rendant, d'une part, obligatoire – bien que toujours limitée – sa compétence dans le domaine de la coopération policière et judiciaire en matière pénale[289] et en supprimant, d'autre part, les restrictions à son pouvoir de statuer à titre préjudiciel s'agissant des visas, de l'asile, de l'immigration et de certaines politiques liées à la libre circulation des personnes[290].

164. Par ailleurs, le traité de Lisbonne complète l'ensemble institutionnel historique de l'Union en élevant au rang d'institution – censée, au même titre que le Parlement européen, le Conseil, la Commission et la Cour de justice, « promouvoir ses valeurs, poursuivre ses objectifs [et] servir ses intérêts »[291] – une instance dont l'action est capitale pour le processus d'intégration politique européenne : le Conseil européen. De fait, inspiré par Jean Monnet qui, au sein du comité d'action pour les Etats-Unis d'Europe, l'avait envisagé comme un organe destiné à faciliter la prise de décision au sein de la CEE, et ce, en vue de favoriser le processus d'unification politique européenne[292], le Conseil

[288] Article 19, paragraphe 1, du traité UE.

[289] Selon l'article 2, point 11), du traité d'Amsterdam, la compétence de la Cour de justice pour statuer à titre préjudiciel dans le domaine évoqué était subordonnée à une acceptation circonstanciée des Etats membres. Si elle ne l'est plus avec le traité de Lisbonne, elle reste cependant exclue pour ce qui est de « vérifier la validité ou la proportionnalité d'opérations menées par la police ou d'autres services répressifs dans un État membre [et de] statuer sur l'exercice des responsabilités qui incombent aux États membres pour le maintien de l'ordre public et la sauvegarde de la sécurité intérieure », en vertu de l'article 276 du traité FUE.

[290] Aux termes de l'article 2, point 15), du traité d'Amsterdam, la Cour de justice ne pouvait se prononcer à titre préjudiciel, dans les domaines cités, que lorsqu'une question portant sur l'interprétation ou la validité des actes pris par les institutions de l'Union se posait devant une juridiction nationale statuant en dernier ressort. Cette juridiction nationale devait, au demeurant, juger nécessaire la saisine de la Cour de justice. De plus, selon le même article, la compétence de la Cour de justice était exclue s'agissant des mesures relatives à l'ordre public et à la sécurité intérieure prises relativement aux contrôles aux frontières.

[291] Article 13, paragraphe 1, du traité UE.

[292] Saluant la création, lors du sommet de Paris des 9 et 10 décembre 1974, du Conseil européen, dont il avait fait la promotion auprès du couple franco-allemand, alors incarné par Georges Pompidou et Willy Brandt, puis Valéry Giscard d'Estaing et Helmut Schmidt, Jean Monnet affirmait en effet : « Maintenant, les institutions européennes avaient en charge d'immenses secteurs d'activités sur lesquels elles exerçaient la part de la souveraineté qui leur était déléguée. Mais elles avaient besoin pour fonctionner efficacement que les gouvernements eussent la même volonté européenne et qu'ensemble, agissant comme une autorité commune, ils fussent prêts à transférer les suppléments de souveraineté qu'appelait une union européenne véritable. La création du Conseil européen apportait l'instrument suprême de cette décision nécessaire. Une étape majeure venait d'être franchie. » (MONNET J., *Mémoires, op. cit.*, p. 605, pour de plus amples développements sur le rôle de Jean Monnet dans la création du Conseil européen, v. le 21ème chapitre de ses mémoires, notamment les pages 589 à 605).

européen est aujourd'hui, en dépit de sa nature intergouvernementale, à l'origine de « [t]outes les grandes décisions qui engagent l'avenir de la construction européenne »[293]. Ainsi, selon le professeur Jean-Claude Gautron, « [l]e Conseil européen s'enracine à la fois dans la méthode communautaire, en tant qu'extrapolation du Conseil, et dans la méthode extracommunautaire en tant qu'issu de la coopération politique et de l'harmonisation (souhaitable) des politiques étrangères des États. »[294].

165. De fait, après que le traité de Maastricht a consacré le rôle politique fondamental pour la construction européenne du Conseil européen en prévoyant, d'une part, qu'il constitue le niveau de réunion des Etats membres le plus élevé au sein de l'ordre juridique de l'Union[295], et en reconnaissant, d'autre part, sa vocation à « donne[r] à [celle-ci] les impulsions nécessaires à son développement et [à en définir] les orientations politiques générales »[296], le traité de Lisbonne l'institutionnalise, tout en reconduisant ses missions[297] et étoffant nettement sa dimension communautaire. En effet, outre son adjonction à la liste des institutions de l'Union figurant à l'article 13 du traité UE et sa consécration en tant que niveau de représentation des Etats membres le plus élevé au sein de l'Union[298], le traité de Lisbonne institue une présidence du Conseil européen stable et indépendante de celle du Conseil. Cette présidence doit au demeurant assumer un rôle unificateur au sein de l'ordre juridique de l'Union, comme à l'extérieur. De fait, le cinquième paragraphe de l'article 15 du traité UE prévoit que « [l]e Conseil européen élit son président à la majorité qualifiée pour une durée de deux ans et demi, renouvelable une fois », tandis que le sixième paragraphe du même article souligne que ce dernier « œuvre pour faciliter la cohésion et le consensus au sein du Conseil européen » et « assure, à son niveau et en sa qualité, la représentation extérieure de l'Union pour les matières relevant de la politique

---

293 SOULIER G., DESCAMPS O., « Histoire de la construction européenne », *op. cit.*, § 40.

294 GAUTRON J-C., « Janus au sommet de l'Union, le Conseil européen », in CHALTIEL F. (dir), 1957 - 2017 – *Les 60 ans des traités fondateurs de l'Union européenne*, *op. cit.*, p. 114.

295 L'article D, paragraphe 2, du traité de Maastricht confirme l'article 2 de l'Acte unique européen en prévoyant que le Conseil européen réunit les chefs d'État ou de gouvernement des États membres ainsi que le président de la Commission, lesquels sont assistés par les ministres chargés des affaires étrangères des États membres et par un membre de la Commission.

296 Article D, paragraphe 1, du traité de Maastricht.

297 Aux termes de l'article 15 du traité UE, « [l]e Conseil européen donne à l'Union les impulsions nécessaires à son développement et en définit les orientations et les priorités politiques générales. Il n'exerce pas de fonction législative. ».

298 Selon l'article 15, paragraphe 2, du traité UE, « [l]e Conseil européen est composé des chefs d'État ou de gouvernement des États membres, ainsi que de son président et du président de la Commission. Le haut représentant de l'Union pour les affaires étrangères et la politique de sécurité participe à ses travaux. ».
L'article 10, paragraphe 2, alinéa 2, du même traité souligne que « [l]es États membres sont représentés au Conseil européen par leur chef d'État ou de gouvernement et au Conseil par leurs gouvernements, eux-mêmes démocratiquement responsables, soit devant leurs parlements nationaux, soit devant leurs citoyens. ».

étrangère et de sécurité commune, sans préjudice des attributions du haut représentant de l'Union pour les affaires étrangères et la politique de sécurité ».

166. Par ailleurs, d'abord introduite dans l'ordre juridique communautaire avec le traité de Maastricht parallèlement à l'affirmation de l'objectif de la mise en place de l'UEM, et essentiellement régie par un protocole spécifique[299] annexé à ce dernier, la Banque centrale européenne devient également une institution de l'Union avec le traité de Lisbonne. Ce dernier consacre au demeurant un nouvel article au statut et aux missions de la Banque centrale européenne qui permet d'en mesurer l'importance dans le processus de construction politique de l'Europe. De fait, aux termes de l'article 282, paragraphe 3, du traité sur le fonctionnement de l'Union européenne (ci-après traité FUE), « [l]a Banque centrale européenne a la personnalité juridique. Elle est seule habilitée à autoriser l'émission de l'euro. Elle est indépendante dans l'exercice de ses pouvoirs et dans la gestion de ses finances. Les institutions, organes et organismes de l'Union ainsi que les gouvernements des États membres respectent cette indépendance. ». En outre, s'il résulte de l'article 282, paragraphe 1, du traité FUE que « [l]a Banque centrale européenne et les banques centrales nationales des États membres dont la monnaie est l'euro, qui constituent l'Eurosystème, conduisent la politique monétaire de l'Union », l'article 14, point 14.3, du protocole sur les statuts du système européen de banques centrales et de la Banque centrale européenne, tel que modifié par le traité de Lisbonne, établit clairement un lien de subordination au profit de l'institution européenne[300]. Or, ce transfert de la compétence monétaire, qui constitue traditionnellement l'une des manifestations les plus éminentes de la souveraineté, des Etats membres ayant adopté l'euro vers l'institution commune qu'est la Banque centrale européenne, constitue un vecteur puissant d'intégration politique.

167. Enfin, la Cour des comptes, dont le traité fondateur[301] justifiait, en 1975, le rôle de contrôle par l'autonomisation budgétaire des Communautés européennes, est confirmée comme institution de l'Union par le traité de Lisbonne, après que le traité de Maastricht l'a officiellement reconnue comme telle. De ce fait, l'article 285 du traité FUE rappelle que « [s]es membres exercent leurs fonctions en pleine indépendance, dans l'intérêt général de

---

[299] Il s'agit du protocole sur les statuts du système européen de banques centrales et de la Banque centrale européenne.

[300] En effet, selon l'article 14, point 14.3, du protocole sur les statuts du système européen de banques centrales et de la Banque centrale européenne, « [l]es banques centrales nationales font partie intégrante du SEBC et agissent conformément aux orientations et aux instructions de la BCE. ».

[301] Il s'agit du traité portant modification de certaines dispositions financières des traités instituant les Communautés européennes et du traité instituant un Conseil unique et une Commission unique des Communautés européennes, signé à Bruxelles, le 22 juillet 1975. La création de la Cour des comptes est prévue par l'article 7 de ce traité.

l'Union », tandis que l'article 287, paragraphe 1, du même traité souligne que « [l]a Cour des comptes examine les comptes de la totalité des recettes et dépenses de l'Union. Elle examine également les comptes de la totalité des recettes et dépenses de tout organe ou organisme créé par l'Union dans la mesure où l'acte de fondation n'exclut pas cet examen. ».

168. Il apparaît ainsi que les caractéristiques et la nature de l'ensemble des institutions créées et développées par les traités européens manifestent la vocation de l'Union à, progressivement, s'autonomiser politiquement, conformément à la volonté exprimée par ses Etats membres tout au long du processus d'intégration européenne. Il faut toutefois souligner que « le profond ancrage historico-politique et culturel de l'État-nation n'a pas permis une gouvernance entièrement supranationale, mais, plutôt, de nature mixte, dans ce que l'on a appelé « fédéralisme intergouvernemen-tal[302] aux élites mixtes » ; un exécutif supranational (Commission européenne) a eu à coexister avec un législatif intergouvernemental dans la version initiale du traité CEE »[303]. Ce tandem décisionnaire a ensuite été complété par « l'introduction d'un Parlement européen, élu au suffrage universel direct et assumant, progressivement, des rôles de colégislation et, également, de co-investiture de l'exécutif, et d'un Conseil européen « constitutionnalisé » s'y greffant ultérieurement, en tant que second pilier institutionnel intergouvernemental (à côté du Conseil des ministres), complétant, de la sorte, ce schéma *sui generis,* d'une architecture mixte et de cohabitation plutôt difficile. »[304].

---

[302] Comme l'indique l'auteur ici cité, le professeur Panayotis Soldatos, ce concept a été développé par les professeurs Maurice Croisat et Jean-Louis Quermonne.

[303] SOLDATOS P., « L'érosion croissante de la gouvernance supranationale de l'UE : dérive d'intégration et impératif de refondation », in CHALTIEL F. (dir), 1957 - 2017 – *Les 60 ans des traités fondateurs de l'Union européenne*, *op. cit.*, p. 106.

[304] *Ibid.*

Conclusion du chapitre I

169. La pertinence des assertions de la Cour de justice sur la nature particulière des traités fondateurs de l'UE est difficilement perceptible si l'on s'attache aux modalités techniques de leur formation, ces dernières ne se distinguant en effet nullement de celles des autres traités internationaux. Cela étant, l'examen des conditions dans lesquelles les traités européens ont été conçus et rédigés permet de considérer qu'ils sont uniques en ce qu'ils constituent les éléments fondamentaux d'un processus ordonné par l'idée de l'unification politique progressive de l'Europe, qui est inédit et sans équivalent, tant dans son inspiration que dans ses réalisations, dans l'ordre juridique international.

170. En effet, l'Europe politique a été conçue par les Pères fondateurs comme une construction censée évoluer graduellement, au fil, notamment, des réalisations concrètes de l'intégration économique, et non comme un objectif immédiat possiblement atteint au moyen d'un acte constitutionnel unique. En endossant cette conception de la construction européenne, les Etats membres des Communautés européennes, puis de l'UE, ont fait des traités européens les instruments essentiels de la mise en œuvre nécessairement progressive du programme politique évoqué ; chacun d'eux ayant, depuis le traité CECA, vocation à faire évoluer le processus d'intégration en en assurant une exécution partielle, suivant la méthode communautaire inaugurée par ce dernier.

171. Ainsi, bien que l'abandon du discours fédéraliste et la montée de l'intergouvernementalisme consécutifs à l'échec de la CED aient créé de l'incertitude quant à la forme finale et exacte de l'union politique, les traités européens ont successivement permis la réalisation de progrès réels et continus dans sa voie. De fait, en se présentant, d'une part, clairement, comme les éléments du processus spécifique initié en 1951 et en façonnant, d'autre part, graduellement, une Union européenne élargie dont les caractéristiques, les objectifs propres – auxquels correspondent des compétences étendues – et les institutions communes – fondamentalement dédiées à la promotion de son intérêt général comme à son développement – font un vecteur puissant d'intégration, les traités européens ont assuré une certaine concrétisation de l'idée de l'unification politique progressive de l'Europe portée par les Etats membres. En tout état de cause, bien qu'il soit le résultat de l'échec de la tentative de constitutionnalisation de l'ordre juridique de l'Union formalisée par la Convention sur l'avenir de l'Europe, le traité de Lisbonne, qui est, pour l'heure, le dernier traité fondateur de l'Union, maintient la perspective d'évolutions futures en s'inscrivant pleinement dans le cadre du processus politique en question ; et ce, notamment, en perpétuant la méthode communautaire.

Chapitre II - L'affirmation du caractère constitutionnel des traités : le dépassement du droit international

172. Après avoir affirmé la spécificité des traités à l'égard du droit international en leur reconnaissant la qualité de « source autonome »[305] dans sa jurisprudence inhérente à l'autonomie constitutionnelle de l'ordre juridique de l'UE, la Cour de justice les a érigés en « charte constitutionnelle de base de l'Union »[306]. L'analyse de l'argumentation employée pour introduire cette dernière assertion dans la jurisprudence évoquée permet de constater qu'à travers elle, la Cour entend non plus seulement distinguer, au sein de l'ordre juridique international, les traités fondateurs de l'UE des « traités internationaux ordinaires »[307], mais également promouvoir l'idée que les instruments propres à l'Union s'apparentent au texte fondamental qu'est la Constitution dans l'ordre juridique étatique.

173. La Cour de justice s'efforce en effet d'imposer cette idée en opérant un rapprochement constant entre l'ordre juridique étatique et celui de l'Union. Dans l'arrêt *Les Verts/Parlement* du 23 avril 1986, elle soutient ainsi que « la Communauté économique européenne est une communauté de droit en ce que ni ses États membres ni ses institutions n'échappent au contrôle de la conformité de leurs actes à la charte constitutionnelle de base qu'est le traité. »[308] Or, la convocation, par la Cour, du concept nouveau de « communauté de droit » – remplacé par celui d' « Union de droit »[309] depuis l'entrée en vigueur du traité de Lisbonne – qui fait écho au principe typique de l'Etat de droit, et sa combinaison avec la constitutionnalisation du traité CEE pour affirmer la prééminence du droit au sein de l'ordre juridique de l'UE établissent clairement un parallèle entre ce dernier et l'ordre juridique étatique. Le professeur Dubout relève à cet égard que : « la qualification de « charte constitutionnelle de base » a été expressément attribuée aux traités fondateurs, dans l'arrêt *Les Verts*, par la Cour de justice en vue d'assurer le respect de la règle de droit par l'ensemble des institutions et organes politiques de l'Union. »[310]. Il ajoute, au demeurant, que « [l]'idée du constitutionnalisme selon laquelle le pouvoir politique doit lui-même être soumis au respect du

---

[305] La Cour de justice qualifie régulièrement les traités fondateurs de l'UE de « source autonome » du droit de l'Union depuis l'arrêt du 15 juillet 1964, *Costa contre ENEL*, aff. 6/64, ECLI:EU:C:1964:66, p. 1160.

[306] V., notamment, Cour de justice, arrêt du 10 décembre 2018, *Wightman e.a.*, aff. C-621/18, ECLI:EU:C:2018:999, point 44 et Cour de justice, avis 2/13 du 18 décembre 2014, ECLI:EU:C:2014:2454, point 163.

[307] Cette formule a été introduite dans la jurisprudence constante de la Cour de justice par l'arrêt *Costa contre ENEL* du 15 juillet 1964, aff. 6/64, ECLI:EU:C:1964:66, p. 1158.

[308] Cour de justice, arrêt du 23 avril 1986, *Les Verts/Parlement*, aff. C-294/83, ECLI:EU:C:1986:166, point 23.

[309] L'emploi de ce concept par la Cour de justice est récurrent depuis son arrêt du 26 juin 2012, *Pologne/Commission*, aff. C-335/09 P, ECLI:EU:C:2012:385, point 48.

[310] DUBOUT E., *Droit constitutionnel de l'Union européenne*, Bruxelles, Bruylant, 2021, p. 8.

droit, ce que l'on désigne généralement par le principe de l'État de droit ou de la « *rule of law* », est ainsi implantée dans le discours juridique européen. »[311].

174. Ce parallèle entre l'ordre juridique de l'Union et l'ordre juridique étatique est porté à son paroxysme avec l'avis 1/91 du 14 décembre 1991, dans lequel la Cour de justice défend la spécificité du traité CEE face au premier projet d'accord relatif à l'Espace économique européen (ci-après EEE), au moyen de l'affirmation suivante : « le traité CEE, bien que conclu sous la forme d'un accord international, n'en constitue pas moins la charte constitutionnelle d'une communauté de droit. »[312]. En reconnaissant de nouveau la qualité de « charte constitutionnelle d'une communauté de droit » au traité CEE, tout en le distinguant d'un accord international grâce à une disjonction audacieuse – car non justifiée – entre sa nature juridique et les modalités de sa conclusion, la Cour tend évidemment à le rapprocher d'une Constitution. Cette opération rhétorique est, au demeurant, renforcée par le reniement de la filiation internationale du droit communautaire qu'effectue la Cour de justice avec l'avis 1/91 en considérant non plus que la Communauté constitue « un nouvel ordre juridique de droit international »[313], mais en affirmant simplement depuis ce dernier que les traités communautaires, puis fondateurs de l'UE, « ont instauré un nouvel ordre juridique »[314].

175. Il est, en tout état de cause, intéressant de relever que cette argumentation fait écho à la notion de « constitution interne de la Communauté » employée par la Cour de justice bien avant l'arrêt *Les Verts/Parlement* du 23 avril 1986, afin de faire échec aux dispositions d'un projet d'accord relatif à l'institution d'un Fonds européen d'immobilisation de la navigation intérieure. Dans l'avis 1/76 du 26 avril 1977, la Cour affirme en effet que « le statut [annexé au projet d'accord évoqué], loin de se restreindre à la solution de problèmes résultant des nécessités inhérentes aux relations extérieures de la Communauté, constitue à la fois un abandon de l'autonomie d'action de la Communauté dans ses rapports extérieurs et une modification de la constitution interne de la Communauté par l'altération

---

[311] *Ibid.*

[312] Cour de justice, avis 1/91 du 14 décembre 1991, ECLI:EU:C:1991:490, point 21.

[313] Cour de justice, arrêt du 5 février 1963, *Van Gend & Loos*, aff. 26/62, ECLI:EU:C:1963:1, p. 23.

[314] Cette assertion caractéristique de la rupture opérée par la Cour entre le droit de l'Union et le droit international, inaugurée par l'avis 1/91 du 14 décembre 1991 (ECLI:EU:C:1991:490, point 21), est aujourd'hui encore régulièrement réaffirmée dans sa jurisprudence inhérente à l'autonomie constitutionnelle de l'ordre juridique de l'UE. Dans l'arrêt *Achmea* du 6 mars 2018 (aff. C-284/16, ECLI:EU:C:2018:158), la Cour rappelle ainsi qu' « [i]l est constant que les traités fondateurs de l'Union ont institué un nouvel ordre juridique, doté d'institutions propres, au profit duquel les États ont limité, dans des domaines de plus en plus étendus, leurs droits souverains et dont les sujets sont non seulement les États membres, mais également leurs ressortissants, le droit de l'Union se caractérisant par sa primauté sur les droits des États membres ainsi que par l'effet direct de toute une série de dispositions applicables à leurs ressortissants et à eux-mêmes. » (point 231 de l'arrêt).

d'éléments essentiels de la structure communautaire en ce qui concerne tant les prérogatives des institutions que la position réciproque des États membres. »[315].

176. Les professeurs Gérard Soulier et Olivier Descamps considèrent ainsi que « [p]ar cette pratique constructive, la Cour a enrichi le droit communautaire et renforcé sensiblement sa position. La Cour en est alors venue à assimiler à une constitution le système communautaire tel qu'elle l'a systématisé sur la base du traité. »[316]. En outre, analysant le fait que la Cour de justice a, aux termes de la jurisprudence susmentionnée, érigé la CEE en une Communauté de droit issue de la charte constitutionnelle que serait le traité de Rome[317], ils considèrent qu' « [i]l s'agit bien évidemment d'une transposition terme à terme de ce que représentent, dans l'ordre juridique interne, les notions de constitution et d'État de droit, avec tout ce que cela implique. Le contrôle de la conformité des actes des institutions et des États membres avec la charte constitutionnelle est évidemment de la compétence de la Cour qui s'affirme clairement comme Cour suprême fédérale. »[318].

177. Il convient toutefois de relever qu'outre son caractère lacunaire – la Cour de justice ne démontrant en effet concrètement ni l'altérité des traités fondateurs de l'Union par rapport à tout autre instrument international, ni en quoi ils pourraient s'apparenter à une Constitution – l'argumentation de la Cour sur le caractère constitutionnel des traités recèle une contradiction fondamentale, dès lors que le terme de Constitution est substantiellement lié à celui d'Etat. Les professeurs Antoine Bailleux et Hugues Dumont expliquent en effet très clairement qu' « au sens matériel strict, une Constitution se définit comme un ensemble de règles ayant pour objet – pour « matière » – *primo* l'organisation, le fonctionnement et les compétences des organes supérieurs d'un État, *secundo* le système des sources en vigueur dans l'ordre juridique concerné, *tertio* les droits fondamentaux des individus et des groupes et *quarto* les buts assignés à l'activité des pouvoirs publics compétents. »[319]. Ils ajoutent à cette définition matérielle une perspective formelle, qui met tout aussi bien en exergue le lien incontournable qui existe entre les notions de Constitution et d'Etat dans l'orthodoxie juridique, en précisant qu' « [u]ne Constitution au sens formel désigne un ensemble de règles suprêmes issues d'un acte juridique unilatéral de fondation posé par un pouvoir souverain et dont la modification exige le respect de règles procédurales plus contraignantes que celles qui s'appliquent à la modification des règles qui lui sont hiérarchiquement

---

315 Cour de justice, avis 1/76 du 26 avril 1977, ECLI:EU:C:1977:63, point 12.

316 SOULIER G., DESCAMPS O., « Histoire de la construction européenne », *op. cit.*, § 41.

317 V. sur ce point, l'arrêt de la Cour de justice du 23 avril 1986, *Les Verts/Parlement*, aff. C-294/83, ECLI:EU:C:1986:166 (point 23) et son avis 1/91 du 14 décembre 1991, ECLI:EU:C:1991:490 (point 21).

318 SOULIER G., DESCAMPS O., « Histoire de la construction européenne », *op. cit.*, § 41.

319 BAILLEUX A., DUMONT H., *Le pacte constitutionnel européen – Fondements du droit institutionnel de l'Union*, Bruxelles, Bruylant, 2015, tome 1, p. 162.

subordonnées. On retrouve dans cette dernière définition le lien qui unit la Constitution à l'État. »[320]. Les professeurs Antoine Bailleux et Hugues Dumont expliquent en outre sur ce dernier point qu' « [e]n effet, la Constitution est la manifestation juridique par excellence d'un pouvoir souverain ; et seuls les États disposent en droit de la souveraineté, du moins au sens formel du terme. »[321].

178. L'on peut dès lors souscrire à l'analyse du professeur Paul Magnette qui, relevant également que « [d]ans la tradition du positivisme juridique, la constitution est l'acte fondateur d'un Etat, l'un de ses éléments constitutifs, qui le distingue des autres formes de communauté politique, issues de traités ou de conventions »[322], considère que « [l]'usage du mot, appliqué à l'Europe, est loin d'être neutre. Il participe d'une entreprise symbolique, visant à souligner la substance forte de l'Union, à convaincre que sa nature politique est plus proche de celle d'un Etat que d'une organisation internationale. »[323].

179. La pertinence juridique du discours de la Cour sur le caractère constitutionnel des traités européens apparaît ainsi difficilement soutenable, étant donné que, d'une part, si, aux termes des développements figurant dans notre précédent chapitre, la particularité de la nature des traités européens, qu'elle revendique, peut être admise, compte tenu de leur vocation politique très spécifique, ces derniers n'en constituent pas moins des accords internationaux. D'autre part, l'Union qu'ils ont instituée, bien qu'elle ne puisse être réduite à l'état de simple organisation internationale, eu égard à son degré d'intégration[324] particulièrement élevé, ne saurait être qualifiée d'Etat dans la mesure où elle ne peut se définir comme un « [s]ujet du droit international public caractérisé par un territoire, une population et l'existence d'un ordre juridique souverain »[325]. L'on pourrait dès lors être amené à penser, à la lumière des travaux du professeur Neil Walker, que, se situant dans une

---

[320] *Ibid.*, p. 163.

[321] *Ibid.*

[322] MAGNETTE P., (Ed.), *La constitution de l'Europe*, Bruxelles, éd. de l'ULB, 2ème éd., 2002, p. 15.

[323] *Ibid.*

[324] L'UE est, à tout le moins, une forme unique d'organisation internationale d'intégration, ce type de structure bénéficiant, contrairement à une organisation internationale de coopération, « du transfert de l'exercice de certaines compétences étatiques (législatives, administratives ou juridictionnelles), de sorte qu'elle se substitue aux États membres dans l'exercice de quelques-unes de ces fonctions. Son appareil institutionnel peut s'élargir à des organes qui représentent d'autres intérêts ou d'autres légitimités que ceux des États. Des décisions importantes peuvent être prises à la majorité. Pour Georges Scelle, il s'agit d'un mode constitutionnel de distribution du pouvoir qui s'apparente au fédéralisme. », BAILLEUX A., DUMONT H., *Le pacte constitutionnel européen – Fondements du droit institutionnel de l'Union*, *op. cit.*, p. 111.

[325] AVRIL P., GICQUEL J., *Lexique de droit constitutionnel, op. cit.*, p. 51 (définition du terme « État »).

logique nominaliste[326], et donc essentiellement idéologique, le discours de la Cour de justice sur le caractère constitutionnel des traités est uniquement justifié par sa volonté de conférer à l'UE « un supplément de dignité en l'inscrivant dans un registre symbolique familier particulièrement puissant »[327].

180. Cependant, dans une approche constitutionnaliste large, et dans une perspective matérielle, il est possible d'envisager, à la suite du professeur Robert Kovar, que la nature des traités européens « fasse l'objet d'un dédoublement : « constitutions » dans l'ordre juridique interne de [l'Union] ; traités internationaux pour le reste »[328], compte tenu, notamment, de ce qu'ils « établissent les institutions de [l'Union], déterminent leur composition, fixent leurs compétences, règlent leur fonctionnement, aménagent leurs rapports. »[329]. Dans la même logique, le professeur Walter Ganshof Van der Meersch considérait que le terme « « traité-constitution » s'accord[ait] avec les trois traités qui [ont institué] les Communautés européennes et avec plusieurs traités et accords postérieurs, qui ont complété ou modifié leur statut »[330], après avoir justement relevé que « toute société humaine, aussi rudimentaire soit-elle, a une constitution qui règle, au sein de cette société, les structures de celle-ci, l'organisation fondamentale de la communauté, les règles selon lesquelles le droit s'élabore, se modifie et s'applique, l'exercice du pouvoir et ses limites. »[331]. Les professeurs Jean-Claude Gautron et Loïc Grard affirment d'ailleurs à cet égard qu' « il n'est plus guère contesté que l'acte constitutif d'une organisation [internationale] associe une nature formelle de traité et une nature matérielle de constitution. »[332].

181. Ce type d'approche permet, du reste, de saisir la logique qui a pu présider à l'adoption d'un traité établissant une Constitution pour l'Europe par les Etats membres de l'UE, en 2004. Les professeurs Antoine Bailleux et Hugues Dumont expliquent de fait que « [l]a question de la « Constitution

---

[326] Selon le professeur Neil Walker, « [l]a position nominaliste consiste, en somme, à ne pas plaider pour qu'on traite du constitutionnalisme en dehors du contexte étatique, mais au contraire, en traitant le constitutionnalisme comme un signifiant flottant, d'élever le concept de constitutionnalisme au niveau où il apparaîtra comme évidemment opératoire. », WALKER N., « Le constitutionnalisme multiniveaux », in CHAGNOLLAUD D., TROPER M. (dir.), *Traité international de droit constitutionnel – Théorie de la Constitution*, Paris, Dalloz, 2012, tome 1, p. 447.

[327] *Ibid.*, p. 446.

[328] KOVAR R., « La contribution de la Cour de justice à l'édification de l'ordre juridique communautaire », *Recueil des Cours de l'Académie de Droit Européen*, 1995, vol. IV-1, p. 27.

[329] *Ibid.*

[330] GANSHOF VAN DER MEERSCH W., « L'ordre juridique des Communautés européennes et le droit international », *Recueil des cours - Académie de droit international de La Haye*, 1978, vol. 148, p. 36.

[331] *Ibid.*, p. 22.

[332] GAUTRON J-C., GRARD L., « Le droit international dans la construction de l'Union européenne », in SFDI (Ed.), *Droit international et droit communautaire, perspectives actuelles, op. cit.*, p. 18.

européenne » peut être résolue facilement si l'on entend le terme « Constitution » au sens matériel large [; s]i, à la suite de Kelsen, on prête le statut de « Constitution » à la norme suprême de tout ordre juridique [...]. Entendue en ce premier sens, une « constitution européenne » existait probablement dès les débuts de l'intégration européenne. »[333].

182. Il nous semble néanmoins important de jauger le discours de la Cour de justice sur le caractère constitutionnel des traités dans le cadre d'une démarche constitutionnaliste plus conventionnelle, étant donné que l'on peut estimer à juste titre qu'accorder une acception trop large au terme de « constitution » conduit à une certaine dépréciation de la matière constitutionnelle. Dans un article relatif aux ambivalences du TECE, la professeure Laurence Burgorgue-Larsen relève en effet que beaucoup considèrent ce dernier comme « hérétique »[334]. De fait, soulignant que « [d]ans le vocabulaire du droit, traité et Constitution sont deux objets différents répondant à des définitions propres »[335], le professeur Dominique Rousseau estime que « [l]'expression « traité constitutionnel » apparaît donc comme un monstre juridique »[336], et, ainsi, que « la seule définition juridiquement compatible serait : traité par lequel les Etats européens contractants décident de convoquer une Assemblée élue par les citoyens européens pour rédiger et soumettre aux peuples européens un projet de Constitution européenne (ou encore : décident de donner au Parlement européen compétence pour rédiger et soumettre aux peuples européens un projet de Constitution européenne). »[337].

183. Ce type de positionnement s'explique très certainement par le fait que, si l'acception très large du terme « constitution » est juridiquement acceptable, « [e]lle ôte au vocable constitutionnel toute épaisseur historique et politique, mettant sur le même pied des textes – la Constitution d'un État et les statuts d'une ONG – radicalement différents, tant dans leur portée que dans leurs fondements. »[338]. En tout état de cause, cette approche

---

333 BAILLEUX A., DUMONT H., *Le pacte constitutionnel européen – Fondements du droit institutionnel de l'Union, op. cit.*, p. 209.

334 BURGORGUE-LARSEN L., « Le traité établissant une constitution pour l'Europe au carrefour des ambivalences », in CERIC (Ed.), *L'intégration européenne au XXIe siècle. En hommage à Jacques Bourrinet*, Paris, La documentation française, 2004, p. 40.

335 ROUSSEAU D., « « Traité constitutionnel », un monstre juridique », *Le Monde*, 22 octobre 2002. L'auteur illustre en outre son propos, dans l'article cité, en précisant que « [p]ar exemple, le traité est un acte qui relève de l'ordre international, la Constitution de l'ordre interne. Le traité est un accord de volontés, la Constitution un acte unilatéral. Le traité est "fait" par des Etats souverains, la Constitution par les peuples. Le traité est l'aboutissement de négociations internationales plus ou moins secrètes, la Constitution le produit de délibérations publiques et d'une votation des citoyens. ».

336 *Ibid.*

337 *Ibid.*

338 BAILLEUX A., DUMONT H., *Le pacte constitutionnel européen – Fondements du droit institutionnel de l'Union, op. cit.*, pp. 209-210.

constitutionnaliste large ne coïncide pas réellement avec la rhétorique de la Cour sur la spécificité constitutionnelle des traités, dans la mesure où cette dernière repose, non seulement sur une distinction radicale entre ces derniers et tout autre instrument international, mais également, et surtout, sur leur identification au texte fondamental qu'est, dans l'ordre juridique étatique, la Constitution.

184. Cela étant, la particularité des traités européens, telle que la Cour de justice la postule, semble pouvoir être saisie sous l'angle constitutionnel grâce à la théorie de la Fédération – récemment explicitée par le professeur Olivier Beaud[339] – qui admet les concepts de « pacte constitutionnel fédératif » ou de « constitution fédérative », dans le cadre d' « une démarche scientifique impeccable »[340] et à l'issue d' « une démonstration rigoureuse, qui instruit, perturbe, force à réfléchir »[341], selon le professeur Guy Carcassonne. En effet, d'après cette théorie, – qui se nourrit tant de « l'idée de fédéralisme, c'est-à-dire [du] concept politique, [que d'] une analyse de la naissance des Fédérations telles que les Etats-Unis, l'Allemagne et la Suisse »[342] – dans le spectre large du fédéralisme, la Fédération est une forme politique autonome d'Union d'Etats, distincte de la confédération comme de l'Etat fédéral et fondée par un acte conventionnel qui a clairement une dimension constitutionnelle, le pacte constitutionnel fédératif ou la constitution fédérative.

185. L'on relèvera à cet égard qu'en raison de la spécificité du processus d'intégration européenne, le professeur Louis Dubouis a pu affirmer que l'UE constitue une « fédération d'Etats et de citoyens ». Il justifiait au demeurant, en 2003, ce point de vue atypique dans les termes suivants : « Présenter l'Union européenne comme une fédération d'Etats et de citoyens n'est-ce pas retenir une qualification qui, pour être en phase avec les débats constitutionnels, risque de se trouver rapidement dépassée ? Il ne le semble pas. Les citoyens européens ont définitivement acquis droit de cité dans le système institutionnel de l'Union et l'on ne voit pas que nos Etats soient proches de se dissoudre dans un Etat fédéral. »[343]. Le professeur Louis Dubouis considérait au demeurant le terme « fédération » comme étant

---

339 La théorie de la Fédération du professeur Olivier Beaud est notamment basée sur les travaux du professeur Carl Schmitt qui a énoncé une théorie claire sur le sujet dans sa *Théorie de la Constitution* (trad. franç. DEROCHE L., Paris, PUF, 1993, 576 p.), dont le 7ème chapitre est dédié à « La constitution comme pacte – le vrai pacte constitutionnel » et, le 29ème, aux « Notions fondamentales d'une théorie constitutionnelle de la fédération ».

340 CARCASSONNE G., « La Fédération éclairée », *Le Monde*, 29 février 2008, recension de l'ouvrage *Théorie de la Fédération.*

341 *Ibid.*

342 DEPIGNY Y., « Étude critique de la théorie de la fédération de Olivier Beaud », *Revue de la recherche juridique – Droit prospectif*, 2011, n° 3, p. 1171.

343 DUBOUIS L., « La nature de l'Union européenne », in COHEN-JONATHAN G., DUTHEIL DE LA ROCHERE J. (dir.), *Constitution européenne, démocratie et droits de l'homme*, *op. cit*, pp. 95-96.

« assez souple pour épouser bien des évolutions concevables. Comme l'union ou l'intégration, la fédération est tout sauf un statut figé. Elle peut subsister, soit que se poursuive l'approfondissement, soit que s'amorce la désintégration de l'Union. Logiquement, donc, seule une véritable transsubstantiation de l'Union pourrait justifier que le concept de fédération subisse le sort de celui de supranationalité. »[344].

186. Ainsi, compte tenu de la vocation politique spécifique des traités européens et de sa concrétisation progressive à travers l'UE, il apparaît pertinent de se demander si ce qui constitue la « charte constitutionnelle d'une Union de droit »[345], aux termes de la jurisprudence de la Cour de justice, peut être considéré comme le pacte constitutionnel fédératif de l'UE, au sens où cette notion peut être définie dans le cadre de la théorie de la Fédération. Nous sommes confortés dans cette entreprise par les propos du professeur Oliver Beaud à qui il « semble que la notion de pacte constitutionnel fédératif [...], théorisée par Carl Schmitt, pourrait être utilement mobilisée pour comprendre la situation européenne et surtout pour sortir de l'impasse du dualisme : constitution ou traité. »[346].

187. Dans leur rapport introductif d'un colloque organisé en 2013 sur le thème de « L'Union européenne, Fédération plurinationale en devenir ? », les professeurs Yves Petit et Jean-Christophe Barbato soulignent au demeurant qu' « [e]n se fondant sur les travaux de Carl Schmitt, Olivier Beaud a entrepris de donner une nouvelle signification au concept de « *fédération* » en déconstruisant la souveraineté, afin de mettre au jour une forme d'association politique ne présentant pas un caractère étatique. »[347]. Ils expliquent ainsi qu' « [e]n séparant le couple État/pouvoir constituant, [Olivier Beaud] a démontré « *l'existence d'une association politique, la Fédération, dont la spécificité réside dans son objet, qui est de réunir deux pouvoirs politiques sur un même territoire* » »[348]. Et d'ajouter que « [l]a Fédération, qui n'est pas un État mais une « politie fédérale », peut se définir comme « *une "union fédérale d'Etats" et non pas comme un Etat fédéral* ». Ainsi, des États peuvent s'unir sans qu'il y ait fusion et formation d'un nouvel État. Les États s'unissent librement sur

---

344 *Ibid.*

345 Cette formule, qui n'est étonnamment pas encore apparue dans la jurisprudence, constitue une adaptation à l'UE de celle employée par la Cour de justice dans l'avis 1/91. Dans cet avis, la Cour désigne en effet le traité CE comme la « charte constitutionnelle d'une communauté de droit » (avis 1/91 du 14 décembre 1991, ECLI:EU:C:1991:490, point 21).

346 BEAUD O., « Peut-on penser l'Union européenne comme une fédération ? » in ESPOSITO F., LEVRAT N., (Ed.), *Europe : de l'intégration à la fédération*, Bruxelles, Bruylant-Academia, 2010, pp. 94-95.

347 PETIT Y., BARBATO J-C., « Pluralité conceptuelle et renouvellement du débat sur la nature juridique de l'Union européenne - Rapport introductif général », in BARBATO J-C., PETIT Y. (dir.), *L'Union européenne, une Fédération plurinationale en devenir ?*, Bruxelles, Bruylant, « Droit de l'Union européenne – Colloques », 2015, p. 15.

348 *Ibid.*

une base contractuelle grâce à un pacte fédératif, tout en conservant leur souveraineté et en conciliant l'unité et la diversité de l'ensemble. »[349].

188. Les professeurs Yves Petit et Jean-Christophe Barbato estiment de surcroît que « [c]ette solution de la Fédération est un choix cohérent »[350], notamment conforté par le traité de Lisbonne. Il conviendra dès lors de déterminer ce qu'est un pacte constitutionnel fédératif, dans le cadre de la théorie de la Fédération (**section 1**), avant d'envisager si et dans quelle mesure les traités européens peuvent être considérés comme tel (**section 2**).

Section 1 - Eléments de définition du pacte constitutionnel fédératif

189. Si la *Théorie de la Fédération* du professeur Olivier Beaud indique clairement que l'entité ici évoquée est issue de l'acte juridique particulier qu'est le pacte constitutionnel fédératif, elle ne comprend pas de définition globale de ce type d'instrument, ni ne fournit de liste exhaustive de ses éléments constitutifs qui permette d'en saisir directement le contenu. Dans l'ouvrage susmentionné, le constitutionnaliste indique en effet qu'une Fédération a « pour fondement juridique [...] un pacte fédératif, un pacte constitutionnel qu'il ne faut pas confondre avec une constitution unilatérale »[351] mais ne propose pas de définition générale de cet acte constitutionnel[352]. De même, le professeur Carl Schmitt présente le pacte constitutionnel fédératif comme « un traité d'un genre spécial »[353] et affirme que « [s]a conclusion est un acte du pouvoir constituant [; s]on contenu [...]

[349] *Ibid.*

[350] *Ibid.*

[351] BEAUD O., *Théorie de la Fédération*, *op. cit.*, p. 32.

[352] Il convient de préciser que, postérieurement à la rédaction du présent chapitre de notre thèse, le professeur Olivier Beaud a publié un ouvrage relatif au concept du pacte fédératif (BEAUD O., *Le pacte fédératif – Essai sur la constitution de la Fédération et sur l'Union européenne*, Paris, Dalloz, « Droit politique – textes fondamentaux », 2022) dans lequel, après avoir mis en évidence des principes de définition de ce dernier, il conclut que les traités européens, malgré plusieurs similitudes avec l'instrument spécifique dont il est ici question, ne forment pas une constitution fédérative, étant donné qu'ils ne constitueraient pas une communauté politique, ni un pacte existentiel et qu'ils ne comporteraient pas de clause de secours mutuel. Il convient cependant de relever que l'étude des traités européens à l'issue de laquelle le professeur Olivier Beaud affirme que l'UE ne constitue pas une communauté politique a exclu les traités CECA et CEE et été limitée à l'examen des préambules du traité de Maastricht, du TECE et du traité de Lisbonne. Nous pensons que les développements figurant dans le premier chapitre des présents travaux (première partie – chapitre I) permettent de considérer que l'UE est bien une communauté politique dotée d'un caractère existentiel. Elle présente toutefois la particularité d'être, intentionnellement, mise en œuvre de façon progressive à travers les compétences transférées à ses institutions et exercées par elles conformément aux objectifs politiques assignés à l'Union. Le critère du secours mutuel sera, lui, évoqué dans nos prochains développements relatifs aux compétences de l'institution fédérale européenne (v. les développements situés aux pages 147-150).

[353] SCHMITT C., *Théorie de la Constitution*, *op. cit.*, p. 514.

en même temps le contenu de la constitution fédérative [...] et *une composante de la constitution de chaque Etat membre* »[354], mais n'en apporte pas de définition technique.

190. Les professeurs Antoine Bailleux et Hugues Dumont, dont la théorie de la fédération propre et appliquée à l'Union européenne[355] repose grandement sur les travaux du professeur Olivier Beaud, définissent, quant à eux, le pacte constitutionnel en se référant essentiellement à son objet, sans non plus détailler clairement ses éléments constitutifs, lorsqu'ils affirment qu' « [i]l s'agit d'abord d'un pacte, donc d'un traité conclu entre des États, mais on peut assortir ce substantif « pacte » de l'adjectif « constitutionnel » parce qu'il reçoit une qualité ou une manière d'être constitutionnelle de par son objet matériel et de par la cosouveraineté qu'il institue. »[356].

191. Enfin, dans sa thèse portant sur *Le pacte fédératif européen*, Laurent Dechâtre, s'appuyant sur les « fondements théoriques proposés par Carl Schmitt, Olivier Beaud et Anton Greber en matière d'union fédérale »[357], propose une définition générale très large de la notion de pacte fédératif qui met également en exergue la spécificité de son objet qu'est l'institution d'une Fédération. Il indique en effet que « [l]e pacte fédératif est un acte conclu entre Etats mais qui se distingue des traités ordinaires par son objet, l'établissement d'une institution – la Fédération –, et les effets qui en découlent. Il englobe l'ensemble des domaines d'action des Etats membres à la fois positivement en conférant une compétence législative au niveau fédéral dans un certain nombre de domaines énumérés, et négativement, l'appartenance à la Fédération entraînant un encadrement de l'exercice des compétences que l'Etat conserve. Outre des éléments institutionnels et procéduraux assurant l'efficacité du droit fédéral, et la nécessité pour les autorités fédérales et fédérées de respecter une « *fidélité fédérale* » dans l'exercice de leurs compétences, la stabilisation de la Fédération suppose le développement d'un sentiment d'appartenance. »[358].

192. Dans la mesure où il ressort de l'ensemble des développements figurant plus haut qu'outre sa nature conventionnelle – sur laquelle il n'apparaît pas utile de s'appesantir –, le pacte constitutionnel fédératif se définit essentiellement par référence à l'institution spéciale qu'il établit, nous

---

[354] *Ibid.*

[355] Selon cette théorie, l'UE est « une fédération plurinationale fondée sur un pacte constitutionnel et inspirée par une idée de droit cosmopolitique » (BAILLEUX A., DUMONT H., *Le pacte constitutionnel européen – Fondements du droit institutionnel de l'Union, op.cit.*, p. 227). Nos prochains développements nous donneront l'occasion de présenter ce concept de « fédération plurinationale », qui, tout en s'inspirant de celui de « Fédération » théorisé par le professeur Olivier Beaud, se distingue de ce dernier sur plusieurs points.

[356] BAILLEUX A., DUMONT H., *Le pacte constitutionnel européen – Fondements du droit institutionnel de l'Union, op.cit.*, p. 235.

[357] DECHATRE L., *Le pacte fédératif européen*, Thèse de doctorat, Droit public, Paris II, 2012, p. 65.

[358] *Ibid.*, p. 66.

tâcherons d'exposer clairement en quoi la Fédération est une forme politique autonome (**§ 1**), avant de déduire de sa caractérisation en tant qu'union spécifique d'Etats les éléments constitutifs de l'acte juridique qui la fonde (**§ 2**).

§ 1. La Fédération : une forme politique autonome

193. Retraçant la genèse de sa théorie de la Fédération, le professeur Olivier Beaud indique que « [d]ès le départ, il y a là cette intuition selon laquelle la Fédération est une forme politique qui n'est pas réductible à l'État et qui est davantage qu'une organisation internationale. Il y a aussi cette seconde intuition selon laquelle la Fédération ressemble pour partie à l'Empire en ce qu'elle est un agrégat d'États, mais s'en distingue par le fait que cette union d'États est volontaire et librement consentie. »[359]. Olivier Beaud pose ainsi « l'hypothèse de l'autonomie constitutionnelle de la Fédération ; autrement dit, l'idée qu'il y aurait un droit fédératif, qui serait distinct du droit étatique ou interétatique, et l'idée que la forme politico-juridique que [qu'il] appelle la Fédération doit être reconnue à part entière. »[360].

194. Ainsi, aux termes des travaux du constitutionnaliste, la Fédération est, nonobstant la signification usuelle qui est accordée au terme « fédération », – selon laquelle ce dernier est tout bonnement synonyme d'Etat fédéral[361] – une forme politique autonome, à l'instar de l'Etat. Le professeur Olivier Beaud indique en effet que « l'État et la Fédération sont deux formes politiques différentes »[362] ; la forme politique étant ici entendue comme « la manière dont les pouvoirs centraux et les pouvoirs locaux sont articulés dans un même espace de pouvoir. »[363]. Définissant la fédération comme « une entité politico-juridique de nature différente qui se distingue par son origine « conventionnelle » (issue d'un accord entre Etats qui se confédèrent) et par sa nature institutionnelle [...] qui lui donne une morphologie particulière »[364], il estime dès lors qu'il « devient possible de conférer à la Fédération une

359 BEAUD O., « Peut-on penser l'Union européenne comme une fédération ? », *op. cit.*, p. 73.
360 *Ibid.*, pp. 73-74.
361 A titre d'illustration, l'on notera que, dans le *Lexique de droit constitutionnel* des professeurs Pierre Avril et Jean Gicquel (*op. cit*), l'entrée « Fédération » (p. 55) comporte uniquement la mention « V. *État fédéral.* », ce dernier étant défini comme une « [c]atégorie juridique d'État composé, dénommée aussi fédération, qui se présente sous la forme d'une union d'États, au sens du droit interne [...], au sein de laquelle une nouvelle collectivité étatique se superpose à ces derniers. Il s'agit, en l'espèce, d'une technique d'intégration des *souverainetés* [...] qui repose sur une *constitution* et concilie l'unité et la diversité, à l'invitation de la devise des États-Unis : *E pluribus unum.* Autrement dit, le nouvel État se superpose aux États membres sans les absorber pour autant. Toutefois, l'évolution du fédéralisme l'entraîne sur la pente centralisatrice [...]. » (p. 53).
362 BEAUD O., *Théorie de la Fédération*, *op. cit.*, p. 65.
363 *Ibid.*, p. 346.
364 *Ibid.*, p. 33.

autonomie par rapport à l'État, dont elle était privée, et de lui attribuer une sorte de normalité dont elle était dépourvue, car, mesurée à l'État, elle faisait toujours figure de rang des formes « irrégulières », « atypiques » ou « monstrueuses. » »[365].

195. L'affirmation de l'autonomie de la Fédération par rapport à l'Etat a pour conséquence majeure d'exclure de son domaine d'étude toute problématique inhérente à la souveraineté, bien que cette dernière soit traditionnellement considérée comme le critère *sine qua non* de la puissance publique. De fait, selon le professeur Guy Carcassonne, en tant que forme politique autonome, la Fédération « n'a donc pas à se soucier de réunir les éléments constitutifs de l'Etat, au premier rang desquels la souveraineté. »[366]. L'exclusion du traitement de la question de la souveraineté du champ de compréhension de la Fédération semble, au demeurant, justifiée par le fait que celle-ci serait fondamentalement contraire à la logique du fédéralisme. En effet, selon le professeur Carl Friedrich, « [i]l n'y a de fédéralisme que si une série de communautés politiques coexistent et interagissent entre elles comme des entités autonomes unies dans un ordre commun possédant son autonomie propre. Il ne peut y avoir de souverain dans un système fédéral. Dans un tel ordre politique, l'autonomie et la souveraineté s'excluent mutuellement. »[367]. Le professeur Carl Schmitt affirme de même que « [c']est [...] une caractéristique de l'essence de la fédération que la question de la souveraineté reste toujours pendante (*offen*) entre fédération et Etats membres tant que la fédération en tant que telle coexiste avec les Etats membres en tant que tels. »[368].

196. Les professeurs Michel de Villiers et Armel Le Divellec considèrent dès lors que « [b]ien que le terme soit fréquemment et à tort employé comme synonyme d'État fédéral, la fédération peut être vue comme une forme politique particulière d'organisation du pouvoir, à mi-chemin entre l'État et l'Empire. »[369]. Ils ajoutent que « la fédération ne se fonde donc pas, comme l'État [...], sur le principe d'une souveraineté unique, mais repose sur une pluralité de puissances publiques et d'ordre juridiques, tout en constituant un corps politique propre (en cela, elle se distingue d'un simple assemblage d'Etats comme ce que l'on appelle généralement confédération). »[370].

197. Ainsi, en tant que forme politique propre, la Fédération se distingue clairement de l'Etat et ne peut non plus, nonobstant son origine conventionnelle, être confondue avec toute autre forme classique

---

[365] *Ibid.*, p. 65.
[366] CARCASSONNE G., « La Fédération éclairée », *op. cit.*
[367] FRIEDRICH C., *Tendances du fédéralisme en théorie et en pratique*, trad. franç. PHILIPPART A. et L., Bruxelles, Institut belge de science politique, 1971, p. 19.
[368] SCHMITT C., *Théorie de la Constitution*, *op. cit.*, p. 519.
[369] DE VILLIERS M., LE DIVELLEC A., *Dictionnaire du droit constitutionnel*, Paris, Sirey, 13ème éd., 2022, p. 173.
[370] *Ibid.*, p. 174.

d'organisation internationale, cette catégorie d'organisations étant « traditionnellement mise sur pied par des États « en vue de remplir certaines fonctions d'intérêt commun. [...] Elle ne répond en soi à aucune autre « nécessité », sa réalité étant purement instrumentale ou fonctionnelle. Dans cette mesure, elle constitue une manière de service public à l'usage des États. » ».[371] Or, la Fédération a une dimension politique et juridique toute autre, étant donné qu'elle a vocation à « associer durablement des entités politiques préexistantes dans un ensemble plus large qui les englobe sans les faire disparaître »[372]. Le professeur Olivier Beaud indique effectivement à ce sujet que « la Fédération est une institution politique parce qu'elle résulte d'une « opération fédérale » visant à fonder un nouveau corps politique, ce qui n'est pas le cas d'une alliance, même institutionnalisée. Le même constat vaut pour l'organisation internationale. »[373]. Il ajoute que, de ce fait, la Fédération « n'est plus mesurée uniquement à l'État unitaire, mais aussi à d'autres types classiques d'organisation internationale (comme l'alliance ou les unions personnelles et réelles) »[374].

198. Enfin, il y a lieu de souligner que, pour le professeur Olivier Beaud, la Fédération, en tant que concept politique autonome, supplante la distinction classique entre Etat fédéral et confédération d'Etats, qui rattache le premier à l'ordre constitutionnel et, par opposition, la seconde, à l'ordre international. L'Etat fédéral est, en effet, traditionnellement défini comme une « [c]atégorie juridique d'État composé, […] qui se présente sous la forme d'une union d'États, au sens du droit interne (à la différence de la confédération), au sein de laquelle une nouvelle collectivité étatique se superpose à ces derniers »[375], tandis que la confédération est appréhendée comme « une association d'États souverains et indépendants reconnus en tant que tels sur la scène internationale […] fruit d'un traité, c'est-à-dire un lien relevant du droit international, et non pas d'une Constitution, acte de droit interne. »[376].

199. Or, souscrivant à l'idée qu' « en dépit des débats juridiques interminables et passionnés, il serait faux de surévaluer cette opposition formelle [puisque] dans les deux cas, il s'agit d'une association d'unités d'action, ayant un caractère hétérogène, qui sont tombées d'accord sur un

---

[371] BAILLEUX A., DUMONT H., *Le pacte constitutionnel européen – Fondements du droit institutionnel de l'Union, op. cit.*, p. 200. Les auteurs citent ici des éléments de définition de l'organisation internationale exposés par Joe Verhoeven dans son ouvrage *Droit international public*, Bruxelles, Larcier, 2000, p. 204.

[372] TORCOL S., « Le droit constitutionnel européen, droit de la conciliation des ordres juridiques », *Revue française de droit constitutionnel*, 2016, n° 105, p. 122.

[373] BEAUD O., *Théorie de la Fédération, op. cit.*, p. 268.

[374] BEAUD O., « Peut-on penser l'Union européenne comme une fédération ? », *op. cit.*, p. 80.

[375] AVRIL P., GICQUEL J., *Lexique de droit constitutionnel, op. cit.*, p. 53.

[376] BAILLEUX A., DUMONT H., *Le pacte constitutionnel européen – Fondements du droit institutionnel de l'Union, op.cit.*, p. 195.

minimum commun afin de pouvoir agir »[377], le professeur Olivier Beaud « propose d'ignorer ou laisser de côté la distinction entre l'État fédéral et la Confédération pour penser le fédéralisme »[378] en saisissant « l'unité du concept de Fédération au lieu de procéder à une différenciation des formes fédérales. »[379]. Il expose clairement à cet égard que sa théorie de la Fédération « n'entend pas bâtir un juste milieu entre deux extrêmes [...] que seraient l'État fédéral et la Confédération ; elle entend substituer à ces deux concepts un autre concept, celui de la Fédération, pour penser à nouveaux frais la question fédérale »[380] et « rendre au fédéralisme sa cohérence intrinsèque »[381]. Il ajoute enfin que « [c]ette théorie de la Fédération vise explicitement à surmonter la division institutionnelle qui fait relever l'Etat fédéral de la sphère du droit constitutionnel et la confédération de la sphère du droit international »[382], étant donné qu'« [e]n tant qu'institution de droit public, la notion de Fédération est de nature mixte : elle est « à la fois un sujet de droit international et un sujet de droit interne » et peut faire l'objet d'un traitement tant de droit constitutionnel que de droit international. »[383].

200. Cette remise en cause de la pertinence de la distinction classique entre Etat fédéral et confédération, – qui postule une opposition absolue entre ordre constitutionnel interne et ordre international – pour saisir la logique fédérale, semble au demeurant fondée au regard des travaux de la professeure Elisabeth Zoller, qui déplore « qu'il [soit] impossible de penser le fédéralisme autrement que comme un processus d'ordre interne alors que le fédéralisme est un processus par excellence international dans la mesure où son objet est de rapprocher des peuples et des Etats sans les fondre en une masse commune. »[384]. La constitutionnaliste affirme de surcroît qu' « [i]l y a déjà longtemps que ceux qui ont étudié de près les réalités des fédérations d'Etats ont suggéré que les deux ordres, interne et international, sont les points extrêmes d'un même spectre chromatique et que l'on peut passer de l'un à l'autre, insensiblement, sans toujours mesurer le moment ou l'endroit où se fait le pas décisif. »[385].

---

377 BEAUD O., « Peut-on penser l'Union européenne comme une fédération ? », *op. cit.*, p. 89. Le professeur Olivier Beaud reprend ici à son compte des propos de l'historien allemand Reinhard Koselleck figurant dans « Structures fédérales de l'histoire allemande », in R. Koselleck, *L'expérience de l'histoire*, Paris, Gallimard/Seuil/EHESS, 1997, p. 122.
378 BEAUD O., *Théorie de la Fédération*, *op. cit.*, p. 92.
379 BEAUD O., « Peut-on penser l'Union européenne comme une fédération ? », *op. cit.*, p. 89.
380 BEAUD O., *Théorie de la Fédération*, *op. cit.*, p. 93.
381 *Ibid.*, p. 92.
382 *Ibid.*, p. 19.
383 *Ibid.*
384 ZOLLER E., « Aspects internationaux du droit constitutionnel : contribution à la théorie de la fédération d'États », *Recueil des cours - Académie de droit international de La Haye*, 2002, vol. 294, p. 50.
385 *Ibid.*

201. L'on ne se formalisera donc pas de ce que, sans tenir compte des catégories et distinctions juridiques classiques, le professeur Olivier Beaud affirme que la Confédération germanique instituée en 1815, ainsi que le second *Reich* (empire) allemand établi en 1871 étaient des Fédérations[386], ni du fait qu'il estime que les Etats contemporains traditionnellement considérés comme fédéraux que sont la Suisse et le Canada[387] en sont également. La caractérisation de la Fédération en tant qu'union non seulement autonome mais également spécifique d'Etats permet de mieux comprendre cette approche.

§ 2. Le pacte constitutionnel fédératif : acte de fondation d'une union spécifique d'Etats

202. La Fédération peut être définie de façon synthétique comme « une union durable, reposant sur une libre convention, servant au but commun de la conservation politique de tous les membres de la fédération ; elle modifie le *status* politique global de chaque membre de la fédération en fonction de ce but commun. »[388]. Le professeur Olivier Beaud explicite cette définition en indiquant qu' « [à] la différence de l'Etat, elle se caractéris[e] par un dualisme de l'existence politique. Il y a, d'un côté, une unité politique, qui est la résultante de l'association des unités membres – c'est la Fédération – et, de l'autre, une pluralité ou une multitude d'unités politiques qui sont les Etats membres. Ceux-ci n'ont pas renoncé, en créant une fédération, à leur statut d'État, et n'entendent nullement être traités comme des provinces d'un État unitaire décentralisé. »[389].

203. Ainsi, la forme politique autonome qu'est la Fédération « a ceci de singulier qu'elle lie entre eux des Etats qui lui préexistent, de sorte qu'elle suppose une dualité, qu'elle assume et entretient, entre deux puissances publiques [;] une dualité qui, à son tour, exige l'adoption de procédés politico-juridiques qui respectent l'égalité entre les ordres fédéral et fédéré, tout en aménageant de manière viable cette pluralité. »[390] Selon le professeur Guy Carcassonne, il « [e]n résulte alors une entité qui ne relève à proprement parler ni du droit international ni du droit constitutionnel, mais qui, justement par son autonomie, peut s'accommoder de l'un et de l'autre sans y perdre son âme ou sa substance ni attenter aux leurs. »[391].

204. Il apparaît dès lors que la Fédération est une union durable, créée conformément à la volonté de ses Etats membres, et spécifique en ce qu'elle constitue une puissance publique dédiée à la garantie de celle de chacun de

[386] BEAUD O., *Théorie de la Fédération*, *op. cit.*, p. 387.
[387] *Ibid.*, p. 425.
[388] SCHMITT C., *Théorie de la Constitution*, *op. cit.*, p. 512.
[389] BEAUD O., *Théorie de la Fédération*, *op. cit.*, pp. 18-19.
[390] CARCASSONNE G., « La Fédération éclairée », *op. cit.*
[391] *Ibid.*

ces Etats, tout en ayant une existence propre. Il nous semble ainsi que l'acte constitutionnel qui institue une Fédération doit nécessairement manifester, non seulement la libre volonté de ses Etats membres de s'unir durablement (**A**), mais également leur intention de créer une union qui, bien que dotée d'une réelle existence politique, tend à garantir la leur (**B**).

A. Le pacte constitutionnel fédératif : manifestation de la libre volonté des Etats membres de s'unir durablement

205. Aux termes des travaux du professeur Olivier Beaud, « il n'y a de fédéralisme authentique que si des éléments constitutifs s'unissent de leur propre chef en vertu du principe de la « libre volonté » [...] ; inversement, tout fédéralisme imposé par la force ou la contrainte est inauthentique et trahit le concept même de Fédération. »[392]. Ce concept consiste en outre, essentiellement, « à associer durablement »[393] ces éléments constitutifs. Le pacte constitutionnel fédératif doit donc faire état de la libre volonté des Etats membres de s'unir au sein de la Fédération (1), tout comme du caractère durable de cette institution (2).

1. La libre convention dans le pacte constitutionnel fédératif

206. Selon le professeur Pierre-Henri Teitgen, au sein d'une Fédération, « [c]hacun des Etats accepte l'association et délègue aux organes fédéraux les compétences auxquelles il renonce cependant qu'un Pacte fédéral crée le gouvernement fédéral et le parlement fédéral pour la gestion des intérêts communs »[394]. Le constitutionnaliste Olivier Beaud affirme que « [c]ette idée d'une acceptation est [...] bien celle d'un consentement à devenir membre d'une Fédération. »[395].

207. Il explique au demeurant que si « [l]a Fédération a un fondement « conventionnel » au sens juridique attribué au terme de « convention », [celui] d'un accord de volontés destinées à produire des effets de droit »[396], il convient de s'intéresser à « l'idée de « libre convention » [...] dont parle Carl Schmitt dans sa *Théorie de la Constitution*. En effet, cette liberté de la convention fédérative signifie que la Fédération résulte ou doit résulter du *libre* consentement des parties en présence. Elle est une forme politico-

---

[392] BEAUD O., *Théorie de la Fédération*, *op. cit.*, p. 117.

[393] TORCOL S., « Le droit constitutionnel européen, droit de la conciliation des ordres juridiques », *op. cit.*

[394] TEITGEN P-H., « Le fédéralisme et l'Union française », in ARON R. (dir.), *L'ère des Fédérations*, Paris, Plon, 1958, p. 173.

[395] BEAUD O., *Théorie de la Fédération*, *op. cit.*

[396] *Ibid.*, p. 116.

juridique dont l'existence procède d'une libre association d'unités politiques. »[397].

208. Le pacte constitutionnel fédératif entérine ainsi, sous la forme d'une convention internationale, cette libre volonté des Etats membres de s'associer au sein d'une Fédération. Il y a même lieu de considérer, à l'aune des travaux du professeur Olivier Beaud, qu'il s'agit là de sa vocation essentielle puisque l'origine étymologique et la racine latines du terme « fédéralisme », *fœdus*, avait pour signification précise, sous l'Antiquité, celle de « "pacte" établi à l'origine, entre contractants de puissance inégale [;] ce pouvoir contraignant [étant] ensuite étendu aux deux parties »[398]. Le constitutionnaliste souligne encore qu'un « lien très étroit [...] unit le *fœdus* au concept [...] central de *fides*, de fidélité, confiance, lien qui n'est pas surprenant pour qui connaît l'importance de l'idée de confiance fédérative dans la longue histoire du fédéralisme[399]. Bref, le pacte fédéral est dans toutes les hypothèses un pacte de confiance entre égaux, ce qui veut dire négativement qu'une véritable Fédération ne peut être bâtie sur un sentiment de méfiance entre ses futurs membres »[400] et, *a fortiori,* en l'absence de réelle volonté de ces derniers.

209. Du reste, le professeur Olivier Beaud conclut de cette analyse lexicale que « l'étymologie du mot de fédéralisme – le *fœdus* – aide en partie à comprendre l'idée politique du fédéralisme qui réside dans cet accord fondamental adopté par des entités politiques qui se font suffisamment confiance les unes envers les autres pour s'engager dans ce qu'on peut appeler l'aventure fédérale. »[401]. L'on soulignera au demeurant que ces considérations font clairement écho à la pensée du professeur Georges Scelle sur le phénomène fédéral, pensée selon laquelle « [l]e fédéralisme [...] c'est le domaine de l'*association* ; il implique « le consentement libre » et l'« accord conventionnel des volontés » »[402]. L'inhérence du pacte constitutionnel fédératif à l'exigence de la libre volonté des futurs Etats membres de la Fédération apparaît, de surcroît, comme fondamentale chez le professeur Carl Schmitt. Ce dernier considère en effet que « [s]i une constitution repose sur une convention ou un pacte, le *fondement juridique de sa validité* est *la volonté* politique des membres de la fédération et l'*existence* de la fédération qui en découle. »[403].

---

397 *Ibid.*, pp. 116-117.

398 *Ibid.*, p. 112.

399 Soulignons que le professeur Edouard Dubout indique à ce sujet que « [l]'idée de fidélité est présente dans tout ensemble de type fédératif, dont elle en forme le cœur étymologique, le terme « fédéral » provenant lui-même du latin *fides* qui a donné « fidélité. » *(Droit constitutionnel de l'Union européenne*, *op. cit.*, pp. 99-100).

400 BEAUD O., *Théorie de la Fédération*, *op. cit.*, p. 112.

401 *Ibid.*, p. 116.

402 MOUSKHELY M., « La théorie du fédéralisme », in *La technique et les principes du droit public – Etudes en l'honneur de Georges Scelle*, Paris, LGDJ, 1950, tome I, p. 402.

403 SCHMITT C., *Théorie de la Constitution*, *op. cit.*, p. 203.

210. Le pacte constitutionnel fédératif doit donc manifester clairement cette libre convention des Etats membres dont procède l'établissement de la Fédération. Le professeur Olivier Beaud observe dès lors que « [l]a preuve que les Etats sont devenus membres d'une Fédération, par la voie d'un engagement libre et mutuel, figure tout bonnement dans les dispositions des textes fédératifs – constitutions fédérales ou pactes fédératifs. »[404]. Ainsi, le premier article du pacte fondateur la Confédération des Colonies Unies de la Nouvelle-Angleterre de 1643 – qu'Olivier Beaud présente comme la première fédération formée aux Etats-Unis – stipule qu' « [i]l est pleinement convenu et conclu (*fully agreed and conclued*) par et entre les parties des autorités ci-dessus nommées [Massachusetts, New Plymouth, Connecticut, New Haven], et celles-ci acceptent conjointement et séparément, par le document présent, de convenir et de conclure qu'elles seront dorénavant désignées sous le nom de Colonies Unies de la Nouvelle Angleterre. »[405]. De même, la vocation de la Fédération à durer dans le temps doit être clairement consacrée par son texte fondateur.

2. Le caractère durable de la Fédération dans le pacte constitutionnel fédératif

211. Selon le professeur Carl Schmitt, une Fédération est « une *organisation durable* et non une simple réglementation transitoire. Cela découle [...] de la notion de *status*[406] : une réglementation particulière purement transitoire, révocable et déterminable ne peut pas fonder un *status*. Toute fédération est donc une fédération « perpétuelle » (*ewig*), c'est-à-dire conçue pour durer. »[407]. Il indique ainsi que « les exemples historiques de pactes fédératifs parlent pour cette raison toujours de cette durée (*Dauer*), sous une expression ou une autre »[408] et cite à cet égard l'Acte fédératif de Vienne de la Confédération germanique de 1815 – lequel « précise que ses membres s' « associent dans une fédération permanente (*dauernd*) » »[409] – ou encore le préambule de la constitution de la Confédération d'Allemagne du Nord du 26 juillet 1867 qui évoque une « fédération perpétuelle »[410].

---

[404] BEAUD O., *Théorie de la Fédération*, *op. cit.*, pp. 123-124.

[405] *Ibid.*, p. 124.

[406] Pour le professeur Carl Schmitt, la notion de *status* semble renvoyer à l'existence juridique et sociale de toute entité et trouve, de ce fait, sa définition parfaite dans le concept de l'Etat. L'auteur écrit en effet que « [l]e mot d'« Etat » définit avec une précision extrême la spécificité de cette entité politique moderne parce qu'il indique le rapport lexical et conceptuel avec le mot de *status*. Car le *status* global de l'unité politique relativise et englobe tous les autres rapports de *status*, en particulier les ordres et l'Eglise. L'Etat, c'est-à-dire le *status politique*, devient ainsi *le status* dans un sens absolu. » (*Théorie de la Constitution*, *op. cit.*, p. 181).

[407] SCHMITT C., *Théorie de la Constitution*, *op. cit.*, p. 514.

[408] *Ibid.*

[409] *Ibid.*

[410] *Ibid.*

212. L'auteur de la théorie sur laquelle nous basons principalement nos présents travaux confirme cette condition de permanence de la Fédération en soulignant le fait que ce critère permet notamment de la distinguer de toute alliance. Il indique en effet que, « dans le cas de l'alliance, l'engagement est ponctuel et limité car les Etats alliés s'unissent uniquement pour mieux se défendre le jour où la guerre éclaterait, alors que dans le cas de la Fédération, les Etats se confédèrent pour former une nouvelle forme politique qui est durable et permanente par définition. »[411]. Il ajoute à ce sujet que « [m]ême des alliances institutionnalisées comme l'OTAN obéissent à cette logique ponctuelle de la résistance commune à un ennemi extérieur qui soude, à un moment donné, les alliés qui se défendent alors en commun. »[412]. Il observe enfin que s' « [i]l suffit qu'il n'y ait plus d'ennemi pour que l'alliance disparaisse [...], la Fédération se caractérise par sa perpétuité, ou si l'on veut par sa « prétention à l'éternité ». »[413].

213. Au demeurant, d'après les professeurs Hugues Dumont et Antoine Bailleux, ce caractère de durée serait inhérent au phénomène fédératif en lui-même, lequel est globalement défini par ces derniers[414] comme renvoyant à « une union durable de collectivités politiques dotée de la personnalité juridique et d'un appareil institutionnel apte à prendre des décisions tantôt à l'unanimité, tantôt à la majorité de ses composantes. Ces collectivités conservent chacune une personnalité juridique distincte et une autonomie au moins législative et exécutive. »[415]. Hugues Dumont et Antoine Bailleux précisent à cet égard qu' « [u]n partage des compétences est donc effectué et un équilibre est recherché entre les logiques de l'unité et de la diversité. Quant aux ressortissants de l'union, ils ont un double lien juridique d'appartenance : avec l'union et avec leur propre collectivité. »[416].

214. Il convient cependant de relever que si la durabilité de la Fédération doit nécessairement figurer dans le pacte constitutionnel fédératif, – ou pouvoir être, à tout le moins, déduite de ses dispositions – étant donné qu'elle

---

[411] BEAUD O., *Théorie de la Fédération*, *op. cit.*, p. 265.
[412] *Ibid.*
[413] *Ibid.*, p. 266.
[414] Selon les professeurs Hugues Dumont et Antoine Bailleux, « le phénomène fédératif » ou « le concept le plus générique de fédération » (*Le pacte constitutionnel européen – Fondements du droit institutionnel de l'Union*, *op. cit.*, p. 229) englobe trois espèces, à savoir la confédération, l'Etat fédéral et la fédération plurinationale, dont nos prochains développements nous conduiront à présenter la définition. Dans l'ouvrage cité plus haut, ils défendent en effet « la thèse que l'Union européenne gagne à être présentée comme une espèce inédite, mais qui s'inscrit à l'intérieur d'un genre que l'on appelle ici « les fédérations » ou le « phénomène fédératif ». Sous ce concept générique [, ils distinguent] la confédération d'États [...] – à laquelle il serait fallacieux de réduire l'union européenne –, l'État fédéral – que l'union n'est pas non plus – et la fédération plurinationale – dont l'union européenne est le prototype. » (p. 228).
[415] BAILLEUX A., DUMONT H., *Le pacte constitutionnel européen – Fondements du droit institutionnel de l'Union*, *op. cit.*, p. 229.
[416] *Ibid.*

constitue clairement un élément de définition de cette institution, elle n'est pas incompatible avec la reconnaissance d'un droit de sécession[417] au profit des membres de la Fédération. Ce droit pourrait même, au contraire, être appréhendé comme une forme de corollaire du principe de libre consentement des Etats membres à l'établissement de la Fédération. En effet, selon le professeur Olivier Beaud, bien que « la question du droit de sécession [soit] un de ces cas difficiles – « harte Fragen » selon l'expression d'Anton Greber – que la doctrine juridique a souvent pris soin d'éluder, [...] il n'est pas du tout certain que ce soit anti-fédéral. »[418]. Il affirme de plus que si « [l]a doctrine admet que le droit de sécession est reconnu dans les Confédérations et interdit dans un État fédéral [,] dans la Fédération, telle qu'elle est ici pensée, le droit de retrait ne contredit pas complètement le concept car il exprime le principe de consentement qui est institutionnalisé par le pacte fédératif. »[419].

215. D'après le professeur Carl Schmitt, l'admissibilité de la sécession découle non seulement du principe de consentement des Etats membres à la création de la Fédération, lequel est – comme nous avons pu le constater – matérialisé par le pacte fédératif, mais également de la coexistence politique des premiers avec cette dernière. Carl Schmitt présente ainsi la question de la sécession comme un « problème fondamental de la fédération »[420] en observant avec justesse que « l'adhésion à la fédération doit impliquer la renonciation permanente au droit de sécession ; mais si en même temps la fédération est censée être un pacte et si les Etats fédérés sont censés ne pas perdre leur existence politique autonome, les membres de la fédération doivent nécessairement rester en mesure de décider eux-mêmes de l'impossibilité éventuelle d'appliquer ou de résilier ce pacte, et c'est justement le droit de sécession. »[421].

216. Dans le cadre d'une analyse fournie et bien étayée des différentes thèses inhérentes à la question du droit de sécession dans la sphère fédérale[422], Laurent Dechâtre estime, quant à lui, que « tout pacte fédératif inclut un droit

---

[417] Il convient de relever, d'une part, que, si la sécession correspond ici au retrait d'un Etat membre d'une Fédération, ce terme est, au sens strict, défini comme « la séparation d'une partie du territoire d'un État existant sans disparition de ce dernier » (ALLAND D., *Manuel de droit international public*, Paris, PUF, 9ème éd., 2022, p. 53). D'autre part, la possibilité de reconnaître un droit de sécession aux membres d'une Fédération constitue un critère de distinction fondamental supplémentaire entre la forme politique fédérative et celle de l'Etat ; aucun droit de sécession ne pouvant être reconnu, par le droit international, aux différentes composantes d'un Etat sans porter atteinte au principe, en théorie intangible, du respect de son intégrité territoriale.

[418] BEAUD O., « Peut-on penser l'Union européenne comme une fédération ? », *op. cit.*, p. 102.

[419] *Ibid.*

[420] SCHMITT C., *Théorie de la Constitution*, *op. cit.*, p. 521.

[421] *Ibid.*, pp. 521-522.

[422] Cette analyse figure dans sa thèse portant sur *Le pacte fédératif européen* (*op. cit.*), aux pages 429 à 477.

de retrait implicite dont l'exercice est soumis à l'obligation de fidélité fédérale qui impose non seulement de poursuivre des négociations pour trouver un accord prévoyant les modalités de sortie de la Fédération, mais encore de respecter les autres Etats membres et les autorités fédérales lors des négociations. Cet encadrement découle du caractère existentiel du pacte qui implique des effets importants d'un retrait sur les autres membres de la Fédération. En effet, l'interdépendance impliquée par le pacte fédératif justifie que les intérêts des Etats membres soient respectés par la conclusion d'un accord de retrait puisqu'ils ne peuvent pas, au nom du respect de l'intégrité des Etats membres, avoir un pouvoir d'acceptation comme c'est le cas pour la demande d'adhésion d'un nouvel Etat. »[423].

217. Ainsi, si le pacte constitutionnel doit faire état de la vocation à la perpétuité de la Fédération, il semble qu'il ne pourrait, en raison de sa nature même d'accord fédératif librement consenti par les Etats membres, s'opposer à leur droit de faire sécession. Il faut néanmoins constater, à la suite du professeur Carl Schmitt, que « la notion d'une unité politique permanente composée d'Etats qui pourtant ne dépasserait pas son fondement contractuel semble une contradiction poussée au plus haut degré. »[424]. C'est la raison pour laquelle ce dernier considère que cette « antinomie »[425] intrinsèque à la Fédération doit être résolue par « une condition préalable capitale, *l'homogénéité de tous les membres de la fédération*, c'est-à-dire [...] une similitude substantielle qui fonde un accord concret, découlant de leur être, entre les désirs des Etats membres, et garantit qu'il ne se produit pas de cas de conflit extrême au sein de la Fédération. »[426]. S'inspirant ouvertement de la pensée de Montesquieu, Carl Schmitt précise que cette homogénéité doit exister tant sur le plan social qu'au niveau « du principe politique (monarchie, aristocratie, ou démocratie) »[427] des Etats membres.

218. S'agissant de l'homogénéité du principe politique, le professeur Olivier Beaud considère également que « [c]omme l'avait bien vu Montesquieu, le principe d'homogénéité républicaine suppose que *tous* les Etats membres, sans exception, partagent cette forme de gouvernement. »[428]. Il ajoute de surcroît qu'il s'agit là d'une « exigence [...] centrale pour une théorie de la fédération [qui] trouve une illustration dans le droit

---

[423] DECHATRE L., *Le pacte fédératif européen*, *op. cit.*, p. 454.

[424] SCHMITT C., *Théorie de la Constitution*, *op. cit.*, p. 522.

[425] *Ibid.*

[426] *Ibid.*

[427] *Ibid.* L'auteur indique en effet, à la page citée, que « Montesquieu, qui là encore fait preuve de son talent de théoricien de l'Etat, a énoncé cette condition fondamentale de la fédération : une constitution fédérative doit être composée d'Etats de même nature, surtout républicains (*Esprit des lois*, IX, 2 : « Que la constitution fédérative doit être composée d'Etats de même nature, surtout d'Etats républicains »). Car l'*esprit* [...] de la monarchie est belliqueux et tend à l'agrandissement territorial ; l'esprit de la république est pacifique et modéré ».

[428] BEAUD O., *Théorie de la Fédération*, *op. cit.*, p. 366.

constitutionnel des Etats-Unis comme dans celui de la Suisse. »[429]. Il souligne notamment que, tout en ménageant aux Etats fédérés un « pouvoir d'auto-organisation constitutionnelle »[430], le système fédéral américain prévoit une « clause dite d'homogénéité républicaine aux termes de laquelle « [l]es États-Unis garantiront à chaque État de l'Union une forme républicaine de gouvernement (art. IV, sec.4). » »[431].

219. Il ressort ainsi de l'ensemble de ces développements que la garantie réelle de la pérennité de la Fédération par le pacte constitutionnel fédératif suppose, au-delà de la reconnaissance du caractère durable ou de la vocation à la perpétuité de cette institution, la prévision d'une clause assurant l'homogénéité du principe politique des Etats membres ; des conflits et tensions entre les Etats membres étant d'autant plus susceptibles d'affecter la viabilité de la Fédération que celle-ci tend essentiellement à la protection de leur existence politique propre.

B. Le pacte constitutionnel fédératif : manifestation de la volonté des Etats membres de créer une véritable union politique garante de leur existence

220. Selon le professeur Denis de Rougemont, « le fédéralisme est la politique qui consiste à chercher dans l'union la garantie des autonomies, ou : le fédéralisme est la politique des autonomies qui cherchent leur garantie dans l'Union »[432]. Ce trait du fédéralisme se retrouve très précisément dans la Fédération. Cette dernière se caractérise en effet par « un dualisme de l'existence politique. Il y a, d'un côté, une unité politique, qui est la résultante de l'association des unités membres – c'est la Fédération – et, de l'autre, une pluralité ou une multitude d'unités politiques qui sont les Etats membres. Ceux-ci n'ont pas renoncé, en créant une fédération, à leur statut d'État, et n'entendent nullement être traités comme des provinces d'un État unitaire décentralisé. »[433]. La Fédération vise ainsi clairement « à maintenir l'existence politique de tous [s]es membres dans [son] cadre »[434], tout en leur permettant de « devenir membre d'un ensemble plus grand »[435] qui poursuit lui-même des objectifs propres.

221. Ce dualisme de l'existence politique se retrouve également dans le concept de « fédération plurinationale » des constitutionnalistes Antoine Bailleux et Hugues Dumont, qui s'inspire de la théorie de la Fédération du

---

429 *Ibid.*

430 *Ibid.*, p. 367.

431 *Ibid.*

432 DE ROUGEMONT D. (dir.), *Dictionnaire international du fédéralisme*, Bruxelles, Bruylant, 1994, p. 202.

433 BEAUD O., *Théorie de la Fédération*, *op. cit.*, pp. 18-19.

434 SCHMITT C., *Théorie de la Constitution*, *op. cit.*, p. 515.

435 BEAUD O., *Théorie de la Fédération*, *op. cit.*, p. 279.

professeur Olivier Beaud, tout en s'en départant sur un point central en tranchant la question de la souveraineté. Antoine Bailleux et Hugues Dumont définissent en effet la fédération plurinationale comme « une union volontaire, durable et dotée de la personnalité juridique, qui associe par un pacte constitutionnel des États attachés au maintien de leur nationalité et de leur souveraineté négative, mais ayant consenti au remplacement de leur souveraineté positive[436] dans les matières substantielles qu'ils ont transférées à l'union par un dispositif institutionnel propre à un exercice en commun de ces souverainetés au service des citoyens de l'union. »[437].

222. Les professeurs Jean-Christophe Barbato et Yves Petit observent en outre à cet égard que « [l]e concept de Fédération a également donné naissance à la formule de « *Fédération d'États-nations* », qui a été diversement appréciée, en raison de son caractère d'oxymore et de l'ambiguïté juridique qui s'en dégage. L'intuition de Jacques Delors exprime la volonté de construire et d'approfondir l'Union européenne avec les États membres, en leur qualité de composantes de la Fédération, et non contre eux. »[438].

223. Ainsi, en tant qu'union autonome et spécifique, la Fédération rassemble des Etats désireux de conserver pleinement leur existence politique malgré, mais surtout grâce à, l'entité politico-juridique propre qu'elle constitue. La Fédération fait donc coexister en son sein deux espèces de puissance publique, celle des Etats membres et celle de la fédération, laquelle correspond à l'ensemble institutionnel fédéral[439]. Chacune de ces deux espèces, fondamentalement différentes, est naturellement mue par des objectifs propres, et enclins à la contrariété avec ceux portés par l'autre, qui se retrouvent cependant dans le but ultime de la conservation politique des Etats membres de la Fédération. Le pacte constitutionnel fédératif doit donc non seulement organiser la coexistence politique de la fédération avec les Etats membres au sein de la Fédération (1), mais également faire clairement état des fins politiques particulières qui sont propres à cette dernière (2).

---

436 Pour ce qui est de la distinction entre souveraineté négative et souveraineté positive, les deux constitutionnalistes expliquent que « [l]a souveraineté internationale des États désigne négativement la règle qui veut qu'aucun État n'est soumis au pouvoir d'un autre État (« *Par in parem non habet jurisdictionem* ») et positivement la liberté qu'ils ont de faire ce qui est en leur pouvoir. » (BAILLEUX A., DUMONT H., *Le pacte constitutionnel européen – Fondements du droit institutionnel de l'Union*, *op. cit.*, p. 147).

437 *Ibid.*, p. 232.

438 PETIT Y., BARBATO J-C., « Pluralité conceptuelle et renouvellement du débat sur la nature juridique de l'Union européenne - Rapport introductif général », in BARBATO J-C., PETIT Y. (dir.), *L'Union européenne, une Fédération plurinationale en devenir ?*, *op. cit.*, pp. 24-25.

439 Conformément aux travaux du professeur Olivier Beaud, « la « Fédération » désignera l'ensemble fédéral composé des deux sous-ensembles (instances fédérales et instances fédérées), tandis que la « *f*édération » désignera ce qu'on nomme la puissance publique fédérale (l'ensemble des organes fédéraux). » (BEAUD O., *Théorie de la Fédération*, *op. cit.*, p. 141).

1. La coexistence politique de la fédération avec les Etats membres dans le pacte constitutionnel fédératif

224. Le dualisme propre à toute Fédération se traduit concrètement, dans le pacte constitutionnel fédératif, par la conciliation de l'existence politique de la fédération (a) – la puissance publique fédérale instituée par ledit pacte – avec celle des Etats fondateurs de la Fédération qui, tout en conservant pleinement leur statut d'Etat au sens du droit international, acquièrent la qualité particulière d'Etat membre au sein de l'institution qu'ils ont établie (b).

a) L'existence politique de la fédération dans le pacte constitutionnel fédératif

225. Comme l'observe Sylvie Torcol, le professeur Olivier Beaud « défend la double nature du pacte fédératif qui serait une opération à la fois contractuelle et fondatrice d'une nouvelle institution »[440]. Décrivant la Fédération comme procédant d'un « mélange de convention et d'institution »[441], le constitutionnaliste indique effectivement que « [l]e pacte qui scelle cette union d'États, qu'on appelle une union fédérative, donne en même temps naissance à un être juridique (la fédération) qui est distinct des États membres »[442]. Il ajoute que « [l]'institution fédérale est donc ce Tiers aux parties contractantes (les États fédérés) »[443] et considère qu' « elle constitue l'un des objets les plus importants du pacte fédératif. »[444].

226. Le pacte constitutionnel fédératif doit ainsi donner naissance à l' « être juridique »[445] qu'est la fédération en la dotant « d'organes et de compétences »[446] propres, qui, selon le professeur Olivier Beaud, émanent de la nature politique spécifique de la Fédération. Ce dernier estime en effet qu'« [i]l existe [...] un lien intrinsèque entre la forme institutionnelle (la Fédération comme fédéralisme réalisé) et l'idéal politique (fédéralisme comme idéal politique). »[447]. Dans cette perspective, il est donc nécessaire qu'outre sa manifestation dans des éléments symboliques comme le nom de la fédération[448], le caractère d'unité politique de la Fédération se retrouve dans

---

[440] TORCOL S., « Le droit constitutionnel européen, droit de la conciliation des ordres juridiques », *op. cit.*, p. 125.
[441] BEAUD O., *Théorie de la Fédération*, *op. cit.*, pp. 156-157.
[442] *Ibid.*, p. 155.
[443] *Ibid.*, pp. 155-156.
[444] *Ibid.*, p. 156.
[445] *Ibid.*
[446] *Ibid.*
[447] *Ibid.*, p. 104.
[448] V. sur ce point les développements du professeur Olivier Beaud figurant dans sa *Théorie de la Fédération*, *op. cit.*, pp. 160-165.

le pacte constitutionnel fédératif à travers les compétences de la fédération, telles que celle de « la représentation de la Fédération [...] dans les relations extérieures »[449].

227. Le professeur Carl Schmitt affirme, quant à lui, de façon plus prosaïque, que « l'organisation des autorités et des compétences fédératives répond en général à un schéma simple : assemblée plénière de tous les Etats membres, puis un collège plus restreint (dirigeant ou même représentatif) défini comme « conseil » ou « commission », et un bureau ou office pour la préparation et l'exécution administratives et techniques des décrets fédératifs. »[450]. Sur ce plan, il y a lieu de noter que la Diète fédérale est, selon Olivier Beaud, « l'organe caractéristique de toute Fédération au sein duquel chaque État est représenté, selon des modalités variables (égalité ou non de représentation entre les États) et détient un nombre de voix qui peut, ou non, être pondéré en fonction de son importance démographique. »[451]. Le constitutionnaliste souligne toutefois que, dans les fédérations modernes, sommées de répondre au défi de la légitimité démocratique, le modèle de la Diète fédérale est naturellement supplanté par celui du « bicaméralisme fédéral ».[452] Ce dernier repose sur l'existence, au sein de la Fédération, de deux Chambres parlementaires, l'une assurant la représentation des citoyens et, l'autre, celle des Etats fédérés, et n'est, d'après le professeur Olivier Beaud, « pas forcément propice au maintien de la dualité des deux types de polities, fédérale et fédérée »[453], en raison du processus de « « nationalisation » de la vie politique »[454] susceptible d'affecter la « Chambre dite « fédérale » »[455].

228. En outre, afin de garantir une réelle existence politico-juridique au pôle unitaire de la Fédération qu'est la fédération – garantie qui conditionne l'existence même de la première – le pacte constitutionnel fédératif doit reconnaître à la seconde une véritable autonomie par rapport aux Etats membres. De fait, si, dans l'ordre fédéral, le principe d'autonomie est traditionnellement défini par référence aux Etats fédérés[456], l'auteur de la *Théorie de la Fédération* affirme que « l'impossible réduction de la fédération

---

[449] *Ibid.*, p. 165.

[450] SCHMITT C., *Théorie de la Constitution*, *op. cit.*, p. 533.

[451] BEAUD O., *Théorie de la Fédération*, *op. cit.*, p. 176.

[452] V. sur ce point les développements du constitutionnaliste sur « Le dépassement du système de la Diète ou la complexité du bicaméralisme fédéral », (BEAUD O., *Théorie de la Fédération*, *op. cit.*, pp. 357-363).

[453] *Ibid.*, p. 363.

[454] *Ibid.*

[455] *Ibid.*

[456] En effet, « [a]u sein d'une Fédération, l'autonomie des États-membres serait la capacité de se donner une Constitution par leurs propres organes constituants, en observant les limites générales établies dans la Constitution fédérale. Cette capacité constituante inclut les autres compétences, législative, administrative et judiciaire, dans les limites et conditions établies par la Constitution fédérale et la Constitution de l'État-membre. » (DE ROUGEMONT D. (dir.), *Dictionnaire international du fédéralisme*, *op. cit.*, p. 23).

à ses États membres signifie, en réalité, que l'instance fédérale a une autonomie (organique et fonctionnelle) vis-à-vis des instances fédérées. »[457]. Le pacte constitutionnel fédératif doit donc assurer cette autonomie de la fédération – ou son indépendance[458] – à travers des mécanismes tels que la règle de la majorité, qui « illustre, à sa manière, le processus de différenciation entre la fédération et les États membres, élément constitutif de la création de la Fédération comme institution. »[459]. Olivier Beaud observe au demeurant que « [cette] règle semble presque aussi ancienne que le fédéralisme si l'on en juge par le fait que, dès 1495, la Confédération helvétique statuait, au sein de sa Diète selon la règle de la majorité des voix. Tel est le droit commun fédératif. »[460].

229. Aux fins d'établir une réelle Fédération, – et donc une véritable institution[461] – le pacte constitutionnel fédératif doit ainsi garantir l'existence politique de la fédération en la dotant d'organes, de compétences et de mécanismes de fonctionnement propres à assurer sa différenciation des Etats membres, ainsi que son autonomie à leur égard. Le principe d'indépendance dont jouit la fédération ne peut cependant être appréhendé correctement s'il n'est mis en relation avec le principe d'interdépendance, qui le complète en traduisant « l'idée, plus profonde qu'elle ne paraît, selon laquelle la fédération et les États membres ne sont pas des « étrangers » l'un à l'autre, ce qui signifie notamment que chacune des deux parties doit reconnaître une partie du droit de l'autre comme étant une partie de son propre droit »[462] et qu'elles

---

[457] BEAUD O., *Théorie de la Fédération*, *op. cit.*, p. 185.

[458] Le professeur Olivier Beaud évoque le « principe d'indépendance » pour désigner l'autonomie dont dispose la fédération à l'égard des Etats-membres, tout comme celle dont ces derniers jouissent vis-à-vis de l'instance fédérale, afin d'éviter toute confusion liée à l'acception classique du principe d'autonomie, laquelle renvoie « à la seule idée de l'autonomie des unités fédérées » (*Ibid.*).

[459] *Ibid.*, p. 176.

[460] *Ibid.*

[461] Il est à noter qu'eu égard à la forme politique autonome qu'est la Fédération, le terme « institution » peut, ici, correspondre tant à la définition classique proposée par les constitutionnalistes Michel de Villiers et Armel Le Divellec qu'à celle énoncée par le doyen Maurice Hauriou dans le cadre de sa *théorie de l'Institution et de la Fondation*. En effet, selon les premiers, « [a]u sens le plus général, le terme d'institution désigne tout ce qui est établi et durable de manière artificielle (donc institué). Plus spécialement, elle renvoie à une forme d'organisation des collectivités humaines. En ce sens, l'État est une institution, et même la première des institutions. » (DE VILLIERS M., LE DIVELLEC A., *Dictionnaire du droit constitutionnel*, *op. cit.*, p. 204) ; tandis que, d'après le doyen Maurice Hauriou, « une institution est une idée d'œuvre ou d'entreprise qui se réalise et dure juridiquement dans un milieu social ; pour la réalisation de cette idée, un pouvoir s'organise qui lui procure des organes ; d'autre part, entre les membres du groupe social intéressé à la réalisation de l'idée, il se produit des manifestations de communion dirigées par les organes du pouvoir et réglées par des procédures » (HAURIOU M., « La théorie de l'Institution et de la Fondation », in *La cité moderne et les transformations du droit*, *Cahiers de la Nouvelle Journée*, n°4, Paris, Librairie Bloud & Gay, 1925, p. 10).

[462] BEAUD O., *Théorie de la Fédération*, *op. cit.*, p. 191.

entretiennent « des relations mutuelles qui sont d'ailleurs régies par le pacte fédéral. »[463]. Ce principe d'interdépendance des ordres juridiques fédéral et fédérés peut également être saisi à l'aune du fait que, tout en garantissant l'existence politique de la fédération, le pacte constitutionnel fédératif doit également protéger celle des Etats fondateurs de la Fédération ; ces derniers ne projetant nullement de disparaître du fait de sa création.

b) L'existence politique des Etats membres dans le pacte constitutionnel fédératif

230. Aux termes des travaux du professeur Carl Schmitt, « [l]a fédération vise à maintenir l'existence politique de tous les membres dans le cadre de la fédération. Il en résulte que la constitution fédérative contient dans tous les cas (même lorsqu'elle ne le mentionne pas explicitement) une *garantie* de l'existence politique de chaque membre de la fédération »[464].

231. En effet, « [les Etats membres ne renoncent pas], en créant une fédération, à leur statut d'Etat, et n'entendent nullement être traités comme des provinces d'un Etat unitaire décentralisé. »[465]. La survivance du statut d'Etat des membres de la Fédération semble au demeurant pouvoir être rattachée à la logique politique même du fédéralisme qui, en tant que « processus par excellence international »[466], a pour « objet [...] de rapprocher des peuples et des Etats sans les fondre en une masse commune. »[467]. Les Etats membres de la Fédération jouissent ainsi d'une réelle indépendance vis-à-vis de la fédération – tout comme cette dernière dispose d'une véritable autonomie à leur égard – ce dont témoigne, notamment, le fait que certaines de leurs attributions propres puissent être constitutionnellement exclues du domaine d'action de la Fédération, dans le cadre du partage des compétences entre l'instance fédérale et les membres fédérés opéré par le pacte constitutionnel fédératif.

232. Cependant, si le pacte constitutionnel fédératif garantit l'existence politique des Etats membres, la création de la Fédération n'est pas sans incidence sur leur situation, dès lors que « [t]ous les membres de la fédération reçoivent un nouveau *status* politique global, si bien que l'on voit coexister l'unité politique de la fédération en tant que telle et l'existence politique des membres de la fédération. »[468]. Le professeur Olivier Beaud évoque à cet égard « une sorte de novation constitutionnelle parce que ces États se conservent et se transforment en même temps. Il y a, d'un côté, conservation

---

463 *Ibid.*, p. 189.
464 SCHMITT C., *Théorie de la Constitution*, *op. cit.*, p. 515.
465 BEAUD O., *Théorie de la Fédération*, *op. cit.*, pp. 18-19.
466 ZOLLER E., « Aspects internationaux du droit constitutionnel : contribution à la théorie de la fédération d'États », *op. cit.*, p. 50.
467 *Ibid.*
468 SCHMITT C., *Théorie de la Constitution*, *op. cit.*, p. 197.

car [...] ils gardent la même structure, maintenant l'existence d'une puissance publique, d'un territoire et d'une population identiques. Mais d'un autre côté, il y a pour eux transformation par le simple fait d'appartenir désormais à la Fédération qu'ils ont eux-mêmes créée. »[469]. Cette transformation se manifeste par l'acquisition, par chacun des membres de la Fédération, du statut de « co-État »[470] et par l'existence d'une dualité de nationalités[471], dont découle une intercitoyenneté, au profit de leurs ressortissants.

233. Ainsi, d'une part, en tant que co-Etats de la même Fédération, chaque Etat membre dispose à l'égard des autres d'un statut intermédiaire entre le droit international public et le droit constitutionnel, étant donné que, « *dans son rapport avec les autres États membres*, [il] n'est ni un État étranger, ni une collectivité locale ou territoriale « interne » à cet État. »[472]. L'auteur de la *Théorie de la Fédération* illustre cette « situation médiane »[473] en évoquant la clause de *Full Faith and Credit*, posée par l'article IV de la constitution des Etats-Unis de 1787, aux termes de laquelle « Pleine foi et crédit seront donnés dans chaque État aux actes publics, procès-verbaux et procédures judiciaires de tout autre État. Et le Congrès peut, par des lois générales, prescrire la manière suivant laquelle de tels actes, procès-verbaux et procédures seront prouvés, ainsi que leurs effets. »[474]. Le constitutionnaliste explique notamment qu'en vertu de cette clause, « la dichotomie interne/externe ou si l'on veut « étranger/national » ne s'applique pas aux jugements pris par les juridictions fédérées »[475] au sein d'une Fédération. Il déduit plus largement de cette circonstance que « ce ne sont pas seulement les relations entre la Fédération et les États membres qui sont dominées par le double principe d'indépendance et d'interdépendance [...], mais également les relations entre les Etats membres. »[476].

234. D'autre part, l'adjonction de l'existence politique de la fédération à celle de chaque Etat membre au sein de la Fédération conduit à la reconnaissance d'une double nationalité au profit des ressortissants de l'ensemble fédéral ; la nationalité étant ici entendue comme le « lien juridique de rattachement à l'État, [et subséquemment à la fédération,] qui confère au national la citoyenneté et, par voie de conséquence, l'électorat et l'éligibilité. »[477]. Considérant ainsi que « *si la double nationalité est conçue comme une anomalie dans le cas de l'État, elle devient, au contraire,*

---

[469] BEAUD O., *Théorie de la Fédération*, *op. cit.*, p. 205.
[470] *Ibid.*, p. 214.
[471] *Ibid.*, p. 218.
[472] *Ibid.*, p. 213.
[473] *Ibid.*
[474] *Ibid.*, p. 210.
[475] *Ibid.*, p. 214.
[476] *Ibid.*, p. 216.
[477] DE VILLIERS M., LE DIVELLEC A., *Dictionnaire du droit constitutionnel*, *op. cit.*, p. 258.

consubstantielle à la Fédération »[478], Olivier Beaud explique que « dans le cas de la Fédération, il existe, par définition, une double nationalité : la nationalité fédérale et la nationalité fédérée. Un individu appartient à la fois à l'État membre et à la fédération et il est donc régi par un double statut juridique puisque chaque nationalité implique un régime de droits et devoirs afférents à chacun d'eux. »[479].

235. La constitutionnaliste Elizabeth Zoller met également en évidence le fait que la double nationalité, ou double citoyenneté, est intrinsèquement liée au principe fédératif lorsqu'elle affirme que « [l]e fédéralisme est un processus évolutif qui commence à partir du moment où un individu rattaché à un Etat est atteint directement par une règle extérieure et supérieure à ce dernier. Une fédération d'Etats réussie doit atteindre l'individu, mais ne pas l'atteindre trop »[480]. Elisabeth Zoller explique sur ce dernier point qu'une fédération doit apporter à l'individu « suffisamment de raisons et de motifs pour développer chez lui un attachement à ce qu'elle représente, mais sans couper pour autant les liens de rattachement qui l'unissent à son Etat. L'inévitable balancement, voire concurrence d'allégeances, qui en résulte se traduit dans le concept de double citoyenneté »[481]. Cette analyse peut, au demeurant, logiquement conduire à considérer, à la suite d'Olivier Beaud, que « [l]e peuple d'une Fédération n'est pas, selon sa nature et sa structure, un peuple étatique, une nation donc, dans la mesure où il est caractérisé par le critère suivant : c'est un « peuple de peuples » (people of peoples), un peuple qui consiste en une union de plusieurs peuples distincts et qui entendent le rester. »[482].

236. Laurent Dechâtre, qui substitue le terme « appartenance » à ceux de nationalité ou de citoyenneté, souligne par ailleurs que, si « dans les unions fédérales originelles, l'appartenance fédérale est classiquement rattachée à l'appartenance étatique [; u]ne telle déduction ne doit toutefois pas conduire à conclure que l'appartenance fédérale est inférieure à l'appartenance étatique, [puisqu'] il n'y a pas de position hiérarchique entre les deux appartenances. »[483]. Il précise, qui plus est, que, « [d]ans le pacte fédératif d'origine, l'appartenance fédérale n'est souvent pas explicitée. Dans un premier temps, une appartenance fédérale fondée sur l'appartenance étatique existe implicitement, se traduisant par le bénéfice d'une égalité de traitement plus ou moins large entre les ressortissants des Etats membres sur l'ensemble du territoire fédéral. C'est le cas de la Confédération américaine, de la Suisse jusqu'en 1848, mis à part la parenthèse de la République helvétique, de la

---

[478] BEAUD O., *Théorie de la Fédération, op. cit.*, p. 221.
[479] *Ibid.*, p. 219.
[480] ZOLLER E., « Aspects internationaux du droit constitutionnel : contribution à la théorie de la fédération d'États », *op. cit.*, pp. 149-150
[481] *Ibid.*, p. 150.
[482] BEAUD O., « Peut-on penser l'Union européenne comme une fédération ? », *op. cit.*, p. 97.
[483] DECHATRE L., *Le pacte fédératif européen, op. cit.*, p. 249.

Confédération germanique, et de la Communauté économique européenne. Puis, cette appartenance fédérale est explicitée, elle se voit attribuer un nom, tout en continuant de reposer sur une appartenance à un des Etats membres. »[484].

237. Cela étant, à travers la reconnaissance des droits nouveaux qu'elle implique pour les ressortissants de la Fédération, la double nationalité affecte concrètement la situation politique de chacun des Etats membres. Le professeur Olivier Beaud exprime cette idée à travers la notion d'intercitoyenneté fédérative qui « suppose le déplacement physique du ressortissant d'un État membre dans un autre État fédéré, ce qui le fait changer de sphère de pouvoir et de domination, tout en restant dans le cercle de la Fédération. »[485]. Il explique que l'« intercitoyenneté fédérative appelle un statut autonome qui correspond à différents types de droits et de devoirs, dont certains habituellement référés à l'État (par exemple le droit à la protection diplomatique), ou d'autres sont considérés comme des droits politiques et d'autres enfin conduisent à protéger le ressortissant fédéré de l'expulsion car l'État d'accueil (État membre) ne peut plus le considérer comme un étranger. »[486]. L'intercitoyenneté, par le biais des « droits fédératifs »[487] dont elle émane, modifie donc la situation politique de chacune des puissances publiques fédérées puisqu'elle « impose à l'État membre d'une Fédération qu'il traite tout ressortissant d'un *autre* État membre selon les *mêmes* conditions que ses propres ressortissants [; l]a discrimination qui reste possible entre un ressortissant de la Fédération et un étranger à la Fédération n'[étant] plus licite entre les ressortissants des unités fédérées. »[488].

238. Ainsi, comme il assure l'existence politique de la fédération, le pacte constitutionnel fédératif doit garantir celle de chacun des Etats membres de la Fédération, tout en consacrant le statut nouveau qu'ils acquièrent, tant individuellement que collectivement, du fait même de la création de cette dernière. Ce dualisme de l'existence politique propre à toute Fédération, qui trouve ses origines dans le concept même du fédéralisme, détermine naturellement les différentes fins politiques en présence au sein de la Fédération.

---

484 *Ibid.*

485 BEAUD O., *Théorie de la Fédération, op. cit.*, p. 223.

486 *Ibid.*, pp. 222-223.

487 Le professeur Olivier Beaud les définit comme « les droits spécifiques dont bénéficient certains individus parce qu'ils sont justement membres d'une Fédération » (*ibid.*, pp. 225-226).

488 *Ibid.*, p. 224.

2. Les fins politiques propres à la Fédération dans le pacte constitutionnel fédératif

239. Le professeur Olivier Beaud évoque le *telos*[489] de la Fédération pour désigner les fins politiques qui lui sont propres. Ce *telos* fédératif reflète logiquement le dualisme de l'existence politique qui caractérise la Fédération, – laquelle fait coexister politiquement en son sein les instances fédérale et fédérées – étant donné qu'il comprend « d'une part, la fin commune, c'est-à-dire la défense commune et la prospérité commune de [la Fédération], et d'autre part, la fin particulariste, [soit] la conservation de sa propre identité politique [par chacun des Etats membres]. »[490]. De ce fait, « le *telos* de la Fédération se caractérise par cet équilibre qu'il faut maintenir entre les deux fins contradictoires que sont la fin commune et la fin particulariste. Il n'y a donc de Fédération que si cet équilibre fédératif est réellement l'objectif des fondateurs, que si cette tension existentielle est reflétée dans le dessein institutionnel et dans l'attitude des gouvernants. »[491]. Olivier Beaud estime dès lors que « l'existence même d'une Fédération traduit non seulement ce balancement entre deux aspirations contraires, mais aussi la *réalisation imparfaite* de celles-ci »[492] ; « la perspective de la finalité dévoil[ant] un aspect fondamental de la Fédération : celle-ci est inévitablement le résultat d'un compromis politique. »[493].

240. Le pacte constitutionnel fédératif doit donc nécessairement faire état de ce *telos* et, partant, de la tension entre la fin commune et la fin particulariste de la Fédération, qui, étant respectivement portées par les deux types de puissance publique différents qu'elle comprend, – la fédération, d'un côté, et les Etats membres, de l'autre – ne peuvent toutes deux qu'être imparfaitement satisfaites. En d'autres termes, le pacte constitutionnel fédératif doit refléter cette « oscillation perpétuelle entre deux pôles opposés, que Denis de Rougemont tradui[t] par l'*idée de tension* entre le particulier et le général »[494], qui correspond au « principe d'incomplétude fédérale », explicité par la constitutionnaliste Elisabeth Zoller dans les termes suivants : « [e]n tout état de cause, quelle que soit la diversité des modèles de gouvernement fédéral, tous présentent un trait commun : tous sont inachevés. Un gouvernement fédéral est par essence incomplet. L'incomplétude est la marque de la fédération. »[495]. De fait, l'incomplétude détermine en partie ce qu'est le

---

[489] BEAUD O., *Théorie de la Fédération, op. cit.*, p. 273.
[490] BEAUD O., « Peut-on penser l'Union européenne comme une fédération ? », *op. cit.*, p. 92.
[491] BEAUD O., *Théorie de la Fédération, op. cit.*, p. 281.
[492] *Ibid.*, p. 280.
[493] *Ibid.*
[494] MOUSKHELY M., « La théorie du fédéralisme », in *La technique et les principes du droit public – Etudes en l'honneur de Georges Scelle*, *op. cit.*, p. 398.
[495] ZOLLER E., « Aspects internationaux du droit constitutionnel : contribution à la théorie de la fédération d'États », *op. cit.*, pp. 119-120.

fédéralisme dans la mesure où « [c]'est par elle et à cause d'elle qu'il touche l'individu sans l'envelopper totalement, qu'il laisse à l'Etat un rôle à jouer pour parfaire les opérations juridiques qu'il met en œuvre et qu'ainsi il garde en son sein, tantôt de manière prononcée, tantôt à doses infimes, des éléments d'internationalité. »[496].

241. Il nous semble cependant que, sans nier la réalité de la tension portée par le *telos* fédératif, il est possible de lui conférer une réelle unité en le reliant principalement à ce qui paraît s'imposer comme le but ultime de la Fédération : la conservation de ses Etats membres, précédemment étudiée sous l'angle du maintien de l'existence politique des Etats fédérés. En effet, selon le professeur Carl Schmitt, « [l]a fédération vise [uniquement] à maintenir l'existence politique de tous les membres dans le cadre de la fédération. »[497]. Il apparaît au demeurant qu'assurer la conservation de différentes entités fédérées est la marque du fédéralisme, aux termes des travaux du professeur Denis de Rougemont, pour qui « sauvegarder la qualité propre de chaque minorité, tel est le but d'une fédération ; de même que préserver la qualité propre des Nations ou des Etats fédérés, ou des Régions fédérées »[498], compte tenu de ce que « fédérer, c'est réunir des éléments hétéroclites. »[499].

242. En tout état de cause, les deux branches de la fin commune du *telos* fédératif, que sont la défense et la prospérité de la Fédération, peuvent être appréhendées comme servant concrètement la finalité ultime de la conservation politique des Etats fédérés. Cela ressort d'ailleurs nettement des propos de l'auteur de la *Théorie de la Fédération* lorsqu'il affirme que « [t]oute union fédérale est donc le résultat à la fois d'une nécessité et d'une décision qui est la prise en compte des besoins à satisfaire pour continuer à exister en tant qu'unité politique. Ce sont ces besoins qui définissent alors le contenu de la fin commune qu'on va qualifier ici comme étant les buts de la Fédération »[500] ; lesquels se « résume[nt] souvent par la formule contenue dans la constitution américaine : la sûreté et la prospérité (*safety and welfare*). »[501]

243. Cet état de fait apparaît, en premier lieu, très clairement avec le but de la défense commune, dès lors que, d'une part, « les États qui s'unissent dans une union fédérale le font d'abord et avant tout pour mieux assurer leur défense, ce qui veut dire en l'occurrence qu'ils assurent dorénavant cette défense *en commun*, et non plus tout seul. »[502]. D'autre part, « tout pacte fédératif contient comme première clause décisive la renonciation des États

[496] *Ibid.*, p. 120.
[497] SCHMITT C., *Théorie de la Constitution*, *op. cit.*, p. 515.
[498] DE ROUGEMONT D. (dir.), *Dictionnaire international du fédéralisme, op. cit.*, p. 73.
[499] *Ibid.*
[500] BEAUD O., *Théorie de la Fédération, op. cit.*, p. 285.
[501] *Ibid.*
[502] *Ibid.*, p. 287.

membres à se faire la guerre entre eux et pour clause seconde, le corollaire, qui est le recours à l'arbitrage fédéral pour régler les différends entre les États membres. »[503]. A travers le but de la défense commune, les Etats fédérés entendent ainsi clairement garantir leur intégrité – et donc leur existence –, non seulement en se donnant les moyens d'assurer plus efficacement leur sûreté extérieure par la mutualisation de leurs forces, mais également en neutralisant tout risque d'agression émanant des autres membres de la Fédération, grâce à des dispositions propres à assurer la sureté intérieure de l'union fédérale.

244. En second lieu, le but de la prospérité commune constitue également un moyen de garantir l'existence politique des Etats membres de la Fédération, dans la mesure où il se rattache au désir de sûreté qui préside à sa fondation. Le professeur Murray Forsyth considère en effet qu' « [i]l y a, de manière presque évidente, un lien intrinsèque entre le but de sûreté poursuivi par les États et le but de prospérité, qu'ils veulent aussi poursuivre »[504], dès lors que « la défense et la sûreté n'existent pas dans le vide ; [qu'] elles ne peuvent jamais être séparées entièrement des autres champs de l'activité humaine ».[505] Laurent Dechâtre observe notamment à cet égard que « [l]'inclusion dans le pacte fédératif d'une compétence fédérale visant à faciliter le commerce entre les Etats membres est en effet un moyen de favoriser la paix sociale. »[506]. L'on peut, au demeurant, d'ores et déjà souligner que c'est justement la conscience très claire de ce lien intrinsèque entre la survie des Etats européens et leur prospérité économique qui a conduit les auteurs de la déclaration Schuman à proposer l'établissement d'une « Fédération européenne indispensable à la préservation de la paix »[507] reposant concrètement sur un marché commun du charbon et de l'acier, propre à réaliser « la fusion d'intérêts indispensable à l'établissement d'une communauté économique »[508].

245. Ainsi, dans la mesure où le *telos* fédératif manifeste, dans sa double composante, la fin ultime de la Fédération qu'est la conservation politique de chacun de ses membres, – laquelle semble du reste constituer la cause existentielle de tout type d'union fédérale – il est essentiel qu'il apparaisse dans le pacte constitutionnel fédératif, à l'instar des autres éléments de définition de la Fédération que sont la libre convention entre les Etats membres, le caractère durable de l'institution fédérative et la coexistence

---

503 BEAUD O., « Peut-on penser l'Union européenne comme une fédération ? », *op. cit.*, pp. 92-93.

504 FORSYTH M., *Unions of States. The Theory and Practice of Confederations*, Leicester University Press, 1981, p. 160, cité dans BEAUD O., *Théorie de la Fédération, op. cit.*, p. 302.

505 *Ibid.*

506 DECHATRE L., *Le pacte fédératif européen, op. cit.*, p. 110.

507 10ème paragraphe de la déclaration Schuman du 9 mai 1950, disponible sur le site internet : https://european-union.europa.eu/principles-countries-history/history-eu/1945-59/schuman-declaration-may-1950_fr

508 *Ibid.*, 9ème paragraphe.

politique des deux espèces de puissance publique que cette dernière unit. De ce fait, pour traiter la problématique inhérente à la constitutionnalité des traités européens, il convient de déterminer s'ils comportent l'ensemble des éléments de définition de la Fédération que le pacte constitutionnel fédératif doit contenir.

Section 2 - Confrontation des traités européens aux éléments de définition du pacte constitutionnel fédératif

246. Après l'explicitation des éléments constitutifs du pacte constitutionnel fédératif figurant dans nos précédents développements, il devient possible d'entreprendre de déterminer si les traités européens peuvent être identifiés à ce type d'instrument bien spécifique. L'on peut d'ores et déjà relever qu'au dire du professeur Olivier Beaud, « il n'est pas impossible de voir dans les traités qui se sont succédé pour régir d'abord les Communautés européennes et ensuite et aussi l'Union européenne ce qu'on peut appeler des équivalents de pactes fédératifs. Il est même des auteurs allemands qui n'hésitent pas, tel Rolf Grawert, à [qualifier] les traités communautaires de pacte constitutionnel »[509] ; étant précisé qu' « [i]l faudrait simplement ajouter deux nuances qui permettraient de spécifier davantage la particularité de ces pactes ; d'une part, ce pacte est le produit de différents traités successifs, un peu comme en Suisse, qui ont été amendés selon une procédure requérant l'unanimité des participants, et d'autre part, ces pactes n'ont pas eu la prétention de saisir la vie globale des Communautés. »[510].

247. Forts de ce constat, nous confronterons donc les éléments de définition du pacte constitutionnel fédératif dégagés plus haut avec les dispositions pertinentes du droit primaire européen actuellement en vigueur, que contiennent le traité UE et le traité FUE, en nous référant, le cas échéant, au texte des traités antérieurs, ainsi qu'à leur contexte de conclusion, pour saisir correctement leur portée. Cette confrontation sera précédée, lorsque cela sera possible, d'une analyse enrichissante des textes constitutionnels des deux modèles de Fédération identifiés par Olivier Beaud, que sont la Suisse et le Canada, qui, bien que contemporains, résultent d'un long processus politico-historique. De fait, réfutant, dans sa *Théorie de la Fédération*, la thèse de Carl Schmitt selon laquelle la démocratisation d'une Fédération conduit *in fine* à sa transformation en un Etat fédéral[511], Olivier Beaud affirme que « la Suisse

---

[509] BEAUD O., « Peut-on penser l'Union européenne comme une fédération ? », *op. cit.*, p. 95.
[510] *Ibid.*
[511] Selon Carl Schmitt, la démocratisation de la Fédération mène, en définitive, à sa transformation en un Etat fédéral, étant donné qu'elle conduit à ce que le pacte constitutionnel fédératif, qui émane du pouvoir constituant exercé par les Etats fédérés, soit supplanté par le pouvoir constituant directement exercé par l'ensemble du peuple de la Fédération. Il affirme en effet que « [s]i une fédération d'Etats démocratiques vient à se constituer, la conséquence

est restée globalement une Fédération malgré un haut degré de démocratisation et que le Canada, à sa manière, est une Fédération qui résiste tant bien que mal à la centralisation étatique. »[512].

248. Il convient cependant de souligner dès à présent que la reconnaissance de la qualité de pacte constitutionnel fédératif aux traités européens ne saurait épuiser, à elle seule, la question qui est celle de savoir si l'UE est une Fédération, étant donné que le parachèvement de ce type d'union d'Etats est fonction d'un processus d'institutionnalisation qui ne peut, par définition[513], être totalement saisi par son acte fondateur. En effet, à l'issue d'une étude approfondie et bien documentée du concept de Fédération que nous exploitons, Laurent Dechâtre conclut justement que « [l]e pacte fédératif établit une institution, la Fédération, qui nécessite ensuite une stabilisation. Il y a certes légitimation initiale de la Fédération par la conclusion du pacte entre Etats, mais cette fondation formelle ne permet pas de clore le phénomène d'institutionnalisation. »[514].

249. Le professeur Olivier Beaud affirme de surcroît, à cet égard, que « prendre au sérieux la nature principalement contractuelle de la Fédération à l'époque de sa formation suppose de réexaminer le problème difficile de savoir comment l'on peut concilier cette « genèse contractuelle » avec la naissance d'une institution (la Fédération) qui s'autonomise par rapport à ses membres créateurs, un peu comme une société commerciale s'émancipe de ses actionnaires initiaux. »[515]. Il explique de ce fait qu' « [u]ne fois constaté que la fédération n'est pas identique aux États membres et, d'autre part, qu'elle n'est pourtant pas sans lien avec ceux qui l'ont formée, il faut bien trouver un élément d'explication pour rendre compte de leurs rapports

---

inéluctable est que l'homogénéité démocratique se confond avec l'homogénéité de la fédération. L'évolution naturelle de la démocratie a donc pour propriété de faire franchir les frontières politiques des Etats membres à l'unité homogène du peuple, et d'éliminer l'état instable de la coexistence d'une fédération et d'Etats membres politiquement autonomes pour créer une unité complète. » (SCHMITT C., *Théorie de la Constitution*, *op. cit.*, p. 537). Et d'ajouter que « [l]a notion démocratique de pouvoir constituant du peuple *entier* supprime le fondement fédératif et par là le caractère fédératif. L'organisation d'Etat fédéral qui peut néanmoins être conservée est alors un élément de l'organisation de l'ensemble de l'Etat par la constitution et crée un genre spécial d'Etat. » (*ibid.*). Carl Schmitt considère que ce phénomène de démocratisation explique la transformation des Etats-Unis d'Amérique en un Etat fédéral.

[512] BEAUD O., *Théorie de la Fédération, op. cit.*, p. 425.

[513] En effet, le processus d'institutionnalisation, en tant que « [s]uite de phénomènes par laquelle s'accomplit une certaine évolution, se développe une progression vers un nouvel état » (définition du terme « processus » du dictionnaire en ligne de l'Académie française, disponible sur le site internet de l'institution : https://www.dictionnaire-academie.fr/article/A9P4400) suppose un déroulement, une progression dans le temps, qui ne peuvent, naturellement, être saisis par l'instrument statique qu'est le pacte constitutionnel fédératif initial. Toutefois, les éléments nouveaux de l'ordre juridique de la Fédération issus du processus d'institutionnalisation peuvent certainement être constitutionnalisés *a posteriori*, à l'occasion de révisions du pacte fédératif.

[514] DECHATRE L., *Le pacte fédératif européen, op. cit.*, p. 94.

[515] BEAUD O., « Peut-on penser l'Union européenne comme une fédération ? », *op. cit.*, p. 80.

juridiques. A cette fin, la notion d'institution est adéquate si elle est saisie par son « côté instrumental » et objectif. »[516]. Cette notion d'institution permet en effet de mettre en évidence « un phénomène d'« organisation collective » par lequel se différencie nécessairement le groupement et ses membres. En effet, appliquée à la personne collective, la notion d'institution signifie qu'une telle entité a des organes qui lui sont propres, secrétant leur propre droit, de sorte que le « groupement », la « personne collective », acquiert une autonomie par rapport aux membres qui la constituent. »[517].

250. Cependant, si le pacte constitutionnel fédératif ne peut logiquement appréhender ce processus d'autonomisation institutionnelle indispensable au parachèvement de la Fédération, il a, comme notre précédent propos l'indique, vocation à créer les conditions de son instauration et de son épanouissement à travers ses différents éléments constitutifs, lesquels doivent assurer un certain degré d'institutionnalisation de l'idée fédérale dont procède toute Fédération ; dès lors qu'il existe « un lien intrinsèque entre la forme institutionnelle (la Fédération comme fédéralisme réalisé) et l'idéal politique (fédéralisme comme idéal politique) »[518]. De fait, comme le souligne Olivier Beaud, « l'idée fédérale peut, selon les circonstances, réussir ou non et ne doit pas nécessairement se muer en une Fédération, en une institution. En revanche, dès qu'elle est institutionnalisée, l'idée fédérale ne disparaît pas subitement car elle marque forcément de son empreinte l'ordonnancement de l'institution. »[519].

251. Pour déterminer si les traités européens constituent un pacte constitutionnel fédératif propre à faire de l'UE une Fédération, il conviendra donc d'établir s'ils manifestent la libre volonté de ses Etats membres de s'unir durablement (**§ 1**), ainsi que celle de créer une union qui, bien que constituant une véritable unité politique, soit garante de leur propre existence (**§ 2**).

§ 1. Les traités européens et la manifestation de la volonté des Etats membres de s'unir durablement

252. Aux termes de nos développements relatifs aux éléments de définition du pacte constitutionnel fédératif, il apparaît que cette convention spéciale doit fédérer des entités politiques désireuses de s'unir de manière durable au sein d'une Fédération. Nous serons ainsi amenés à établir, en premier lieu, que, tout comme les constitutions fédératives de la Suisse et du Canada témoignent de l'adhésion des membres respectifs de ces deux Fédérations à leur établissement, le droit primaire européen actuel manifeste, dans le cadre du processus d'intégration favorisé par les traités de Rome, la volonté des Etats

[516] BEAUD O., *Théorie de la Fédération, op. cit.*, p. 174.
[517] *Ibid.*, pp. 174-175.
[518] *Ibid.*, p. 104.
[519] *Ibid.*

membres de s'unir au sein de l'UE (**A**). Nous constaterons, en second lieu, qu'à l'inverse des pactes constitutionnels fédératifs suisse et canadien, les traités européens font, eux, clairement état du caractère durable de l'Union qu'ils instituent (**B**).

A. L'affirmation de la libre convention des entités fédérées

253. Comme cela a été précédemment souligné, le pacte constitutionnel fédératif procède du libre consentement à l'association des membres fondateurs de la Fédération, lequel est étroitement lié au principe de confiance fédérative. En effet, « l'étymologie du mot de fédéralisme – le *fœdus* – aide en partie à comprendre l'idée politique du fédéralisme qui réside dans cet accord fondamental adopté par des entités politiques qui se font suffisamment confiance les unes envers les autres pour s'engager dans ce qu'on peut appeler l'aventure fédérale. »[520]. Après avoir déterminé comment cet accord de volontés fondamental est exprimé dans les constitutions fédératives de la Suisse et du Canada (1), nous mettrons en lumière sa présence dans les traités européens (2).

1. Les illustrations apportées par les constitutions fédératives suisse et canadienne

254. La constitution de la Confédération Suisse, telle qu'issue de sa dernière révision en date du 18 avril 1999[521], fait état tant de la libre volonté des cantons suisses de se coaliser au sein d'une Fédération, que du principe de confiance inhérent à ce type d'union. De fait, dans le préambule de la constitution fédérative suisse, « [l]e peuple et les cantons

---

[520] *Ibid.*, p. 116.

[521] Un dossier d'information relatif à la constitution suisse, émanant de l'Assemblée fédérale suisse, qui est le Parlement de la Confédération, indique que « [l]a Constitution fédérale actuelle repose sur la constitution du 12 septembre 1848, qui a fondé l'Etat fédéral suisse. [...] La constitution de 1848 a été révisée partiellement en 1866, avant de faire l'objet d'une révision totale entrée en vigueur le 29 mai 1874, qui a renforcé les compétences fédérales et les droits populaires, introduisant également le référendum à l'échelon fédéral. Dans les années 1990, la Constitution fédérale a été remaniée et mise à jour pour codifier le droit constitutionnel non écrit (résultant de la jurisprudence du Tribunal fédéral) et pour l'expurger des dispositions non constitutionnelles (par ex. l'interdiction de l'absinthe). Le 18 avril 1999, la révision totale a été acceptée par le peuple (59,2 %) et par les cantons (12 cantons et 2 demi-cantons sur les 20 cantons et 6 demi-cantons). Entrée en vigueur le 1er janvier 2000, la nouvelle constitution a remplacé l'ancienne constitution du 29 mai 1874 et codifié des droits fondamentaux dont il n'avait été précédemment fait état que dans des décisions du Tribunal fédéral et des ouvrages de droit. ». Ce dossier est disponible sur le site internet de l'Assemblée fédérale suisse à l'adresse suivante : https://www.parlament.ch/fr/%C3%BCber-das-parlament/fonctionnement-du-parlement/droit-parlementaire/constitution-federale.

suisses »[522] affirment être « résolus à renouveler leur alliance pour renforcer la liberté, la démocratie, l'indépendance et la paix dans un esprit de solidarité et d'ouverture au monde »[523] et « déterminés à vivre ensemble leurs diversités dans le respect de l'autre et l'équité »[524], avant d' « arrête[r] »[525] la constitution suisse. Le premier article de cet acte confirme du reste leur accord à l'établissement d'une Fédération en indiquant que le peuple et les cantons suisses, qu'il cite nommément, « forment la Confédération suisse »[526]. La constitution suisse manifeste au demeurant le principe de loyauté inhérent à tout pacte constitutionnel fédératif en disposant que « [l]a Confédération et les cantons s'entraident dans l'accomplissement de leurs tâches et collaborent entre eux. »[527].

255. La constitution du Canada, qui, avec l'Australie, présentent la « particularité de s'être constitués sous la forme fédérale alors qu'ils étaient encore des colonies de l'Empire britannique »[528], met également en exergue l'accord de volontés dont procède la Fédération canadienne. Elle le fait cependant de manière particulière étant donné, d'une part, qu'elle est constituée, pour partie[529], d'un ensemble complexe de lois constitutionnelles sanctionnées depuis le 19ème siècle par la Couronne britannique[530]. D'autre

---

522 1er alinéa du préambule de la constitution suisse, laquelle est consultable sur la plateforme en ligne de publication du droit fédéral suisse Fedlex, à l'adresse suivante : https://www.fedlex.admin.ch/eli/cc/1999/404/fr.

523 3ème alinéa du préambule de la constitution suisse.

524 4ème alinéa du préambule de la constitution suisse.

525 Le 7ème alinéa du préambule de la constitution suisse dispose que le peuple et les cantons suisses « arrêtent la Constitution que voici ».

526 Aux termes du 1er article de la constitution suisse « Le peuple suisse et les cantons de Zurich, de Berne, de Lucerne, d'Uri, de Schwyz, d'Obwald et de Nidwald, de Glaris, de Zoug, de Fribourg, de Soleure, de Bâle-Ville et de Bâle-Campagne, de Schaffhouse, d'Appenzell Rhodes-Extérieures et d'Appenzell Rhodes-Intérieures, de Saint-Gall, des Grisons, d'Argovie, de Thurgovie, du Tessin, de Vaud, du Valais, de Neuchâtel, de Genève et du Jura forment la Confédération suisse. ».

527 Article 44 de la constitution suisse.

528 BEAUD O., *Théorie de la Fédération, op. cit.*, p. 125.

529 La constitution du Canada comprend, outre un corpus particulièrement dense de lois à caractère constitutionnel, des éléments non écrits. Dans un article co-écrit avec le professeur Roland Marx, Maurice Ollivier, alors conseiller de la Reine, membre de la Société royale du Canada et conseiller juridique de la Chambre des communes du Canada, explique en effet qu' « [u]ne partie importante de la Constitution canadienne n'est pas écrite. Ainsi, par exemple, le principe du gouvernement responsable, en vertu duquel l'exécutif qui ne possède plus la confiance de la Chambre des députés doit offrir sa démission, n'est pas inscrit dans la Constitution. Il s'agit là de l'une de ces conventions constitutionnelles qui régissent la pratique du gouvernement canadien. », MARX R., OLLIVIER M., « L'Acte de l'Amérique du Nord britannique », *Encyclopædia Universalis* [en ligne], document pdf, p. 3, disponible à l'adresse suivante : https://www.universalis.fr/encyclopedie/acte-de-l-amerique-du-nord-britannique/.

530 Bien que la Fédération canadienne soit pleinement autonome du Royaume-Uni depuis l'adoption, par le Parlement britannique, du statut de Westminster en date du 11 décembre 1931 – lequel « a reconnu la souveraineté extérieure du Canada et son droit de légiférer sans

part, la majeure partie des dix provinces qui constituent actuellement le Canada, aux côtés des trois territoires qui en font également partie[531], s'est progressivement jointe à la Fédération après l'Acte fondateur de l'Amérique du Nord britannique de 1867, aujourd'hui dénommé loi constitutionnelle de 1867[532].

256. Ainsi, le 1er alinéa du préambule de la première loi constitutionnelle canadienne prend acte de ce que « les provinces du Canada, de la Nouvelle-Écosse et du Nouveau-Brunswick ont exprimé le désir de contracter une Union Fédérale pour ne former qu'une seule et même Puissance (*Dominion*) sous la couronne du Royaume-Uni de la Grande-Bretagne et d'Irlande, avec une constitution reposant sur les mêmes principes que celle du Royaume-

entraves » (MARX R., OLLIVIER M., « L'Acte de l'Amérique du Nord britannique », *op. cit.*) – sa forme de gouvernement reste celle d'une monarchie constitutionnelle rattachée à la Couronne britannique, ce qui induit que l'adoption de ses lois est subordonnée à la sanction royale. Cette dernière constitue « l'approbation par le souverain d'un projet de loi adopté dans une forme identique par les deux Chambres du Parlement. C'est le processus à l'issue duquel un projet de loi devient une loi du Parlement et une partie intégrante des lois du Canada. Au Canada, la sanction royale est accordée par le gouverneur général ou un de ses suppléants (un juge de la Cour suprême du Canada ou un haut fonctionnaire tel le secrétaire du gouverneur général). » (note de procédure n°6 du Sénat canadien, disponible sur le site internet de cette institution à l'adresse suivante :
https://sencanada.ca/fr/a-propos/references-procedures/notes/n6/).

[531] Le Canada compte, outre ses dix provinces que sont l'Ontario, le Québec, la Nouvelle-Écosse, le Nouveau-Brunswick, le Manitoba, la Colombie-Britannique, l'Ile-du-Prince-Édouard, l'Alberta, la Saskatchewan et Terre-Neuve-et-Labrador, trois territoires, le Yukon, les Territoires du Nord-Ouest et le Nunavut, hérités de l'Empire britannique. L'article unique du décret en conseil portant adhésion à l'Union de tous les territoires et possessions britanniques, îles voisines comprises, d'Amérique du Nord en date du 31 juillet 1880 dispose en effet que « le reste des territoires et possessions britanniques d'Amérique du Nord, îles voisines comprises, est, à l'exception de la colonie de Terre-Neuve et de ses dépendances, rattaché au dominion du Canada et assujetti à celles des lois alors en vigueur dans le dominion qui lui sont applicables. ». Ses territoires jouissent d'une représentation au Sénat et à la chambre des communes canadiens, en vertu du premier article de la loi constitutionnelle du 25 juin 1886, mais ne bénéficient pas de l'autonomie constitutionnellement garantie aux provinces. Notons, en outre, dès à présent que la traduction française de tous les textes constitutionnels canadiens, autres que les lois constitutionnelles de 1867 et 1982, que nous citons, est issue du « rapport définitif du comité de rédaction constitutionnelle française chargé d'établir, à l'intention du ministre de la Justice du Canada, un projet de version française officielle de certains textes constitutionnels », conformément à l'article 55 de la loi constitutionnelle de 1982. Il y a lieu de souligner que les travaux de ce comité, disponibles sur le site internet du ministère de la justice du Canada (https://www.justice.gc.ca/fra/pr-rp/sjc-csj/constitution/loireg-lawreg/index.html) n'ont pas encore permis d'aboutir à la version française officielle des textes constitutionnels canadiens mentionnés par l'article 55 de la loi constitutionnelle de 1982, bien que ce dernier charge le ministre de la justice du Canada de la rédiger « dans les meilleurs délais ».

[532] Cette loi, adoptée par le Parlement britannique le 29 mars 1867, crée la Fédération canadienne. La loi constitutionnelle canadienne de 1982, entrée en vigueur le 17 avril 1982, rebaptise l'Acte de l'Amérique du Nord britannique de 1867 « loi constitutionnelle de 1867 ».

Uni »[533]. Ce désir de « contracter une Union Fédérale » émanant des trois provinces canadiennes[534] est concrétisé par le 1er article de la loi constitutionnelle de 1867, aux termes duquel, « [i]l sera loisible à la Reine, de l'avis du Très-Honorable Conseil Privé de Sa Majesté, de déclarer par proclamation qu'à compter du jour y désigné, [...] les provinces du Canada, de la Nouvelle-Écosse et du Nouveau-Brunswick ne formeront qu'une seule et même Puissance sous le nom de Canada; et dès ce jour, ces trois provinces ne formeront, en conséquence, qu'une seule et même Puissance sous ce nom. » ; le *Dominion* du Canada étant lui-même « divisé en quatre provinces, dénommées Ontario, Québec, Nouvelle-Écosse et Nouveau-Brunswick. »[535].

257. En outre, il résultait clairement des dispositions de l'article 146 de la loi constitutionnelle de 1867 que l'éventuel rattachement d'autres colonies ou territoires britanniques de l'Amérique du Nord à la Fédération canadienne devait être réalisé sur une base consensuelle. En effet, d'une part, l'admission, par la Couronne britannique, de nouvelles colonies ou provinces dans la Fédération canadienne était subordonnée à des demandes expresses émanant tant des autorités fédérales que de celles des entités concernées. D'autre part, l'admission au sein de la Fédération canadienne de certains territoires ne répondant pas à la qualification de colonies ou de provinces, bien que détenus par l'Empire britannique, ne pouvait être unilatéralement décrétée par la Reine mais devait également procéder d'une démarche volontaire des autorités fédérales du Canada.

258. L'article 146 de la loi constitutionnelle de 1867 prévoit de fait qu' « [i]l sera loisible à la Reine, de l'avis du très-honorable Conseil Privé de Sa Majesté, sur la présentation d'adresses de la part des chambres du Parlement du Canada, et des chambres des législatures respectives des colonies ou provinces de Terre[-]neuve, de l'Île du Prince Édouard et de la Colombie Britannique, d'admettre ces colonies ou provinces, ou aucune d'elles dans l'union — et, sur la présentation d'adresses de la part des chambres du parlement du Canada, d'admettre la Terre de Rupert et le Territoire du Nord-Ouest, ou l'une ou l'autre de ces possessions, dans l'union, aux termes et conditions, dans chaque cas, qui seront exprimés dans les

---

[533] Les dispositions des lois constitutionnelles de 1867 et 1982 citées en français dans nos développements sont issues d'un document de codification administrative émanant du ministère de la justice canadien, disponible sur le site internet de cette institution, à l'adresse suivante : https://laws-lois.justice.gc.ca/fra/Const/. Ce document de codification ne constitue pas une traduction officielle des lois constitutionnelles de 1867 et 1982 mais il y a lieu de noter que, selon l'article 55 de la dernière d'entre elles, le ministère de la justice du Canada est chargé de la rédaction de la version française de vingt-quatre textes constitutionnels, dont les deux lois évoquées font partie.

[534] Il était, en fait, question de quatre provinces ; les provinces du Canada étant composées du Haut-Canada et du Bas-Canada, qui sont respectivement devenus la province d'Ontario et celle de Québec, en vertu de l'article 6 de la loi constitutionnelle de 1867.

[535] Article 5 de la loi constitutionnelle de 1867.

adresses et que la Reine jugera convenable d'approuver, conformément à la présente ».

259. Le consentement à l'union fédérale des six provinces du Canada qui n'étaient pas parties au pacte fondateur de 1867, que sont le Manitoba, la Colombie-Britannique, l'Ile-du-Prince-Édouard, l'Alberta, la Saskatchewan et Terre-Neuve-et-Labrador, est donc manifesté de façon différente dans les textes constitutionnels pertinents en raison de la diversité de leur statut respectif au moment de leur association à la Fédération canadienne. Ainsi, tandis que la loi du 12 mai 1870 sur le Manitoba fait état de « l'adhésion de la terre de Rupert et du Territoire du Nord-Ouest à l'Union, ou dominion du Canada »[536] – territoires dont faisait alors partie celui correspondant au Manitoba – pour justifier la création et la jonction à l'union fédérale canadienne de la province du même nom[537], le décret relatif aux conditions de l'adhésion de la Colombie-Britannique, en date du 16 mai 1871, manifeste l'accord intervenu sur cette question entre les autorités déjà constituées de cette province et celles de la fédération canadienne. Le deuxième attendu du texte évoqué souligne en effet que « les chambres du Parlement du Canada et le Conseil législatif de la Colombie-Britannique ont, par les adresses qui figurent à l'annexe du présent décret, demandé à la Reine de bien vouloir, sur l'avis du très honorable Conseil privé de Sa Majesté et conformément à l'article 146 de la même loi, accepter cette adhésion, aux conditions énoncées dans les adresses »[538].

---

[536] Premier attendu de la loi du 12 mai 1870 sur le Manitoba, dénommée antérieurement à la loi constitutionnelle de 1982 « Loi modifiant et prorogeant la loi 32-33 Victoria, chapitre 3, et concernant l'organisation du gouvernement du Manitoba, 1870, 33 Vict., ch. 3 (Canada) ».

[537] Le premier article de la loi du 12 mai 1870 sur le Manitoba dispose en effet qu'«[à] la date fixée par la Reine, sur l'avis et avec le consentement du très honorable Conseil privé de Sa Majesté, conformément à l'article 146 de la Loi de 1867 sur l'Amérique du Nord britannique et par décret en conseil pris à cet effet, pour l'adhésion de la terre de Rupert et du Territoire du Nord-Ouest à l'Union, ou dominion du Canada, est constituée en province du dominion, sous la dénomination de province du Manitoba, la partie de ces territoires délimitée par un polygone aux sommets formés des intersections suivantes : méridien de quatre-vingt-seize degrés de longitude ouest par rapport à Greenwich -- parallèle de quarante-neuf degrés de latitude nord; ce dernier parallèle (frontière partielle entre les États-Unis d'Amérique et le Territoire du Nord-Ouest) -- méridien de quatre-vingt-dix-neuf degrés de longitude ouest; ce dernier méridien -- parallèle de cinquante degrés trente minutes de latitude nord; ce dernier parallèle -- le méridien déjà mentionné de quatre-vingt-seize degrés de longitude ouest. ».

[538] L'adresse du Conseil législatif de la Colombie-Britannique à la Reine du Royaume-Uni est très éclairante sur ce point. Ses quatre premiers paragraphes fournissent effectivement de précieux éléments d'analyse dans les termes suivants :
« Nous, membres du Conseil législatif de la Colombie-Britannique réunis en conseil, fidèles et loyaux sujets de Votre Majesté, avons l'honneur de Lui faire valoir ce qui suit :
Au cours de la dernière session de la précédente législature du Conseil législatif, il a été question de l'adhésion à l'Union, ou dominion du Canada, de la colonie de la Colombie-Britannique et une résolution, assortie des conditions envisagées pour l'adhésion, a été adoptée à cet égard.

260. En outre, si l'adhésion de l'Ile-du-Prince-Edouard est réalisée, par un décret du 26 juin 1873, de façon identique à celle de la Colombie-Britannique, la loi sur l'Alberta du 20 juillet 1905, institue cette nouvelle province, eu égard au pouvoir reconnu au Parlement canadien, en vertu du deuxième article de la loi constitutionnelle du 29 juin 1871[539], de « créer des provinces dans les territoires du dominion du Canada non compris dans les provinces existantes et, lors de leur création, prendre des mesures relatives à leur représentation en son sein, à leur constitution, à leur administration et à l'adoption de lois pour la paix et l'ordre dans leurs limites ainsi que pour leur bon gouvernement »[540]. La loi sur l'Alberta du 20 juillet 1905 assimile au demeurant la situation de la province qu'elle crée à celles des provinces fondatrices par une véritable fiction juridique qui semble emporter une sorte de présomption d'adhésion des autorités à venir de l'Alberta à l'Union fédérale. De fait, l'article 3 de cette loi dispose que « *[l]es Lois de 1867 à 1886 sur l'Amérique du Nord britannique,* sauf celles de leurs dispositions qui, expressément ou par interprétation raisonnable, ne visent que certaines provinces du dominion et sous réserve des autres dispositions de la présente loi, *s'appliquent à l'Alberta tout comme si elle avait fait partie des provinces originelles de l'Union*[541]. ».

261. Enfin, alors que la loi sur le Saskatchewan, qui date également du 20 juillet 1905, joint cette province à la Fédération canadienne suivant le même mode opératoire que celui employé pour l'Alberta – lequel ne peut qu'interroger sur la réalité de la libre convention des deux provinces concernées – il ressort clairement de la loi sur Terre-Neuve du 23 mars 1949 que l'association de cette province[542] à la Fédération canadienne procède d'un réel accord entre les autorités fédérales du Canada et celles de Terre-Neuve ; le principe de l'adhésion de cette province à la Fédération ayant, qui plus est, été préalablement approuvé par le peuple concerné. De fait, le premier attendu de la loi du 23 mars 1949 indique que « le peuple de Terre-Neuve a par référendum, à la majorité des voix, manifesté la volonté d'adhérer à la Fédération canadienne », tandis que le deuxième souligne que « l'accord sur les conditions de l'adhésion, qui figure à l'annexe de la présente loi, a été approuvé par le Parlement du Canada et le gouvernement de Terre-Neuve ».

À l'issue de la session, le gouvernement de la colonie a envoyé au Canada des délégués chargés d'étudier ces conditions avec le gouvernement du dominion.
Après de longues discussions entre les délégués et le gouvernement du dominion, un comité du Conseil privé du Canada a adopté les conditions énoncées ci-après et les a soumises à l'approbation du gouverneur général. ».

[539] Il est à noter que l'article 3 de cette loi protège dans le même temps l'autonomie constitutionnelle des provinces déjà existantes du Canada en subordonnant toute modification de leur territoire au consentement de leur législature respective.

[540] 1er attendu de la loi sur l'Alberta du 20 juillet 1905.

[541] Mis en italique par nous.

[542] Cette province est dénommée « Terre-Neuve-et-Labrador » depuis une modification de la Constitution du Canada en date du 6 décembre 2001, faite conformément à l'article 43 de la loi constitutionnelle de 1982.

262. Ainsi, au terme de cette modeste analyse des textes constitutionnels canadiens, il est possible de considérer que la Constitution canadienne, dans son ensemble original, et malgré sa nature particulière, fait état du principe de la libre convention inhérent à tout pacte constitutionnel fédératif[543]. C'est, du reste, ce que tend à indiquer un jugement en date du 20 août 1998 de la Cour Suprême du Canada inhérent au renvoi relatif à la sécession du Québec, qui souligne que « [l]a Confédération [canadienne] résulte d'une initiative de représentants élus des habitants des diverses colonies établies sur une partie du territoire du Canada. Elle ne résulte pas d'un *fiat* impérial »[544]. Nous aurons cependant l'occasion de remarquer que les traces de la libre convention entre les Etats membres de l'Union sont, fort logiquement, nettement plus explicites dans les traités européens et que, contrairement à la Constitution canadienne, ils font écho au principe de loyauté fédérative – auquel la libre convention est étroitement liée – qui a déjà été constaté dans la constitution suisse.

2. L'affirmation très nette de la libre convention dans les traités européens

263. A la suite des traités de Rome et de Maastricht, le traité de Lisbonne manifeste clairement le libre consentement de ses signataires à l'établissement de l'Union. De fait, le préambule du traité UE souligne avec emphase leur résolution « à franchir une nouvelle étape dans le processus d'intégration européenne engagé par la création des Communautés européennes »[545], lequel tend concrètement à l'instauration d'une « union sans cesse plus étroite entre les peuples de l'Europe »[546]. Le même préambule indique au demeurant que les Etats signataires « ONT DÉCIDÉ d'instituer une Union européenne »[547], à cet effet. Enfin, le premier article du traité UE confirme solennellement cette libre volonté d'association conventionnelle en stipulant que, « [p]ar le présent traité, les HAUTES PARTIES CONTRACTANTES instituent entre elles une UNION EUROPÉENNE, ci-après dénommée "Union", à laquelle les États

---

[543] Le juriste canadien Maurice Ollivier souligne, à cet égard, dans une analyse qui se limite cependant à la loi constitutionnelle de 1867, que « [r]igoureusement parlant, il est impossible de dire que l'Acte de l'Amérique du Nord britannique est un pacte, puisqu'il s'agit d'une loi adoptée par le Parlement de Westminster dont la souveraineté est entière. Par ailleurs, cet acte ne saurait actuellement être modifié sans le consentement du Canada, et il reste basé sur une entente intervenue entre les diverses colonies de 1867. Il importe de rappeler ici que les résolutions de Québec et de Londres constituaient un compromis, et la Constitution canadienne est, à quelques changements près, une réédition de ce compromis. », (MARX R., OLLIVIER M., « L'Acte de l'Amérique du Nord britannique », *op cit.*, p. 2).

[544] Point 35 du jugement de la Cour suprême du Canada du 20 août 1998, [1998] 2 RCS 217, disponible sur le site internet de l'institution (https://scc-csc.lexum.com/scc-csc/scc-csc/fr/item/1643/index.do).

[545] 1er alinéa du préambule du traité UE.

[546] 13ème alinéa du préambule du traité UE.

[547] 15ème alinéa du préambule du traité UE.

membres attribuent des compétences pour atteindre leurs objectifs communs. ».

264. L'on peut ainsi convenir, avec le professeur Edouard Dubout, que « l'acte fondateur de l'Union demeure, comme dans une fédération, de nature conventionnelle, sur une « base consensuelle ». Il s'agit d'un acte « contractuel » librement et égalitairement consenti par les membres, en la forme d'une alliance ou d'un pacte, conformément à l'étymologie du mot latin *foedus*. »[548]. L'affirmation du professeur Paul Magnette, selon laquelle « [l]e « pouvoir constituant » appartient dans l'Union européenne aux Etats »[549], qui, « [s]ous l'appellation de « Hautes parties contractantes », [...] écrivent et révisent les traités qui définissent les objectifs et les modalités de leurs coopérations »[550], semble, à cet égard, pertinente.

265. Au demeurant, le principe de confiance ou loyauté fédérative, qui est – comme nous avons pu le constater à maintes reprises – intrinsèquement lié au libre consentement dont procède tout pacte constitutionnel fédératif, est présent dans les toutes premières dispositions du traité UE. De fait, l'article 4, paragraphe 3, de ce traité prévoit qu' « [e]n vertu du principe de coopération loyale, l'Union et les États membres se respectent et s'assistent mutuellement dans l'accomplissement des missions découlant des traités. » ; ce qui est indubitablement de nature à renforcer l'affirmation du caractère volontaire de l'association des Etats membres à l'Union.

266. Edouard Dubout souligne d'ailleurs très justement à ce sujet qu'il est possible de voir dans le principe de coopération loyale propre à l'Union « le reflet du principe de « bonne foi fédérale » ou « *full faith* », inhérent au fédéralisme. Désormais expressément consacré par le traité de Lisbonne à l'alinéa premier de l'article 4, paragraphe 3, TUE, le principe de coopération loyale est employé dans des usages et configurations multiples. Mieux qu'aucun autre, il incarne la nature essentiellement « coopérative » du fédéralisme européen. »[551].

267. De fait, selon le professeur Marc Blanquet, « [l]a régulation de l'exercice des compétences réalisée par ce principe consiste, sans que soit jamais remise en cause la possession d'une compétence, à obliger tel ou tel partenaire du « lien communautaire » à utiliser une de ses compétences dans l'intérêt commun ou à ne pas pouvoir l'utiliser dans la mesure où serait mis en péril l'intérêt commun. »[552].

268. Les traités européens traduisent donc de façon très nette le libre accord de volontés, supposant une réelle confiance mutuelle entre les entités fédérées, propre au pacte constitutionnel fédératif. Il est tout aussi clair en ce qui

---

548 DUBOUT E., *Droit constitutionnel de l'Union européenne*, *op. cit.*, p. 74.
549 MAGNETTE P., (Ed.), *La constitution de l'Europe*, *op. cit.*, p. 11.
550 *Ibid.*
551 DUBOUT E., *Droit constitutionnel de l'Union européenne*, *op. cit.*, p. 100.
552 BLANQUET M., *Droit général de l'Union européenne*, *op. cit.*, p. 129.

concerne le caractère durable de l'Union européenne, alors que les constitutions suisse et canadienne sont muettes sur ce sujet.

B. Le caractère durable de l'Union dans les traités européens

269. Si, en l'absence de dispositions constitutionnelles explicites sur le caractère durable des Fédérations suisse et canadienne, ce critère caractéristique de l'institution fédérative, – et, à ce titre, essentiel à la définition du pacte constitutionnel fédératif – semble pouvoir être logiquement déduit de ce que ni la Constitution de la Suisse ni les textes constitutionnels du Canada n'assignent de durée de vie à la Fédération qu'ils instituent, les traités européens, quant à eux, ont, depuis l'institution de la CEE, le mérite d'être très clairs sur la vocation à la perpétuité de l'Union entre les Etats membres, qu'ils ont d'abord envisagée, puis instituée.

270. Le premier alinéa du traité CEE indiquait de fait que la création de ce qui n'était encore « que » la Communauté économique européenne tendait « à établir les fondements d'une union sans cesse plus étroite entre les peuples européens ». La vocation de la CEE à poser les jalons de cette « union sans cesse plus étroite » était de plus traduite concrètement par l'article 240 du traité CEE qui consacrait sa durée illimitée, tout comme l'article 208 du traité CEEA affirmait celle de ce dernier instrument. Le professeur Pierre Pescatore considérait ainsi déjà, au milieu des années soixante-dix, que ces deux traités initiaient « un mouvement irréversible de l'Europe vers son unification économique et politique »[553].

271. Le traité de Lisbonne confirme au demeurant la vocation à la perpétuité d'une Union européenne désormais clairement instituée par ses soins, en lieu et place de la Communauté européenne[554], tout en maintenant la prétention de ses Etats membres « à poursuivre le processus créant une union sans cesse plus étroite entre les peuples de l'Europe »[555]. Il affirme, en tout état de cause, le caractère illimité du traité UE[556], ainsi que celui du traité FUE[557].

272. Les traités européens consacrent donc clairement le caractère durable de l'Union entre Etats qu'ils ont instituée. Cet état de fait n'est, en outre, pas affecté par la reconnaissance explicite d'un droit de retrait, au profit des Etats membres de l'UE, par le traité de Lisbonne. En effet, comme cela résulte de

---

553 PESCATORE P., *L'ordre juridique des Communautés européennes. Etude des sources du droit communautaire*, Bruxelles, Bruylant, « Droit de l'Union européenne », 2006, (réimpression de l'ouvrage publié aux Presses universitaires de Liège en 1975), p. 48.

554 En vertu de l'article 1, paragraphe 3, du traité UE, « [l]'Union se substitue et succède à la Communauté européenne. ». Elle est de plus dotée de la personnalité juridique par l'article 47 du même traité.

555 13ème alinéa du préambule du traité UE.

556 Article 53 du traité UE.

557 Article 356 du traité FUE.

nos développements relatifs au critère de durabilité dans le pacte constitutionnel fédératif, si la possibilité de faire sécession pour un Etat membre d'une Fédération peut, de prime abord, sembler contraire à l'exigence de durée propre à ce type d'institution, elle doit être appréhendée comme le pendant du principe de la libre convention. Ce principe fondateur du pacte constitutionnel fédératif implique effectivement que, si la Fédération repose sur le libre consentement de ses membres à son établissement, elle ne saurait retenir en son sein ceux d'entre eux qui ne souhaiteraient plus poursuivre « l'aventure fédérale »[558].

273. La possibilité, pour le membre d'une Fédération, de s'en retirer tient par ailleurs au fait que ce type d'Union coalise des Etats qui entendent conserver pleinement leur existence politique, et donc une totale autonomie, voire une certaine forme de souveraineté. Or, cette circonstance induit que tout membre d'une Fédération puisse être libre de la quitter, s'il le souhaite. Le professeur Claude Blumann explique très justement à ce sujet que « les Etats membres d'une fédération conservent non seulement leur personnalité juridique internationale, mais aussi le droit d'autodisposition. S'ils avaient perdu ce droit, ils ne seraient plus indépendants et l'on entrerait dans une autre configuration juridique que la fédération. Point besoin d'affirmer ce droit de retrait puisqu'il découle de la nature même de cette forme de groupement étatique. »[559].

274. Dès lors, le fait que « [t]out État membre peut décider, conformément à ses règles constitutionnelles, de se retirer de l'Union », en vertu de l'article 50, paragraphe 1, du traité UE, correspond à la logique paradoxale qui préside à la formation de toute Fédération. Le professeur Claude Blumann considère ainsi que la consécration du droit de retrait des Etats membres de l'Union par l'article 50 du traité vient conforter la thèse selon laquelle cette dernière serait une Fédération. Il affirme en effet que « le droit de retrait prévu dans le traité de Lisbonne contribue à mieux cerner la nature juridique de l'Union européenne et ce non pas dans le sens d'un retour vers une simple organisation internationale classique. Le droit de retrait s'insère dans la théorie de la fédération qu'il vient au demeurant compléter. L'Union européenne constitue en définitive une forme moderne de fédération [...] »[560].

275. Il faut cependant préciser avec le professeur Edouard Dubout que si, dans l'arrêt *Wightman e.a.*[561] du 18 décembre 2018, « la Cour de justice a estimé que la décision de se retirer était l'expression d'un « choix souverain » de l'État et que le caractère volontaire du retrait impliquait la révocabilité du

---

[558] BEAUD O., *Théorie de la Fédération*, *op. cit.*, p. 116.

[559] BLUMANN C., « L'apport du droit de retrait à la qualification juridique de l'Union », in Centre de recherche sur l'Union européenne (Ed.), *L'Union européenne - Union de droit, union des droits. Mélanges en l'honneur du Professeur Philippe Manin*, Paris, Pedone, 2010, p. 68.

[560] *Ibid.*

[561] Cour de justice, arrêt du 10 décembre 2018, *Wightman e.a.*, aff. C-621/18, ECLI:EU:C:2018:999.

choix de se retirer, elle a ajouté que l'article 50 TUE poursuivait également l'objectif d'assurer un retrait « ordonné », ce qui signifie que l'État membre ne saurait en avoir l'entière maîtrise »[562]. L'on soulignera du reste que cette position de la Cour de justice se justifie par le fait que « la question du choix de se retirer est également une question de droit constitutionnel européen et non uniquement de droit constitutionnel interne, notamment en ce que le retrait « est de nature à affecter de manière considérable les droits de tous les citoyens de l'Union »[563] »[564], compte tenu de l'imbrication des différents ordres juridiques en présence que le fait d'appartenir à l'UE, comme celui d'être membre d'une Fédération, induit.

276. Cette considération introduit au demeurant celle qui est relative à la nécessaire prévision, par le pacte constitutionnel fédératif, d'une clause assurant une réelle homogénéité politique entre les Etats membres, afin, justement, de limiter au mieux les risques de retrait de la Fédération liés à des conflits tenant à des divergences fondamentales dans la forme de gouvernement des Etats membres ; la prégnance de tels risques au sein d'une Fédération étant clairement de nature à faire douter de sa viabilité, et, par là même, de sa durabilité.

277. Ainsi, bien qu'ils ne comportent pas de clause d'homogénéité républicaine comparable à celle prévue par la Constitution des Etats-Unis d'Amérique[565], les traités européens se prémunissent concrètement contre les risques évoqués à travers l'affirmation des valeurs de l'Union par l'article 2 du traité UE. Ce dernier dispose en effet que : « L'Union est fondée sur les valeurs de respect de la dignité humaine, de liberté, de démocratie, d'égalité, de l'État de droit, ainsi que de respect des droits de l'homme, y compris des droits des personnes appartenant à des minorités. Ces valeurs sont communes aux États membres dans une société caractérisée par le pluralisme, la non-discrimination, la tolérance, la justice, la solidarité et l'égalité entre les femmes et les hommes. ». L'effet de cette clause d'homogénéité politique européenne est assurée par le fait que « le respect des valeurs communes aux États membres et l'engagement de les promouvoir forment une condition d'admission des États qui souhaitent se joindre à l'union européenne[566], tandis

[562] DUBOUT E., *Droit constitutionnel de l'Union européenne*, *op. cit.*, pp. 177-178.

[563] Cour de justice, arrêt du 10 décembre 2018, *Wightman e.a.*, aff. C-621/18, ECLI:EU:C:2018:999, point 64.

[564] DUBOUT E., *Droit constitutionnel de l'Union européenne*, *op. cit.*, p. 177.

[565] Aux termes de l'article IV, section 4, de la constitution américaine, « [l]es États-Unis garantiront à chaque État de l'Union une forme républicaine de gouvernement ».

[566] Cela résulte de l'article 49, 1er alinéa, du traité UE, qui dispose que : « Tout État européen qui respecte les valeurs visées à l'article 2 et s'engage à les promouvoir peut demander à devenir membre de l'Union. Le Parlement européen et les parlements nationaux sont informés de cette demande. L'État demandeur adresse sa demande au Conseil, lequel se prononce à l'unanimité après avoir consulté la Commission et après approbation du Parlement européen qui se prononce à la majorité des membres qui le composent. Les critères d'éligibilité approuvés par le Conseil européen sont pris en compte. ».

que le constat d'une « violation grave et persistante » par un des États membres de ces mêmes valeurs peut conduire l'union à décider de suspendre certains des droits de cet État[567]. »[568]. Les valeurs de l'UE « ne doivent donc pas seulement être respectées par les institutions de l'union et par les États membres lorsqu'ils mettent en œuvre le droit de l'union, mais plus largement par l'union et les États dans toutes leurs politiques. Il était donc logique de placer cette disposition au tout début du traité, juste après l'article premier qui institue l'union. »[569].

278. Pour conclure le présent propos, l'on soulignera rapidement qu'à défaut d'affirmer le caractère durable des Fédérations suisse et canadienne, leurs constitutions fédératives en assurent respectivement la viabilité et, partant, dans une certaine mesure, la durabilité. En effet, la constitution suisse prévoit une clause d'homogénéité républicaine encore plus explicite que celle des Etats-Unis d'Amérique en disposant que : « 1[.] Chaque canton se dote d'une constitution démocratique. Celle-ci doit avoir été acceptée par le peuple et doit pouvoir être révisée si la majorité du corps électoral le demande. 2[.] Les constitutions cantonales doivent être garanties par la Confédération. Cette garantie est accordée si elles ne sont pas contraires au droit fédéral. »[570]. Le pacte constitutionnel fédératif canadien assure, quant à lui, moins efficacement, mais véritablement, l'homogénéité politique des provinces en les dotant d' « une constitution reposant sur les mêmes principes que celle du Royaume-Uni »[571].

279. A travers leurs dispositions, les traités européens garantissent donc très concrètement le caractère durable de l'Union non seulement en le consacrant expressément mais également en assurant la viabilité de cette

---

567 De fait, selon l'article 7, paragraphes 2 et 3, du traité UE, « 2. Le Conseil européen, statuant à l'unanimité sur proposition d'un tiers des États membres ou de la Commission européenne et après approbation du Parlement européen, peut constater l'existence d'une violation grave et persistante par un État membre des valeurs visées à l'article 2, après avoir invité cet État membre à présenter toute observation en la matière.

3. Lorsque la constatation visée au paragraphe 2 a été faite, le Conseil, statuant à la majorité qualifiée, peut décider de suspendre certains des droits découlant de l'application des traités à l'État membre en question, y compris les droits de vote du représentant du gouvernement de cet État membre au sein du Conseil. Ce faisant, le Conseil tient compte des conséquences éventuelles d'une telle suspension sur les droits et obligations des personnes physiques et morales. Les obligations qui incombent à l'État membre en question au titre des traités restent en tout état de cause contraignantes pour cet État. ».

568 BAILLEUX A., DUMONT H., *Le pacte constitutionnel européen – Fondements du droit institutionnel de l'Union*, *op. cit.*, p. 395.

569 *Ibid.*, pp. 395-396.

570 Article 51 de la constitution suisse.

571 Le premier alinéa du préambule de la loi constitutionnelle de 1867 indique en effet que « les provinces du Canada, de la Nouvelle-Ecosse et du Nouveau-Brunswick ont exprimé le désir de contracter une Union Fédérale pour ne former qu'une seule et même Puissance (*Dominion*) sous la couronne du Royaume-Uni de la Grande-Bretagne et d'Irlande, avec une constitution reposant sur les mêmes principes que celle du Royaume-Uni ».

dernière, au moyen de l'affirmation et de la protection de ses valeurs. Ils instaurent tout aussi bien, à l'instar des constitutions fédératives suisse et canadienne, une véritable coexistence politique entre l'Union et ses membres.

§ 2. Les traités européens et la manifestation de la volonté des Etats membres de créer une véritable union politique garante de leur existence

280. La Fédération est une union d'Etats spécifique en ce qu'elle constitue à la fois une véritable unité politique résultant de l'institutionnalisation du projet fédératif de ses membres et le moyen, pour ces derniers, de garantir, de manière effective, leur existence politique. Elle assure de ce fait la coexistence politique de deux espèces différentes de puissance publique, celle de l'instance fédérale, que le pacte constitutionnel fédératif est chargé d'instituer, et celle des Etats membres, qu'il tend à conserver. Conformément à ce type de pacte, les traités européens, tout comme les constitutions fédératives suisse et canadienne, instaurent cette dualité de l'existence politique inhérente à toute Fédération (**A**). De même, à l'instar des constitutions fédératives suisse et canadienne, les traités européens font état des fins politiques propres à la Fédération, lesquelles servent le but ultime de la conservation politique des membres fédérés (**B**).

A. La coexistence politique de l'Union et des Etats membres dans les traités européens

281. Les traités européens assurent la coexistence politique propre à tout ensemble fédératif, de façon comparable aux constitutions fédératives suisse et canadienne, et ce, en instituant l'unité politique qu'est l'UE (1), tout en garantissant l'existence des Etats membres qui l'ont fondée (2).

1. L'existence politique de l'institution fédérale

282. Comme cela est souligné par le professeur Olivier Beaud, « [l]'institution fédérale [...,] ce Tiers aux parties contractantes (les États fédérés) [...,] constitue l'un des objets les plus importants du pacte fédératif. »[572]. La réalité de l'existence politique de la fédération, ainsi que sa différenciation d'avec ses Etats fondateurs, – qui manifestent toutes deux le caractère d'unité politique de la Fédération – doivent donc être garanties par le pacte constitutionnel fédératif. Comme précédemment indiqué, cette garantie se manifeste par la définition, au profit de la fédération, d'organes, de compétences et de mécanismes de fonctionnement propres à assurer son

[572] BEAUD O., *Théorie de la Fédération*, *op. cit.*, pp. 155-156.

indépendance, ou son « autonomie (organique et fonctionnelle) vis-à-vis des instances fédérées. »[573]. Nous ferons ainsi état de la façon dont l'objet essentiel du pacte constitutionnel fédératif, qu'est l'institution concrète de la fédération – à travers ses organes, compétences et mécanismes de fonctionnement –, est assuré par les constitutions fédératives suisse et canadienne (a), avant d'établir que les traités européens garantissent réellement l'existence politique de l'Union européenne, en tant qu'entité fédérale (b).

a) Les illustrations apportées par les constitutions fédératives suisse et canadienne

283. La constitution fédérative suisse crée incontestablement une entité politique fédérale distincte des organes de pouvoir des membres fédérés qui sont à l'origine de son institution (i). Il en est de même pour celle de la Fédération du Canada, nonobstant la complexité qu'elle doit à son ancrage historique dans le droit britannique et au système de *common law*[574] qui le caractérise (ii).

i. L'institution de la fédération par la constitution fédérative suisse

284. En premier lieu, le Titre 5 de la constitution suisse – dédié aux autorités fédérales – institue des organes de pouvoir fédératifs clairement distincts de ceux des cantons suisses en créant une Assemblée fédérale, un Conseil Fédéral et un Tribunal Fédéral dotés d'une réelle épaisseur politique. De fait, héritière de l'organe originel typique de toute Fédération qu'est, selon le professeur Olivier Beaud, la Diète fédérale[575], l'Assemblée fédérale suisse,

---

[573] *Ibid.*, p. 185.

[574] De fait, selon Antoine-Jean Bullier, ce terme « signifie l'ensemble des décisions des cours de justice, ce que nous appelons jurisprudence par rapport aux textes de lois et aux règlements. Les juristes anglophones parleront du domaine de la *common law* pour l'opposer à celui de la *statute law*. Mais le terme a encore d'autre sens : il peut signifier le domaine du droit qui se démarque de l'*equity* et du législatif. Le terme, enfin, peut équivaloir aux systèmes de droit des pays anglophones par rapport aux traditions romano-civilistes. » (BULLIER A-J., *La common law*, Paris, Dalloz, 4ème éd., 2016, p. 14). Pour ce qui est de la matière constitutionnelle, il explique notamment que « [l]es États de *common law* se caractérisent par des constitutions qui sont à l'origine des lois votées par le Parlement de Westminster, sauf les constitutions américaine et irlandaise avant les indépendances post Seconde Guerre mondiale. Les États anglophones ont hérité de la tradition constitutionnelle du Royaume-Uni [...]. La Constitution britannique est un ensemble de lois, d'arrêts, de principes et de pratiques (conventions) qui se sont développés au cours des siècles. Il n'y a pas de document unique c'est pourquoi on l'appelle non écrite. » (*ibid.*, pp. 45-46).

[575] Le professeur Olivier Beaud présente en effet « la Diète fédérale [...] comme l'organe politique typique d'une Fédération, assemblée composée de représentants des États membres et exerçant les fonctions d'instance de décision. Parce qu'elle est issue d'un groupement d'États, la fédération est dotée d'une structure institutionnelle qui reflète cette origine en ce

composée d'un Conseil national assurant la représentation du peuple suisse[576] et d'un Conseil des États garantissant celle des cantons[577], est « l'autorité suprême de la Confédération, sous réserve des droits du peuple et des cantons »[578]. Le Conseil fédéral est, lui, « l'autorité directoriale et exécutive suprême de la Confédération »[579]. Le système institutionnel de la fédération suisse est au demeurant parachevée par un Tribunal fédéral à qui il revient, notamment, en tant qu'« autorité judiciaire suprême de la Confédération »[580], de « connaît[re] des différends entre la Confédération et les cantons ou entre les cantons »[581].

285. Il faut souligner, en second lieu, que les compétences des autorités fédérales suisses sont également de nature à permettre une réelle existence politique de la fédération suisse, aux côtés des cantons. De fait, s'il n'est certainement pas opportun de faire ici un état des lieux complet de l'ensemble des compétences fédérales suisses, il convient de relever que le Titre 3 de la constitution suisse prévoit une répartition des compétences entre la Confédération et les cantons qui assure la différenciation et l'autonomie des instances fédérales vis-à-vis des organes de pouvoir cantonaux. Ainsi, comme cela est traditionnellement le cas dans une Fédération[582], la Confédération suisse assure la représentation de la Fédération dans les affaires extérieures[583] et est seule compétente pour mobiliser l'armée suisse[584].

286. Enfin, l'on relèvera que, pour ce qui est des mécanismes de fonctionnement propres à assurer la réalité de l'existence politique de la fédération helvétique face à celle des cantons, la constitution suisse opte pour une solution optimale en consacrant de manière effective la primauté du droit fédéral sur le droit cantonal. La reconnaissance de la supériorité du droit

---

qu'elle est contrainte de faire droit à la représentation des États. » (BEAUD O., « Peut-on penser l'Union européenne comme une fédération ? », *op. cit.*, p. 98). Le constitutionnaliste explique cependant que, dans les fédérations modernes, qui doivent faire face à la question de la légitimité démocratique, le modèle de la Diète fédérale a tendance à s'effacer devant celui du « bicaméralisme fédéral » ; lequel repose sur l'existence de deux Chambres parlementaires, l'une assurant la représentation des citoyens et, l'autre, celle des Etats fédérés (v. sur ce point les développements du constitutionnaliste sur « Le dépassement du système de la Diète ou la complexité du bicaméralisme fédéral », dans sa *Théorie de la Fédération*, *op. cit.*, pp. 357-363).

[576] Cela résulte notamment de l'article 149 de la constitution suisse, dont le premier paragraphe dispose que : « Le Conseil national se compose de 200 députés du peuple. ».

[577] Cela résulte notamment de l'article 150 de la constitution suisse, dont le premier paragraphe dispose que : « Le Conseil des États se compose de 46 députés des cantons. ».

[578] Article 148, paragraphe 1, de la constitution suisse.

[579] Article 174 de la constitution suisse.

[580] Article 188, paragraphe 1, de la constitution suisse.

[581] Article 189, paragraphe 2, de la constitution suisse.

[582] En effet, comme le rappelle le professeur Olivier Beaud, « il est d'usage que les États s'unissent dans une Fédération pour mettre en commun leur sûreté extérieure de sorte que la défense et la politique extérieure sont les matières « par nature » fédérales. » (BEAUD O., « Peut-on penser l'Union européenne comme une fédération ? », *op. cit.*, p. 100).

[583] Article 54, paragraphe 1, de la constitution suisse.

[584] Article 58, paragraphe 3, de la constitution suisse.

fédéral par la constitution suisse consacre en effet, de façon incontestable, l'autonomie de la fédération suisse par rapport aux cantons fondateurs puisqu'elle implique qu'un droit dont ils ne sont pas pleinement à l'origine puisse s'imposer à eux. De fait, aux termes de l'article 49 de la constitution évoquée, non seulement « [l]e droit fédéral prime le droit cantonal qui lui est contraire »[585], mais la Confédération suisse est également chargée de « veille[r] à ce que les cantons respectent le droit fédéral »[586]. Ainsi, à travers les mécanismes de fonctionnement qu'elle instaure, comme grâce aux organes et compétences fédératifs qu'elle a créés, la constitution suisse confère une existence politique, réelle et autonome, à la fédération helvétique. La constitution du Canada parvient au même résultat dans un cadre juridique et politique toutefois très différent.

ii. L'institution de la fédération par la constitution fédérative canadienne

287. Il convient de relever avant tout que les dispositions des lois constitutionnelles canadiennes édictées depuis 1867 ne permettent pas de saisir, de manière globale, l'étendue des pouvoirs dont disposent les autorités fédérales canadiennes, compte tenu de la progressive autonomisation de la Fédération canadienne à l'égard de la Couronne britannique[587]. D'autre part, ces dispositions ne rendent totalement compte ni de l'architecture institutionnelle de la fédération canadienne ni de ses mécanismes de fonctionnement, étant donné qu' « [u]ne partie importante de la Constitution canadienne n'est pas écrite. Ainsi, par exemple, le principe du gouvernement responsable, en vertu duquel l'exécutif qui ne possède plus la confiance de la Chambre des députés doit offrir sa démission, n'est pas inscrit dans la Constitution »[588], alors qu'il constitue « l'une de ces conventions constitutionnelles qui régissent la pratique du gouvernement canadien. »[589]. Cela étant, la loi constitutionnelle de 1867, telle que modifiée au fil de l'émancipation de l'ancien dominion du Canada, apporte, à travers ses dispositions relatives aux organes fédéraux canadiens et aux compétences qu'elle leur reconnaît, des informations suffisantes pour constater l'existence d'une institution fédérale puissante ; et, par là-même, distincte des provinces qui l'ont fondée.

---

[585] Article 49, paragraphe 1, de la constitution suisse.
[586] Article 49, paragraphe 2, de la constitution suisse.
[587] L'autonomie totale du Canada à l'égard du Parlement du Royaume-Uni est consacrée par le statut de Westminster du 11 décembre 1931, qui reconnaît une compétence législative pleine et entière à certains dominions du Royaume-Uni, dont le Canada (articles 2 à 4 du statut). Le statut de Westminster fait partie du corpus constitutionnel canadien.
[588] MARX R., OLLIVIER M., « L'Acte de l'Amérique du Nord britannique », *op. cit.*, p. 3.
[589] *Ibid.*

288. Ainsi, en ce qui concerne les organes de la fédération, la loi constitutionnelle de 1867 institue textuellement un « Pouvoir exécutif »[590] et un « Pouvoir législatif »[591] fédératifs. S'agissant du premier d'entre eux, il faut préciser que, si la loi constitutionnelle de 1867 attribue toujours à la Couronne britannique « le gouvernement et le pouvoir exécutifs du Canada »[592] et charge un gouverneur général de l'exercer en son nom[593], le pouvoir exécutif fédéral est aujourd'hui, en pratique, assumé par un gouvernement canadien pleinement autonome, en vertu d'une convention constitutionnelle qui exige que le chef du gouvernement fédéral soit issu du parti majoritaire à la Chambre des Communes canadienne[594]. Le pouvoir législatif est, quant à lui, dévolu au Parlement canadien, constitué d'un Sénat et d'une Chambre des Communes, qui assurent tous deux une certaine représentation des provinces et territoires canadiens[595]. Enfin, la loi constitutionnelle de 1867 habilite le Parlement du Canada à créer des juridictions fédérales, notamment d'appel,[596] pour compléter le système juridictionnel sommaire qu'elle instaure[597] ; habilitation sur le fondement de laquelle le pouvoir législatif canadien a institué la Cour suprême du Canada, ainsi que plusieurs Cours fédérales[598].

289. Les compétences dont la loi constitutionnelle de 1867 dote les organes fédéraux qu'elle a créés permettent également de constater la force de la fédération canadienne. Si elles ne peuvent faire l'objet d'une présentation exhaustive dans le cadre de notre étude, il y a lieu de souligner que le plus haut degré de juridiction de la Fédération canadienne, qu'est la Cour suprême

---

[590] Titre III de la loi constitutionnelle de 1867.

[591] Titre IV de la loi constitutionnelle de 1867.

[592] Article 9 de la loi constitutionnelle de 1867.

[593] Article 10 de la loi constitutionnelle de 1867.

[594] Selon les indications relatives à la constitution du Canada fournies par le site du ministère de la justice canadien (https://www.justice.gc.ca/fra/sjc-csj/just/05.html), « [a]u Canada, le pouvoir exécutif appartient à la Reine, mais dans [cette] société démocratique, les pouvoirs de la Reine sont exercés, en vertu d'une convention constitutionnelle, sur les conseils de ministres qui jouissent de la confiance de la Chambre des communes. Ensemble, le premier ministre et les autres ministres forment le Cabinet, qui doit rendre compte des activités gouvernementales au Parlement. ».

[595] En effet, l'article 22 de la loi constitutionnelle de 1867 est consacré à la question de la « Représentation des provinces au Sénat », tandis que l'article 37 de la même loi dispose que : « La Chambre des Communes sera, sujette aux dispositions de la présente loi, composée de trois cent huit membres, dont cent six représenteront Ontario, soixante-quinze Québec, onze la Nouvelle-Écosse, dix le Nouveau-Brunswick, quatorze le Manitoba, trente-six la Colombie-Britannique, quatre l'Île-du-Prince-Édouard, vingt-huit l'Alberta, quatorze la Saskatchewan, sept Terre-Neuve, un le territoire du Yukon, un les territoires du Nord-Ouest et un le territoire du Nunavut. ».

[596] Cette compétence lui est reconnue par l'article 101 de la loi constitutionnelle de 1867.

[597] Celui-ci est décrit dans le titre VII de la loi constitutionnelle de 1867, intitulé « Judicature ».

[598] La note n°55, accolée à l'article 101 de la loi constitutionnelle de 1867, indique que ces juridictions ont été respectivement créées par la loi sur la Cour suprême, L.R.C. (1985), ch. S-26, la Loi sur les Cours fédérales, L.R.C. (1985), ch. F-7 et la Loi sur la Cour canadienne de l'impôt, L.R.C. (1985), ch. T-2.

du Canada, a été créé, conformément à l'article 101 de la loi constitutionnelle de 1867, par une loi fédérale qui la dote d'un « caractère souverain »[599], alors que ce type d'institution procède généralement du pouvoir constituant de façon directe. Au demeurant, certaines matières sensibles et fondamentalement liées au concept de la Fédération, telles que celles relatives à la défense du Canada, sont réservées au pouvoir législatif fédéral par l'article 91 de la loi constitutionnelle de 1867. Enfin, l'absence de délimitation constitutionnelle claire des attributions du pouvoir exécutif fédéral a pu permettre de considérer que « [l]a Constitution conçue par les dirigeants des colonies et votée par le Parlement de Westminster reconnaissait au gouvernement central de la fédération, dont le siège serait à Ottawa, de très vastes pouvoirs. Ceux-ci étaient tellement étendus que, pour les spécialistes, cette Constitution visait à établir un régime quasi fédéral accordant au gouvernement d'Ottawa le droit de tutelle sur les provinces. »[600].

290. Les organes et compétences fédéraux institués par la constitution du Canada garantissent donc véritablement une existence politique autonome à la fédération canadienne. Si les traités européens, dont il n'est point besoin de souligner outre mesure qu'ils s'insèrent dans un contexte et un cadre politico-juridique totalement différent de celui du Canada, ne créent pas d'organes fédéraux dotés de pouvoirs aussi importants que ceux de la fédération canadienne, ils instituent tout de même une réelle entité fédérale, l'Union européenne.

b) L'institution de l'Union par les traités européens

291. Les traités européens ont progressivement, et sur la base des Communautés européennes, institué une Union, que ses organes (i), compétences (ii) et mécanismes de fonctionnement (iii) ont doté d'une existence politique clairement autonome de celles des Etats qui l'ont fondée, suivant une logique d'équilibre institutionnel tendant à « préserver l'autonomie institutionnelle et existentielle de chacune des institutions de l'Union. »[601].

---

[599] En effet, l'article 52 la loi sur la Cour suprême, L.R.C. (1985), ch. S-26 (disponible sur le site du ministère de la justice canadien à l'adresse suivante : https://laws-lois.justice.gc.ca/fra/lois/s-26/index.html), affirme le « Caractère souverain » de cette juridiction dans les termes suivants : « La Cour est la juridiction suprême en matière d'appel, tant au civil qu'au pénal; elle exerce, à titre exclusif, sa compétence sur l'ensemble du Canada; ses arrêts sont définitifs et sans appel. ». L'article 53 de la même loi fait, au demeurant, de la Cour suprême du Canada, l'interprète des lois constitutionnelles canadiennes.

[600] BRUNET M., NOËL A., « Canada - Histoire et politique », *Encyclopædia Universalis* [en ligne], document pdf, p. 23, disponible à l'adresse suivante : https://www.universalis.fr/encyclopedie/canada-histoire-et-politique/.

[601] BLUMANN C., *Droit institutionnel de l'Union européenne, op. cit.*, p. 273.

i. Les organes de l'institution fédérale européenne

292. Il apparaît primordial de rappeler, en premier lieu, que, comme les développements de notre premier chapitre tendent à le démontrer, le système institutionnel de l'UE[602], aujourd'hui particulièrement élaboré, a été conçu par les Pères fondateurs, puis développé par leurs successeurs, dans l'optique, politiquement endossée par les Etats membres, d'assurer progressivement la construction d'une Union européenne de nature politique. L'article 13 du traité UE, qui recense comme institutions de l'UE le Conseil européen, la Banque centrale européenne et la Cour des comptes, aux côtés des quatre organes historiques du « quadripartisme qui [a] innerv[é] toute la construction communautaire »[603], – que sont la Commission européenne, le Conseil, la Cour de justice de l'Union européenne et le Parlement européen, – fait d'ailleurs clairement état de la vocation politique de cet ensemble institutionnel. Il souligne, en effet, dans son premier paragraphe, que « l'Union dispose d'un cadre institutionnel visant à promouvoir ses valeurs, poursuivre ses objectifs, servir ses intérêts, ceux de ses citoyens, et ceux des États membres, ainsi qu'à assurer la cohérence, l'efficacité et la continuité de ses politiques et de ses actions. ». L'on relèvera, au demeurant, que la démocratisation et le renforcement des prérogatives des institutions[604], notamment de celles qui forment le quadripartisme historique, rendent encore plus pertinente l'affirmation du professeur Pierre Pescatore selon laquelle il est possible de voir dans le système institutionnel de l'Union « un début de "séparation des pouvoirs" à la suite de la création d'institutions – Parlement, Conseil, Commission et Cour de justice – fondées chacune sur un principe distinct de légitimité et investies de missions propres, à la suite d'une nouvelle répartition des pouvoirs souverains entre les Etats membres et [l'Union] »[605].

293. Ainsi, le système institutionnel de l'Union, qui « comporte des caractéristiques qui le distinguent très nettement des conditions dans lesquelles s'est créé et s'applique le droit international »[606], notamment en ce qu'il contient « d'une part, un pouvoir législatif et, d'autre part, des garanties d'application, à la fois exécutives et judiciaires »[607], consacre l'existence de l'UE en tant qu'entité politique autonome des Etats membres qui l'ont

---

[602] Compte tenu de la longue présentation du système institutionnel de l'Union faite dans le premier chapitre du présent ouvrage, nous concentrerons notre propos présent sur le sujet actuellement traité, qui porte sur la façon dont ce système autonomise l'Union vis-à-vis de ses Etats membres, et non sur sa description technique.

[603] BLUMANN C., DUBOUIS L., *Droit institutionnel de l'Union européenne*, Paris, LexisNexis, 7ème éd., 2019, p. 5.

[604] Ces deux points ont été largement évoqués dans le premier chapitre du présent ouvrage.

[605] PESCATORE P., *L'ordre juridique des Communautés européennes. Etude des sources du droit communautaire*, *op. cit.*, p. 19.

[606] *Ibid.*

[607] *Ibid.*

instituée. Les assertions de la Cour de justice selon lesquelles les pouvoirs de l'UE constituent l'un de ses éléments de spécificité justifiant le postulat de l'autonomie constitutionnelle apparaissent dès lors, à l'aune des constats énoncés ci-dessus, fondées.

294. Le système institutionnel de l'UE présente au demeurant des traits de ressemblance certains avec celui décrit par le professeur Carl Schmitt comme caractérisant généralement une Fédération. De fait, selon ce dernier, « [l]'organisation des autorités et des compétences fédératives répond en général à un schéma simple : assemblée plénière de tous les Etats membres, puis un collège plus restreint (dirigeant ou même représentatif) défini comme « conseil » ou « commission », et un bureau pour la préparation et l'exécution administratives et techniques des décrets fédératifs »[608]. Or, le Conseil européen semble pouvoir correspondre au premier organe décrit[609], le Conseil[610], dans ses différentes formations, au deuxième, et, enfin, la Commission, au dernier[611].

295. Il faut enfin souligner que, pour le professeur Olivier Beaud, la circonstance que le système institutionnel de l'UE ne réponde pas au modèle typique des Fédérations primaires, qui est celui de la Diète fédérale, n'est pas de nature à empêcher de lui reconnaître la qualité de fédération. Il affirme en effet qu' « il va de soi que l'Europe actuelle est éloignée en partie de ce schéma de la Diète fédérale, qu'il s'est complexifié, mais on doit aussi constater que l'actuel système institutionnel – tripartite ou quadripartite – fait droit à la représentation des États. Aussi a-t-on pu soutenir que la particularité institutionnelle de l'UE serait ce « fédéralisme intergouvernemental » caractérisé par un mélange de légitimité démocratique et de légitimité étatique [...] »[612]. Cela étant, les compétences de l'Union constituent un autre indice clair de son existence politique autonome et incontestablement différenciée de celle de ses Etats membres.

---

608 SCHMITT C., *Théorie de la Constitution*, *op. cit.*, p. 533.

609 Le Conseil européen peut en effet être considéré comme « une assemblée plénière de tous les Etats membres », dans la mesure où il assure la représentation de chacun d'entre eux, aux termes de l'article 10, paragraphe 2, alinéa 2, du traité UE, qui dispose que : « Les États membres sont représentés au Conseil européen par leur chef d'État ou de gouvernement [...] ».

610 Conformément à l'article 16, paragraphe 6, du traité UE, « [l]e Conseil siège en différentes formations », dont celles du « Conseil des affaires générales » et du « Conseil des affaires étrangères ».

611 L'article 17, paragraphe 1, du traité UE indique notamment que : « La Commission promeut l'intérêt général de l'Union et prend les initiatives appropriées à cette fin. Elle veille à l'application des traités ainsi que des mesures adoptées par les institutions en vertu de ceux-ci. Elle surveille l'application du droit de l'Union sous le contrôle de la Cour de justice de l'Union européenne. Elle exécute le budget et gère les programmes. Elle exerce des fonctions de coordination, d'exécution et de gestion conformément aux conditions prévues par les traités. ».

612 BEAUD O., « Peut-on penser l'Union européenne comme une fédération ? », *op. cit.*, pp. 98-99.

ii. Les compétences de l'institution fédérale européenne

296. Aux termes du premier article du traité UE, l'Union européenne est instituée et dotée de compétences par ses Etats membres, aux fins d' « atteindre leurs objectifs communs »[613], – qui, tels que formulés par l'article 3 du traité UE, sont éminemment politiques[614] – et ce, dans le cadre d' « une nouvelle étape dans le processus créant une union sans cesse plus étroite entre les peuples de l'Europe »[615]. Cette Union est, à ce double titre, pourvue de compétences très étendues, bien qu'en vertu de l'article 5 du traité UE, elles ne soient que d'attribution. Elle dispose au demeurant de compétences exclusives ou partagées dans des matières traditionnellement liées à la souveraineté étatique, telles que la monnaie, dont l'UE est chargée de définir et conduire la politique correspondante, et la justice, à travers le rôle qui lui est conféré par les traités dans la consolidation et le développement de l'espace de liberté, de sécurité et de justice européen. L'UE est également compétente dans des domaines politiquement sensibles, car correspondant à des enjeux contemporains et futurs cruciaux, tels que l'environnement et l'énergie[616].

297. Le constitutionnaliste Hugues Dumont considère à cet égard qu' « [i]l est clair que l'intégration européenne n'a pas pu atteindre le seuil qui est le sien sans des transferts de pouvoirs dans les domaines éminents de la puissance publique. Il est à peine besoin de rappeler que, par exemple, le traité de Maastricht a dépossédé les États membres de leur pouvoir d'autodétermination en ce qui concerne la politique monétaire et la politique de change, ainsi que celle des frontières. »[617]. De même, pour la professeure Catherine Schneider, « [l]e thème de l'Europe puissante [...] est devenu récurrent depuis le Traité de Maastricht. En reconnaissant en effet à l'Union européenne, le bénéfice des principales fonctions régaliennes, monnaie, politique étrangère, justice, affaires intérieures, le Traité de Maastricht inaugure un saut qualitatif indéniable dans la montée en puissance du système

---

613 Article 1, paragraphe 1, du traité UE.

614 V. sur ce point l'analyse sur le caractère politique des objectifs de l'UE faite dans le premier chapitre de la première partie du présent ouvrage.

615 L'article 1, paragraphe 2, du traité UE indique en effet que « [l]e présent traité marque une nouvelle étape dans le processus créant une union sans cesse plus étroite entre les peuples de l'Europe, dans laquelle les décisions sont prises dans le plus grand respect possible du principe d'ouverture et le plus près possible des citoyens. ».

616 Les domaines de compétence exclusive et partagée de l'Union sont respectivement énumérés par les articles 3 et 4 du traité FUE.

617 DUMONT H., « La question de l'Etat européen du point de vue d'un constitutionnaliste », *Droit et Société*, 2003, n° 53, pp. 61-62.

communautaire et son ascension au statut de véritable acteur de la scène internationale. »[618].

298. Cependant, il paraît justifié de relever, avec le professeur Olivier Beaud, qu'il existe une « dissonance [dans l'application de la théorie de la Fédération à l'UE] qui tient à la relative faiblesse de l'Europe en matière de politique extérieure et de défense [; compte tenu de ce qu'] il est d'usage que les États s'unissent dans une Fédération pour mettre en commun leur sûreté extérieure de sorte que la défense et la politique extérieure sont les matières « par nature » fédérales »[619]. Or, l'UE semble pouvoir être appréhendée comme « une union qui, faute d'avoir pu se développer dans le domaine militaire (échec de la CED en 1954) s'est rabattu[e] sur le domaine économique. »[620].

299. Pour tempérer les conséquences de ce constat, il faut toutefois souligner que les traités européens posent les bases et prévoient les outils propices au développement d'une véritable politique extérieure et de défense commune. De fait, aux termes du préambule du traité UE, les Etats membres de l'Union sont « RÉSOLUS à mettre en œuvre une politique étrangère et de sécurité commune, y compris la définition progressive d'une politique de défense commune, qui pourrait conduire à une défense commune, conformément aux dispositions de l'article 42, renforçant ainsi l'identité de l'Europe et son indépendance afin de promouvoir la paix, la sécurité et le progrès en Europe et dans le monde »[621]. Or, selon l'article 42, paragraphe 2, du traité UE, « [l]a politique de sécurité et de défense commune inclut la définition progressive d'une politique de défense commune de l'Union. Elle conduira à une défense commune, dès lors que le Conseil européen, statuant à l'unanimité, en aura décidé ainsi. ».

300. En outre, l'article 22 du traité UE habilite le Conseil européen à prendre, notamment sur proposition du haut représentant de l'Union pour les affaires étrangères et la politique de sécurité et de la Commission[622], des décisions « sur les intérêts et objectifs stratégiques de l'Union port[ant] sur la politique étrangère et de sécurité commune ainsi que sur d'autres domaines relevant de l'action extérieure de l'Union. »[623]. Il précise enfin que ces décisions « peuvent concerner les relations de l'Union avec un pays ou une

---

[618] SCHNEIDER C., « Libres propos sur la contribution du droit à la dynamique de l'Europe puissance », in HERVOUET F., NOREL P. (dir.), *La dynamique de la démarche communautaire dans la construction européenne*, Actes du colloque de la CEDECE des 12,13 et 14 octobre 2000, Paris, La documentation française, 2002, vol. I, p. 21.

[619] BEAUD O., « Peut-on penser l'Union européenne comme une fédération ? », *op. cit.*, p. 100.

[620] *Ibid.*

[621] 11ème alinéa du préambule du traité UE.

[622] L'article 22, paragraphe 2, du traité UE dispose en effet que : « Le haut représentant de l'Union pour les affaires étrangères et la politique de sécurité, pour le domaine de la politique étrangère et de sécurité commune, et la Commission, pour les autres domaines de l'action extérieure, peuvent présenter des propositions conjointes au Conseil. ».

[623] Article 22, paragraphe 1, alinéa 2, du traité UE

région, ou avoir une approche thématique »[624] et qu'[e]lles définissent leur durée et les moyens que devront fournir l'Union et les États membres. »[625]. Notons au demeurant que les outils inhérents à la politique extérieure et de défense commune européenne sont appelés à connaître de nouveaux développements du fait de la crise géopolitique et économique provoquée par la guerre totale menée par la Russie contre l'Ukraine, depuis le 24 février 2022, dès lors que la guerre et la dépression économique, comptent parmi « [l]es facteurs principaux qu'on retrouve à la base de l'augmentation des pouvoirs et compétences des organes fédéraux, soit par une plus complète exploitation de leurs pouvoirs existants, soit par l'acquisition de nouveaux pouvoirs »[626].

301. En tout état de cause, il y a lieu d'affirmer, à la suite de Laurent Dechâtre qu' « il est possible, à l'instar de Jean-Louis Quermonne et Maurice Croisat, d'estimer que l'absence de politique réelle de défense commune au niveau européen n'est pas un obstacle à la qualification de l'UE d'union fédérale car les risques [de conflits armés opposant plus ou moins directement des membres de l'Union][627] sont écartés par l'appartenance à l'OTAN de tous les Etats membres de l'UE qui n'ont pas choisi le statut de neutralité. L'art. 5 du Traité de l'Atlantique Nord précise notamment qu'une attaque contre une des parties sera considérée comme visant l'ensemble des parties. Ainsi, ce qu'Olivier Beaud et Sylvie Strudel qualifient de "claus[e] constitutionnell[e] fédéral[e] par excellence", la clause de défense mutuelle en cas d'agression existait déjà indirectement par ce biais entre les Etats membres de la CEE dès sa création. Nous rappellerons en outre l'existence d'une telle clause entre les Etats membres de la CEE/de l'UE qui étaient membres de l'UEO[628]. Enfin, le traité de Lisbonne a introduit une clause de solidarité militaire entre les Etats membres de l'UE. L'art.42§7 TUE précise en effet qu'"au cas où un État membre serait l'objet d'une agression armée sur son territoire, les autres États membres lui doivent aide et assistance par tous les moyens en leur pouvoir". »[629].

---

[624] *Ibid.*

[625] *Ibid.*

[626] CARABIBER C., « Le fédéralisme international dans l'œuvre du Professeur Georges Scelle », in *La Technique et les principes du droit public – Etudes en l'honneur de Georges Scelle*, *op. cit.*, p. 59.

[627] Dans sa thèse, Laurent Dechâtre explique que « [l]'absence d'action en commun dans le cadre de guerres ne visant pas le territoire des Etats membres n'est pas en soi un élément permettant d'exclure la qualification de Fédération dès lors que les Etats membres ne soutiennent pas des camps opposés. Par contre, le maintien de la possibilité pour ses membres de mener une guerre et de conclure des alliances peut constituer une menace pour la Fédération. Or, l'Union européenne n'empêche pas les Etats membres de déclencher une guerre et elle ne limite pas leur pouvoir de conclure des alliances, si bien qu'en théorie ils pourraient se retrouver à soutenir des camps opposés. » (DECHATRE L., *Le pacte fédératif européen, op. cit.*, p. 108).

[628] L'Union de l'Europe occidentale.

[629] *Ibid.*

302. Au terme de cette analyse globale des compétences de l'UE, l'on peut considérer avec raison que l'ensemble de celles-ci manifeste clairement son caractère de puissance publique fédérale, distincte de ses Etats membres. Les mécanismes sur le fondement desquels l'UE repose et fonctionne permettent de parvenir au même constat.

iii. Les mécanismes de fonctionnement de l'institution fédérale européenne

303. Les mécanismes mis en œuvre au sein de l'UE afin d'assurer son autonomie à l'égard de ses Etats membres correspondent essentiellement à la méthode communautaire, dont on ne peut considérer qu'elle a disparu avec les Communautés européennes puisqu'elle a posé des principes de fonctionnement sur la base desquels l'Union européenne, qui leur succède, perdure encore aujourd'hui. Conçue par les Pères fondateurs pour être « le véritable « fédérateur » de l'Europe »[630], cette méthode constitue toujours un mode de fonctionnement essentiel à l'autonomie de l'Union, dans la mesure où, comme l'indique le professeur Renaud Dehousse, « [elle] est caractérisée par un ensemble d'éléments qui la différencie des schémas traditionnels de la coopération internationale : des transferts de compétences des Etats membres à l'Union européenne ; le rôle central joué par un organe supranational, la Commission européenne, dans l'élaboration des politiques communautaires ; la possibilité de décisions à la majorité qualifiée »[631], ainsi que par « la définition de règles communes à caractère contraignant ; le contrôle exercé par la Commission sur leur application ; la possibilité pour la Cour de justice de sanctionner les violations du droit communautaire. »[632].

304. Il convient au demeurant de souligner que cet ensemble d'éléments inhérents à la méthode communautaire est toujours présent dans l'ordre juridique de l'Union malgré le renforcement de l'intergouvernementalisme – qui correspond à l'accroissement du rôle assumé par les Etats membres dans le processus décisionnel de l'Union – entériné par les derniers traités européens. De fait, comme le démontrent les développements inhérents au chapitre précédent, la vocation de l'ensemble des institutions de l'Union à favoriser la réalisation de l'objectif d'unification politique qui caractérise l'intégration européenne est réaffirmée par le traité de Lisbonne. De même, le recours à la majorité qualifiée pour la prise de décision au sein du Conseil, continuellement étendu au fil du processus de construction européenne, a été renforcé par le traité de Lisbonne qui en fait, de surcroît, le mode décisionnaire

---

630 MONNET J., *Mémoires, op. cit.*, p. 517.

631 DEHOUSSE R., « La méthode communautaire a-t-elle encore un avenir ? », in VANDERSANDEN G. (dir.), *Mélanges en hommage à Jean-Victor Louis*, Bruxelles, éd. de l'ULB, 2003, vol. I, p. 95

632 *Ibid.*

de droit commun pour cette institution[633]. Or, selon le professeur Olivier Beaud, « [s]i la majorité est prise comme une technique, et non comme un dogme, elle doit être comprise comme un outil au service de la fédération, conçue comme une institution collective. »[634]. Il ajoute de surcroît que « loin d'être anecdotique ou secondaire, la technique de la majorité revêt une portée majeure dans une théorie de la Fédération : elle illustre sa nature corporative. »[635].

305. Au regard de l'ensemble de ces éléments, l'on peut enfin considérer qu'établie sur la base d'une méthode communautaire conçue dans le cadre d'une logique intégrationniste qui, cependant, « a su s'accommoder d'un intergouvernementalisme renforcé »[636], l'Union européenne est bien une « [c]onstruction pragmatique fondée sur les principes fondamentaux du fédéralisme »[637], dès lors que, d'une part, ce dernier se définit non comme « un modèle figé que l'on peut plaquer sur des sociétés différentes mais une quête continue des solutions, des structures, des processus adéquats qui s'appuie sur quelques principes de base »[638] et qu'il constitue, d'autre part, « une méthode vivante qui œuvre souvent par ajustements progressifs dans le respect des fonctions et des organismes existants. »[639]. Ce dernier trait du fédéralisme se retrouve dans la vocation de la Fédération à assurer le maintien de l'existence politique des entités qu'elle fédère.

2. L'existence politique des Etats membres dans les traités européens

306. Il résulte des travaux des professeurs Carl Schmitt et Olivier Beaud que, si le pacte constitutionnel fédératif prévoit une garantie, même implicite, de l'existence politique de chacune des entités fédérées – étant donné qu'il tend essentiellement à leur conservation politique – il entérine également la « novation constitutionnelle »[640] dont ces dernières font l'objet du fait de leur appartenance à la Fédération. Nous déterminerons ainsi comment les traités européens assurent la garantie évoquée, après nous être référés aux dispositions pertinentes des constitutions fédératives suisse et canadienne (a), puis analyserons de la même façon comment ils prévoient la novation constitutionnelle des Etats membres de l'Union (b).

---

633 En effet, selon l'article 16, paragraphe 3, du traité UE, « [l]e Conseil statue à la majorité qualifiée, sauf dans les cas où les traités en disposent autrement. ».

634 BEAUD O., *Théorie de la Fédération*, *op. cit.*, p. 178.

635 *Ibid.*, p. 179.

636 MANIN P., « La « méthode communautaire » : changement et permanence », in BLANQUET M. (dir.), *Mélanges en hommage à Guy Isaac. 50 ans de droit communautaire*, Toulouse, Presses de l'Université des Sciences sociales, 2004, vol. I, p. 236.

637 DE ROUGEMONT D. (dir.), *Dictionnaire international du fédéralisme*, *op. cit.*, p. 72.

638 *Ibid.*, pp. 72-73.

639 *Ibid.*

640 BEAUD O., *Théorie de la Fédération*, *op. cit.*, p. 205.

a) La garantie de l'existence politique des entités fédérées

307. Les constitutions fédératives suisse et canadienne garantissent effectivement, bien que de façon sensiblement différente, l'existence politique des entités qu'elles fédèrent (i). Les traités européens protègent, quant à eux, en des termes très clairs et emphatiques, le statut politique des Etats membres de l'Union (ii).

i. Les illustrations apportées par les constitutions fédératives suisse et canadienne

308. Notons, en premier lieu, qu'outre l'affirmation du principe selon lequel « [l]a Confédération protège l'existence et le statut des cantons, ainsi que leur territoire »[641], la constitution fédérative suisse garantit l'existence politique des cantons de la Fédération helvétique non seulement en leur reconnaissant des domaines de compétence propre, mais également à travers toute une série de dispositions qui indiquent clairement qu'ils sont loin d'être subordonnés à la puissance publique fédérale qu'ils ont instituée. Il résulte ainsi de l'ensemble de ces dispositions que les cantons suisses constituent effectivement la seconde facette du dualisme politique de la Fédération helvétique.

309. En effet, d'une part, la constitution suisse organise, dans son deuxième chapitre, le partage des compétences entre la fédération et les cantons suisses, en leur réservant certaines matières telles que l'instruction publique[642], la culture[643] et « la réglementation des rapports entre l'Église et l'État »[644]. D'autre part, le pacte constitutionnel évoqué encadre les attributions de la fédération suisse au profit des cantons lorsqu'il affirme que « [l]a Confédération accomplit les tâches que lui attribue la Constitution »[645], tandis que « [l]es cantons définissent les tâches qu'ils accomplissent dans le cadre de leurs compétences. »[646]. Au demeurant, la protection des attributions des cantons suisses est également assurée par le principe de subsidiarité[647], dont l'article 43*a*, paragraphe 1, de la constitution suisse fournit une

---

[641] Article 53, paragraphe 1, de la constitution suisse. Il ressort de plus des trois derniers paragraphes de l'article 53 que toute modification relative au nombre, au statut et aux frontières des cantons suisses est subordonnée à leur accord.

[642] Article 62, paragraphe 1, de la constitution suisse.

[643] Article 69, paragraphe 1, de la constitution suisse.

[644] Article 72, paragraphe 1, de la constitution suisse.

[645] Article 42 de la constitution suisse.

[646] Article 43 de la constitution suisse.

[647] Ce principe est posé de façon laconique par l'article 5*a* de la constitution suisse qui dispose simplement que : « L'attribution et l'accomplissement des tâches étatiques se fondent sur le principe de subsidiarité. ».

déclinaison pratique dans les termes suivants : « La Confédération n'assume que les tâches qui excèdent les possibilités des cantons ou qui nécessitent une réglementation uniforme par la Confédération. ».

310. En tout état de cause, aux termes de l'article 3 de la constitution suisse, « [l]es cantons sont souverains en tant que leur souveraineté n'est pas limitée par la Constitution fédérale et exercent tous les droits qui ne sont pas délégués à la Confédération. ». Or, l'affirmation de la souveraineté des cantons – qui peut paraître spécieuse, si l'on se réfère à la définition classique du principe en cause – tend incontestablement à indiquer que les cantons suisses ont conservé leur « intégrité politique », nonobstant la formation de la Fédération. Cette souveraineté des cantons se traduit, de surcroît, concrètement dans la constitution suisse par la reconnaissance, à leur profit, d'attributions liées aux fonctions étatiques, telles que la réglementation de l'exercice des droits politiques au niveau cantonal et communal[648], la capacité de conclure des traités internationaux[649], ou encore celle d'édicter un droit intercantonal et de créer des organisations et institutions communes, sur la base de conventions intercantonales[650]. Il faut enfin souligner que cette souveraineté des cantons constitue également une limite aux pouvoirs de la fédération suisse, étant donné que « [l]'Assemblée fédérale est l'autorité suprême de la Confédération, sous réserve des droits du peuple et des cantons. »[651].

311. En second lieu, il convient de souligner que la garantie de l'existence politique des provinces fédérées est opérée de façon beaucoup plus implicite par l'ensemble des textes constitutionnels qui forment, en partie[652], la constitution fédérative du Canada. En effet, ces textes n'affirment expressément ni la souveraineté, ni même l'autonomie des provinces canadiennes. Ils garantissent cependant l'autonomie des provinces en calquant, d'une part, leur mode de gouvernement sur celui de la fédération et en leur réservant, d'autre part, des matières législatives.

312. De fait, le Titre V de la loi constitutionnelle de 1867, intitulé « Constitutions provinciales », reconnaît aux provinces canadiennes un

---

[648] Selon l'article 39, paragraphe 1, de la constitution suisse, « [l]a Confédération règle l'exercice des droits politiques au niveau fédéral; les cantons règlent ces droits aux niveaux cantonal et communal. ».

[649] L'article 56 de la constitution suisse prévoit en effet que :

« 1 Les cantons peuvent conclure des traités avec l'étranger dans les domaines relevant de leur compétence.

2 Ces traités ne doivent être contraires ni au droit et aux intérêts de la Confédération, ni au droit d'autres cantons. Avant de conclure un traité, les cantons doivent informer la Confédération.

3 Les cantons peuvent traiter directement avec les autorités étrangères de rang inférieur; dans les autres cas, les relations des cantons avec l'étranger ont lieu par l'intermédiaire de la Confédération. ».

[650] Article 48, paragraphe 1, de la constitution suisse.

[651] Article 148, paragraphe 1, de la constitution suisse.

[652] La constitution du Canada est en effet partiellement non écrite car complétée par des conventions constitutionnelles.

« Pouvoir exécutif » et un « Pouvoir législatif », tout comme la fédération canadienne en est dotée par les Titres III et IV du même texte. Le juriste canadien Maurice Ollivier explique ainsi que « [l]e titre V de l'Acte a trait aux constitutions provinciales, qui sont, en somme, à l'image de la Constitution fédérale, le lieutenant-gouverneur prenant la place du gouverneur général. Cependant, de nos jours, les parlements des provinces, à l'exception du Québec, n'ont plus que la Chambre basse ou Assemblée législative [...] »[653]. De ce fait, les provinces du Canada disposent aujourd'hui, à l'instar de la fédération qui les unit, d'un système de gouvernement autonome de la Couronne britannique qui comprend, en sus des Chambres législatives susmentionnées, un organe gouvernemental complet, dirigé par un Premier ministre.

313. En outre, dans le cadre du Titre VI de la loi constitutionnelle de 1867, relatif à la « Distribution des pouvoirs législatifs », les provinces canadiennes jouissent du droit exclusif de légiférer dans les quinze[654] « catégories de sujets » énumérés par l'article 92, dont notamment « [l]a taxation directe dans les limites de la province, dans le but de prélever un revenu pour des objets provinciaux »[655] ou encore « [l]'administration et la vente des terres publiques appartenant à la province, et des bois et forêts qui s'y trouvent »[656]. Au demeurant, l'article 92 de la loi constitutionnelle de 1867 leur reconnaît le droit exclusif de légiférer sur « [g]énéralement toutes les matières d'une nature purement locale ou privée dans la province. »[657].

314. Enfin, la constitution canadienne assure également le maintien de l'existence politique des provinces en admettant leur capacité de conclure, sur un pied d'égalité, des accords avec le gouvernement du Canada. La loi constitutionnelle du 10 juillet 1930 entérine en effet quatre accords respectivement conclus entre le gouvernement du Canada et ceux du Manitoba, de la Colombie-Britannique, de l'Alberta et de la Saskatchewan ; chacun de ces gouvernements étant alors représenté par son Premier ministre. Elle précise au demeurant que ces accords ont été « conclus entre le gouvernement du Canada et ceux du Manitoba, de la Colombie-Britannique, de l'Alberta et de la Saskatchewan respectivement, sous réserve, dans chaque cas, d'approbation par le Parlement du Canada et la législature de la province concernée »[658]. Or, ce parallélisme des formes constitutionnelles témoigne clairement de la réalité de l'existence politique des provinces, aux côtés de celle de la fédération canadienne, puisqu'il les situe sur le même plan.

---

[653] MARX R., OLLIVIER M., « L'Acte de l'Amérique du Nord britannique », *op cit.*, p. 5.
[654] L'article 92 recense 16 catégories de sujets mais la première d'entre elles a été abrogée par la loi constitutionnelle de 1982.
[655] Article 92, catégorie 2.
[656] Article 92, catégorie 5.
[657] Article 92, catégorie 16.
[658] Premier attendu de la loi constitutionnelle du 10 juillet 1930.

315. Ainsi, à l'instar de la constitution fédérative suisse, le pacte constitutionnel canadien garantit effectivement, bien que de façon nettement moins évidente, la conservation politique des entités fédérées. Il en est de même pour les traités européens qui, cependant, assurent, quant à eux, très clairement l'existence politique des Etats membres de l'UE.

ii. La protection de l'existence politique des Etats membres par les traités européens

316. Les traités européens protègent de façon très explicite l'existence politique des Etats membres. Cela résulte, en premier lieu, de l'affirmation, par l'article 4, paragraphe 2, du traité UE, du principe selon lequel « [l]'Union respecte l'égalité des États membres devant les traités ainsi que leur identité nationale, inhérente à leurs structures fondamentales politiques et constitutionnelles, y compris en ce qui concerne l'autonomie locale et régionale. Elle respecte les fonctions essentielles de l'État, notamment celles qui ont pour objet d'assurer son intégrité territoriale, de maintenir l'ordre public et de sauvegarder la sécurité nationale. En particulier, la sécurité nationale reste de la seule responsabilité de chaque État membre. ».

317. L'efficacité de cette protection, dont la clarté dispense de commentaires trop longs, réside dans le fait qu'elle vise les caractéristiques essentielles des différents ordres constitutionnels des Etats membres de l'UE, telles qu'elles sont clairement mises en exergue par les dispositions de l'article 4, paragraphe 2, du traité UE. Ces dispositions protègent ainsi notamment l'Etat allemand, comme sa forme fédérale, dès lors qu'ils sont garantis par la « clause d'éternité » de la Loi fondamentale allemande. En effet, « [l]'art. 79, al. 3 LF préserve doublement le principe de l'État fédéral : d'une part, il dispose expressément que « la division du Bund en Länder » ne peut pas être remise en cause ; d'autre part, il opère un renvoi à l'art. 20 LF, lequel affirme que « la République fédérale d'Allemagne est un *État fédéral* démocratique et social » »[659] ; ces dispositions constitutionnelles permettant « de préserver le caractère étatique du Bund, ainsi que l'existence et le principe d'étaticité des Länder. »[660].

318. Il faut au demeurant préciser, à la suite du professeur Alejandro Saiz Arnaiz, que, bien que cette garantie textuelle précise de l'existence politique des Etats membres n'ait fait son entrée dans les traités européens qu'avec celui de Lisbonne[661], elle existait tout de même, de façon implicite, depuis le début de l'intégration européenne. De fait, « [l]e respect de l'identité nationale

---

659 DEROSIER J-P., *Les limites constitutionnelles à l'intégration européenne. Etude comparée : Allemagne, France, Italie*, Thèse de doctorat publiée, Issy-les-Moulineaux, LGDJ, Lextenso éditions, 2015, p. 206.

660 *Ibid.*

661 Avant le traité de Lisbonne, l'article 6, paragraphe 3, du traité UE prévoyait uniquement que : « L'Union respecte l'identité nationale de ses Etats membres. ».

s'impose à l'Union européenne depuis l'origine »[662], dès lors qu' « « [i]l participe, en effet, de l'essence même du projet européen initié au début des années 1950, qui consiste à avancer sur la voie de l'intégration tout en préservant l'existence politique des États » »[663].

319. En outre, il est nécessaire de relever que, si la consécration de la protection de l'identité nationale des Etats membres de l'UE par le traité de Lisbonne peut être appréhendée comme un potentiel frein à l'intégration européenne, elle constitue incontestablement un indice important de la présence effective, au sein de l'Union, de la dualité de puissances publiques inhérente à toute Fédération. En effet, le souci des Etats membres d'empêcher l'instance fédérale européenne d'intervenir dans des domaines qu'ils estiment consubstantiels à leur ordre constitutionnel – dont la garantie évoquée procède – est un signe clair de l'autonomie, comme de l'importance de la puissance publique fédérale européenne puisqu'il révèle que ses fondateurs la perçoivent comme étant suffisamment « armée » pour remettre en cause leur existence.

320. La consécration de l'identité nationale des Etats membres par le traité de Lisbonne peut de plus être considérée comme propice au maintien de la dualité de l'existence politique sans lequel une Fédération ne saurait exister car elle constitue, à l'aune du principe d'interdépendance qui régit les relations entre la fédération et les entités fédérées, « un renoncement au caractère absolu de la primauté se fondant tant sur une ouverture vis-à-vis (de certains éléments fondamentaux) des Constitutions nationales, que [sur] une reconnaissance de l'équivalence des valeurs et principes de base entre les Etats et l'Union dans ce qui a trait à l'exercice du pouvoir public. »[664]. Ce point de vue rejoint au demeurant celui du professeur Philippe Manin qui ne trouvait

---

[662] SAIZ ARNAIZ A., « Identité nationale et droit de l'Union européenne dans la jurisprudence constitutionnelle espagnole », in BURGORGUE-LARSEN L. (dir.), *L'identité constitutionnelle saisie par les juges en Europe*, Paris, Pedone, « Cahiers européens », 2011, p. 101.

[663] *Ibid.* L'auteur cite ici le point 31 des conclusions de l'avocat général Poiares Maduro dans l'affaire *Michaniki* (Cour de justice, arrêt du 16 décembre 2008, aff., C-213/07, ECLI:EU:C:2008:731). L'avocat général indique, en effet, très précisément dans ce point qu' « [i]l est vrai que le respect de l'identité constitutionnelle des États membres constitue pour l'Union européenne un devoir. Ce devoir s'impose à elle depuis l'origine. Il participe, en effet, de l'essence même du projet européen initié au début des années 1950, qui consiste à avancer sur la voie de l'intégration tout en préservant l'existence politique des États. Preuve en est qu'il fut énoncé pour la première fois explicitement à l'occasion d'une révision des traités dont les avancées sur la voie de l'intégration qu'elle prévoyait ont rendu nécessaire aux yeux des constituants son rappel. ». Poiares Maduro affirme, au demeurant, que « [l]'identité nationale visée comprend à l'évidence l'identité constitutionnelle de l'État membre. Le confirmerait, s'il en était besoin, l'explicitation des éléments de l'identité nationale tentée par l'article I-5 de la Constitution pour l'Europe et par l'article 4, paragraphe 2 du traité sur l'Union tel qu'issu du traité de Lisbonne. Il appert, en effet, du libellé identique de ces deux textes que l'Union respecte l' «identité nationale (des États membres), inhérente à leurs structures fondamentales politiques et constitutionnelles» ».

[664] *Ibid.*, p. 111.

pas problématique le fait qu'avec le traité de Lisbonne, « [u]ne certaine dualité continue donc de subsister sous l'unité »[665], dans l'ordre juridique de l'Union ; et estimait ainsi que « ce serait [...] une erreur de voir dans [les dispositions relatives à l'identité nationale et au droit de retrait des Etats membres] le signe d'une régression réelle de ce que l'on continue à appeler « l'intégration » européenne.»[666].

321. Enfin, les traités européens protègent l'existence politique des Etats membres de l'Union à travers l'affirmation redondante du principe d'attribution des compétences, qui limite le champ d'intervention de l'UE aux seules matières concédées par ces derniers. Ce principe est exprimé avec emphase par l'article 5 du traité UE. En effet, ce dernier ne se contente pas de prévoir que « [l]e principe d'attribution régit la délimitation des compétences de l'Union »[667], bien que la clarté de cette disposition ne puisse être contestée. Il précise de façon superfétatoire qu'« [e]n vertu du principe d'attribution, l'Union n'agit que dans les limites des compétences que les États membres lui ont attribuées dans les traités pour atteindre les objectifs que ces traités établissent »[668] et, au surplus, que « [t]oute compétence non attribuée à l'Union dans les traités appartient aux États membres. »[669]. La garantie procédant de cette consécration du principe d'attribution des compétences est au demeurant renforcée par l'affirmation, au sein du même article du traité UE, du principe de subsidiarité et de celui de proportionnalité, qui encadrent tous deux l'exercice, par l'UE, de ses compétences[670]. Cela étant, cette protection accrue de l'existence politique des Etats membres n'empêche nullement les traités européens d'opérer, dans le même temps, la novation constitutionnelle qui concerne toute entité fédérée.

b) La novation constitutionnelle des entités fédérées

322. Cette novation constitutionnelle résulte, pour chaque entité fédérée prise individuellement, comme pour l'ensemble d'entre elles, de l'adhésion à

---

[665] MANIN P., « La transformation de la Communauté européenne et le traité de Lisbonne », in *Terres du droit. Mélanges en l'honneur d'Yves Jégouzo*, Paris, Dalloz, 2009, p. 96.

[666] *Ibid.*, p. 95.

[667] Article 5, paragraphe 1, du traité UE.

[668] Article 5, paragraphe 2, du traité UE.

[669] *Ibid.*

[670] L'article 5, paragraphe 1, indique en effet que : « Les principes de subsidiarité et de proportionnalité régissent l'exercice de ces compétences. ». Le 3ème paragraphe du même article précise qu' « [e]n vertu du principe de subsidiarité, dans les domaines qui ne relèvent pas de sa compétence exclusive, l'Union intervient seulement si, et dans la mesure où, les objectifs de l'action envisagée ne peuvent pas être atteints de manière suffisante par les États membres, tant au niveau central qu'au niveau régional et local, mais peuvent l'être mieux, en raison des dimensions ou des effets de l'action envisagée, au niveau de l'Union. » ; tandis que son 4ème paragraphe expose qu' « [e]n vertu du principe de proportionnalité, le contenu et la forme de l'action de l'Union n'excèdent pas ce qui est nécessaire pour atteindre les objectifs des traités. ».

la Fédération. Si cette transformation ne remet pas en cause l'existence des entités fédérées, elle altère toutefois sensiblement leur situation politique. Cela résulte, d'une part, du statut de co-Etats que leur confère le pacte constitutionnel fédératif ; ce statut impliquant pour chaque membre de la Fédération de rompre avec la logique du droit international classique afin d'accorder, au sein de son ordre juridique, une place particulière aux autres, notamment à travers la reconnaissance de leurs actes juridiques. C'est précisément cette situation qu'instaure la clause de *Full Faith and Credit* de la constitution des Etats-Unis entre les différents Etats américains[671]. D'autre part, l'altération de la situation politique des entités fédérées découle de l'instauration, par le pacte constitutionnel fédératif, d'une dualité de citoyennetés qui les oblige en raison des droits nouveaux qu'elle induit pour leurs ressortissants ; circonstance que le professeur Olivier Beaud décrit en recourant au concept d'intercitoyenneté. Ainsi, compte tenu du total silence, sur cette question, du corpus de textes qui forme le pacte constitutionnel fédératif canadien[672], nous examinerons, dans un premier temps, uniquement comment cette novation constitutionnelle est, dans ses deux dimensions, prévue par la constitution suisse (i). Nous serons, dans un second temps, amenés à constater que les traités européens l'organisent avec soin relativement aux Etats membres de l'Union (ii).

i. L'illustration apportée par la constitution fédérative suisse

323. La constitution fédérative suisse prévoit des dispositions qui, d'une part, visent à assurer le statut de co-Etats des cantons et, d'autre part, leur imposent indirectement des obligations liées à la double-citoyenneté qu'elle établit au profit des ressortissants de la Fédération helvétique. Pour ce qui est du premier aspect de la novation constitutionnelle en question, si la constitution suisse ne définit pas de règle aussi explicite que la clause

---

[671] Rappelons qu'aux termes de l'article IV de la constitution des Etats-Unis, « [p]leine foi et crédit seront donnés dans chaque État aux actes publics, procès-verbaux et procédures judiciaires de tout autre État. Et le Congrès peut, par des lois générales, prescrire la manière suivant laquelle de tels actes, procès-verbaux et procédures seront prouvés, ainsi que leurs effets. ».

[672] Le corpus constitutionnel canadien ne prévoit, en effet, de dispositions particulières sur aucun des deux aspects de la novation constitutionnelle évoquée. Relevons notamment que bien qu'elle puisse être théoriquement déduite de la présence d'une dualité de puissances publiques dans la Fédération du Canada, la double citoyenneté fédérative n'apparaît pas dans la constitution canadienne ; la loi constitutionnelle de 1982 ne faisant état que d'une citoyenneté canadienne dans sa première partie, laquelle constitue la charte canadienne des droits et libertés. Au demeurant, cette citoyenneté confère aux Canadiens des droits correspondant à ceux qui sont habituellement reconnus aux ressortissants de tout Etat démocratique et ne semble pas comprendre de droits fédératifs spécifiques ; excepté celui, pour tout citoyen canadien de s'établir et de gagner sa vie dans toute province (article 6 de la charte susmentionnée), à l'instar des personnes étrangères bénéficiant du statut de résident permanent au Canada.

américaine de *Full Faith and Credit*, elle pose un principe général de collaboration qui s'applique tant aux relations entre la fédération et les cantons suisses qu'à celles que ces derniers entretiennent entre eux. L'article 44, paragraphe 1, de la constitution suisse dispose en effet que « [l]a Confédération et les cantons s'entraident dans l'accomplissement de leurs tâches et collaborent entre eux. ». Les deux derniers paragraphes du même article complètent et précisent ce principe d'ordre général. De fait, selon l'article 44, paragraphe 2, les cantons et la fédération suisses « se doivent respect et assistance [et] s'accordent réciproquement l'entraide administrative et l'entraide judiciaire. ». L'article 44, paragraphe 3, souligne enfin que « [l]es différends entre les cantons ou entre les cantons et la Confédération sont, autant que possible, réglés par la négociation ou par la médiation. ».

324. En ce qui concerne les effets de la double citoyenneté suisse sur la situation des cantons, il convient de préciser, en premier lieu, que la qualité de citoyen suisse s'ajoute à celle de ressortissant d'un canton, ce qui correspond au schéma propre à toute Fédération. De fait, aux termes de l'article 37, paragraphe 1, de la constitution suisse, cette citoyenneté est reconnue à « toute personne qui possède un droit de cité communal et le droit de cité du canton. »[673]. En second lieu, il faut relever que si la constitution suisse encadre strictement le lieu d'exercice des droits politiques des citoyens[674], elle garantit cependant à ceux qui se déplacent à l'intérieur de la Fédération des droits fondamentaux fédératifs, opposables aux cantons. L'article 24, paragraphe 1, de la constitution suisse dispose ainsi que « [l]es Suisses et les Suissesses ont le droit de s'établir en un lieu quelconque du pays », tandis que l'article 25 interdit à chacun des cantons d'expulser tout citoyen suisse[675]. De plus,

---

[673] Soulignons que, selon les indications fournies par les autorités de la ville de Genève, le droit de cité suisse correspond au concept de nationalité étatique, étant donné que « [l]ié au lieu d'origine, le droit de cité précise l'appartenance d'un citoyen ou d'une citoyenne suisse à une commune et un canton. Il se transmet des parents à l'enfant ou s'acquiert par naturalisation et détermine les droits et les devoirs politiques de tout-e Confédéré-e. », (site internet de la ville de Genève, https://www.geneve.ch/fr/themes/civil-parcours-vie/devenir-suisse/lieu-origine-droit-cite). Il faut par ailleurs préciser que, si l'article 37, paragraphe 1, de la constitution suisse pourrait laisser penser que la citoyenneté suisse est triple du fait de l'évocation de l'échelon communal, ce dernier ne peut être placé au même niveau que les cantons, qui sont les seules entités fédérées suisses. Les communes sont au demeurant subordonnées aux cantons, en vertu de l'article 50, paragraphe 1, de la constitution suisse qui dispose que : « L'autonomie communale est garantie dans les limites fixées par le droit cantonal. ».

[674] Cela résulte des trois derniers paragraphes de l'article 39 de la constitution suisse qui disposent que :

« 2 Les droits politiques s'exercent au lieu du domicile. La Confédération et les cantons peuvent prévoir des exceptions.

3 Nul ne peut exercer ses droits politiques dans plus d'un canton.

4 Les cantons peuvent prévoir que les personnes nouvellement établies ne jouiront du droit de vote aux niveaux cantonal et communal qu'au terme d'un délai de trois mois au plus. ».

[675] L'article 25, paragraphe 1, de la constitution suisse dispose en effet que : « Les Suisses et les Suissesses ne peuvent être expulsés du pays ; ils ne peuvent être remis à une autorité étrangère que s'ils y consentent. ».

l'article 27 de la constitution helvétique assure aux Suisses, sur l'ensemble du territoire de la Fédération, une liberté économique qui « comprend notamment le libre choix de la profession, le libre accès à une activité économique lucrative privée et son libre exercice. »[676]. Enfin, la constitution suisse garantit plus généralement la protection des droits fondamentaux de chaque citoyen suisse sur le territoire de la Fédération en disposant que ces droits « doivent être réalisés dans l'ensemble de l'ordre juridique. »[677]. Or, cette disposition oblige juridiquement chacun des cantons à l'égard de tous les citoyens suisses, quels que soient leur droit de cité et lieu d'établissement, dès lors que « [q]uiconque assume une tâche de l'État est tenu de respecter les droits fondamentaux et de contribuer à leur réalisation. »[678].

325. Cette analyse de la constitution fédérative suisse permet de conclure qu'elle assure – bien que de façon réelle – somme toute, assez modestement la réalisation de la novation constitutionnelle des cantons suisses. Elle se distingue, sur ce point, nettement des traités européens dont les dispositions prévoient très concrètement celle des Etats membres de l'UE.

ii. L'altération de la situation politique des Etats membres par les traités européens

326. Les traités européens prévoient des dispositions particulièrement opérantes s'agissant tant du statut de co-Etats des membres de l'UE que des obligations qui leur incombent du fait de l'institution de la citoyenneté de l'Union. S'agissant du premier point, les traités européens posent une règle comparable à celle véhiculée par la clause américaine de *Full Faith and Credit*, à travers l'affirmation du principe de reconnaissance mutuelle. De fait, au sein de l'UE, la coopération judiciaire dans les matières civiles ayant une dimension transfrontière est « fondée sur le principe de reconnaissance mutuelle des décisions judiciaires et extrajudiciaires »[679] et peut en outre « inclure l'adoption de mesures de rapprochement des dispositions législatives et réglementaires des États membres »[680]. Le principe de reconnaissance mutuelle des décisions judiciaires et extrajudiciaires dans les matières civiles

---

[676] Il faut souligner que s'il n'apparaît pas que cette disposition soit réservée aux seuls citoyens suisses, elle leur confère un véritable droit fédératif, eu égard au très grand degré d'autonomie – ou à « la souveraineté » – reconnu aux cantons par la constitution suisse ; cette autonomie étant en effet susceptible de déboucher sur une liberté économique variable sur le territoire de la Fédération en fonction des différentes législations cantonales, en l'absence de la garantie constitutionnelle prévue par l'article 27.

[677] Article 35, paragraphe 1, de la constitution suisse. Notons que l'analyse figurant dans la note précédente vaut également pour les dispositions de l'article 35 de la constitution suisse.

[678] Article 35, paragraphe 2, de la constitution suisse.

[679] Article 81, paragraphe 1, du traité FUE.

[680] *Ibid.*

n'ayant pas une incidence transfrontière est de plus prévu par l'article 67, paragraphe 4, du traité FUE [681].

327. De même, la coopération judiciaire en matière pénale « est fondée sur le principe de reconnaissance mutuelle des jugements et décisions judiciaires et inclut le rapprochement des dispositions législatives et réglementaires des États membres dans [certains] domaines »[682]. L'article 82, paragraphe 2, du traité FUE prévoit ainsi la possibilité pour le législateur européen d'arrêter, au moyen de directives et suivant la procédure législative ordinaire, des règles minimales portant sur certaines questions[683], « [d]ans la mesure où cela est nécessaire pour faciliter la reconnaissance mutuelle des jugements et décisions judiciaires, ainsi que la coopération policière et judiciaire dans les matières pénales ayant une dimension transfrontière ». En tout état de cause, dans le cadre de la consolidation de l'espace de liberté, de sécurité et de justice – lequel comprend notamment les deux catégories de coopération évoquées – le respect du principe de reconnaissance mutuelle par les Etats membres peut faire l'objet d'une évaluation tendant à en « favoriser la pleine application »[684].

328. Le principe de reconnaissance mutuelle se retrouve au demeurant dans d'autres champs matériels du droit de l'UE, où il est également nécessaire pour manifester concrètement l'existence d'une solidarité comme d'une communauté de destin entre les Etats membres, ainsi qu'entre leurs ressortissants, du fait de leur appartenance à l'Union. L'article 53 du traité FUE habilite ainsi le législateur européen à arrêter, selon la procédure législative ordinaire, « des directives visant à la reconnaissance mutuelle des diplômes, certificats et autres titres, ainsi qu'à la coordination des dispositions

---

[681] L'article 67, paragraphe 4, du traité FUE dispose en effet que : « L'Union facilite l'accès à la justice, notamment par le principe de reconnaissance mutuelle des décisions judiciaires et extrajudiciaires en matière civile. ».

[682] Article 82, paragraphe 1, du traité FUE. Outre les domaines énumérés dans la note suivante, cet article prévoit le rapprochement des dispositions législatives et réglementaires des États membres dans les domaines visés à l'article 83, que sont « le terrorisme, la traite des êtres humains et l'exploitation sexuelle des femmes et des enfants, le trafic illicite de drogues, le trafic illicite d'armes, le blanchiment d'argent, la corruption, la contrefaçon de moyens de paiement, la criminalité informatique et la criminalité organisée. ».

[683] Aux termes de l'article 82, paragraphe 2, du traité FUE, il s'agit de l'admissibilité mutuelle des preuves entre les États membres, des droits des personnes dans la procédure pénale, des droits des victimes de la criminalité et d'autres éléments spécifiques de la procédure pénale, que le Conseil aura identifiés préalablement par une décision prise à l'unanimité, après approbation du Parlement européen.

[684] En effet, aux termes de l'article 70 du traité FUE, « [s]ans préjudice des articles 258, 259 et 260, le Conseil, sur proposition de la Commission, peut adopter des mesures établissant des modalités par lesquelles les États membres, en collaboration avec la Commission, procèdent à une évaluation objective et impartiale de la mise en œuvre, par les autorités des États membres, des politiques de l'Union visées au présent titre, en particulier afin de favoriser la pleine application du principe de reconnaissance mutuelle. ».

législatives, réglementaires et administratives des États membres concernant l'accès aux activités non salariées et à l'exercice de celles-ci. ».

329. Il est enfin intéressant, compte tenu de la vocation du principe de reconnaissance mutuelle à établir, entre les co-Etats membres de l'Union, des liens exorbitants du droit international classique[685], de faire état de la relation que le professeur Edouard Dubout établit entre ce principe et celui de confiance mutuelle, dont il souligne la récente consécration jurisprudentielle[686]. Edouard Dubout expose en effet qu' « [i]nitialement, l'idée de confiance mutuelle a été dégagée afin de servir de fondation à un principe proche mais nettement plus ancien, propre à l'ambition de créer un espace dénationalisé sans frontières intérieures : le principe de reconnaissance mutuelle. Avant de le justifier par l'idée de « confiance » mutuelle entre États, le droit de l'Union a placé au centre de son logiciel le principe de « reconnaissance » mutuelle. »[687]. Le lien opéré par le professeur Edouard Dubout entre le principe de reconnaissance mutuelle et celui de confiance mutuelle est d'autant plus pertinent dans le cadre de notre étude que « [l]a consécration [du dernier] participe du besoin d'expression de l'existence d'une forme de fédéralisme de nature « horizontale », qui relie les États membres entre eux. Il caractérise la spécificité de ce qui a pu être qualifié de rapports « interfédérés » ou entre « co-États », en ce sens que la frontière entre ce qui est interne à un État et interne à la Fédération devient brouillée [...] »[688].

330. Ce lien permet au demeurant de mettre en exergue l'interdépendance qui existe, au sein de l'UE, comme dans toute fédération, entre les différents organes de pouvoir fédérés, ainsi qu'entre ces derniers et les organes fédéraux. Ainsi, selon Pauline Corre, « [l]a confiance mutuelle entre États membres est employée par les institutions afin de prédéterminer les relations entre États membres. Plus encore, la Cour de justice fait de la confiance mutuelle entre États membres, étroitement imbriquée à la solidarité entre ces États, un élément d'essentialisation de son ordre juridique face à l'ordre juridique international. Les relations entre États membres un outil d'affirmation de l'autonomie l'ordre juridique. »[689].

---

[685] Il nous semble que ces liens peuvent, dans une certaine mesure, être qualifiés de constitutionnels, étant donné qu'ils ont une incidence concrète et significative sur l'exercice du pouvoir dans chaque Etat membre.

[686] En effet, selon la Cour de justice, « le principe de la confiance mutuelle entre les États membres a, dans le droit de l'Union, une importance fondamentale étant donné qu'il permet la création et le maintien d'un espace sans frontières intérieures. Or, ce principe impose, notamment en ce qui concerne l'espace de liberté, de sécurité et de justice, à chacun de ces États de considérer, sauf dans des circonstances exceptionnelles, que tous les autres États membres respectent le droit de l'Union et, tout particulièrement, les droits fondamentaux reconnus par ce droit » (Cour de justice, avis 2/13 du 18 décembre 2014, ECLI:EU:C:2014:2454, point 191).

[687] DUBOUT E., *Droit constitutionnel de l'Union européenne*, *op. cit.*, p. 106.

[688] *Ibid.*, p. 105.

[689] CORRE P., *Le statut d'État membre de l'Union européenne*, Thèse de doctorat, Droit public, Paris II, 2018, p. 581.

331. En ce qui concerne, par ailleurs, les obligations découlant, pour les Etats membres, de l'institution de la citoyenneté de l'Union, il convient avant tout de relever que, comme dans tout ensemble politique fédératif, cette dernière repose essentiellement sur la nationalité de l'un des Etats membres de l'Union. En effet, aux termes de l'article 9 du traité UE, comme de l'article 20, paragraphe 1, du traité FUE, « [e]st citoyen de l'Union toute personne ayant la nationalité d'un État membre. La citoyenneté de l'Union s'ajoute à la citoyenneté nationale et ne la remplace pas. ». Cette subordination très claire de la citoyenneté de l'Union à la condition de nationalité de l'un de ses Etats membres a au demeurant été confirmée par la Cour de justice à la suite du retrait de l'UE du Royaume-Uni, dans l'affaire dite *Préfet du Gers* du 9 juin 2022[690].

332. Il y a ensuite lieu de rappeler que, « [d]ans le pacte fédératif d'origine, l'appartenance fédérale n'est souvent pas explicitée. Dans un premier temps, une appartenance fédérale fondée sur l'appartenance étatique existe implicitement, se traduisant par le bénéfice d'une égalité de traitement plus ou moins large entre les ressortissants des Etats membres sur l'ensemble du territoire fédéral. C'est le cas de la Confédération américaine, de la Suisse jusqu'en 1848, mis à part la parenthèse de la République helvétique, de la Confédération germanique, et de la Communauté économique européenne. Puis, cette appartenance fédérale est explicitée, elle se voit attribuer un nom, tout en continuant de reposer sur une appartenance à un des Etats membres. »[691].

333. Cela étant, la citoyenneté de l'Union contribue effectivement à opérer la novation constitutionnelle des Etats membres, dans la mesure où elle confère aux citoyens européens des droits fédératifs qui sont opposables aux premiers. De fait, outre la confirmation de l'ensemble important de droits économiques et sociaux liés au principe de libre circulation des personnes – ainsi qu'aux trois autres grandes libertés de l'UE[692] – reconnu aux anciens ressortissants communautaires depuis le traité de Rome, l'inscription de la citoyenneté de l'Union dans le droit primaire s'est accompagnée de la reconnaissance de nouveaux droits qui manifestent clairement le caractère d'unité politique de son ordre juridique, en ce qu'ils supposent une

[690] Cour de justice, arrêt du 9 juin 2022, *Préfet du Gers*, aff. C-673/20, ECLI:EU:C:2022:449. Dans cette affaire, la Cour n'a logiquement pu statuer en faveur d'une ressortissante du Royaume-Uni qui, résidant en France depuis 1984, contestait sa radiation des listes électorales par les autorités françaises, ainsi que le refus opposé à sa demande de réinscription sur celles-ci. La Cour de justice souligne en effet qu' « [a]insi que la Commission le fait observer, la circonstance qu'un particulier ait, lorsque l'État dont il est ressortissant était un État membre, exercé son droit de circuler et de séjourner librement sur le territoire d'un autre État membre n'est, par conséquent, pas de nature à lui permettre de conserver le statut de citoyen de l'Union et l'ensemble des droits qui y sont attachés par le traité FUE si, à la suite du retrait de son État d'origine de l'Union, il ne possède plus la nationalité d'un État membre. » (point 52).

[691] DECHATRE L., *Le pacte fédératif européen, op. cit.*, p. 249.

[692] La libre circulation des marchandises, celle des services et celle des capitaux.

intervention d'Etats membres de l'UE au profit de nationaux d'autres co-Etats, intervention justifiée et légitimée par leur appartenance commune à l'UE.

334. De fait, reprenant les avancées consacrées par le traité de Maastricht, le traité de Lisbonne reconnaît notamment aux citoyens de l'Union, « le droit de vote et d'éligibilité aux élections au Parlement européen, ainsi qu'aux élections municipales dans l'État membre où ils résident, dans les mêmes conditions que les ressortissants de cet État »[693]. Il leur garantit de plus « le droit de bénéficier, sur le territoire d'un pays tiers où l'État membre dont ils sont ressortissants n'est pas représenté, de la protection des autorités diplomatiques et consulaires de tout État membre dans les mêmes conditions que les ressortissants de cet État »[694]. L'on notera au demeurant que les constitutionnalistes Antoine Bailleux et Hugues Dumont considèrent également que ces nouveaux droits reflètent l'unité politique dont l'UE procède lorsqu'ils tiennent le propos suivant : « Que la construction européenne concerne l'union des peuples et non seulement celle des États, voilà qui a été confirmé sans ambages par l'introduction de la citoyenneté européenne dans le traité de Maastricht. Aucune autre « organisation internationale » ne peut se targuer d'être le fondement d'une appartenance citoyenne nouvelle assortie d'un certain nombre de droits civils et politiques. »[695].

335. En outre, comme l'a notamment démontré la professeure Nathalie Rubio, la dimension constitutionnelle de la citoyenneté européenne peut conduire à limiter sensiblement la capacité des Etats membres de l'Union à réguler le droit au séjour sur leurs territoires respectifs de ressortissants d'Etats tiers, dès lors qu'ils ont un lien familial avec un citoyen de l'UE. De fait, « [u]ne fois que la qualité de citoyen est établie et que le lien familial est prouvé, un régime juridique spécifique est automatiquement applicable. La nationalité de la famille ne doit être à aucun moment un obstacle, seul le lien familial compte. […] »[696]. Nathalie Rubio explique du reste que « [c]ette ouverture est la conséquence d'une lecture extensive des termes mêmes des textes applicables fondée essentiellement sur leurs finalités à savoir « l'exercice du droit fondamental de séjour des citoyens de l'Union dans un État membre autre que celui dont ils ont la nationalité » (Arrêt Metock, §88) et « assurer la protection de la vie familiale » (Arrêt Eind, §44). »[697].

---

693 Article 20, paragraphe 2, b), du traité FUE.

694 Article 20, paragraphe 2, c), du traité FUE.

695 BAILLEUX A., DUMONT H., *Le pacte constitutionnel européen – Fondements du droit institutionnel de l'Union, op.cit.*, p. 202.

696 RUBIO N., « Les droits dérivés des membres de la famille, de nationalité d'un État tiers, du citoyen de l'Union européenne », in LANFRANCHI M-P., et al. (dir.), *Nationalité et citoyenneté – perspectives de droit comparé, droit européen et droit international*, Bruxelles, Bruylant, 2012, p. 324.

697 *Ibid.*

336. Enfin, il convient de noter que la citoyenneté européenne est liée, par le traité FUE, au principe de non-discrimination dans la deuxième partie de cet instrument[698]. Or, cette association, loin d'être simplement symbolique, vient renforcer les droits reconnus aux citoyens de l'UE, et, consécutivement, les obligations mises à la charge des Etats membres, dès lors que, « [d]ans le domaine d'application des traités, et sans préjudice des dispositions particulières qu'ils prévoient, est interdite toute discrimination exercée en raison de la nationalité. »[699]. L'affirmation de ce principe de non-discrimination, qui constitue le cœur de toute intercitoyenneté fédérative[700], est au demeurant renforcée par la possibilité reconnue, au législateur européen, de prendre selon la procédure législative ordinaire, « toute réglementation en vue de l'interdiction de ces discriminations »[701].

337. L'on notera du reste que la novation constitutionnelle des Etats membres de l'UE opérée par le pacte constitutionnel fédératif que constituent les traités fondateurs de l'Union assurent notamment, à travers les exigences inhérentes au statut de co-Etat et les obligations liées à l'intercitoyenneté fédérative, une certaine intégration de l'ordre juridique de l'Union dans celui des Etats membres, comme le postule la jurisprudence de la Cour de justice relative à l'autonomie constitutionnelle.

338. Les traités européens assurent ainsi effectivement la novation constitutionnelle que doit connaître toute partie à un pacte constitutionnel fédératif en raison de l'unité politique réelle – bien que spécifique car respectueuse de l'existence de ses membres – que suppose toute Fédération. Le contenu des traités européens manifeste tout aussi bien les fins politiques qui sont propres à ce type particulier d'union d'Etats.

B. Les fins politiques propres à la Fédération dans les traités européens

339. Les fins politiques inhérentes à la Fédération constituent, aux termes des travaux du professeur Olivier Beaud, le *telos* fédératif. Il convient de rappeler que ce *telos*, en tant qu'il est propre à toute Fédération, reflète le dualisme de l'existence politique qui caractérise ce type d'union, dans la mesure où il comporte, d'une part, une fin particulariste poursuivie par les entités fédérées – qui est la préservation de leur existence politique – et,

---

[698] La deuxième partie du traité UE est en effet intitulée « NON-DISCRIMINATION ET CITOYENNETÉ DE L'UNION ».

[699] Article 18, alinéa 1, du traité FUE.

[700] En effet, selon le professeur Olivier Beaud, « [c]e principe de l'intercitoyenneté impose à l'État membre d'une Fédération qu'il traite tout ressortissant d'un *autre* État membre selon les *mêmes* conditions que ses propres ressortissants. La discrimination qui reste possible entre un ressortissant de la Fédération et un étranger à la Fédération n'est plus licite entre les ressortissants des unités fédérées. » (BEAUD O., *Théorie de la Fédération*, *op. cit.*, p. 224).

[701] Article 18, alinéa 2, du traité FUE.

d'autre part, une fin commune assignée à la Fédération, qui se décline dans les buts de la défense et de la prospérité communes des membres fédérés.

340. De ce fait, si, comme nos précédents développements le démontrent, les deux fins constitutives du *telos* de la Fédération peuvent se retrouver dans le but ultime de la conservation politique des membres fédérés, le pacte constitutionnel fédératif doit faire état de la tension résultant de la coexistence de ces fins contradictoires, étant donné qu'elles structurent de manière essentielle toute institution fédérative. En effet, « [i]l n'y a [...] de Fédération que si cet équilibre fédératif est réellement l'objectif des fondateurs, que si cette tension existentielle est reflétée dans le dessein institutionnel et dans l'attitude des gouvernants. »[702].

341. Cela étant, dans la mesure où la fin particulariste portée par la Fédération est clairement exprimée, dans les textes fédératifs étudiés, à travers les dispositions relatives à la conservation de l'existence politique des membres fédérés déjà analysées, il nous faut désormais déterminer comment ces textes rendent compte des fins fédératives communes. Il sera ainsi constaté qu'à l'instar de la constitution fédérative suisse, et dans une moindre mesure, de celle du Canada (1), les traités européens font état du but de la défense et de la prospérité communes inhérentes à toute Fédération (2).

1. Les illustrations apportées par les constitutions fédératives suisse et canadienne

342. Outre leur évocation dans son préambule[703], la constitution fédérative suisse consacre très clairement les buts de défense et de prospérité communes inhérents à toute Fédération. De fait, aux termes des deux premiers paragraphes de son article 2 – intitulé « But » –, « [l]a Confédération suisse protège la liberté et les droits du peuple et elle assure l'indépendance et la sécurité du pays », d'une part ; elle « favorise la prospérité commune, le développement durable, la cohésion interne et la diversité culturelle du pays », d'autre part.

343. La constitution fédérative du Canada fait, quant à elle, également référence au but de la prospérité commune dans l'acte fondateur de la Fédération canadienne. Le deuxième alinéa du préambule de la loi constitutionnelle de 1867 indique en effet que le but économique évoqué est l'une des considérations qui a présidé à la fondation de la Fédération canadienne en soulignant « qu'une telle union aurait l'effet de développer la prospérité des provinces et de favoriser les intérêts de l'Empire Britannique ». Les divers éléments du corpus constitutionnel canadien ne font cependant pas

[702] BEAUD O., *Théorie de la Fédération, op. cit.*, p. 281.

[703] Le 3ème alinéa du préambule de la constitution suisse affirme en effet les cantons « résolus à renouveler leur alliance pour renforcer la liberté, la démocratie, l'indépendance et la paix dans un esprit de solidarité et d'ouverture au monde ».

état du but de la défense commune. Si cette circonstance interroge au regard de la logique propre à la formation de toute Fédération, il convient de souligner que le Canada faisait originellement partie de l'Empire britannique. Or, cette appartenance induisait que la défense commune de l'ensemble des provinces constituant alors le dominion du Canada relevait de la seule responsabilité de cet empire. L'article 15 de la loi constitutionnelle de 1867 prévoit d'ailleurs toujours – et ce, bien qu'il n'ait plus aujourd'hui aucun caractère opératoire – qu' « [à] la Reine continuera d'être et est par la présente attribué le commandement en chef des milices de terre et de mer et de toutes les forces militaires et navales en Canada. ».

344. Il faut au demeurant relever que si le but de la défense commune des provinces canadiennes n'apparaît pas expressément dans le pacte constitutionnel fédératif canadien, il est évoqué de façon implicite dans les soixante-douze résolutions de Québec qui, conjointement adoptées, le 10 octobre 1864, par les délégués des provinces du Canada, de la Nouvelle-Ecosse, du Nouveau-Brunswick, de Terre-Neuve et de l'Ile-du-Prince-Édouard, constituent un « avant-projet structurant pour la loi fondamentale de 1867 »[704]. De fait, les deux premières résolutions de cet avant-projet constitutionnel font état, aux côtés de l'affirmation du but de la prospérité commune, du souci des délégués des provinces évoquées d'assurer leur paix et de protéger au mieux leurs intérêts communs, ce qui peut traduire une volonté de défense commune.

345. La première des résolutions de 1864 indique ainsi que : « The best interests and present and future prosperity of British North America will be promoted by a Federal Union under the Crown of Great Britain, provided such Union can be effected on principles just to the several Provinces. »[705]. La deuxième de ces résolutions exprime encore plus nettement le souhait de protection commune des délégués des futures provinces de la Fédération du Canada dans les termes suivants : « In the Federation of the British North American Provinces, the system of Government best adapted, under existing circumstances, to protect the diversified interests of the Several Provinces, and secure efficiency, harmony, and permanency in the working of the Union,

---

[704] BROUILLET E., GAGNON A-G., LAFOREST G., « Introduction – 1864, une année charnière dans l'avènement de la Confédération canadienne », in BROUILLET E., GAGNON A-G., LAFOREST G. (dir.), *LA CONFÉRENCE DE QUÉBEC DE 1864 150 ans plus tard – Comprendre l'émergence de la fédération canadienne*, Presses de l'Université Laval, Québec, 2016, p. 9.

[705] Le texte original des 72 résolutions de Québec du 10 octobre 1864 est consultable sur le site internet des Archives nationales du Canada, à l'adresse figurant ci-dessous : https://recherche-collection-search.bac-lac.gc.ca/fra/Accueil/Notice?q=r%C3%A9solutions%20de%20qu%C3%A9bec%20de%201864&app=fonandcol&IdNumber=5007727.

Une traduction française de ces résolutions est disponible sur le site de la Digithèque de Matériaux Juridiques et Politiques (Digithèque MJP) de l'Université de Perpignan, à l'adresse suivante : https://mjp.univ-perp.fr/constit/ca1864.htm#72).

would be a General Government charged with matters of common interest to the whole Country...».

346. La volonté de défense ou de protection commune indirectement exprimée par ces résolutions apparaît au demeurant d'autant plus fondamentale dans la conception de l'avant-projet constitutionnel évoqué que « la crainte des visées continentales et expansionnistes des États-Unis victorieux renforcés dans la foulée de la guerre de Sécession était omniprésente dans les esprits de tous les acteurs concernés »[706], étant donné qu' « après les batailles de Gettysburg et de Vicksburg à l'été 1863, avec l'entrée en scène de grands généraux comme Grant et Sherman, la victoire du Nord ne faisait plus guère de doute. »[707]. L'on peut ainsi considérer que si le but de la défense commune des provinces canadiennes n'est pas expressément prévu par le pacte constitutionnel fédératif du Canada, il en constitue tout de même un élément de *ratio legis* essentiel. Les traités européens sont, pour leur part, relativement plus explicites sur ce point. Ils expriment cependant plus clairement la finalité économique de l'UE.

2. Les fins politiques fédératives dans les traités européens

347. Les buts de la défense et de la prospérité communes inhérents au *telos* fédératif apparaissent tous deux dans l'article 3 du traité UE, lequel définit les objectifs de l'Union. Toutefois, si le but de la prospérité économique est énoncé sans équivoque dans cet article, celui de la défense commune n'y apparaît qu'indirectement et son affirmation est beaucoup plus nette dans d'autres parties du traité. Le but de la prospérité économique est ainsi très clairement affirmé par l'article 3 paragraphe 3 du traité UE, qui prévoit notamment que « [l]'Union établit un marché intérieur. Elle œuvre pour le développement durable de l'Europe fondé sur une croissance économique équilibrée et sur la stabilité des prix, une économie sociale de marché hautement compétitive, qui tend au plein emploi et au progrès social, et un niveau élevé de protection et d'amélioration de la qualité de l'environnement. Elle promeut le progrès scientifique et technique. ». Ces dispositions sont au demeurant complétées par celle du 4ème paragraphe de l'article 3 qui prévoit l'établissement de l'UEM.

348. Cette affirmation très nette de l'objectif de prospérité économique de l'UE doit être mise en relation avec le fait qu'à la suite de l'échec de la CED, en 1954, l'instauration d'un marché intérieur européen, puis celle d'une véritable union économique et monétaire, ont été promues comme le moyen de parvenir concrètement et progressivement à l'union politique, dès lors que « [l]a création d'une union douanière, d'une union économique est en elle-

---

706 BROUILLET E., GAGNON A-G., LAFOREST G., « Introduction – 1864, une année charnière dans l'avènement de la Confédération canadienne », *op. cit.*, p. 8.
707 *Ibid.*, p. 7.

même un fait politique de première grandeur [puisque] [t]out en se restreignant à un secteur bien délimité, la création d'un marché commun concerne des domaines d'action qui sont au cœur de la politique nationale autant qu'internationale. »[708].

349. L'évocation timide du but de la défense commune des Etats membres de l'Union dans l'article du traité UE pourtant dédié à l'affirmation de ses objectifs s'explique également par le revers politique évoqué plus haut. En effet, « [l]'idée même d'une politique étrangère et de défense au niveau européen a pendant longtemps été marquée par l'échec, en 1954, du traité instituant la Communauté européenne de défense (CED), puis des plans Fouchet de 1961 et 1962, qui prévoyaient une compétence européenne dans ces domaines »[709]. L'article 3 du traité UE ne mentionne de ce fait qu'indirectement le but de la défense commune des Etats membres en soulignant notamment que, « [d]ans ses relations avec le reste du monde, l'Union affirme et promeut ses valeurs et ses intérêts et contribue à la protection de ses citoyens [...] à la paix, à la sécurité »[710].

350. Cependant, réintroduit dans le processus d'intégration européenne en 1992 avec le traité de Maastricht[711], le but de la défense commune des Etats membres de l'Union est de nouveau politiquement endossé par ces derniers dans le préambule du traité UE, qui les affirme « RÉSOLUS à mettre en œuvre une politique étrangère et de sécurité commune, y compris la définition progressive d'une politique de défense commune, qui pourrait conduire à une défense commune, conformément aux dispositions de l'article 42, renforçant ainsi l'identité de l'Europe et son indépendance afin de promouvoir la paix, la sécurité et le progrès en Europe et dans le monde »[712]. Le traité de Lisbonne confirme en outre la PESC, dans toutes ses composantes, en tant que politique matérielle de l'Union à part entière. De fait, l'article 24, paragraphe 1, du traité UE prévoit clairement que « [l]a compétence de l'Union en matière de politique étrangère et de sécurité commune couvre tous les domaines de la politique étrangère ainsi que l'ensemble des questions relatives à la sécurité de l'Union, y compris la définition progressive d'une politique de défense commune qui peut conduire à une défense commune. ».

---

[708] PESCATORE P., *Le droit de l'intégration - Emergence d'un phénomène nouveau dans les relations internationales selon l'expérience des Communautés européennes*, *op. cit.*, p. 29.

[709] DELIVET P., *Les politiques de l'Union européenne*, Paris, La documentation française, « Réflexe Europe », 2013, p. 245.

[710] Article 3, paragraphe 5, du traité UE.

[711] L'article J.4 du traité de Maastricht prévoyait en effet, conformément à la volonté exprimée par les Etats membres dans le préambule de cet instrument, que : « La politique étrangère et de sécurité commune inclut l'ensemble des questions relatives à la sécurité de l'Union européenne, y compris la définition à terme d'une politique de défense commune, qui pourrait conduire, le moment venu, à une défense commune. ».

[712] 11ème alinéa du préambule du traité UE.

351. Au demeurant, si dans les domaines inhérents à la PESC, « [l]'unanimité reste la règle et ne connaît que quelques exceptions »[713], la réaffirmation de l'objectif de défense commune des Etats membres, par le traité de Lisbonne, est assortie d'innovations significatives apportées par ce dernier. En effet, d'une part, le traité de Lisbonne tend à « donner plus de cohérence et de visibilité à la PESC en créant un Haut représentant pour les affaires étrangères de l'Union et la politique de sécurité, issu de la fusion du Haut représentant pour la PESC et du commissaire chargé des relations extérieures. »[714]. D'autre part, « [d]ans un souci de simplification, le traité de Lisbonne a remplacé les instruments d'action existants par un seul type d'actes, les *décisions* [qui] peuvent porter sur les intérêts et objectifs stratégiques (art. 26 TUE), les actions opérationnelles (art. 28 TUE) et les positions à prendre (art. 29 TUE). »[715].

352. Les traités européens font ainsi véritablement état des différentes fins politiques qui constituent le *telos* fédératif et contribuent à faire de la Fédération ce type si spécifique d'union politique.

---

[713] DELIVET P., *Les politiques de l'Union européenne*, *op. cit.*, p. 250.

[714] *Ibid.*, p. 248.

[715] *Ibid.*, p. 249.

Conclusion du chapitre II

353. Au terme de notre confrontation des traités européens aux éléments définis comme constitutifs d'un pacte constitutionnel fédératif, il apparaît aisément qu'à l'instar des constitutions fédératives de la Suisse et du Canada, les traités européens peuvent être assimilés à ce type d'instrument caractéristique de la forme politique autonome qu'est la Fédération. En effet, comme tout pacte constitutionnel fédératif – ou constitution fédérative – ils procèdent d'une libre association des Etats membres de l'UE et instituent concrètement une unité politique durable et spécifique en ce qu'elle tend à assurer, à la fois en dépit et par le moyen de la véritable autonomie, comme des pouvoirs réels qu'elle tient de ses Etats membres, leur conservation politique ; et ce, à travers la poursuite des buts communs qui lui sont assignés par ces derniers.

354. Dès lors, si le discours de la Cour de justice de l'Union européenne relatif au caractère constitutionnel des traités européens – lequel parachève sa jurisprudence relative à l'autonomie constitutionnelle de l'ordre juridique de l'Union – ne saurait prospérer s'il est appréhendé à l'aune de la définition stricte de la notion de « constitution », dans la mesure où celle-ci repose sur un lien essentiel et incontournable avec le concept classique d'« Etat », il apparaît juridiquement correct et pertinent dans le cadre de la sérieuse et solide théorie de la Fédération explicitée par le professeur Olivier Beaud ; les traités européens répondant, en effet, concrètement aux critères de qualification du pacte constitutionnel fédératif déterminés à partir de cette dernière.

Conclusion de la première partie

355. Bien qu'ancrée dans des arrêts rendus au début des années soixante et procédant plus par voie de proclamation que de réelle démonstration, la jurisprudence de la Cour de justice relative à l'autonomie constitutionnelle de l'ordre juridique de l'Union permet aujourd'hui encore de rendre justement compte de la nature particulière des traités européens.

356. De fait, si elle est peu étayée dans la jurisprudence inhérente à la dimension constitutionnelle du principe d'autonomie, l'affirmation du caractère exceptionnel, ou extraordinaire, des traités européens par la Cour de justice renvoie à la singularité que leur confère leur vocation fondamentale – car résultant tant de leurs conditions de formation, que de leur contenu – à assurer progressivement une unification politique des pays européens ; cette vocation étant toujours, aujourd'hui, partiellement et graduellement concrétisée dans le cadre du processus d'intégration mis en œuvre par les traités.

357. Il est dès lors possible de considérer, avec la Cour de justice, que les traités communautaires comme, à leur suite, ceux de l'UE se distinguent radicalement des instruments internationaux classiques – ou, selon la Cour, ordinaires[716] – en ce qu'ils ont progressivement et successivement institué une Communauté, puis une Union européenne dont la réalisation du processus d'intégration politique évoqué constitue la raison d'être, et ce, dans le cadre d'une logique propre et continue.

358. En effet, « [l]a poursuite des objectifs de l'Union, tels que rappelés à l'article 3 TUE, est, pour sa part, confiée à une série de dispositions fondamentales, telles que celles prévoyant la liberté de circulation des marchandises, des services, des capitaux et des personnes, la citoyenneté de l'Union, l'espace de liberté, de sécurité et de justice ainsi que la politique de concurrence. Ces dispositions, s'insérant dans le cadre d'un système propre à l'Union, sont structurées de manière à contribuer, chacune dans son domaine spécifique et avec ses caractéristiques particulières, à la réalisation du processus d'intégration qui est la raison d'être de l'Union elle-même. »[717].

[716] Dans l'arrêt *RS*, rendu le 22 février 2022, la Cour de justice rappelle en effet que « dans sa jurisprudence constante relative au traité CEE, la Cour a jugé que les traités communautaires ont, à la différence des traités internationaux ordinaires, instauré un nouvel ordre juridique propre, intégré au système juridique des États membres lors de l'entrée en vigueur des traités et qui s'impose à leurs juridictions. Les États membres ont limité, au profit de ce nouvel ordre juridique doté d'institutions propres et dont les sujets sont non seulement les États membres, mais également leurs ressortissants, dans les domaines définis par les traités, leurs droits souverains (voir, en ce sens, arrêts du 5 février 1963, van Gend & Loos, 26/62, EU:C:1963:1, p. 23 ; du 15 juillet 1964, Costa, 6/64, EU:C:1964:66, p. 1158 et 1159, ainsi que du 21 décembre 2021, Euro Box Promotion e.a., C-357/19, C-379/19, C-547/19, C-811/19 et C-840/19, EU:C:2021:1034, point 245). » (Cour de justice, arrêt du 22 février 2022, *RS*, aff. C-430/21, ECLI:EU:C:2022:99, point 47).

[717] Cour de justice, avis 2/13 du 18 décembre 2014, ECLI:EU:C:2014:2454, point 172.

359. De même, les assertions elliptiques – voire sibyllines – de la Cour de justice sur le caractère constitutionnel des traités européens, aujourd'hui érigés en « charte constitutionnelle de base de l'Union »[718], apparaissent pertinentes au regard de leurs caractéristiques intrinsèques qui répondent à celles d'un pacte constitutionnel fédératif – ou d'une constitution fédérative – propre à établir l'unité politique autonome qui découle de ce type, bien spécifique, de convention internationale.

360. En effet, conformément à tout pacte constitutionnel fédératif, les traités européens traduisent la tension existentielle fondamentale dont procède toute institution fédérative en ce qu'elle est conçue pour être une puissance publique autonome – bien qu'interdépendante – de ses Etats fondateurs et membres, tout en étant dédiée à assurer l'existence politique propre de chacun d'eux.

361. Ainsi, d'une part, conformément aux traités, « [l]'Union respecte l'égalité des États membres devant les traités ainsi que leur identité nationale, inhérente à leurs structures fondamentales politiques et constitutionnelles, y compris en ce qui concerne l'autonomie locale et régionale. Elle respecte les fonctions essentielles de l'État, notamment celles qui ont pour objet d'assurer son intégrité territoriale, de maintenir l'ordre public et de sauvegarder la sécurité nationale. »[719].

362. D'autre part, « [l]es caractéristiques essentielles du droit de l'Union ont donné lieu à un réseau structuré de principes, de règles et de relations juridiques mutuellement interdépendantes liant, réciproquement, l'Union elle-même et ses États membres, ainsi que ceux-ci entre eux, lesquels sont désormais engagés, comme il est rappelé à l'article 1er, deuxième alinéa, TUE, dans un «processus créant une union sans cesse plus étroite entre les peuples de l'Europe». »[720] .

---

[718] V., notamment, Cour de justice, arrêt du 10 décembre 2018, Wightman e.a., aff. C-621/18, ECLI:EU:C:2018:999, point 44.

[719] Article 4, paragraphe 2, du traité UE.

[720] Cour de justice, avis 2/13 du 18 décembre 2014, ECLI:EU:C:2014:2454, point 167.

Deuxième partie : Les éléments fondamentaux de la spécificité de l'ordre juridique de l'Union au soutien de son autonomie constitutionnelle

363. Outre la nature particulière des traités européens, le versant constitutionnel du principe d'autonomie de l'ordre juridique de l'Union repose sur certains éléments majeurs de la spécificité de l'Union, également mis en exergue et réitérés par la jurisprudence de la Cour de justice depuis le début de la construction de l'Europe politique : la singularité du processus d'intégration dans lequel l'UE est, à la suite des Communautés européennes, engagée, d'une part, et ce que nous désignerons, d'autre part, comme les attributs dont elle a en premier lieu été dotée par ses Etats fondateurs et membres dans le cadre juridique communautaire.

364. De fait, dans l'arrêt *Van Gend & Loos*, rendu le 5 février 1963, pour étayer la thèse selon laquelle « l'objectif du traité C.E.E. qui est d'instituer un marché commun dont le fonctionnement concerne directement les justiciables de la Communauté, implique que ce traité constitue plus qu'un accord qui ne créerait que des obligations mutuelles entre les États contractants »[721], la Cour de justice fait valoir que « cette conception se trouve confirmée par le préambule du traité qui, au-delà des gouvernements, vise les peuples, et de façon plus concrète par la création d'organes qui institutionnalisent des droits souverains dont l'exercice affecte aussi bien les États membres que leurs citoyens [...] ; qu'il faut conclure de cet état de choses que la Communauté constitue un nouvel ordre juridique de droit international, au profit duquel les États ont limité, bien que dans des domaines restreints, leurs droits souverains, et dont les sujets sont non seulement les États membres mais également leurs ressortissants »[722].

365. De même, dans l'arrêt *Costa contre ENEL*, datant du 15 juillet 1964, la Cour de justice fait partiellement reposer l'autonomie constitutionnelle de l'ordre juridique communautaire sur les caractéristiques spécifiques susmentionnées lorsqu'elle soutient « qu'à la différence des traités internationaux ordinaires, le traité de la C.E.E. a institué un ordre juridique propre, intégré au système juridique des États membres lors de l'entrée en vigueur du traité et qui s'impose à leurs juridictions ; qu'en effet, en instituant une Communauté de durée illimitée, dotée d'institutions propres, de la personnalité, de la capacité juridique, d'une capacité de représentation internationale et plus particulièrement de pouvoirs réels issus d'une limitation de compétence ou d'un transfert d'attributions des États à la Communauté, ceux-ci ont limité, bien que dans des domaines restreints, leurs droits

[721] Cour de justice, arrêt du 5 février 1963, *Van Gend & Loos*, aff. 26/62, ECLI:EU:C:1963:1, p. 23.
[722] *Ibid.*

souverains et créé ainsi un corps de droit applicable à leurs ressortissants et à eux-mêmes. »[723].

366. La Cour de justice peut dès lors affirmer dans l'avis 1/91, rendu le 14 décembre 1991, que « le traité CEE, bien que conclu sous la forme d'un accord international, n'en constitue pas moins la charte constitutionnelle d'une communauté de droit. Selon une jurisprudence constante de la Cour de justice, les traités communautaires ont instauré un nouvel ordre juridique au profit duquel les États ont limité, dans des domaines de plus en plus étendus, leurs droits souverains et dont les sujets sont non seulement les États membres, mais également leurs ressortissants »[724].

367. Après la succession de l'UE à la CE, cette jurisprudence bien établie dans l'ordre juridique communautaire est au demeurant confirmée avec l'avis 1/09, en date du 8 mars 2011, dans lequel la Cour de justice rappelle qu' « [i]l résulte d'une jurisprudence constante de la Cour que les traités fondateurs de l'Union ont, à la différence des traités internationaux ordinaires, instauré un nouvel ordre juridique, doté d'institutions propres, au profit duquel les États ont limité, dans des domaines de plus en plus étendus, leurs droits souverains et dont les sujets sont non seulement les États membres, mais également leurs ressortissants »[725].

368. La Cour de Luxembourg procède enfin à une confirmation particulièrement marquante de la jurisprudence évoquée dans l'ordre juridique de l'Union avec l'avis 2/13, rendu le 18 décembre 2014, dans lequel elle juge incompatible avec les traités le seul projet d'accord d'adhésion de l'UE à la CEDH qui lui a, à ce jour, été soumis en soulignant que « comme la Cour l'a itérativement constaté, les traités fondateurs de l'Union ont, à la différence des traités internationaux ordinaires, instauré un nouvel ordre juridique, doté d'institutions propres, au profit duquel les États qui en sont membres ont limité, dans des domaines de plus en plus étendus, leurs droits souverains et dont les sujets sont non seulement ces États, mais également leurs ressortissants (voir, notamment, arrêts van Gend & Loos, 26/62, EU:C:1963:1, p. 23, et Costa, 6/64, EU:C:1964:66, p. 1158, ainsi que avis 1/09, EU:C:2011:123, point 65). Or, la circonstance que l'Union est dotée d'un ordre juridique d'un genre nouveau, ayant une nature qui lui est spécifique, un cadre constitutionnel et des principes fondateurs qui lui sont propres, une structure institutionnelle particulièrement élaborée ainsi qu'un ensemble complet de règles juridiques qui en assurent le fonctionnement, entraîne des conséquences en ce qui concerne la procédure et les conditions d'une adhésion à la CEDH. »[726].

---

[723] Cour de justice, arrêt du 15 juillet 1964, *Costa contre ENEL*, aff. 6/64, ECLI:EU:C:1964:66, pp. 1158-1159.

[724] Cour de justice, avis 1/91 du 14 décembre 1991, ECLI:EU:C:1991, point 21.

[725] Cour de justice, avis 1/09 du 8 mars 2011, ECLI:EU:C:2011:123, point 65.

[726] Cour de justice, avis 2/13 du 18 décembre 2014, ECLI:EU:C:2014:2454, points 157-158.

369. Il apparaît ainsi nécessaire de déterminer si, comme le soutient invariablement la Cour de justice depuis le début des années soixante, sans toutefois le démontrer concrètement – ce, en dépit des profonds changements qu'a connus le processus de construction européenne depuis lors – les éléments de spécificité mis en exergue par sa jurisprudence permettent d'assurer l'affirmation de l'autonomie constitutionnelle de l'ordre juridique de l'Union. Il conviendra pour ce faire d'analyser, au regard des données actuelles de l'ordre juridique de l'Union, le processus d'intégration au sein duquel cette dernière évolue (**chapitre I**), puis les attributs qui, dans le cadre de la structure institutionnelle prévue par les traités, la caractérisent (**chapitre II**).

Chapitre I - La singularité du processus d'intégration européenne

372. Dans la jurisprudence de la Cour de justice, l'affirmation de l'autonomie constitutionnelle de l'ordre juridique de l'UE est en grande partie étayée par le postulat de la singularité du processus d'intégration européenne. Cette singularité procède, d'une part, de ce que la Cour de justice décrit comme la limitation de la souveraineté des Etats membres dans le cadre du processus d'intégration européenne et, d'autre part, de l'imbrication des ordres juridiques de l'UE et de ces Etats qui en résulte.

373. De fait, dans l'avis 2/13 du 18 décembre 2014, aux fins d'écarter un projet d'accord d'adhésion de l'UE à la CEDH qu'elle juge contraire à l'autonomie constitutionnelle de la première, la Cour de justice souligne, dans un premier temps, que, « comme [elle] l'a itérativement constaté, les traités fondateurs de l'Union ont, à la différence des traités internationaux ordinaires, instauré un nouvel ordre juridique, doté d'institutions propres, au profit duquel les États qui en sont membres ont limité, dans des domaines de plus en plus étendus, leurs droits souverains et dont les sujets sont non seulement ces États, mais également leurs ressortissants (voir, notamment, arrêts van Gend & Loos, 26/62, EU:C:1963:1, p. 23, et Costa, 6/64, EU:C:1964:66, p. 1158, ainsi que avis 1/09, EU:C:2011:123, point 65). »[727].

374. La Cour de justice tire, dans un second temps, argument de ce que « [l]es caractéristiques essentielles du droit de l'Union ont donné lieu à un réseau structuré de principes, de règles et de relations juridiques mutuellement interdépendantes liant, réciproquement, l'Union elle-même et ses États membres, ainsi que ceux-ci entre eux, lesquels sont désormais engagés, comme il est rappelé à l'article 1er, deuxième alinéa, TUE, dans un «processus créant une union sans cesse plus étroite entre les peuples de l'Europe». »[728].

375. Cela étant, le caractère lapidaire des assomptions de la Cour de justice relatives au principe d'autonomie ne permet, de prime abord, pas de déterminer précisément et clairement en quoi les deux éléments de spécificité évoqués – à savoir, la supposée limitation de la souveraineté des Etats membres de l'UE et l'imbrication des ordres juridiques de ces derniers et de l'Union dans le cadre du processus d'intégration européenne – contribuent à faire de l'ordre juridique de l'UE un objet constitutionnel à part.

376. Si les assertions de la Cour de justice relatives à l'imbrication des ordres juridiques de l'UE et de ses Etats membres peuvent apparaître fondées au regard du fait que les traités européens constituent un pacte fédératif unissant étroitement, car constitutionnellement, les Etats membres qui y sont parties, tout comme, dans une certaine mesure, leurs ressortissants, en leur reconnaissant des droits inhérents à la qualité spécifique de citoyens de

---

[727] Cour de justice, avis 2/13 du 18 décembre 2014, ECLI:EU:C:2014:2454, point 157.
[728] *Ibid.*, point 167.

l'Union[729], les dires de la Cour selon lesquels l'autonomie constitutionnelle de l'ordre juridique de l'UE découlerait également d'une mécanique de limitation de la souveraineté des Etats membres, à l'œuvre dans le cadre du processus d'intégration européenne, doivent être analysés.

377. Nous serons ainsi amenés à expliciter les assertions faites par la Cour de justice relativement à la limitation de la souveraineté des Etats membres, ainsi qu'à les interroger au regard de la montée de l'intergouvernementalisme dans la construction communautaire (**section 1**), avant de constater que ce dernier n'a pas irrémédiablement entamé la mécanique d'entraînement dont la Cour de justice tire argument afin d'étayer sa justification de l'autonomie constitutionnelle de l'ordre juridique de l'Union (**section 2**).

Section 1 – Limitation de la souveraineté des Etats membres et montée de l'intergouvernementalisme

378. L'invocation, par la Cour de justice, de la limitation de la souveraineté des Etats membres de l'UE, au soutien de son discours inhérent à l'autonomie constitutionnelle de l'ordre juridique de l'Union, repose encore aujourd'hui sur les fondements qu'elle a posés dans l'arrêt *Van Gend & Loos* du 5 février 1963[730]. De fait, lorsque la Cour de justice affirme récemment dans l'avis 1/19, rendu le 6 octobre 2021, que « les traités fondateurs de l'Union ont, à la différence des traités internationaux ordinaires, instauré un nouvel ordre juridique, doté d'institutions propres, au profit duquel les États qui en sont membres ont limité, dans des domaines de plus en plus étendus, leurs droits souverains »[731], elle reprend, en l'adaptant à la situation de l'Union, l'argumentaire qu'elle a développé relativement à la CEE au début des années soixante.

379. En effet, dans l'affaire *Van Gend & Loos* citée plus haut, la Cour de justice faisait déjà non seulement valoir que la CEE « constitu[ait] un nouvel ordre juridique de droit international, au profit duquel les États ont limité, bien que dans des domaines restreints, leurs droits souverains »[732], mais également que les organes de cette Communauté « institutionnalis[aient] des droits souverains dont l'exercice affecte aussi bien les États membres que leurs citoyens »[733]. De même, dans l'arrêt *Costa contre ENEL* du 15 juillet 1964, la Cour de justice soutenait qu' « en instituant une Communauté de durée illimitée, dotée d'institutions propres, de la personnalité, de la capacité

[729] V. sur ce point les développements du présent ouvrage figurant dans la seconde section du second chapitre de la première partie, notamment ceux dédiés à la novation constitutionnelle des entités fédérées débutant à la page 160.

[730] Cour de justice, arrêt du 5 février 1963, *Van Gend & Loos*, aff. 26/62, ECLI:EU:C:1963:1.

[731] Cour de justice, avis 1/19 du 6 octobre 2021, point 230.

[732] Cour de justice, arrêt du 5 février 1963, *Van Gend & Loos*, aff. 26/62, ECLI:EU:C:1963:1, p. 23.

[733] *Ibid.*

juridique, d'une capacité de représentation internationale et plus particulièrement de pouvoirs réels issus d'une limitation de compétence ou d'un transfert d'attributions des États à la Communauté, ceux-ci ont limité, bien que dans des domaines restreints, leurs droits souverains et créé ainsi un corps de droit applicable à leurs ressortissants et à eux-mêmes »[734].

380. L'invocation de la limitation de la souveraineté des Etats membres, comme élément de justification de l'autonomie constitutionnelle de l'UE, sera de surcroît considérablement renforcée par la Cour de justice avec l'avis 1/91 du 14 décembre 1991, qui la lie à la dynamique du processus d'intégration européenne en soulignant que « les traités communautaires ont instauré un nouvel ordre juridique au profit duquel les États ont limité, dans des domaines de plus en plus étendus, [et non plus seulement restreints] leurs droits souverains »[735]. Ce lien sera par la suite constamment opéré par la Cour de justice dans la jurisprudence en question[736]. Ce faisant, la Cour semble indiquer l'existence d'une correspondance entre son argumentaire relatif à la limitation de la souveraineté des Etats membres et les principes inhérents à la méthode communautaire, qui est à l'origine de la particularité du processus d'intégration dont elle tire ici argument pour étayer sa thèse de l'autonomie constitutionnelle de l'ordre juridique de l'Union.

381. Ainsi, pour éprouver la pertinence juridique du discours développé par la Cour sur ce point, nous mettrons en exergue le fait qu'il postule l'existence d'un processus d'accroissement continu des compétences de l'UE intrinsèquement lié à la méthode communautaire qu'il convient d'interroger au regard du renforcement de l'intergouvernementalisme (**§ 1**), tel qu'il se manifeste dans l'ordre juridique de l'Union (**§ 2**).

§ 1. La correspondance entre la jurisprudence de la Cour et les principes inhérents à la méthode communautaire

382. Conçue par les Pères fondateurs de l'UE pour être « le véritable « fédérateur » de l'Europe »[737], la méthode communautaire transparaît dans la

---

[734] Cour de justice, arrêt du 15 juillet 1964, *Costa contre ENEL*, aff. 6/64, ECLI:EU:C:1964:66, p. 1159.

[735] Cour de justice, avis 1/91 du 14 décembre 1991, ECLI:EU:C:1991:490, point 21.

[736] La Cour de justice expose notamment sa jurisprudence constante sur le sujet dans l'avis 1/19 en date du 6 octobre 2021 dont le point 230 « rappel[le] que les traités fondateurs de l'Union ont, à la différence des traités internationaux ordinaires, instauré un nouvel ordre juridique, doté d'institutions propres, au profit duquel les États qui en sont membres ont limité, dans des domaines de plus en plus étendus, leurs droits souverains et dont les sujets sont non seulement ces États, mais également leurs ressortissants [voir, notamment, avis 1/09 (Accord sur la création d'un système unifié de règlement des litiges en matière de brevets), du 8 mars 2011, EU:C:2011:123, point 65 ; avis 2/13 (Adhésion de l'Union à la CEDH), du 18 décembre 2014, EU:C:2014:2454, point 157, et arrêt du 28 avril 2015, Commission/Conseil, C-28/12, EU:C:2015:282, point 39]. ».

[737] MONNET J., *Mémoires, op. cit.*, p. 517.

jurisprudence de la Cour de justice qui fait du processus de limitation de la souveraineté des Etats membres, qu'elle allègue, l'un des critères de l'autonomie constitutionnelle de l'Union, dans la mesure où ladite méthode repose sur le principe, « fondamental », selon le concepteur du plan Schuman, de la « délégation de souveraineté »[738]. Le professeur Pierre Pescatore rappelait notamment cet état de fait lorsque, reconnaissant la qualité particulière de « droit de l'intégration » au droit communautaire, il le faisait « repos[er] sur une prémisse étrangère au droit international dit « classique » : celle de la divisibilité de la souveraineté »[739]. Ce lien entre la méthode communautaire et le principe de la délégation ou des transferts de souveraineté apparaissait également dans la pensée du professeur Ganshof Van der Meersch lorsqu'il soutenait que, dans l'ordre juridique communautaire, « l'intégration repos[ait] sur la divisibilité de la souveraineté par la répartition des pouvoirs entre les Etats et la Communauté »[740].

383. Des théories récentes permettent également d'appréhender cette connexion intrinsèque entre la méthode communautaire et l'idée d'une limitation de la souveraineté des Etats membres de l'UE. En effet, considérant, d'une part, que « les principes, les procédures et les normes [de l'UE] sont porteurs d'atteintes à la souveraineté »[741] et, d'autre part, que « [l]es progrès de la construction européenne, comme sa constitutionnalisation impliquent un renouveau de la théorie de la souveraineté »[742], la professeure Florence Chaltiel soutient que cette dernière est « duale », au sein de l'ordre juridique de l'UE, car partagée entre l'Union et ses Etats membres. Elle considère de plus que « [c]es deux souverainetés sont coordonnées en raison de la répartition des compétences entre l'Union et les États membres. »[743].

384. Dans le cadre de sa *contribution à la théorie de la fédération d'États,* la constitutionnaliste Elisabeth Zoller estime plus globalement qu' « une fédération d'Etats ne peut pas être autrement conceptualisée que sur le fondement d'une souveraineté partagée. La souveraineté de l'Union et la souveraineté des Etats sont les deux faces de ce Janus constitutionnel qu'est la fédération d'Etats. Sans doute s'agit-il d'une fiction, mais c'est une fiction nécessaire pour repousser le spectre de la consolidation d'Etats et de peuples en une seule souveraineté que réalise l'Etat fédéral (Bundestaat) de la doctrine européenne. »[744].

---

[738] *Ibid.*, p. 371.
[739] PESCATORE P., *Le droit de l'intégration - Emergence d'un phénomène nouveau dans les relations internationales selon l'expérience des Communautés européennes*, *op. cit.*, p. 34.
[740] GANSHOF VAN DER MEERSCH W., « L'ordre juridique des Communautés européennes et le droit international », *op. cit.*, p. 203.
[741] CHALTIEL F., « La souveraineté et l'Union européenne à la croisée des chemins », *Les Petites Affiches*, 22 janvier 2003, n° 16, p. 7.
[742] *Ibid.*, p. 8.
[743] *Ibid.*, p. 9.
[744] ZOLLER E., « Aspects internationaux du droit constitutionnel : contribution à la théorie de la fédération d'États », *op. cit.*, pp. 112-113.

385. Cela étant, il convient de préciser que si le principe de la délégation ou des transferts de souveraineté ne saurait être juridiquement admis dans le cadre d'une approche stricte de la notion en cause, – compte tenu du dogme classique qui postule son caractère absolu et immuable – il peut être appréhendé d'une manière plus consensuelle à l'aune de la question de la répartition des compétences entre les ordres juridiques fédérés et fédéral propre à tout système fédératif. En effet, aux termes des travaux du professeur Georges Scelle, ce type de système repose tant sur la superposition des ordres juridiques que sur « la notion de compétence substituée à celle de souveraineté »[745]. Dès lors, « il ne saurait être question ni de transfert de « droits souverains » ni d' « exercice en commun » de ces droits mais d'une nouvelle répartition de compétences et de création d'organes autonomes, chargés de les exercer pour le compte des Etats membres de la Fédération sans avoir besoin de leur en référer. »[746].

386. Les professeurs Antoine Bailleux et Hugues Dumont considèrent de même que « le phénomène fédératif ou le concept le plus générique de fédération » est notamment caractérisé par le fait qu'« [u]n partage des compétences est [...] effectué et un équilibre [...] recherché entre les logiques de l'unité et de la diversité. »[747]. Rappelons enfin que la théorie de la Fédération, qui peut être appliquée au processus d'intégration européenne, ignore la question de la souveraineté – qui, en tant que principe « stato-centré » ne peut concerner la forme politique autonome en question – pour reconnaître la qualité de véritable puissance publique tant aux membres fédérés qu'à l'union fédérative, au regard, notamment, de leurs compétences respectives[748].

387. Ces précisions d'ordre conceptuel, importantes pour saisir la portée des assertions de la Cour de justice relatives à la limitation de la souveraineté des Etats membres de l'UE étant faites, il convient désormais de déterminer plus spécifiquement le lien existant entre ces dernières et les principes inhérents à la méthode communautaire, afin d'apprécier la pertinence de la jurisprudence relative à l'autonomie constitutionnelle de l'ordre juridique de l'Union sur ce point.

388. L'on notera ainsi, en premier lieu, que la méthode communautaire peut être définie par « un ensemble d'éléments qui la différencie des schémas traditionnels de la coopération internationale : des transferts de compétences des Etats membres à l'Union européenne ; le rôle central joué par un organe

---

745 CARABIBER C., « Le fédéralisme international dans l'œuvre du Professeur Georges Scelle », in *La Technique et les principes du droit public – Etudes en l'honneur de Georges Scelle*, *op. cit.*, p. 58.

746 *Ibid.*

747 BAILLEUX A., DUMONT H., *Le pacte constitutionnel européen – Fondements du droit institutionnel de l'Union*, *op. cit.*, p. 229.

748 V. sur ce point les développements du deuxième chapitre de la première partie du présent ouvrage.

supranational, la Commission européenne, dans l'élaboration des politiques communautaires ; la possibilité de décisions à la majorité qualifiée »[749] ; ainsi que par « la définition de règles communes à caractère contraignant ; le contrôle exercé par la Commission sur leur application ; la possibilité pour la Cour de justice de sanctionner les violations du droit communautaire. »[750]. A ce titre, cette méthode repose essentiellement sur « la délégation de pouvoirs souverains à des organes communs [et] la création d'institutions indépendantes »[751]. Or, cette logique se retrouve dans l'affirmation de la Cour de justice selon laquelle les organes de l'UE « institutionnalisent des droits souverains dont l'exercice affecte aussi bien les États membres que leurs citoyens »[752].

389. Il faut, en second lieu, souligner que la méthode communautaire procède de la démarche néofonctionnaliste[753] qui, postulant un effet

---

749 DEHOUSSE R., « La méthode communautaire a-t-elle encore un avenir ? in VANDERSANDEN G. (dir.), *Mélanges en hommage à Jean-Victor Louis*, Bruxelles, éd. de l'ULB, 2003, vol. I, p. 95.

750 *Ibid.*

751 AZOULAI L., PICOD F., « L'Union européenne », in CHAGNOLLAUD D., TROPER M. (dir.), *Traité international de droit constitutionnel – Distribution des pouvoirs*, Paris, Dalloz, 2012, tome 2, p. 85.

752 Cour de justice, arrêt du 5 février 1963, *Van Gend & Loos*, aff. 26/62, ECLI:EU:C:1963:1, p. 23.

753 Le professeur René Schwok explique que « [l]e néofonctionnalisme est une théorie de l'intégration qui a été formulée à la fin des années 1950, principalement par Ernst Haas. Cette approche attribue une place prépondérante à la dynamique interne à l'Union, ainsi qu'au rôle des acteurs non étatiques, particulièrement à la Commission européenne et aux groupes d'intérêts. L'élément explicatif principal consiste à insister sur les effets de feedback (rétroactions) non voulus ou non attendus de décisions d'intégration prises au préalable. C'est la notion de spillovers, de débordement. » (SCHWOK R., *Théories de l'intégration européenne*, Paris, Montchrestien, « Clefs – Politique », 2005, p. 54). René Schwok ajoute au demeurant qu' « [a]insi, une fois que l'intégration a été lancée, il y a des spillovers qui tendent à créer des pressions vers une expansion de la portée et de l'intensité de l'intégration. » (*ibid.*). Il observe, de surcroît, qu' « au fond, ce qu'a fait Haas, c'est paradoxalement de théoriser l'approche fondamentalement pragmatique que Jean Monnet avait réussi à introduire à travers la CECA et qu'il souhaitait compléter par EURATOM, plus que par la CEE. Davantage qu'une théorie, c'est surtout la méthode inventée par Jean Monnet qui a inspiré Haas. Celle-ci consistait à créer des solidarités de fait dans des secteurs stratégiques afin de créer des engrenages qui devaient déboucher sur un stade final d'inspiration fédéraliste. » (*ibid.*, p. 56).
Notons que ce dernier constat rejoint le point de vue de la professeure Sabine Saurugger qui affirme que « [l]e néofonctionnalisme émerge dans un contexte politique et scientifique particulier : les thèses fonctionnalistes sont reprises par des acteurs politiques et administratifs tels que Robert Schuman et Jean Monnet, au moment même où le mouvement béhavioriste émerge aux États-Unis. Ces conditions engendrent l'élaboration d'une théorie de l'intégration européenne. » (SAURUGGER S., *Théories et concepts de l'intégration européenne*, Paris, Presses de Sciences Po, 2ème éd., 2020, pp. 49-50). Cette professeure met, en outre, en exergue le fait que le néofonctionnalisme résulte de la constatation des limites du fonctionnalisme – principalement théorisé par David Mitrany – qu'elle définit en indiquant qu' « [a]u cœur de cette approche se trouve la conviction que le jeu politique en tant que tel, les *politics*, empêche

d'entraînement – ou d'engrenage – de la dynamique de la construction européenne en faveur de l'intégration politique des Etats membres[754], a été adoptée par les Pères fondateurs dès l'origine[755]. La méthode communautaire tend ainsi naturellement à favoriser l'intégration politique des Etats membres de l'UE, à travers ses « principaux éléments »[756], que les professeurs Loïc Azoulai et Fabrice Picod définissent comme étant « le droit d'initiative et la compétence de contrôle de la Commission, la compétence obligatoire de la Cour de justice, des décisions acquises à la majorité au conseil, le développement d'un corps de droit uniforme et contraignant, éléments auxquels s'est ajouté le pouvoir de contrôle et de codécision du Parlement. »[757], outre l'institution d'organes spécifiques, en elle-même.

390. Or, cette vocation de la méthode communautaire à créer l'effet d'entraînement propre à favoriser l'intégration politique des Etats membres apparaît dans le discours de la Cour de justice lorsqu'elle affirme que « les traités fondateurs de l'Union ont, à la différence des traités internationaux ordinaires, instauré un nouvel ordre juridique, doté d'institutions propres, au profit duquel les États qui en sont membres ont limité, dans des domaines de plus en plus étendus, leurs droits souverains »[758].

391. Ainsi, en se fondant implicitement sur les éléments fondamentaux de la méthode communautaire, la jurisprudence de la Cour de justice ici étudiée postule l'existence, dans le cadre de l'ordre juridique de l'Union, d'un processus d'intégration inédit qui se caractérise notamment par une limitation continue de la souveraineté des Etats membres de l'UE. De ce fait, pour

---

la création de conditions sociales favorables pour tous. Les exigences idéologiques des États constituent un facteur puissant contre le bien-être de tous, pouvant mener, *in fine*, à la guerre. Les États-nations sont donc, selon la conception fonctionnaliste, les entités les moins bien adaptées pour permettre un développement fondamental à leurs citoyens. Les politiques publiques sont trop influencées par le jeu politique pour maximiser les besoins des individus. » (*ibid.* p. 47). Au regard de ce constat, apparaît la nécessité d' « institutions supranationales et puissantes pour exercer la fonction que des individus rationnels, et néanmoins créatifs, leur attribuent, d'où la notion de fonctionnalisme. » (*ibid.*).

754 Cet effet est communément désigné par le terme de *spillover*, que les éléments de la note précédente permettent d'appréhender globalement.

755 L'on relèvera notamment, à cet égard, que le 3ème paragraphe de la déclaration Schuman du 9 mai 1950 (*op. cit.)* prévoit que « [l]'Europe ne se fera pas d'un coup, ni dans une construction d'ensemble : elle se fera par des réalisations concrètes créant d'abord une solidarité de fait. ». Le 6ème paragraphe de cette déclaration confirme la logique fonctionnaliste qui a présidé à la conception de l'intégration européenne lorsqu'il indique que « [l]a mise en commun des productions de charbon et d'acier assurera immédiatement l'établissement de bases communes de développement économique, première étape de la Fédération européenne [...] ». Cette logique se manifeste, en tout état de cause, dans les propos suivants de son principal auteur : « Les propositions Schuman, disais-je, sont révolutionnaires ou elles ne sont rien. Leur principe fondamental est la délégation de souveraineté dans un domaine limité, mais décisif. » (MONNET J., *Mémoires, op. cit.*, p. 371).

756 AZOULAI L., PICOD F., « L'Union européenne », *op. cit.*, p. 85.

757 *Ibid.*

758 Cour de justice, avis 1/19 du 6 octobre 2021, point 230.

apprécier la pertinence juridique de l'argument de la Cour tenant à la limitation de la souveraineté des Etats membres, relativement au postulat de l'autonomie constitutionnelle de l'UE, il convient de déterminer si la méthode communautaire est encore, aujourd'hui, à même de produire l'effet d'entraînement vers l'intégration politique pour lequel elle a été conçue.

392. Cette interrogation apparaît légitime au regard du renforcement de l'intergouvernementalisme dans le processus d'intégration européenne. Ce dernier repose en effet sur l'idée selon laquelle « les gouvernements nationaux demeurent les principaux acteurs du processus d'intégration. Quand ils s'entendent, l'intégration européenne avance. Quand ils ne trouvent pas de consensus, l'Union européenne stagne ou recule. L'intergouvernementalisme conteste ainsi que les multinationales, les groupes de pression et les bureaucraties supranationales soient les facteurs déterminants du processus d'intégration même s'il leur reconnaît certaines fonctions. »[759].

393. L'intergouvernementalisme se manifeste au demeurant par un renforcement du rôle des gouvernements des Etats membres dans le processus de construction européenne, et ce, au détriment de celui des institutions de l'Union, qui, tant du fait de l'inspiration dont elles procèdent que des compétences qu'elles possèdent, sont les plus à même de servir la finalité de l'intégration politique de Etats membres. Le professeur Marc Blanquet estimait ainsi déjà avant l'échec de la démarche intégrationniste matérialisée par le TECE qu' « [a]u sein du système communautaire constamment soumis aux rapports de force entre la logique intégrative et la logique intergouvernementale, c'est incontestablement cette dernière qui l'a progressivement emporté : cette tendance a pris une véritable consistance à partir du traité de Maastricht et s'est ensuite confirmée avec les traités d'Amsterdam et de Nice. »[760].

394. Du reste, questionner la nature de « véritable « fédérateur » de l'Europe »[761] de la méthode communautaire peut s'avérer intéressant pour caractériser le processus d'institutionnalisation de l'UE au regard de la théorie de la Fédération, dès lors que – comme cela résulte des développements de notre précédent chapitre – si les traités européens, en tant que pacte constitutionnel fédératif, tendent manifestement à établir une Fédération européenne, son parachèvement ne peut s'opérer que dans le cadre d'un processus d'institutionnalisation qui lui permette de s'émanciper, autant que faire se peut[762], des Etats membres de l'UE. Afin de mener à bien cette

---

759 SCHWOK R., *Théories de l'intégration européenne*, *op. cit.*, p. 82.

760 BLANQUET M., « Le système communautaire à l'épreuve de la « gouvernance européenne ». Pour une « nouvelle gouvernance raisonnée » », in BLANQUET M. (dir.), *Mélanges en hommage à Guy Isaac. 50 ans de droit communautaire*, *op. cit.*, p. 300.

761 MONNET J., *Mémoires*, *op. cit.*, p. 517.

762 Il est ici important de rappeler que, dans le cadre de la théorie du professeur Olivier Beaud, l'émancipation d'une fédération à l'égard des Etats membres d'une Fédération ne saurait être

entreprise, il convient désormais de déterminer comment se manifeste l'intergouvernementalisme dans l'ordre juridique de l'Union.

§ 2. La manifestation de l'intergouvernementalisme dans l'ordre juridique de l'UE

395. L'intergouvernementalisme se manifeste sous une multitude de formes au sein de l'ordre juridique de l'UE, dès lors que ce dernier est considéré dans son acception la plus large, c'est-à-dire celle qui renvoie à toute négociation ou décision engageant les Etats membres sur des sujets intrinsèquement liés à l'intégration européenne. Le professeur Jean-Louis Quermonne constatait ainsi déjà, très justement, avant l'entrée en vigueur du traité de Lisbonne, que, parfois, l'intergouvernementalisme « se développe au sein du système communautaire et marque de son empreinte le fonctionnement de celui-ci. Il est alors constitutionnalisé par les traités, de même qu'il est générateur, à travers le droit communautaire dérivé, d'un ordre juridique interne. »[763]. Cela étant, l'intergouvernementalisme peut aussi se manifester, au sein de l'ordre juridique de l'Union, « selon une forme diplomatique plus classique, soit dans le cadre [des anciens] deuxième ou [...] troisième piliers institués par le traité de Maastricht, soit même à l'extérieur de l'Union sur la base d'une pratique multilatérale exclusivement inter-étatique, susceptible de n'impliquer qu'une partie des Etats membres. Et, dès lors, il continue à relever du droit international »[764]. Ce constat étant toujours d'actualité, il ne nous semble ni possible, ni approprié de faire, dans le cadre de la présente étude, un exposé exhaustif de l'ensemble des manifestations de l'intergouvernementalisme au sein de l'ordre juridique de l'UE. Cependant, pour répondre aux questions qui nous occupent, il convient de s'intéresser aux formes de l'intergouvernementalisme qui, du fait de leur profonde contrariété avec les éléments fondamentaux de la méthode communautaire, sont, selon nous, les plus à même d'affecter sa capacité à assurer l'intégration politique des Etats membres. Nous exposerons donc les manifestations de l'intergouvernementalisme qui altèrent l'équilibre institutionnel inhérent à la

totale car, si elle l'était, il faudrait en conclure que l'Union fédérative en cause a changé de nature pour épouser une nouvelle forme politique, celle de l'Etat fédéral. En effet, « l'existence même d'une Fédération traduit non seulement [un] balancement entre deux aspirations contraires, mais aussi la *réalisation imparfaite* de celles-ci. Ce constat est d'une grande portée et montre que la perspective de la finalité dévoile un aspect fondamental de la Fédération : celle-ci est inévitablement le résultat d'un compromis politique. Il n'y a pas de Fédération sans une sorte de « juste milieu » qu'elle est censée dessiner pour faire droit à [s]es fins contradictoires. » (BEAUD O., *Théorie de la Fédération, op. cit.*, p. 280).

[763] CROISAT M., QUERMONNE J-L., *L'Europe et le fédéralisme – Contribution à l'émergence d'un fédéralisme intergouvernemental*, Paris, Montchrestien, « Clefs – Politique », 2ème éd., 1996, p. 110.

[764] *Ibid.*

méthode communautaire (**A**), avant de nous concentrer sur celles qui affectent les caractéristiques essentielles du droit de l'UE (**B**).

A. L'altération de l'équilibre institutionnel inhérent à la méthode communautaire

396. Les éléments de définition de la méthode communautaire précédemment exposés permettent de considérer, à la suite du professeur Arnaud Van Waeyenberge, que « [c]ette méthode « est avant tout une mécanique institutionnelle » [,] « s'appliquant à un système original de répartition des pouvoirs » qui repose sur des « équilibres institutionnels inédits ». »[765]. Cette mécanique s'articulait, aux prémices du processus d'intégration européenne, sur l'organe supranational *sui generis*, indépendant des gouvernements des Etats membres et doté d'importants pouvoirs exécutifs, qu'était la Haute autorité de la CECA, dont l'actuelle Commission européenne est, dans une certaine mesure, l'héritière[766]. Cependant, après l'échec de la CED, l'ordre juridique communautaire, puis celui de l'Union, a été progressivement, mais très nettement, marqué par une montée en puissance des acteurs gouvernementaux dans le schéma institutionnel européen, et ce, en raison, d'une part, du renforcement des attributions du Conseil de l'UE (1) et, d'autre part, de la consécration du rôle politique du Conseil européen (2).

1. Le renforcement des attributions du Conseil de l'UE

397. Après l'échec de la CED, l'équilibre institutionnel propre à la méthode communautaire originelle a été modifié en faveur de l'organe assurant la représentation des gouvernements des Etats membres, qu'est le Conseil. Les professeurs Claude Blumann et Louis Dubouis rendent très justement compte de cette altération du schéma communautaire initial lorsqu'ils indiquent que « [s]ur le plan institutionnel, la CEE comme l'Euratom reprennent globalement le modèle de la CECA et notamment le fameux quadripartisme. Néanmoins, les changements sont importants, et pourraient se résumer à un certain recul de la supranationalité et à un retour très vigoureux de l'interétatisme. L'échec de la CED, qui incite les États membres à la prudence, de même que l'étendue des compétences transférées aux deux communautés de Rome expliquent ce recul. »[767]. Ils ajoutent, au demeurant, que « [l]'essentiel tient à la modification de l'équilibre fonctionnel entre la

---

[765] VAN WAEYENBERGE A., *Nouveaux instruments juridiques de l'Union européenne – Evolution de la méthode communautaire*, Bruxelles, Larcier, 2015, p. 29.

[766] V. sur ce point l'analyse faite sur les institutions communautaires, puis de l'UE, dans le premier chapitre de la première partie du présent ouvrage.

[767] BLUMANN C., DUBOUIS L., *Droit institutionnel de l'Union européenne*, *op. cit.*, pp. 9-10.

Commission (nouvelle appellation moins prestigieuse) et le Conseil. La première perd le pouvoir de décider au profit du Conseil et doit se contenter d'un pouvoir d'initiative cependant très protégé à la fois par le monopole dont elle dispose et par l'obligation dans laquelle se trouve le Conseil s'il veut modifier la proposition de statuer à l'unanimité. »[768]. Il apparaît dès lors clairement que « [s]i le projet de Jean Monnet créant la CECA opte clairement pour la supranationalité, le traité de Rome de 1957 est un compromis, comportant des éléments supranationaux et intergouvernementaux. »[769].

398. Le renforcement des attributions du Conseil dans le système institutionnel hérité du traité de Paris – tout comme le compromis entre les éléments supranationaux et intergouvernementaux évoqué plus haut – est de surcroît non seulement confirmé mais également amplifié par celui de Maastricht. De fait, ce dernier, qui institue l'UE, la fait, en partie, reposer sur une logique intergouvernementale – qui place le Conseil au centre du processus décisionnel et marginalise le rôle des deux institutions les plus emblématiques de la méthode communautaire que sont la Commission et la Cour de justice – avec la structuration en piliers dont il est à l'origine. Ainsi, tandis que « le premier pilier dit *communautaire*, qui englobait les trois communautés (la CECA jusqu'en 2002, la Communauté européenne, Euratom), était marqué par une forte logique intégratrice et la prédominance de la méthode communautaire »[770], « les deux autres s'inspir[aient] au contraire de l'intergouvernementalisme avec [...] des gradations puisque le deuxième – la politique étrangère et de sécurité commune – [était] beaucoup plus marqué par ce principe que le troisième – la coopération en matière de justice et d'affaires intérieures – qui occupe en réalité une position médiane entre le communautaire et l'intergouvernemental »[771] ; ce dont atteste « sa communautarisation partielle réalisée par le traité d'Amsterdam [qui] montre bien le statut provisoire accordé aux matières qui le constitu[aient], auxquelles on a en quelque sorte imposé un temps de latence, une initiation aux techniques de la méthode communautaire par le truchement de la diplomation collective. »[772].

399. Ce repositionnement du Conseil au cœur du système institutionnel de l'UE au détriment des principes élémentaires de la méthode communautaire n'a au demeurant été remis en cause ni par la succession de l'UE à la Communauté européenne, ni par l'abolition de la structure en piliers consécutives à l'adoption du traité de Lisbonne. En effet, en dépit de celles-ci – et de l'office du haut représentant de l'Union pour les affaires étrangères et la politique de sécurité – la PESC reste l'apanage du Conseil de l'UE,

---

[768] *Ibid.*

[769] GAILLARD M., *L'Union européenne – Institutions et politiques*, *op. cit.*, p. 32.

[770] DELIVET P., *Les politiques de l'Union européenne*, *op. cit.*, p. 29.

[771] BLUMANN C., DUBOUIS L., *Droit institutionnel de l'Union européenne*, *op. cit.*, p. 13.

[772] *Ibid.*, pp. 13-14.

désormais placé sous l'autorité du Conseil européen. Ainsi, « [l]e Conseil élabore la politique étrangère et de sécurité commune et prend les décisions nécessaires à la définition et à la mise en œuvre de cette politique, sur la base des orientations générales et des lignes stratégiques définies par le Conseil européen »[773], et ce, par principe, à l'unanimité[774]. En outre, « [l]e traité de Lisbonne [maintient] en règle générale[775] l'incompétence de la Cour de justice dans le domaine de la PESC »[776]. S'agissant par ailleurs des matières constituant l'ancien troisième pilier, aujourd'hui regroupées dans le titre du traité FUE relatif à l'espace de liberté, de sécurité et de justice[777], il convient de relever que si « [cet espace] est désormais soumis, sauf exception, à la procédure législative ordinaire »[778], ainsi qu'à la compétence de la Cour de justice[779], « le droit d'initiative est [toutefois], dans [certains domaines sensibles][780], partagé par la Commission et au moins un quart des États membres. En outre, pour tout texte relatif à l'harmonisation pénale, un État peut demander que le Conseil européen soit saisi s'il estime que ce texte porte atteinte à des aspects fondamentaux de son système juridique (art. 82 TFUE) »[781] ; cette saisine entraînant la suspension de l'application de la procédure législative ordinaire jusqu'à l'intervention d'un consensus entre les Etats membres[782].

---

[773] Article 26, paragraphe 2, 1er alinéa, du traité UE.

[774] En effet, selon l'article 31, paragraphe 1, 1er alinéa, du traité UE, « [l]es décisions relevant [de la PESC] sont prises par le Conseil européen et par le Conseil statuant à l'unanimité, sauf dans les cas où le [chapitre 2 du titre V du traité UE] en dispose autrement. ».

[775] L'article 275 du traité TFUE précise à cet égard que : « La Cour de justice de l'Union européenne n'est pas compétente en ce qui concerne les dispositions relatives à la politique étrangère et de sécurité commune, ni en ce qui concerne les actes adoptés sur leur base. Toutefois, la Cour est compétente pour contrôler le respect de l'article 40 du traité sur l'Union européenne et se prononcer sur les recours, formés dans les conditions prévues à l'article 263, quatrième alinéa, du présent traité concernant le contrôle de la légalité des décisions prévoyant des mesures restrictives à l'encontre de personnes physiques ou morales adoptées par le Conseil sur la base du titre V, chapitre 2, du traité sur l'Union européenne. ».

[776] DELIVET P., *Les politiques de l'Union européenne*, *op. cit.*, p. 249.

[777] Il s'agit du titre V de la troisième partie du traité FUE.

[778] DELIVET P., *Les politiques de l'Union européenne*, *op. cit.*, p. 209.

[779] Dans les domaines de la coopération policière et de la coopération judiciaire en matière pénale, « la Cour de justice de l'Union européenne n'est pas compétente pour vérifier la validité ou la proportionnalité d'opérations menées par la police ou d'autres services répressifs dans un État membre, ni pour statuer sur l'exercice des responsabilités qui incombent aux États membres pour le maintien de l'ordre public et la sauvegarde de la sécurité intérieure », aux termes de l'article 276 du traité FUE.

[780] L'article 76 du traité FUE prévoit que les actes relevant de la coopération policière, comme de la coopération judiciaire en matière pénale, ainsi que les mesures de coopération administrative prévues par l'article 74 du TFUE relatives à ces deux domaines, peuvent être initiés par la Commission européenne ou un quart des Etats membres.

[781] DELIVET P., *Les politiques de l'Union européenne*, *op. cit.*, p. 209.

[782] Article 82, paragraphe 3, 1er alinéa, du traité FUE.

400. Enfin, l'on peut convenir avec le professeur Philippe Manin que deux autres phénomènes liés à la nature gouvernementale du Conseil de l'UE ont affecté la méthode communautaire en « concour[ant] à relativiser la place de la Commission dans le processus décisionnel [...] ; il s'agit de la place essentielle qu'a prise le Comité des Représentants Permanents (COREPER)[783] [et] du rôle de plus en plus grand joué par la « Présidence » du Conseil. »[784]. En effet, d'une part, dès lors qu' « [un] consensus [a] été réalisé au niveau [d'un] groupe de travail ou à celui du COREPER lui-même, la question [étudiée] est inscrite en « point A » de l'ordre du jour du Conseil, ce qui signifie que, sauf rare exception, celui-ci n'aura plus qu'à entériner ce qui aura déjà été décidé au niveau des administrations. »[785]. Le professeur Philipe Manin en conclut que « si tant est que les rédacteurs du Traité avaient imaginé qu'il aurait pu y avoir un dialogue direct entre la Commission et le Conseil et que, grâce à sa connaissance technique des dossiers, la Commission aurait exercé une forte influence sur le Conseil, cette idée correspond aujourd'hui, comme cela était d'ailleurs probablement inévitable, à une pure vue de l'esprit. »[786]. D'autre part, à travers le rôle qu'elle assume dans « la programmation de l'activité [de l'Union] pour six mois »[787], ainsi que l'affirmation et la défense publiques de ses priorités, la Présidence du Conseil « contribue aussi à mettre au second plan le rôle « d'initiative » de la Commission. »[788]. L'on peut ainsi considérer que « [cette dernière] n'apparaît plus comme le maître du jeu mais seulement comme l'un des éléments d'une négociation dont le cadre est redevenu fondamentalement inter-étatique »[789], lorsque la Présidence du Conseil de l'UE assure, par ses bons offices, l'adoption « du texte de compromis susceptible, le cas échéant, de rallier des opposants et de dégager la majorité nécessaire pour l'adoption [d'un] texte. »[790].

401. Le renforcement des attributions du Conseil de l'UE au sein de l'ordre juridique de l'Union est donc une marque de l'intergouvernementalisme qui affecte sensiblement l'équilibre institutionnel propre à la méthode communautaire. Il en est de même de l'essor politique considérable du Conseil européen dans la mécanique institutionnelle propre à l'UE.

---

[783] Rappelons que « [l]e COREPER, comité des représentants permanents des États auprès de l'Union européenne, prépare tous les dossiers qui figurent à l'ordre du jour des différentes formations du Conseil et s'efforce de trouver des accords sur les différents points de divergence. » (GAILLARD M., *L'Union européenne – Institutions et politiques*, *op. cit.*, p. 61).

[784] MANIN P., « La « méthode communautaire » : changement et permanence », *op. cit.*, p. 225.

[785] MANIN P., « La « méthode communautaire » : changement et permanence », *op. cit.*, p. 226.

[786] *Ibid.*

[787] *Ibid.*

[788] *Ibid.*, p. 227.

[789] *Ibid.*, p. 228.

[790] *Ibid.*, p. 227.

2. *La consécration du rôle politique du Conseil européen*

402. Originellement reconnue comme une simple instance informelle de réunion des exécutifs des Etats membres, consécutivement au Sommet de Paris des 9 et 10 décembre 1974, le Conseil européen a été consacré en tant qu'organe politique majeur au sein de l'ordre juridique de l'Union par le traité de Maastricht. Ce dernier constitutionnalise en effet sa vocation à « donne[r] à l'Union les impulsions nécessaires à son développement et [à en définir] les orientations politiques générales »[791]. Ainsi, bien avant l'entrée en vigueur du traité de Lisbonne, qui renforce son poids politique en l'élevant au rang d'institution, « le Conseil européen a joué [...] un rôle majeur dans le fonctionnement de l'Union européenne »[792], alors même qu'il « peut être considéré comme un organe de nature intergouvernementale « par excellence ». En effet, les décisions s'y prennent en règle générale par consensus et il constitue le stade final d'une négociation qui se déroule alors au niveau des plus hauts responsables des Etats. »[793]. Cet état de fait est foncièrement contraire à la logique intégrationniste qui caractérise la méthode communautaire. En effet, « [le] traité CEE n'a[vait] pas prévu, à l'origine, l'intervention des responsables des exécutifs des Etats membres, en tant que tel, dans le système institutionnel de[s] Communautés. L'on peut même considérer que cela eût été contraire à ce qui subsistait de l'esprit de la CECA qui excluait le recours à l'intergouvernementalisme pur et simple. »[794].

403. Le traité de Lisbonne confirme cependant cette entaille dans la méthode communautaire en reconnaissant au Conseil européen, à la suite du traité de Maastricht, des responsabilités politiques de premier plan au sein de l'ordre juridique de l'Union[795]. En outre, bien qu'il précise que cette nouvelle institution n'exerce pas de fonction législative[796], « [i]l convient toutefois d'observer que le Conseil européen est à l'origine de nombreux actes législatifs dont il réclame l'adoption à la Commission [;] [l]es risques d'immixtion, souvent dénoncés, dans les prérogatives de la Commission en ce qui concerne l'initiative législative ne pouv[ant] [dès lors] être totalement écartés. »[797].

404. Au demeurant, le traité de Lisbonne étoffe le rôle politique du Conseil européen au moyen de toute une série de mesures qui confirment, et

---

[791] Article D, paragraphe 1, du traité de Maastricht.

[792] MANIN P., « La « méthode communautaire » : changement et permanence », *op. cit.*, p. 223.

[793] *Ibid.*

[794] *Ibid.*, p. 222.

[795] En effet, l'article 15, paragraphe 1, du traité UE dispose que : « Le Conseil européen donne à l'Union les impulsions nécessaires à son développement et en définit les orientations et les priorités politiques générales. Il n'exerce pas de fonction législative. ».

[796] Article 15, paragraphe 1, du traité UE, cité dans la précédente note.

[797] AZOULAI L., PICOD F., « L'Union européenne », *op. cit.*, p. 99.

accentuent, le changement intervenu dans l'équilibre institutionnel propre à la méthode communautaire. Parmi ces mesures, figurent notamment l'institution d'une présidence du Conseil européen durable et incarnée par un exécutif propre – laquelle est prévue par l'article 15 du traité UE – et l'introduction, par l'article 48 du traité UE, de procédures de révision simplifiées des traités qui, à l'instar de la procédure de révision ordinaire, confèrent toutes au Conseil européen un rôle central. Ce dernier peut ainsi adopter des décisions portant « révision de tout ou partie des dispositions de la troisième partie du traité sur le fonctionnement de l'Union européenne, relatives aux politiques et actions internes de l'Union »[798]. Il peut également – dans le cadre de ce qui est communément désigné comme des « clauses passerelles » – faire passer des matières soumises à la décision unanime du Conseil à la majorité qualifiée[799] et décider de substituer la procédure législative ordinaire à la spéciale pour les actes de l'Union[800].

405. L'on peut dès lors estimer à juste titre que « [l]'importance prise par le Conseil dans le processus de construction européenne au cours des quatre dernières décennies et le fait qu'il soit devenu, avec le traité de Lisbonne, une institution à part entière, montrent à quel point la coopération intergouvernementale fait partie intégrante du processus d'unification européenne. »[801]. Ce constat amène le professeur Jean-Victor Louis à considérer, tout aussi justement, que la Commission n'est pas l'organe exécutif de l'Union, étant donné qu' « [e]lle a concédé au Conseil européen un rôle d'impulsion qui devait être originairement le sien. »[802]. Le professeur Philippe Manin affirme de même qu' « à partir du moment où le Conseil européen s'est vu attribuer le pouvoir « d'impulsion » nécessaire au développement de l'Union [...] l'on ne peut plus apprécier la portée et la signification du pouvoir d'initiative de la Commission dans les mêmes termes que le permettait le système originel. »[803]. Philippe Manin ajoute « [p]lus précisément, [qu'] il ne paraît plus possible de considérer la Commission comme investie de la mission d'être le juge, d'une certaine façon, de l'intérêt général de [l'Union] face aux intérêts des Etats représentés par le Conseil. »[804].

406. L'intergouvernementalisme qui se manifeste à travers l'importance des attributions du Conseil européen sape donc incontestablement la mécanique institutionnelle conçue par les Pères fondateurs pour favoriser l'intégration politique des Etats membres. Il est en effet impossible de ne pas

[798] Article 48, paragraphe 6, 1er alinéa, du traité UE.
[799] Article 48, paragraphe 7, 1er alinéa, du traité UE.
[800] Article 48, paragraphe 7, alinéa 2, du traité UE.
[801] GAILLARD M., *L'Union européenne – Institutions et politiques*, *op. cit.*, p. 33.
[802] LOUIS J-V., « Un gouvernement pour la Communauté européenne » in *Présence du droit public et des droits de l'Homme, Mélanges offerts à Jacques Velu*, Tome 1er, Bruylant, Bruxelles, 1992, p. 181.
[803] MANIN P., « La « méthode communautaire » : changement et permanence », *op. cit.*, p. 224
[804] *Ibid.*

constater que, notamment, « par le renforcement du rôle du Conseil européen, instance composée des chefs d'État ou de gouvernement des États membres [,] l'équilibre sur lequel reposait la méthode communautaire [s'est] trouvé irréversiblement altéré : les organes indépendants y perd[ant] le privilège de « représenter » l'intérêt commun. »[805]. Cette altération s'ajoute au demeurant à celle qui affecte les caractéristiques essentielles du droit de l'Union.

B. L'altération des caractéristiques essentielles du droit de l'UE

407. La force obligatoire et l'unité du droit de l'UE comptent parmi les principes les plus élémentaires de la méthode communautaire. Ces deux caractéristiques essentielles du droit de l'Union, qui servent efficacement la finalité de l'intégration politique qui est attachée à la méthode évoquée, singularisent d'ailleurs particulièrement l'ordre juridique de l'UE par rapport au cadre du droit international. Cela ressort notamment de la jurisprudence relative à l'autonomie constitutionnelle de l'ordre juridique de l'UE, lorsque la Cour de justice affirme que « [l]es caractéristiques essentielles du droit de l'Union ont donné lieu à un réseau structuré de principes, de règles et de relations juridiques mutuellement interdépendantes liant, réciproquement, l'Union elle-même et ses États membres, ainsi que ceux-ci entre eux, lesquels sont désormais engagés, comme il est rappelé à l'article 1er, deuxième alinéa, TUE, dans un «processus créant une union sans cesse plus étroite entre les peuples de l'Europe». »[806].

408. L'on ne peut ainsi que souscrire aux propos du professeur, et ancien président de la Cour de justice, Gil Carlos Rodriguez Iglesias selon lesquels, « la perspective du droit international ne suffit pas à appréhender [l]a singularité [du droit de l'Union], qui ne découle pas de sa genèse en tant que droit international particulier mais de facteurs qui lui sont propres. Ces traits caractéristiques dépendent plutôt du contenu des traités qui constituent le droit primaire, et ils dépendent également de l'évolution ultérieure du phénomène juridique communautaire, qui ne peut ainsi être dissocié de sa compréhension théorique. »[807].

409. Cela étant, le droit de l'Union est aujourd'hui marqué par l'introduction, au sein de l'ordre juridique de l'UE, de mécanismes qui, relevant de la logique classique du droit international – et par là même de l'intergouvernementalisme – sont de potentiels facteurs de désintégration. De fait, contrairement au droit originel de l'Union, ces mécanismes laissent une large place à la volonté fluctuante des différents Etats membres et

---

805 AZOULAI L., PICOD F., « L'Union européenne », *op. cit.*, p. 86.

806 Cour de justice, avis 2/13 du 18 décembre 2014, ECLI:EU:C:2014:2454, point 167.

807 RODRIGUEZ IGLESIAS G.C., « Quelques réflexions sur la singularité des rapports du droit communautaire avec d'autres ordres juridiques », in VANDERSANDEN G. (dir.), *Mélanges en hommage à Jean-Victor Louis*, Bruxelles, éd. de l'ULB, 2003, vol. I, p. 392.

n'aboutissent pas nécessairement à la production de normes contraignantes ; ce qui remet en cause le principe d'unité – juridique comme politique – sur lequel la construction européenne a été fondée.

410. Il faut effectivement observer, avec le professeur François d'Arcy, que, depuis le Conseil européen de Lisbonne des 23 et 24 mars 2000, des instruments relevant pour l'essentiel de la *soft law* [808] se sont développés au sein de l'ordre juridique de l'Union, en particulier dans le domaine économique. Il s'agit notamment « des recommandations, des programmes d'action ou des stratégies communes, des échanges d'information et de bonnes pratiques, [de] l'élaboration d'indicateurs communs, [de] l'analyse et [de] la recherche, ainsi que [du] dialogue social pour associer les acteurs de la société civile »[809]. La méthode ouverte de coordination, qui repose sur ce type d'instruments, est ainsi l'un des mécanismes les plus emblématiques de l'atteinte aux caractéristiques essentielles du droit de l'UE qu'induit le renforcement de la logique intergouvernementale au sein de l'ordre juridique de l'Union.

411. Les caractéristiques essentielles du droit de l'Union peuvent de même être remises en question par les mécanismes de différenciation, laquelle « peut se manifester tant au sein du cadre institutionnel de l'Union européenne qu'à l'extérieur »[810]. La professeure Sabine Saurugger indique à cet égard que, selon le professeur Alexander Stubb, la différenciation peut affecter l'intégration européenne selon trois modalités : « le temps (ou différenciation temporelle), qui renvoie également à l'idée de l'Europe à plusieurs vitesses ; l'espace (ou différenciation territoriale), qui fait référence à la géométrie variable de l'Europe ; enfin, le contenu (ou différenciation sectorielle), dont l'idée d'Europe à la carte est la réalisation la plus répandue. »[811].

412. Ainsi, la différenciation peut notamment être problématique lorsqu'elle procède d'une logique intergouvernementale qui aboutit à une intégration différenciée en raison des oppositions et/ou préférences mises en avant par des Etats membres, afin d'être exemptés de l'application de certaines règles du droit de l'Union ou, au contraire, d'établir des normes plus ambitieuses – car plus intégrationnistes – que celles formant le socle commun. Ainsi, s'il est possible de lier « [l]'émergence du concept de différenciation [...] d'une part à l'accroissement du nombre d'États membres et d'autre part

---

[808] Selon le professeur Joe Verhoeven, la *soft law* renvoie aux « « textes » concertés qui n'expriment pas un accord en droit de leurs signataires. Les appellations sont très diversifiées : *gentlemen's agreement*, communiqué conjoint, déclaration ou résolution, acte final d'une conférence, etc. » (VERHOEVEN J., *Droit international public, op. cit*, p. 371).

[809] D'ARCY F., *Les politiques de l'Union européenne*, *op. cit.*, p. 48.

[810] PRAT A., « La différenciation, réponse au grand nombre d'Etats membres ? », in CERIC (Ed.), *L'intégration européenne au XXIe siècle. En hommage à Jacques Bourrinet*, Paris, La documentation française, 2004, p. 82.

[811] SAURUGGER S., *Théories et concepts de l'intégration européenne*, *op. cit.*, p. 284.

à la prolifération des tâches assignées à la Communauté et à l'Union »[812], il faut constater que « [l]'homogénéité des droits et obligations acceptés par les États membres, et son corollaire, l'unité du droit [de l'Union] sont battus en brèche par la différenciation inscrite dans les traités depuis Maastricht et surtout Amsterdam. C'est ainsi le « *tabou de l'uniformité* » qui est remis en cause. »[813].

413. Dès lors, afin de rendre compte de la manière dont le renforcement de l'intergouvernementalisme affecte les caractéristiques essentielles du droit de l'Union, – que sont sa force obligatoire et son unité – et, partant, la méthode communautaire dont elles procèdent, nous ferons état de l'atteinte au caractère contraignant du droit de l'UE qu'il peut emporter à travers l'examen de la méthode ouverte de coordination (1), avant de nous intéresser à celle qu'il porte au caractère uniforme de ce droit par le biais de la différenciation (2).

1. L'atteinte au caractère contraignant du droit de l'UE à l'aune de la méthode ouverte de coordination

414. Consacrée par le Conseil européen des 23 et 24 mars 2000, qui prévoit sa mise en œuvre dans le cadre de la Stratégie de Lisbonne[814], la méthode ouverte de coordination – fréquemment désignée par l'acronyme MOC – a été développée relativement à la politique de l'emploi ; « [l]e processus de Luxembourg, adopté par le Conseil européen en novembre 1997, a[yant] mis en place une coordination des politiques de l'emploi, à travers des lignes directrices traduites par les Etats membres dans des plans nationaux d'action pour l'emploi (PNAE) soumis eux-mêmes à une surveillance multilatérale. »[815].

415. Le professeur Stéphane de La Rosa souligne qu' « [à] suivre les conclusions du Conseil européen de Lisbonne de mars 2000, la MOC est considérée comme un nouvel instrument censé appuyer un processus de

---

[812] PRAT A., « La différenciation, réponse au grand nombre d'Etats membres ? », *op. cit.*, p. 76.
[813] *Ibid.*, p. 77.
[814] Aux termes des conclusions du Conseil européen de Lisbonne des 23 et 24 mars 2000, cette stratégie visait à faire de l'Union « l'économie de la connaissance la plus compétitive et la plus dynamique du monde, capable d'une croissance économique durable accompagnée d'une amélioration quantitative et qualitative de l'emploi et d'une plus grande cohésion sociale » (point 5 des conclusions) ; « [l]'application de cette stratégie suppos[ant] l'amélioration des processus existants par l'introduction d'une nouvelle méthode ouverte de coordination à tous les niveaux, le Conseil européen jouant un rôle renforcé d'orientation et de coordination de manière que cette stratégie soit dirigée de façon plus cohérente et que les résultats obtenus fassent l'objet d'un suivi effectif. Lors d'une réunion qui aura lieu chaque année au printemps, le Conseil européen définira les mandats pertinents et veillera à leur suivi. » (point 7 des conclusions). Le texte de ces conclusions est disponible sur le site internet du Conseil de l'UE et du Conseil européen à l'adresse suivante :
https://www.consilium.europa.eu/fr/european-council/conclusions/1993-2003/.
[815] DELIVET P., *Les politiques de l'Union européenne*, *op. cit.*, p. 64.

convergence des politiques nationales dans des domaines qui touchent directement ou indirectement la compétitivité de l'Union. »[816]. Il précise que les conclusions dudit Conseil européen « ont, pour la première fois, désigné expressément la MOC et l'ont définie comme un instrument qui consiste à établir des lignes directrices et des objectifs que les Etats sont invités à mettre en œuvre, à la présentation par ceux-ci de plans nationaux d'action, à l'évaluation des résultats nationaux à l'aune d'indicateurs et à promouvoir l'échange des bonnes ou des meilleures pratiques (dans des domaines de compétences qui échappent au pouvoir normatif contraignant de l'Union). »[817].

416. Cela dit, selon le professeur Arnaud Van Waeyenberge, « la MOC n'est pas une méthode monolithique et connaît de nombreuses variantes en fonction du domaine auquel elle s'applique : l'emploi, les pensions et l'exclusion sociale, la recherche et l'éducation, la société de l'information ainsi que la politique d'entreprise. Chacune de ces politiques ayant développé sa propre MOC, il existe non pas une, mais une multitude de MOC qui partagent globalement les mêmes caractéristiques. »[818]. Arnaud Van Waeyenberge précise en outre que « le Traité de Lisbonne, bien que n'utilisant pas explicitement le terme « MOC », en reprend ses principales caractéristiques. »[819]. De fait, l'article 156 du traité FUE dispose, par exemple, que « la Commission encourage la coopération entre les États membres et facilite la coordination de leur action dans tous les domaines de la politique sociale »[820], en précisant qu' « [à] cet effet, [elle] agit en contact étroit avec les États membres, par des études, des avis et par l'organisation de consultations, tant pour les problèmes qui se posent sur le plan national que pour ceux qui intéressent les organisations internationales, notamment par des initiatives en vue d'établir des orientations et des indicateurs, d'organiser l'échange des meilleures pratiques et de préparer les éléments nécessaires à la surveillance et à l'évaluation périodiques. »[821].

417. Ces principes de définition élémentaires de la MOC étant posés, il convient de constater qu' « [i]l s'agit d'une méthode intergouvernementale dans laquelle le rôle de la Commission est limité »[822], comme de souligner que « [l]e Parlement européen et la Cour de justice sont presque complétement écartés de ce processus »[823] dans lequel « les États membres sont évalués par

---

[816] DE LA ROSA S., « Cohérence du système communautaire et recours à la méthode ouverte de coordination », in MICHEL V. (dir.), *Le droit, les institutions et les politiques de l'Union européenne face à l'impératif de cohérence*, Strasbourg, Presses universitaires de Strasbourg, 2009, pp. 148-149.

[817] *Ibid.*

[818] VAN WAEYENBERGE A., *Nouveaux instruments juridiques de l'Union européenne – Evolution de la méthode communautaire*, *op. cit.*, p. 68.

[819] *Ibid.*, p. 69.

[820] Article 156, paragraphe 1, du traité FUE.

[821] Article 156, paragraphe 2, du traité FUE.

[822] DELIVET P., *Les politiques de l'Union européenne*, *op. cit.*, p. 64.

[823] *Ibid.*

d'autres États membres »[824]. La MOC se distingue également des principes propres à la méthode communautaire dans la mesure où « elle se contente de fixer des objectifs aux États membres et de favoriser le *benchmarking*, c'est-à-dire la comparaison entre les différentes politiques des États et la diffusion des meilleures pratiques. »[825]. De fait, « [r]ien n'est imposé aux pays qui ne sont pas contraints juridiquement par des directives et un contrôle de la Cour de justice – comme cela est le cas pour le marché unique –, ni par des critères fermes – comme ceux de Maastricht pour l'unification monétaire. »[826]. Du reste, il faut préciser que « c'est manifestement le Conseil européen [– « organe de nature intergouvernementale « par excellence » »[827] –] qui se trouve en amont d[u] dispositif [de la MOC], dans la mesure où il fixe les objectifs, formule les mandats à l'intention du Conseil , de la Commission et des États membres, coordonne, contrôle et assure le suivi du travail de la Commission et du Conseil »[828] ; le rôle de la gardienne des Traités se cantonnant dès lors à celui d'un simple « organe d'analyse et de synthèse »[829] qui serait toutefois « incontournable »[830].

418. La MOC peut ainsi, à juste titre, être « présentée comme l'archétype des « new modes of governance », c'est-à-dire de nouveaux instruments d'action publique européenne au vu des caractéristiques particulièrement différenciées de cette méthode par rapport à la méthode communautaire »[831]. Or, l'emploi de cette méthode intergouvernementale conduit au développement, au cœur de l'ordre juridique de l'Union, d'un « droit mou » qui, n'étant ni opposable aux Etats membres, ni susceptible d'être sanctionné par le juge de l'UE, contrarie fondamentalement la vocation originelle du droit de l'Union « à la force ». Cet état de fait est problématique dans la mesure où la caractéristique essentielle du droit de l'Union qu'est sa force obligatoire – dont on soulignera qu'elle constitue l'une des justifications du discours de la Cour de justice relatif à la limitation de la souveraineté des Etats membres[832] – est sans conteste l'un des éléments de fondation et de spécificité de l'ordre

---

824 *Ibid.*

825 GAILLARD M., *L'Union européenne – Institutions et politiques*, *op. cit.*, p. 184.

826 *Ibid.*

827 MANIN P., « La « méthode communautaire » : changement et permanence », *op. cit.*, p. 223.

828 VAN WAEYENBERGE A., *Nouveaux instruments juridiques de l'Union européenne – Evolution de la méthode communautaire*, *op. cit.*, p. 69.

829 *Ibid.*

830 *Ibid.*, p. 70.

831 *Ibid.*, p. 75.

832 En effet, aux termes de la jurisprudence constante de la Cour de justice, « en instituant une [Union] de durée illimitée, dotée [...] plus particulièrement de pouvoirs réels issus d'une limitation de compétence ou d'un transfert d'attributions des États à [l'Union], ceux-ci ont limité, bien que dans des domaines restreints, leurs droits souverains et créé ainsi un corps de droit applicable à leurs ressortissants et à eux-mêmes » (Cour de justice, arrêt du 15 juillet 1964, *Costa contre ENEL*, aff. 6/64, ECLI:EU:C:1964:66, p. 1159).

juridique de l'UE le plus à même d'assurer la réalisation de l'objectif d'intégration politique qui sous-tend l'ensemble du processus de construction européenne[833].

419. Dès lors, la MOC fait partie de ces « nouveaux instruments qui, loin de constituer des initiatives isolées, participent d'un modèle alternatif de gouvernance communautaire qui [...] transforme en profondeur [la méthode communautaire] »[834], en la concurrençant très fortement. La MOC peut, de ce fait, être appréhendée comme un facteur potentiel de désintégration du droit de l'Union ou, à tout le moins, comme nuisant sensiblement à l'efficacité de ce dernier. D'aucuns lui attribuent ainsi l'échec de la stratégie de Lisbonne en considérant que « [s]a faille essentielle résidait [...] sans doute dans la méthode employée »[835], étant donné que « [l]oin de la méthode communautaire mise en œuvre pour la PAC, l'union douanière ou le marché unique, c'est cette fois la « méthode ouverte de coordination » (MOC) qui a été choisie. »[836]. Or, l'atteinte au principe originel de la force obligatoire du droit de l'Union qu'induit l'emploi de méthodes normatives telles que la MOC interroge d'autant plus qu'elle s'opère dans le contexte d'une profonde remise en cause de celui de l'uniformité du même droit.

2. L'atteinte au caractère uniforme du droit de l'UE à l'aune de la différenciation

420. Telle que prévue par le rapport Tindemans sur l'Union européenne du 29 décembre 1975, la différenciation – ou intégration différenciée – tendait originellement à « permett[re] au processus de développement de l'Union de reprendre son dynamisme, fût-ce d'une manière imparfaite »[837], compte tenu de ce qu'il semblait alors « impossible de présenter [...] un programme d'action crédible si on considér[ait] comme absolument nécessaire que dans tous les cas toutes les étapes soient franchies par tous les États au même moment [;] La divergence objective des situations économiques et financières

[833] Il apparaît ici important de rappeler que la jurisprudence inhérente à l'autonomie constitutionnelle de l'ordre juridique de l'Union souligne à ce sujet que « [l]es caractéristiques essentielles du droit de l'Union ont donné lieu à un réseau structuré de principes, de règles et de relations juridiques mutuellement interdépendantes liant, réciproquement, l'Union elle-même et ses États membres, ainsi que ceux-ci entre eux, lesquels sont désormais engagés, comme il est rappelé à l'article 1er, deuxième alinéa, TUE, dans un «processus créant une union sans cesse plus étroite entre les peuples de l'Europe». » (Cour de justice, avis 2/13 du 18 décembre 2014, ECLI:EU:C:2014:2454, point 167).

[834] VAN WAEYENBERGE A., *Nouveaux instruments juridiques de l'Union européenne – Evolution de la méthode communautaire*, *op. cit.*, p. 27.

[835] GAILLARD M., *L'Union européenne – Institutions et politiques*, *op. cit.*, p. 184.

[836] *Ibid.*

[837] Rapport de Leo Tindemans sur l'Union européenne du 29 décembre 1975, p. 21, disponible sur le site internet du CVCE : https://www.cvce.eu/obj/rapport_sur_l_union_europeenne_29_decembre_1975-fr-284c9784-9bd2-472b-b704-ba4bb1f3122d.html

[étant] telle que, si cette exigence [avait été] posée, le progrès [serait devenu] impossible et l'Europe [aurait continué] à s'effriter. »[838].

421. L'idée de différenciation proposée par le rapport Tindemans tendait donc à favoriser le développement du processus de construction européenne en postulant que « dans le cadre communautaire d'une conception d'ensemble de l'Union européenne définie par ce rapport et acceptée par les Neuf, et sur base d'un programme d'action établi dans un domaine déterminé par les institutions communes et admis quant à son principe par tous, les États qui sont en mesure de progresser ont le devoir d'aller de l'avant, [tandis que] les États qui ont des motifs que le Conseil, sur proposition de la Commission, reconnaît comme objectivement valables de ne pas progresser ne le font pas, tout en recevant des autres États l'aide et l'assistance qu'il est possible de leur donner afin qu'ils soient en mesure de rejoindre les autres, et en participant au sein des institutions communes à l'évaluation des résultats obtenus dans le domaine considéré. »[839].

422. La différenciation conceptualisée par Leo Tindemans procédait donc réellement d'une logique intégrationniste conforme à la méthode communautaire étant donné, d'une part, qu'elle reposait sur une approche pragmatique et progressive tendant à favoriser l'institution de l'Union européenne et que, d'autre part, y recourir nécessitait d'avoir des motifs reconnus comme « objectivement valables », et ce, non par les Etats concernés eux-mêmes, mais par les institutions communautaires, dans le cadre du processus décisionnel de droit commun. De fait, « [i]l ne s'agi[ssait] pas ici d'une Europe à la carte : l'accord de tous sur le but final à atteindre en commun li[ant] chacun, ce n'[était] que l'exécution qui [était] échelonnée dans le temps. »[840].

423. Cependant, avant que les principes définis par le rapport Tindemans pour l'instauration de l'UEM soient saisis par le droit primaire, la différenciation s'est manifestée en premier lieu dans le domaine de la coordination monétaire avec l'instauration, le 13 mars 1979, du système monétaire européen[841], communément désigné par son sigle : SME. En effet, créé consécutivement à une résolution du Conseil européen de Brême des 6 et

---

[838] *Ibid.*

[839] *Ibid.*

[840] *Ibid.*

[841] Selon le professeur Christian Bordes, « [d]ans l'esprit des créateurs du S.M.E., son instauration a pour objectif fondamental de créer une zone de stabilité des taux de change en Europe à l'intérieur de laquelle le commerce et les investissements pourront être florissants, mais aussi de favoriser la convergence des économies des pays membres. C'est à l'aune de ces deux critères – la stabilité des changes et la convergence des économies – que les performances du S.M.E. devront être appréciées. » (BORDES C., « L'intégration monétaire européenne », *Encyclopædia Universalis* [en ligne], document pdf, p. 16, disponible à l'adresse suivante : https://www.universalis.fr/encyclopedie/change-l-integration-monetaire-europeenne/).

7 juillet 1978 afin de pallier l'incapacité du serpent monétaire[842] à assurer la stabilité monétaire nécessaire à la création de l'UEM, le système monétaire européen n'incluait pas tous les Etats membres. De fait, le Royaume-Uni a finalement renoncé à y participer en 1979 et les futurs Etats membres des Communautés y adhéreront selon des modalités différentes.

424. En outre, à l'extérieur de l'ordre juridique communautaire, appréhendé dans un sens strict, une différenciation entre les Etats membres des Communautés européennes s'est également instaurée consécutivement à la signature par la France, l'Allemagne et les pays du Benelux de l'accord de Schengen, le 14 juin 1985, puis de sa convention d'application, le 19 juin 1990. Ces textes organisent en effet, entre ces seuls Etats membres, la suppression graduelle des contrôles à leurs frontières communes, ainsi que le renforcement de leur coopération policière et judiciaire, eu égard au fait que « le Traité instituant les Communautés européennes, complété par l'Acte unique européen, prévo[yait] que le marché intérieur comporte un espace sans frontières intérieures »[843], qui ne pouvait être pleinement instauré dans l'ordre juridique communautaire du fait des réticences politiques des autres Etats membres.

425. Après ces expériences disparates – qui tendaient cependant toutes deux à favoriser l'intégration économique et politique des Etats membres – le traité de Maastricht permet d'introduire, dans l'ordre juridique de l'UE, la méthode de différenciation claire et conforme à la méthode communautaire prônée par Leo Tindemans. En effet, ce traité et, à sa suite, celui de Lisbonne, prévoient, dans le cadre de dispositions transitoires, que les Etats membres qui ne remplissent pas les conditions nécessaires à la participation à l'union monétaire – du fait de leur incapacité à respecter les critères de convergence définis conformément au premier traité – font l'objet d'une dérogation décidée puis, le cas échéant, levée par les institutions de l'UE[844].

---

[842] Le serpent monétaire a été instauré par les Six avec l'accord de Bâle signé le 10 avril 1972 et entré en vigueur le 24 avril 1972, « [son] objectif est d'assurer une certaine stabilité monétaire au sein de la Communauté. Les Six mettent en place un mécanisme visant à réduire de moitié la marge de fluctuation entre leurs monnaies prises deux à deux (le serpent), tout en conservant la marge de plus ou moins 2,25 p. 100 par rapport au dollar. » (*ibid.*, p. 14).

[843] 3ème alinéa du préambule de la convention d'application de l'accord de Schengen du 19 juin 1990.

[844] Reprenant les principes posés par l'article 109 K du traité de Maastricht, l'article 139, paragraphe 1, du traité FUE prévoit que « [l]es États membres au sujet desquels le Conseil n'a pas décidé qu'ils remplissent les conditions nécessaires pour l'adoption de l'euro sont ci-après dénommés « États membres faisant l'objet d'une dérogation » », tandis que l'article 140, paragraphe 2, du même traité dispose notamment qu' « [a]près consultation du Parlement européen et discussion au sein du Conseil européen, le Conseil, sur proposition de la Commission, décide quels États membres faisant l'objet d'une dérogation remplissent les conditions nécessaires sur la base des critères fixés au paragraphe 1 et met fin aux dérogations des États membres concernés. ».

426. Cependant, parallèlement à ces dérogations transitoires et justifiées par l'intérêt communautaire, le premier traité sur l'UE a également institutionnalisé un tout autre type de différenciation avec « la mise en place de plusieurs exceptions qui permettent aux États membres de ne pas participer à une politique ou à un aspect spécifique d'une politique publique, connues sous la notion de *opt-out* pour le Royaume-Uni et le Danemark[845] dans le contexte de la négociation du traité de Maastricht [...] suivis par celles incluses dans le traité d'Amsterdam. »[846].

427. Or, ce type de différenciation est problématique dans la mesure où, loin d'être motivé par les nécessités pratiques du processus d'intégration européenne, il est, dans le cadre d'une logique purement intergouvernementale, essentiellement dicté par la volonté défendue, à un instant donné, par le ou les gouvernements alors en fonction de l'un ou certains des Etats membres, et ce, sur la base de considérations d'ordre exclusivement national. Ainsi, à travers cette espèce de dérogations au droit commun, le traité de Maastricht a introduit dans l'ordre juridique de l'UE un type de différenciation clairement attentatoire à l'attribut essentiel du droit de l'Union qu'est son caractère uniforme.

428. Le professeur Philippe Manin expose d'ailleurs à ce sujet que les « États membres originaires de la Communauté européenne étaient tous régis par les mêmes règles. Ce principe d'unité et d'uniformité a été clairement affirmé, en 1973, lors du premier élargissement, les prétentions émises à une époque par le Royaume-Uni et tendant à obtenir des régimes dérogatoires dans certains domaines ayant été fermement repoussées. »[847]. Philippe Manin observe cependant que le traité de Maastricht a rompu avec ce principe d'unité en admettant « que certains États membres bénéficieraient de régimes dérogatoires qui ne cesseraient qu'à leur demande. Le système des dérogations a été repris par le traité d'Amsterdam. Aujourd'hui, par l'effet de ces deux traités, le principe de diversité occupe une place essentielle dans l'Union »[848]. De plus, soulignant que « l'Irlande et le Danemark ne sont pas régis par les règles communes relatives à la suppression des contrôles aux frontières sur les personnes et à la politique commune d'immigration »[849] ou encore que « « la politique commune de défense » [...] reconnaît pleinement la diversité des États membres en tenant compte du statut de neutralité de certains, de la question de l'appartenance ou de la non-appartenance à l'OTAN, ainsi que de

---

[845] La participation de ces Etats à la monnaie unique a été respectivement subordonnée au bon vouloir du Royaume-Uni et aux résultats d'un référendum, éventuellement nécessaire, au Danemark par le protocole sur certaines dispositions relatives au Royaume-Uni de Grande Bretagne et d'Irlande du Nord et le protocole sur certaines dispositions relatives au Danemark, annexés au traité de Maastricht.

[846] SAURUGGER S., *Théories et concepts de l'intégration européenne*, *op. cit.*, p. 284.

[847] MANIN P., « La transformation de la Communauté européenne et le traité de Lisbonne », *op. cit.*, p. 91.

[848] *Ibid.*

[849] *Ibid.*

la position particulière du Danemark qui bénéficie d'une dérogation spécifique »[850], le professeur Philippe Manin soutient que « [l]es « dérogations » ont donc « transformé » la nature de l'Union »[851].

429. En outre, en plus de reconduire le système de dérogations problématique évoqué, le traité d'Amsterdam a introduit, dans l'ordre juridique de l'Union, le pôle de la différenciation qui lui est opposé avec le mécanisme des coopérations renforcées, dont les principes sont aujourd'hui définis par le titre IV du traité UE. L'article 20, paragraphe 1, de ce traité prévoit ainsi que « [l]es États membres qui souhaitent instaurer entre eux une coopération renforcée dans le cadre des compétences non exclusives de l'Union peuvent recourir aux institutions de celle-ci et exercer ces compétences en appliquant les dispositions appropriées des traités [...] ». Il précise au demeurant que « [l]es coopérations renforcées visent à favoriser la réalisation des objectifs de l'Union, à préserver ses intérêts et à renforcer son processus d'intégration » et qu'« [e]lles sont ouvertes à tout moment à tous les États membres, conformément à l'article 328 du traité sur le fonctionnement de l'Union européenne. ».

430. Ainsi définies, les coopérations renforcées semblent favorables au développement du processus de construction européenne, dès lors qu'elles peuvent permettre à un groupe d'Etats membres d'approfondir l'intégration dans certains domaines de compétences de l'Union, et ce, non seulement sous le contrôle de la gardienne des Traités mais également dans le cadre du respect du droit institutionnel et matériel de l'Union[852]. Elles posent cependant question relativement au principe d'uniformité du droit de l'Union étant donné que, n'ayant pas le caractère purement technique et transitoire des dérogations propres au type de différenciation porté par Leo Tindemans, leur mise en œuvre dépend uniquement de la volonté politique des différents Etats

---

850 *Ibid.*, pp. 91-92.

851 *Ibid.*, p. 92.

852 En effet, l'article 329 du traité FUE dispose que :

« 1. Les États membres qui souhaitent instaurer entre eux une coopération renforcée dans l'un des domaines visés par les traités, à l'exception des domaines de compétence exclusive et de la politique étrangère et de sécurité commune, adressent une demande à la Commission en précisant le champ d'application et les objectifs poursuivis par la coopération renforcée envisagée. La Commission peut soumettre au Conseil une proposition en ce sens. Si elle ne soumet pas de proposition, la Commission en communique les raisons aux États membres concernés.

L'autorisation de procéder à une coopération renforcée visée au premier alinéa est accordée par le Conseil, sur proposition de la Commission et après approbation du Parlement européen.

2. La demande des États membres qui souhaitent instaurer entre eux une coopération renforcée dans le cadre de la politique étrangère et de sécurité commune est adressée au Conseil. Elle est transmise au haut représentant de l'Union pour les affaires étrangères et la politique de sécurité, qui donne son avis sur la cohérence de la coopération renforcée envisagée avec la politique étrangère et de sécurité commune de l'Union, ainsi qu'à la Commission, qui donne son avis, notamment sur la cohérence de la coopération renforcée envisagée avec les autres politiques de l'Union. Elle est également transmise au Parlement européen pour information.

membres et peut de ce fait conduire à un état d'intégration différenciée très durable entre ces derniers.

431. Aikaterini Angelaki observe justement à cet égard qu' « [i]l est [...] évident que l'activation du mécanisme des coopérations renforcées permet l'exercice des compétences de l'Union. Sous ce prisme, le recours au mécanisme peut être envisagé comme un moyen de parvenir à l'efficacité de l'action de l'Union, permettant « de sortir du dilemme – faire davantage ou faire mieux – en empruntant une autre voie : faire différemment » »[853]. Le recours aux coopérations renforcées se fait « au risque toutefois de fragiliser le processus d'intégration. De nombreuses précautions ont ainsi été prises afin d'encadrer la dilution de la différenciation dans l'exercice des compétences de l'Union. »[854].

432. Ainsi, bien que conçues pour favoriser l'intégration européenne, les coopérations renforcées sont indéniablement marquées par une forme certaine d'intergouvernementalisme qui est susceptible de l'affecter considérablement comme durablement. De fait, selon la professeure Christine Guillard, « [l]a méfiance suscitée par l'intégration différenciée ou plus précisément par son extension est tangible. [...] Cette suspicion s'explique facilement : la construction européenne est traditionnellement conçue comme basée sur l'uniformité et la solidarité. Une partie de la classe politique et de la doctrine redoute que la différenciation n'entraîne une plus grande hétérogénéité de l'Union et une perte de cohésion. »[855].

433. Dès lors, s'ils répondent à des logiques bien différentes, les deux pôles de la différenciation constitués, d'une part, par les clauses d'*opt-out* et, d'autre part, par les coopérations renforcées, portent atteinte à la caractéristique essentielle du droit de l'Union qu'est son uniformité et compromettent, subséquemment – bien qu'à des degrés variables –, la capacité de ce droit à assurer la réalisation de l'objectif d'intégration politique inhérent à la méthode communautaire. Cette manifestation de l'intergouvernementalisme, additionnée à toutes celles qui ont été précédemment étudiées, remet donc en cause l'essence même de la méthode communautaire. Il semblerait toutefois que cette dernière puisse s'accommoder du renforcement de l'intergouvernementalisme au sein de l'ordre juridique de l'UE.

---

[853] A. ANGELAKI, *La différenciation entre les États membres de l'Union européenne*, Thèse de doctorat publiée, Bruxelles, Bruylant, 2020, p. 120.

[854] *Ibid.*

[855] GUILLARD C., *L'intégration différenciée dans l'Union européenne*, Thèse de doctorat publiée, Bruxelles, Bruylant, 2006, pp. 46-47.

Section 2 - L'accommodation de la méthode communautaire à l'intergouvernementalisme

434. Au regard des différentes formes de l'intergouvernementalisme qui se manifestent dans l'ordre juridique de l'UE, il apparaît clairement que ce dernier affecte sensiblement les fondements mêmes de la méthode communautaire et, partant, son caractère de « véritable « fédérateur » de l'Europe »[856]. Cet état de fait peut légitimement conduire à remettre en question la pertinence juridique de la rhétorique de la Cour de justice relative à l'existence d'un processus de limitation continue de la souveraineté des Etats membres au sein de l'ordre juridique de l'UE.

435. Cependant, plusieurs spécialistes chevronnés du droit de l'Union ont pu considérer que la méthode communautaire a été en mesure de s'adapter aux avancées de l'intergouvernementalisme dans l'ordre juridique de l'UE. Ainsi, selon le professeur Philippe Manin, notamment, « [e]n fait [cette méthode] a su s'accommoder d'un intergouvernementalisme renforcé. Elle en a même été probablement revivifiée. »[857]. Nous observerons qu'il est possible de partager ce constat – et donc de reconnaître la justesse des assertions de la Cour de justice sur le sujet en cause – après avoir mis en exergue le fait que, malgré le renforcement de l'intergouvernementalisme, la nouvelle mécanique institutionnelle de l'UE est à même de favoriser l'intégration politique des Etats membres (**§ 1**), puis démontré que la dynamique d'entraînement propre à la méthode communautaire est toujours présente au sein de l'ordre juridique de l'UE (**§ 2**).

§ 1. Une nouvelle mécanique institutionnelle apte à fédérer

436. La méthode communautaire originelle – c'est-à-dire celle qui est issue du traité CECA – reposait essentiellement sur un système institutionnel tendant à différencier l'intégration européenne du schéma classique de la coopération intergouvernementale. En effet, « [l]a CECA a eu pour vocation de rejeter [ce schéma]. Elle était donc fondée sur un principe tout à fait opposé. »[858]. Le professeur Philippe Manin précise à ce sujet que « le pouvoir de décision était confié à un organe indépendant des gouvernements des Etats membres (la « Haute Autorité »). Celui-ci devait trouver son inspiration non dans la recherche des solutions susceptibles de contenter – ou de moins mécontenter – la totalité ou le plus grand nombre d'Etats mais dans ce qui était le plus susceptible de correspondre aux objectifs et à l'intérêt de la Communauté. »[859].

---

[856] MONNET J., *Mémoires, op. cit.*, p. 517.
[857] MANIN P., « La « méthode communautaire » : changement et permanence », *op. cit.*, p. 236.
[858] *Ibid.*, p. 215.
[859] *Ibid.*

437. Cependant, à compter de la création de la CEE, et jusqu'à la disparition de la CECA, la méthode communautaire a été duale étant donné que « pour ce qui concern[ait] l'attribution du pouvoir de décision, il y a[vait], entre la CECA et la CEE, non pas une continuité mais une rupture. Le traité CEE a en effet attribué celui-ci au Conseil, organe composé de représentants des gouvernements des Etats membres [et] a donc renoué avec la méthode intergouvernementale. Dès lors, il n'[était] pas possible de parler de la « méthode communautaire » mais plutôt de la « méthode CECA » et de la « méthode CEE ». »[860].

438. L'on peut dès lors considérer, à la suite du professeur Philippe Manin, que, depuis les toutes premières étapes du processus d'intégration européenne, la mécanique institutionnelle propre à la méthode communautaire comprend une certaine part d'intergouvernementalisme. Cependant, cet intergouvernementalisme a, dès le commencement, a été « tempéré »[861] par le maintien, puis le renforcement, au sein de l'ordre juridique communautaire comme celui de l'Union, « d'organes intégrés [– ou intégratifs[862] –] d'un genre nouveau, puisque, au-delà de leur indépendance statutaire et de leur action dans l'intérêt des Communautés, ces organes sont plus largement chargés de promouvoir l'intégration. »[863].

439. Ainsi, « [i]l ne fait pas de doute [...] que le maintien, dans le cadre du traité CEE, des compétences et pouvoirs de la Cour tels qu'ils existaient dans le traité CECA constituait, lui, un très fort tempérament de l'intergouvernementalisme. »[864]. Le rôle unique conféré à la CJUE dans le développement du processus de construction européenne – du fait de la remarquable autorité de ses arrêts et avis – a de surcroît été confirmé et, globalement renforcé, par les différents traités européens ; celui de Lisbonne ayant notamment élargi ses compétences dans le domaine politiquement fondamental de l'espace de liberté, de sécurité et de justice de l'Union.

440. De même, le traité CEE a fait de la Commission « l'héritière, d'une certaine manière, de la Haute Autorité »[865] en lui attribuant « deux pouvoirs de nature originale : le pouvoir d'initiative et le pouvoir de surveillance. »[866]. Soulignons que le premier d'eux « a toujours été conçu conformément à la méthode communautaire comme un moyen d'éviter la domination des grands États et de privilégier la recherche d'un intérêt commun dès la formulation de

[860] *Ibid.*, pp. 215-216.
[861] *Ibid.*, p. 216.
[862] Cette épithète est employée par Olivier Blin dans l'article cité dans la note suivante.
[863] BLIN O., « 50 ans de Commission européenne ou la légitimité intégrative en question », in BLANQUET M. (dir.), *Mélanges en hommage à Guy Isaac. 50 ans de droit communautaire*, *op cit.*, p. 288.
[864] MANIN P., « La « méthode communautaire » : changement et permanence », *op. cit.*, p. 217.
[865] *Ibid.*, p. 218.
[866] *Ibid.*

la proposition. »[867]. L'influence de la Commission dans le processus d'intégration européenne s'est, au demeurant, renforcée au fur et à mesure de l'extension des compétences dévolues aux Communautés, puis à l'Union, par les Etats membres. Ainsi, « chacun s'accorde à reconnaître l'efficacité de la Commission dans la mise en place puis le développement des politiques communes parallèlement à sa contribution déterminante dans la réalisation de l'Union douanière devenue Marché unique puis Union économique et monétaire »[868], dont la vocation à favoriser l'intégration politique des Etats membres n'est plus à démontrer[869].

441. Par ailleurs, outre les caractéristiques et les prérogatives historiques de la CJUE et de la Commission, la mécanique institutionnelle propre à la méthode communautaire repose aujourd'hui également sur les attributions de deux autres organes intégratifs : le Parlement européen et, de façon assez paradoxale, le Conseil européen qui, malgré sa nature purement intergouvernementale, s'est avéré être – et demeure encore – un rouage essentiel de la construction politique européenne, dans le cadre du processus de démocratisation de l'Union.

442. S'agissant, en premier lieu, du Conseil européen, il convient tout d'abord de relever qu'en dépit de sa nature et de son mode de fonctionnement intergouvernementaux, il a été conçu, à l'instar de chacun des organes intégratifs de l'UE, dans le but de favoriser l'unification politique des Etats membres. De fait, « [a]près l'échec de la « Communauté européenne de défense » en 1954, Jean Monnet créa le « Comité d'Action pour les États-Unis d'Europe », afin de raviver l'esprit d'intégration européenne »[870]. Ce comité a dès lors été « à l'origine de nombreuses initiatives allant dans ce sens : création du marché commun et du système monétaire européen, sommets du Conseil européen et élection du Parlement européen au suffrage universel. »[871].

443. Ainsi, avant même sa reconnaissance formelle en tant qu'institution par le traité de Lisbonne, le Conseil européen a joué, à travers ses différents sommets[872], un rôle politique majeur pour assurer l'établissement de l'UE. En effet, « [l]'apport du Conseil européen a parfois été essentiel, comme lors des années 1984-1994. »[873]. L'on relèvera ici, à titre d'illustration, que « le

---

867 AZOULAI L., PICOD F., « L'Union européenne », *op. cit.*, p. 86.

868 BLIN O., « 50 ans de Commission européenne ou la légitimité intégrative en question », *op cit.*, p. 320.

869 V. sur ce point les développements du premier chapitre de la première partie du présent ouvrage.

870 COMMISSION EUROPEENNE, *Les pères fondateurs de l'Union européenne*, Luxembourg, Office des publications de l'Union européenne, « Comprendre les politiques de l'Union européenne », 2013, p. 20, disponible sur le site internet : http://publications.europa.eu/resource/cellar/68bdd08f-bc32-4cf3-b714-fe6237052617.0021.03/DOC_1.

871 *Ibid.*

872 V. notamment sur ce point les développements de la première section du présent chapitre.

873 GAILLARD M., *L'Union européenne – Institutions et politiques*, *op. cit.*, p. 33.

Conseil européen de Fontainebleau de juin 1984 a permis de régler la crise de la contribution britannique, qui bloquait l'Europe depuis 1979 »[874] ; ou encore que « [l]e Conseil européen de Hanovre en juin 1988 a décidé la création du comité Delors chargé de réfléchir à la mise en place d'une union économique et monétaire »[875]. Enfin – et il s'agit là d'une contribution plus que fondamentale –, « le Conseil européen de juin 1990 à Dublin a, quant à lui, ouvert la voie à l'ouverture d'une conférence intergouvernementale sur l'union politique. »[876].

444. L'action du Conseil européen en faveur de l'unité politique des Etats membres est en outre particulièrement déterminante dans les périodes de crise connues par l'UE. De fait, en réaction aux problèmes économiques et sociaux causés par la crise sanitaire liée à la pandémie de Covid-19, le Conseil européen, lors d'une réunion extraordinaire intervenue à Bruxelles du 17 au 21 juillet 2020, a défini les grandes orientations d'un plan de relance comprenant, en sus d'un cadre financier pluriannuel 2021-27 ambitieux, un instrument de financement inédit, et remarquable dans le processus de construction politique européen, dénommé *Next generation EU*. Ce dernier ouvre en effet la voie à une mutualisation de la dette des Etats membres en autorisant de manière exceptionnelle la Commission européenne « à emprunter des fonds sur les marchés des capitaux au nom de l'Union à hauteur d'un montant maximal de 750 milliards d'EUR aux prix de 2018 »[877] ; cette « nouvelle activité d'emprunt net [devant cesser] au plus tard à la fin de 2026 »[878].

445. Le Conseil européen a de même, et en dépit de fortes divergences politiques entre les Etats membres quant à l'attitude à adopter vis-à-vis de la Russie, régulièrement favorisé l'adoption, par l'UE, de sanctions économiques à l'encontre de celle-ci, consécutivement à la guerre qu'elle a déclenchée en Ukraine, le 24 février 2022. Le Conseil européen permet ainsi à l'UE de se présenter, sur la scène internationale, comme un acteur politique qui se distingue véritablement de ses Etats membres ; état de fait qui renforce indéniablement le processus d'intégration dans lequel ces derniers sont engagés.

446. En second lieu, dans le cadre du mouvement continu de démocratisation du fonctionnement des Communautés, puis de l'Union européennes, déjà évoqué, le Parlement européen s'est progressivement imposé comme un organe intégratif de premier plan. De fait, « [b]énéficiant d'une légitimité plus forte depuis l'élection de ses membres au suffrage

---

[874] *Ibid.*
[875] *Ibid.*
[876] *Ibid.*
[877] Conclusions du Conseil européen de Bruxelles des 17-21 juillet 2020, p. 3, disponibles sur le site internet du Conseil de l'UE et du Conseil européen : https://www.consilium.europa.eu/media/45125/210720-euco-final-conclusions-fr.pdf.
[878] *Ibid.*

universel direct, le Parlement européen a pu pleinement exercer les pouvoirs accrus que lui ont donnés les traités de révision et, tout particulièrement, le pouvoir de « « co-décider » avec le Conseil un certain nombre d'actes de droit dérivé, que lui a attribué le traité de Maastricht et qu'ont amplifié le traité d'Amsterdam et le traité de Nice. »[879]. Le traité de Lisbonne a au demeurant confirmé cette orientation en faveur du Parlement européen qui, bien qu'élu au niveau des Etats membres, a vocation à représenter les citoyens de l'Union[880] et s'est distingué par des positions très favorables à l'intégration politique tout au long du processus de construction européenne. L'on notera à cet égard que, le 14 février 1984, le Parlement européen « [a] approuv[é] le « projet de traité instituant l'Union européenne », connu sous le nom de « Plan Spinelli ». »[881]. Or, « si les parlements nationaux n'approuvèrent pas le traité, le document servit de base à l'Acte unique européen de 1986, qui ouvrit les frontières nationales pour créer un marché commun, ainsi qu'au traité de Maastricht de 1992 instituant l'Union européenne. »[882].

447. Au demeurant, la capacité du Parlement européen à influer sur le processus d'intégration européenne est considérablement renforcée par le traité de Lisbonne à travers non seulement le pouvoir qu'il lui reconnaît d'élire le président de la Commission européenne[883] mais également l'obligation qu'il fait au Conseil européen de prendre en compte les résultats des élections au Parlement européen pour la désignation du candidat à cette fonction[884]. En effet, grâce à ce pouvoir d'élection du responsable de l'institution chargée de promouvoir l'intérêt général de l'UE – notamment en initiant son droit dérivé – ainsi qu'à son rôle dans la désignation des autres membres de la Commission[885], le Parlement européen dispose de la capacité de marquer de son empreinte intégrationniste un acteur majeur du processus décisionnel de l'UE. Il est dès lors possible d'estimer que, « le développement des pouvoirs du Parlement européen constitu[ant] aujourd'hui un nouveau tempérament à

---

[879] MANIN P., « La « méthode communautaire » : changement et permanence », *op. cit.*, p. 233.

[880] L'article 14, paragraphe 2, du traité UE dispose en effet que : « Le Parlement européen est composé de représentants des citoyens de l'Union. ».

[881] COMMISSION EUROPEENNE, *Les pères fondateurs de l'Union européenne*, *op. cit.*, p. 26.

[882] *Ibid.*

[883] Articles 14, paragraphe 1 et 17, paragraphe 7, du traité UE.

[884] Article 17, paragraphe 7, du traité UE.

[885] Aux termes de l'article 17, paragraphe 7, alinéas 2 et 3, du traité UE, « [l]e Conseil, d'un commun accord avec le président élu, adopte la liste des autres personnalités qu'il propose de nommer membres de la Commission. Le choix de celles-ci s'effectue, sur la base des suggestions faites par les États membres, conformément aux critères prévus au paragraphe 3, deuxième alinéa, et au paragraphe 5, second alinéa. Le président, le haut représentant de l'Union pour les affaires étrangères et la politique de sécurité et les autres membres de la Commission sont soumis, en tant que collège, à un vote d'approbation du Parlement européen. Sur la base de cette approbation, la Commission est nommée par le Conseil européen, statuant à la majorité qualifiée. ».

l'intergouvernementalisme »[886], l'institution représentative des citoyens de l'Union apparaît, aux côtés de celles évoquées plus haut, comme l'une des figures institutionnelles d'une méthode communautaire renouvelée par sa capacité à intégrer l'action d'organes de nature intergouvernementale.

448. L'extension permanente des attributions du Parlement européen peut, en tout état de cause, témoigner de la persistance, au sein de l'ordre juridique de l'UE, de la dynamique favorable à l'intégration immanente à la méthode communautaire, – ce, malgré le renforcement parallèle de l'intergouvernementalisme – si l'on considère, notamment, à la suite du professeur Edouard Dubout, que « [l]'histoire de la montée en puissance du Parlement européen dans la prise de décision européenne est continue, un effet d'engrenage ayant été enclenché depuis son élection au suffrage universel direct décidée en 1976 et, depuis, inlassablement mise en avant afin d'augmenter son pouvoir décisionnel. »[887].

§ 2. Une dynamique d'entraînement toujours à l'œuvre dans l'ordre juridique de l'UE

449. Avec l'adoption du traité CEE, la dynamique d'entraînement en faveur de l'intégration politique propre à la méthode communautaire et inaugurée par la CECA, a, dès les prémices de la construction européenne, été confrontée à la problématique de l'intergouvernementalisme. En effet, comme cela a déjà pu être souligné, « [s]i le projet de Jean Monnet créant la CECA opt[ait] clairement pour la supranationalité, le traité de Rome de 1957 [était] un compromis comportant des éléments supranationaux et intergouvernementaux. »[888].

450. Cependant, malgré de multiples crises et tensions, notamment liées aux volontés de repli de certains Etats membres, cette dynamique a continué à innerver l'ensemble du processus de construction européenne en permettant notamment aux Communautés européennes de déboucher sur une Union européenne reposant sur une véritable union économique et monétaire et disposant de compétences progressivement élargies dans quasiment l'ensemble des pans de la vie politique des Etats membres. D'aucuns considèrent ainsi qu' « [u]n processus est en cours qui tend à « désétatiser » les États membres et à « étatiser » l'Union européenne »[889].

451. Dès lors, si l'intergouvernementalisme a incontestablement infléchi la méthode communautaire, il semble ne pas avoir sapé sa capacité à assurer

[886] MANIN P., « La « méthode communautaire » : changement et permanence », *op. cit.*, p. 234.
[887] DUBOUT E., *Droit constitutionnel de l'Union européenne,* Bruxelles, Bruylant, 2021, p. 329.
[888] GAILLARD M., *L'Union européenne – Institutions et politiques*, *op. cit.*, p. 32.
[889] BAILLEUX A., DUMONT H., *Le pacte constitutionnel européen – Fondements du droit institutionnel de l'Union*, *op. cit.*, p. 219.

l'intégration politique des Etats membres. Confronté à l'expérience de l'intégration européenne, un théoricien et promoteur de l'intergouvernementalisme comme le professeur Stanley Hoffmann a ainsi pu admettre un concept tel que celui de « la mise en commun de la souveraineté des Etats membres (*pooled souvereignty*) »[890], alors que celui-ci entre en profonde contradiction avec le dogme de la souveraineté absolue des Etats dont se nourrit le courant de pensée dans lequel ce politiste s'inscrit.

452. Cette contradiction doit nous conduire à souligner que, d'un point de vue théorique, l'approche fédéraliste de la professeure Alberta Sbragia – qui fait écho à la théorie de la Fédération précédemment appliquée à l'UE – permet certainement de mieux rendre compte de la cohabitation de la méthode communautaire avec l'intergouvernementalisme, qu'elle tempère, au sein de l'ordre juridique de l'Union. En effet, « [p]artant du constat que le fédéralisme était avant tout un *principe* politique permettant à des acteurs aux allégeances diverses d'institutionnaliser leurs relations, et que ce principe ne débouchait pas forcément sur la création de l'État fédéral, la politiste américaine Alberta Sbragia a redonné du crédit à l'approche fédéraliste pour étudier une Union européenne qui ne semble pas prendre le chemin de la construction étatique. »[891]. Alberta Sbragia « a notamment identifié le fait que se pose dans l'Union européenne comme dans les systèmes politiques fédéraux le problème permanent de l'équilibre – constituant selon elle « l'essence même du principe fédéral » – entre des intérêts *territoriaux* et des intérêts *fonctionnels*. »[892].

453. Il faut au demeurant relever que, selon le professeur Christian Lequesne, « [c]ette lecture du fédéralisme offre des pistes utiles aux chercheurs qui souhaiteraient conceptualiser les deux stratégies – communautaire et intergouvernementale – présidant à la formation de l'Union européenne depuis ses débuts. De la même manière, elle permet de mieux théoriser le rapport dialectique entre un projet politique déterritorialisé et des intérêts qui restent solidement ancrés dans des territoires (nationaux mais aussi locaux) »[893].

454. Dès lors, la coexistence de la méthode communautaire et de l'intergouvernementalisme au sein de l'ordre juridique de l'UE, loin d'être le signe d'un recul du projet fédéral européen, peut être perçue comme un indice supplémentaire du caractère fédératif du système juridique de l'UE, étant donné qu' « [i]l n'y a [...] de Fédération que si cet équilibre fédératif est réellement l'objectif des fondateurs, que si cette tension existentielle est reflétée dans le dessein institutionnel et dans l'attitude des gouvernants. »[894].

---

890 SAURUGGER S., *Théories et concepts de l'intégration européenne*, *op. cit.*, p. 70.

891 LEQUESNE C., « Comment penser l'Union européenne ? », in SMOUTS M-C (dir), *Les nouvelles relations internationales. Pratiques et théories*, Paris, Presses de Sciences Po, 1998, p. 118

892 *Ibid.*

893 *Ibid.*

894 BEAUD O., *Théorie de la Fédération*, *op. cit.*, p. 281.

455. Ces indications d'ordre conceptuel fondamentales pour apprécier la portée de la dynamique d'intégration ici étudiée étant données, nous pouvons désormais constater qu'en pratique, cette dernière, en plus de s'être accommodée des manifestations de l'intergouvernementalisme inhérentes au traité de Rome, s'est également adaptée à celles qui, introduites dans l'ordre juridique de l'Union postérieurement à ce dernier, se traduisent aujourd'hui par la différenciation et l'emploi de méthodes normatives telles que la MOC.

456. En ce qui concerne la différenciation, il convient de relever, en premier lieu, que celle qui permet à certains Etats membres de progresser plus vite que les autres peut globalement être appréhendée comme favorable à la dynamique de l'intégration européenne. De fait, la réussite du système monétaire européen – auquel tous les Etats membres n'étaient pas parties – a favorisé l'instauration, par le traité de Maastricht, des mécanismes nécessaires à la mise en place de l'UEM. De même, l'expérience ambitieuse des Etats parties à l'accord de Schengen, ainsi qu'à sa convention d'application, s'est avérée favorable à la construction européenne puisque l'acquis de cet accord a été communautarisé par le traité d'Amsterdam et constitue aujourd'hui, au sein de l'espace de liberté, de sécurité et de justice, l'un des domaines les plus porteurs pour la consolidation du projet politique européen.

457. Il est de ce fait possible de considérer que le mécanisme des coopérations renforcées, qui répond à la même logique que celle des deux modèles de différenciation évoqués plus haut, peut également participer de la dynamique d'intégration inhérente à la méthode communautaire. En effet, si « [e]n rompant avec [la] logique unitaire ou uniformisante [propre à cette dernière], la coopération renforcée se présente comme un facteur d'hétérogénéité [,] la quasi-impossibilité d'obtenir un accord au sein du Conseil sur toutes les questions sensibles, en raison du droit de veto que confère, dans certains domaines, à chaque Etat membre le vote à l'unanimité, légitime le recours à la coopération renforcée. Ses vertus résident dans l'effet d'entraînement qu'elle est censée produire. »[895]. Ce type de différenciation peut ainsi être appréhendé « comme une sorte d'expérimentation. »[896].

458. Au demeurant, « [i]l y a là une source de motivation supplémentaire pour les Etats qui l'initient, dans la mesure où ils sont condamnés à réussir s'ils veulent être rejoints par ceux qui n'y ont pas participé d'emblée. »[897]. Par conséquent, si l'on manque de recul pour apprécier avec précision l'effet sur le processus de construction européenne des quatre coopérations renforcées actuellement prévues dans les domaines respectifs de la procédure de

---

[895] GAILLARD M., *L'Union européenne – Institutions et politiques*, *op. cit.*, p. 108.
[896] *Ibid.*
[897] *Ibid.*, pp. 108-109.

divorce[898], du brevet européen[899], de la taxe sur les transactions financières[900] et du Parquet européen[901], la capacité à favoriser l'intégration politique du mécanisme dont elles procèdent semble être certaine.

459. En second lieu, s'agissant du pôle négatif de la différenciation que forment les clauses d'*opt-out* consenties aux Etats membres durant la négociation des traités européens, il y a lieu de considérer que si elles ne peuvent que susciter des interrogations quant à l'unité du droit de l'Union, – et, subséquemment, à la cohérence du projet politique qui le sous-tend – elles ne constituent pas un obstacle au progrès de la construction européenne et n'atteignent donc pas la dynamique d'intégration dont cette dernière dépend.

460. En effet, le défaut volontaire de participation à l'euro du Danemark et de la Suède n'affecte pas la stabilité de la monnaie unique et n'empêche pas non plus l'UEM de s'étendre progressivement aux derniers Etats membres de l'UE. De même, l'actuelle unique dérogation volontaire de l'Irlande à l'espace Schengen n'entrave pas le développement de l'UE en tant qu'espace de liberté, de sécurité, et de justice ; ce développement étant au demeurant protégé de tout futur risque potentiel lié à une différenciation sectorielle par le droit primaire de l'Union[902]. Enfin, l'inopposabilité de la Charte des droits fondamentaux à la Pologne n'empêche pas non plus qu'elle soit régulièrement visée par la Cour de justice et qu'elle fasse ainsi, au sein de l'ordre juridique de l'Union, office de référence pour la sauvegarde des droits en question.

461. Par ailleurs, relativement au développement, dans l'ordre juridique de l'UE, de la *soft law* dont la MOC est l'un des signes les plus évocateurs, il convient de souligner que cette dernière peut s'avérer favorable à la dynamique de l'intégration grâce à sa capacité à renforcer la cohérence du système juridique de l'Union. Il résulte en effet des travaux du professeur Stéphane de La Rosa que, si la MOC est susceptible d'affecter l'autorité du droit de l'Union en ce qu'elle constitue une voie de formation de normes souples qui s'éloigne de la méthode communautaire, elle peut également,

---

[898] Sur le fondement du règlement du Conseil n° 1259/2010 du 20 décembre 2010 mettant en œuvre une coopération renforcée dans le domaine de la loi applicable au divorce et à la séparation de corps.

[899] Sur le fondement du règlement n° 1257/2012 du Parlement européen et du Conseil du 17 décembre 2012 mettant en œuvre la coopération renforcée dans le domaine de la création d'une protection unitaire conférée par un brevet.

[900] Cette coopération renforcée a été amorcée par la décision du Conseil 2013/52/UE du 22 janvier 2013 autorisant une coopération renforcée dans le domaine de la taxe sur les transactions financières mais sa mise en œuvre concrète reste encore subordonnée à un accord entre les Etats participants.

[901] Sur le fondement du règlement du Conseil n° 2017/1939 du 12 octobre 2017 mettant en œuvre une coopération renforcée concernant la création du Parquet européen.

[902] En effet, l'article 7 du protocole sur l'acquis de Schengen intégré dans le cadre de l'Union européenne prévoit qu' « [a]ux fins des négociations en vue de l'adhésion de nouveaux États membres à l'Union européenne, l'acquis de Schengen et les autres mesures prises par les institutions dans le champ d'application de celui-ci sont considérés comme un acquis qui doit être intégralement accepté par tous les États candidats à l'adhésion. ».

grâce au rapprochement des législations étatiques qu'elle favorise, renforcer *a minima* la cohérence de l'ordre juridique de l'Union. En effet, « [l]e recours à celle-ci entend fournir un cadre pour favoriser une cohérence entre des politiques nationales qui sont hétérogènes, dans des domaines où la nature de la compétence de [l'Union] ne lui permet pas de légiférer. Elle permet, et c'est là l'une des raisons principales de son introduction, aux États membres de mener un certain nombre de politiques qui ressortissent de leur compétence interne en les mettant en œuvre dans une tonalité européenne. »[903]. Ainsi, employée dans des domaines où les Etats membres restent compétents, pleinement ou de manière concurrente avec l'UE, « [l]a MOC [leur] permet [...] de coopérer afin de faire converger leurs politiques nationales au service d'objectifs communs »[904]. Il faut de surcroît relever avec le professeur Stéphane de La Rosa que « [l]e fait qu'elle soit présentée par la Commission comme un instrument au même titre que la législation n'est pas anodin. La MOC est [ainsi] conçue pour produire des effets de droit – au sens large –, plus exactement des conséquences dans l'élaboration nationale des politiques de l'emploi et de protection sociale. »[905].

462. L'on ajoutera, qui plus est, qu'au terme d'une analyse précise des outils de la MOC employés dans le domaine de l'emploi, le professeur Arnaud Van Waeyenberge soutient que « [d]'une part, elle peut paraître bien loin de la méthode communautaire dans la mesure où le Parlement brille par son absence et la Cour de justice semble indirectement écartée en raison des mécanismes non contraignants de type « lignes directrices » ou « échanges d'information » sur lesquels elle repose. »[906]. Arnaud Van Waeyenberge observe cependant que, « [d]'autre part, comme le souligne D. Dumont, la MOC « s'écarte de la méthode intergouvernementale traditionnelle, en raison de tout l'appareillage de suivi des politiques nationales dont son application suppose la mise sur pied. » »[907]. Et d'estimer dès lors qu' « [e]n conclusion, la MOC constitue sans doute, en définitive, « un instrument communautaire nouveau, situé à mi-chemin entre la communautarisation et la coopération intergouvernementale ». »[908]. La MOC semble ainsi pouvoir être considérée comme favorisant le développement d'une autre espèce de « droit intergouvernemental européen[909], distinct du droit [de l'UE] classique, proche

---

903 DE LA ROSA S., « Cohérence du système communautaire et recours à la méthode ouverte de coordination », *op. cit.*, p. 153.

904 DELIVET P., *Les politiques de l'Union européenne*, *op. cit.*, p. 64.

905 DE LA ROSA S., *La méthode ouverte de coordination dans le système juridique communautaire*, Thèse de doctorat publiée, Bruxelles, Bruylant, 2007, p. 327.

906 VAN WAEYENBERGE A., *Nouveaux instruments juridiques de l'Union européenne – Evolution de la méthode communautaire*, *op. cit.*, p. 76.

907 *Ibid.*

908 *Ibid.*

909 Il convient de préciser que ce concept est originellement employé, dans l'ouvrage cité dans la note suivante, par les professeurs Claude Blumann et Louis Dubouis pour caractériser le droit

à certains égards du droit international public, mais malgré tout différent de ce dernier, en raison [notamment] de la finalité générale de la construction européenne ».[910].

463. C'est en effet grâce à la forte empreinte de cette finalité particulière sur le système institutionnel de l'UE, comme sur les modalités de formation de son droit, que la MOC – à l'instar des différentes formes de l'intergouvernementalisme précédemment étudiées – peut infléchir très sensiblement la méthode communautaire sans toutefois lui faire perdre sa vocation et sa capacité originelles à favoriser l'intégration politique des Etats membres.

464. Il faut enfin noter que l'existence de cette dualité inhérente à la cohabitation, au sein de l'ordre juridique de l'Union, de l'intergouvernementalisme et du « fédérateur de l'Europe » qu'est la méthode communautaire constitue un signe supplémentaire et très clair de la coexistence politique des Etats membres avec l'institution fédérative qu'est l'UE. C'est notamment ce qui ressort de l'analyse du professeur Olivier Beaud selon laquelle, « [i]l y a […] une nature commune à la Fédération et à l'Union européenne, c'est leur nature dynamique et l'instabilité chronique qui les caractérise. [En effet], ce que l'on perçoit comme une anomalie lorsqu'on pense à l'État, devient une sorte de norme dans le cas fédéral. »[911].

465. Ainsi, aux termes de l'ensemble de nos développements, il apparaît clairement que la rhétorique de la Cour de justice qui fait en partie reposer l'autonomie constitutionnelle de l'UE sur l'existence, en son sein, d'un processus continu de limitation de la souveraineté des Etats membres, lié à la méthode communautaire, peut être juridiquement justifiée.

---

de l'UE issu des anciens deuxième et troisième piliers par opposition à celui découlant du pilier communautaire.

[910] BLUMANN C., DUBOUIS L., *Droit institutionnel de l'Union européenne*, *op. cit.*, p. 86.

[911] BEAUD O., « Peut-on penser l'Union européenne comme une fédération ? », *op. cit.*, p. 94.

Conclusion du chapitre I

466. Bien que la rhétorique de la Cour de justice qui fait, en partie, reposer l'autonomie constitutionnelle de l'ordre juridique de l'UE sur la singularité du processus d'intégration européenne soit peu explicite et étonnamment déconnectée des données et caractéristiques actuelles de l'ordre juridique en question, il est possible de lui reconnaître une réelle pertinence juridique.

467. En effet, d'une part, les assertions de la Cour de justice relatives à l'imbrication des ordres juridiques de l'UE et de ses Etats membres apparaissent juridiquement cohérentes au regard du fait que les traités fondateurs de l'Union constituent un pacte constitutionnel associant, de façon spécifique, ses Etats parties au sein de l'institution fédérative qu'ils ont établie.

468. D'autre part, l'argumentaire de la Cour relatif à l'existence, au sein de l'ordre juridique de l'UE, d'un processus continu, et intrinsèquement lié à la méthode communautaire, de limitation de la souveraineté des Etats membres, – qui constitue l'un des éléments de la singularité évoquée – apparaît justifié dans la mesure où le renforcement de l'intergouvernementalisme qu'a connu l'Union n'a fondamentalement pas atteint la capacité du « véritable fédérateur de l'Europe » à assurer la réalisation de progrès dans la voie de l'intégration politique des Etats membres.

469. La coexistence de la méthode communautaire et de l'intergouvernementalisme au sein de l'ordre juridique de l'Union constitue au demeurant un indice supplémentaire de la réalité de la coexistence politique des Etats membres avec les instances fédérales de l'Union, ce qui étaye la thèse selon laquelle ces deux sous-ensembles s'apparentent à une Fédération et accrédite, dans le même temps, le principe de l'autonomie constitutionnelle de l'UE.

Chapitre II - Les attributs de l'UE

470. Outre l'invocation de la singularité du processus d'intégration européenne, la Cour de justice justifie l'autonomie constitutionnelle de l'ordre juridique de l'UE à travers ce qu'elle estime constituer un autre élément de spécificité de ce dernier et que nous avons désigné comme ses attributs. De fait, dans l'arrêt *Costa contre ENEL* du 15 juillet 1964, la Cour soutient qu' « attendu qu'à la différence des traités internationaux ordinaires, le traité de la C.E.E. a institué un ordre juridique propre, intégré au système juridique des États membres lors de l'entrée en vigueur du traité et qui s'impose à leurs juridictions; qu'en instituant une Communauté de durée illimitée, dotée d'institutions propres, de la personnalité, de la capacité juridique, d'une capacité de représentation internationale et plus particulièrement de pouvoirs réels issus d'une limitation de compétence ou d'un transfert d'attributions des États à la Communauté, ceux-ci ont limité, bien que dans des domaines restreints, leurs droits souverains et créé ainsi un corps de droit applicable à leurs ressortissants et à eux-mêmes »[912].

471. Dans cette sentence de l'arrêt *Costa contre ENEL,* à laquelle se réfère constamment la jurisprudence ultérieure, la Cour étaye donc le versant constitutionnel du principe d'autonomie en mettant en exergue les attributs suivants de l'Union – en tant qu'elle succède à la CEE – : son caractère illimité, ses institutions, sa personnalité, sa capacité juridique, sa capacité de représentation internationale et ses pouvoirs, dont elle souligne l'effectivité. Elle ne démontre cependant pas en quoi ces caractéristiques, qui sont indéniablement observables au sein d'organisations internationales classiques, telles que le Conseil de l'Europe, l'Union africaine ou encore l'ONU, contribuent à faire de l'ordre juridique de l'UE un objet constitutionnel à part. A titre d'illustration, l'on relèvera notamment que l'article 104 de la Charte des Nations Unies prévoit que « [l]'Organisation jouit, sur le territoire de chacun de ses Membres, de la capacité juridique qui lui est nécessaire pour exercer ses fonctions et atteindre ses buts. ».

472. Le professeur Bruno de Witte considère ainsi que « [l]a théorie de la spécificité radicale de la construction communautaire paraît sous-estimer la capacité de développement du droit international. Plusieurs des indices proposés dans *Costa,* et repris par la doctrine, pour justifier le caractère *sui generis* de la Communauté (ainsi que sa primauté) ne sont en fait pas tellement spécifiques. »[913].

[912] Cour de justice, arrêt du 15 juillet 1964, *Costa contre ENEL*, aff. 6/64, ECLI:EU:C:1964:66, pp. 1158-1159.

[913] DE WITTE B., « Retour à « Costa » : la primauté du droit communautaire à la lumière du droit international », *op. cit.,* p. 447.

473. Or, la jurisprudence récente de la Cour de justice n'indique pas plus clairement en quoi les attributs de l'UE évoqués constitueraient un élément de spécificité de nature à étayer l'affirmation de l'autonomie constitutionnelle de son ordre juridique, dans la mesure où, tout en s'y référant, elle synthétise généralement l'argumentaire développé dans l'arrêt *Costa contre ENEL* pour n'en conservant que les points les plus saillants. Tel est notamment le cas pour l'arrêt *RS* du 22 février 2022, dans lequel la Cour de justice rappelle le principe d'autonomie pour faire échec à la prétention de la Cour constitutionnelle roumaine d'interdire aux juges du fond de l'Etat membre concerné de faire prévaloir le droit de l'UE sur une législation nationale qu'elle considère conforme à la disposition de la Constitution roumaine qui garantit la primauté du premier.

474. L'arrêt *RS* se contente en effet de rappeler que « dans sa jurisprudence constante relative au traité CEE, la Cour a jugé que les traités communautaires ont, à la différence des traités internationaux ordinaires, instauré un nouvel ordre juridique propre, intégré au système juridique des États membres lors de l'entrée en vigueur des traités et qui s'impose à leurs juridictions. Les États membres ont limité, au profit de ce nouvel ordre juridique doté d'institutions propres et dont les sujets sont non seulement les États membres, mais également leurs ressortissants, dans les domaines définis par les traités, leurs droits souverains (voir, en ce sens, arrêts du 5 février 1963, van Gend & Loos, 26/62, EU:C:1963:1, p. 23 ; du 15 juillet 1964, Costa, 6/64, EU:C:1964:66, p. 1158 et 1159, ainsi que du 21 décembre 2021, Euro Box Promotion e.a., C-357/19, C-379/19, C-547/19, C-811/19 et C-840/19, EU:C:2021:1034, point 245). »[914].

475. Il convient dès lors de déterminer si et dans quelle mesure les attributs de l'UE en question contribuent à faire de celle-ci l'ordre constitutionnel autonome que la Cour de justice décrit, sans toutefois revenir sur le caractère illimité de l'Union ; la spécificité de cet aspect de l'UE ayant déjà pu être évoquée dans le cadre des développements qui nous ont conduit à reconnaître aux traités européens la qualification de pacte constitutionnel fédératif. Il faut en outre préciser que les attributs que sont la personnalité, la capacité juridique et la capacité de représentation internationale de l'UE doivent être regroupés dans la notion globale de la personnalité juridique de l'Union. Cette dernière ne peut, en effet, être étudiée que par référence à celle des organisations internationales, étant donné que, comme pour l'UE, « la compétence de l'organisation internationale a un caractère fonctionnel, alors que la compétence de l'État a un caractère souverain et inconditionné […] le principe de spécialité fai[sant] qu'une organisation internationale ne peut connaître que des questions susceptibles de se rattacher à cette fonction »[915].

---

[914] Cour de justice, arrêt du 22 février 2022, *RS*, aff. C-430/21, ECLI:EU:C:2022:99, point 47.
[915] ALLAND D., *Manuel de droit international public*, *op. cit.*, pp. 75-76.

476. Or, il s'avère que la capacité juridique d'une organisation internationale, d'une part, et celle de représentation internationale, d'autre part, correspondent respectivement aux aspects de « la personnalité juridique dont [elle] peut se prévaloir dans le droit interne des États ou sur la scène internationale. »[916]. De même, l'analyse des institutions de l'Union doit ici être couplée avec celle de la réalité de ses pouvoirs, dans la mesure où les seconds sont essentiellement liés aux premières. Nous serons dès lors amenés à questionner, aux fins précisées plus haut, la personnalité juridique de l'UE (**section 1**), puis ses pouvoirs (**section 2**).

Section 1 - La personnalité juridique de l'UE

477. Il ne fait nul doute que l'UE dispose d'une personnalité juridique à tout le moins équivalente à celle des organisations internationales les plus évoluées. De fait, le traité UE dispose que « [l]l'Union a la personnalité juridique »[917], tandis que le traité FUE précise, d'une part, que « [d]ans chacun des États membres, l'Union possède la capacité juridique la plus large reconnue aux personnes morales par les législations nationales »[918] et, d'autre part, que « [l]es délégations de l'Union dans les pays tiers et auprès des organisations internationales assurent la représentation de l'Union. »[919]. Conformément, au premier article du traité UE, l'Union succède ainsi pleinement à la Communauté européenne[920] dont la personnalité juridique

[916] *Ibid.*, p. 73. Le professeur Denis Alland précise à ce sujet que « [d]ans le premier cas, il faut considérer le fait que l'organisation internationale agit dans l'ordre juridique interne d'un État membre (elle loue des locaux ou conclut des contrats de fournitures par exemple). La question peut faire l'objet d'une disposition spécifique de l'acte constitutif. » (*ibid.*, pp. 73-74). Denis Alland illustre son propos en exposant que « par exemple, l'article 104 de la Charte des Nations Unies prévoit que « l'Organisation jouit, sur le territoire de chacun de ses Membres, de la capacité juridique qui lui est nécessaire pour exercer ses fonctions et atteindre ses buts » (*ibid.*). Il ajoute que, « [d]ans le second cas – celui de l'action sur la scène internationale et non plus dans l'ordre juridique interne d'un État –, il peut arriver que l'acte constitutif règle la question (art. 47 TUE, art. 176 de la Convention de Montego Bay de 1982 consacrant expressément la personnalité juridique de l'Autorité internationale des fonds marins). Mais il est possible aussi que l'acte constitutif ne contienne aucune disposition à ce sujet. C'est le cas de la Charte des Nations unies. » (*ibid.*).

[917] Article 47 du traité UE.

[918] Article 335 du traité FUE. Soulignons que ce dernier prévoit précisément que « [d]ans chacun des États membres, l'Union possède la capacité juridique la plus large reconnue aux personnes morales par les législations nationales; elle peut notamment acquérir ou aliéner des biens immobiliers et mobiliers et ester en justice. À cet effet, elle est représentée par la Commission. Toutefois, l'Union est représentée par chacune des institutions, au titre de leur autonomie administrative, pour les questions liées à leur fonctionnement respectif. ».

[919] Article 221, paragraphe 1, du traité FUE.

[920] L'article 1er, 3ème alinéa, du traité UE prévoit en effet que « [l]'Union se substitue et succède à la Communauté européenne ».

avait été affirmée dès l'origine[921], alors qu'avant le traité de Lisbonne, les traités étaient silencieux quant à celle de l'UE.

478. Toutefois, si ces dispositions ont incontestablement le mérite de la clarté, elles ne permettent pas de distinguer la situation de l'UE de celle d'organisations internationales très développées qui, à l'instar de l'ONU, « possède[nt] une large mesure de personnalité internationale et la capacité d'agir sur le plan international »[922]. Dès lors, pour déterminer si et dans quelle mesure la personnalité juridique de l'UE peut être appréhendée comme un élément de spécificité susceptible de justifier le principe d'autonomie, il convient de se référer à la façon dont celle des organisations internationales est classiquement déterminée. Or, il s'avère que le degré de personnalité juridique des organisations internationales est variable, dans la mesure où il dépend des buts et fonctions assignés à chacune d'elles.

479. De fait, dans l'avis du 11 avril 1949 relatif à la *réparation des dommages subis au service des Nations Unies*, la Cour internationale de justice (ci-après CIJ) indique qu' « «[a]lors qu'un Etat possède, dans leur totalité, les droits et devoirs internationaux reconnus par le droit international, les droits et devoirs d'une entité telle que l'Organisation [des Nations Unies] doivent dépendre des buts et des fonctions de celle-ci, énoncés ou impliqués par son acte constitutif et développés dans la pratique. »[923]. Au demeurant, pour reconnaître à l'ONU la faculté d'engager, contre tout Etat, une action en réparation des dommages subis non seulement par ses agents mais également par leurs ayants droits, – et ce, en dépit du silence de la Charte sur sa personnalité juridique – la CIJ souligne que « [l]es fonctions de l'Organisation sont d'un caractère tel qu'elles ne pourraient être effectivement remplies si elles impliquaient l'action commune sur le plan international de cinquante-huit ministères des affaires étrangères ou plus »[924]. Elle en conclut ainsi que « les Membres ont conféré à l'Organisation qualité pour présenter les réclamations internationales que nécessiterait l'exercice de ses fonctions. »[925].

480. Le professeur Jean Charpentier soutenait la même idée lorsqu'il affirmait que « la personnalité internationale d'une organisation internationale

---

[921] L'article 210 du traité CEE prévoyait de fait que « [l]a Communauté a la personnalité juridique », tandis que l'article 211 du même traité précisait que « [d]ans chacun des États membres la Communauté possède la capacité juridique la plus large reconnue aux personnes morales par les législations nationales; elle peut notamment acquérir ou aliéner des biens immobiliers et mobiliers et ester en justice. A cet effet, elle est représentée par la Commission. ». Le traité CEE ne contenait pas de disposition particulière sur la capacité de représentation internationale de la Communauté mais il y a lieu de considérer que celle-ci découlait naturellement de l'affirmation de sa personnalité juridique.

[922] Avis de la CIJ du 11 avril 1949, affaire dite de la *Réparation des dommages subis au service des Nations Unies*, p. 9, disponible sur le site internet de l'institution : https://www.icj-cij.org/fr/affaire/4/avis-consultatifs.

[923] *Ibid.*, p. 10.

[924] *Ibid.*

[925] *Ibid.*

ne découle pas d'une disposition expresse de sa charte constitutive. Elle repose sur l'économie générale de cette charte, c'est à dire sur la volonté des Etats fondateurs de conférer à l'organisation les moyens de remplir les fonctions qu'ils lui ont assignées, étant entendu que l'attribution de la personnalité ne préjuge pas de l'étendue des compétences qu'elle permet d'exercer »[926]. L'éminent internationaliste ajoutait du reste, avec pertinence, que la personnalité juridique des organisations internationales dépend également de « la reconnaissance de cette personnalité par les Etats tiers ou, si l'on préfère, l'absence d'opposition des Etats tiers à cette personnalité. »[927].

481. Ainsi, au regard de ces critères de définition, il sera possible de constater que l'UE jouit d'une personnalité juridique qui se distingue très nettement de celle d'une simple organisation internationale – même très évoluée – en raison non seulement de ses buts mais également de la fonction essentielle qui la singularise (**§ 1**). Cet état de fait pourra être aisément illustré par la question de l'adhésion de l'UE à la CEDH (**§ 2**).

§ 1. La spécificité de la personnalité juridique de l'UE au regard de ses buts et fonction

482. Nos précédents développements sur le caractère constitutionnel des traités européens nous permettent de considérer, à la suite du professeur Olivier Beaud que, « [p]arce qu'elle est une union fédérale, [l'UE] repose sur un engagement contractuel des États membres à s'engager dans une aventure commune dont la double finalité correspond à ce [qui a été] dégagé dans le livre sur la Fédération : d'une part, la fin commune, c'est-à-dire la défense commune et la prospérité commune de l'UE, et d'autre part, la fin particulariste, la conservation de sa propre identité politique. »[928]. Or, c'est justement à l'aune de ces buts communs fédératifs, d'une part (**A**), et de la fonction essentielle que l'UE tient de la fin particulariste qui est propre à toute fédération, d'autre part (**B**), que la spécificité de sa personnalité juridique peut être établie.

A. La personnalité juridique de l'UE à l'aune de ses buts fédératifs

483. Comme nous avons pu le démontrer, les buts essentiels de l'UE correspondent aux objectifs que décident de poursuivre conjointement les Etats fondateurs d'une Fédération, à savoir la prospérité et la défense communes des membres fédérés. Ainsi, en raison de la nature particulière de

---

926 CHARPENTIER J., « De la personnalité juridique de l'Union européenne », in GALABERT J-M, TERCINET M-R (dir.) *Mélanges en l'honneur du professeur Gustave Peiser*, Grenoble, Presses universitaires de Grenoble, 1995, p. 95.

927 *Ibid.*

928 BEAUD O., « Peut-on penser l'Union européenne comme une fédération ? », *op. cit.*, p. 92.

ces buts, qui sont intrinsèquement liés à la forme politique autonome que constitue la Fédération, la personnalité juridique de l'UE se distingue fondamentalement de celle des organisations internationales. En effet, quel que soit leur degré de développement, ces dernières ne sont pas mues par ces finalités spécifiques car revêtues d'un caractère proprement constitutionnel dans le cadre de la Fédération. Au demeurant, la façon particulière dont ces buts sont affirmés par les traités européens doit également conduire à reconnaître à l'UE une personnalité juridique spécifique. Les buts de la prospérité et de la défense communes des Etats membres de l'UE sont en effet présentés comme embrassant tous les secteurs de leur vie politique dans l'article 3 du traité UE – dédié aux objectifs de l'Union –, tel qu'éclairé par les dispositions du préambule du même traité.

484. Décliné dans de multiples objectifs, qui revêtent tous une importance politique majeure, le but de la prospérité commune est ainsi affirmé de manière très large et spécifique par le traité UE. De fait, aux termes de son article 3, paragraphe 3, l'objectif de l'établissement du marché intérieur doit, entre autres, non seulement inclure le développement durable de l'Europe et la protection de l'environnement, mais également revêtir une réelle dimension sociale, dès lors que l'Union « combat l'exclusion sociale et les discriminations, et promeut la justice et la protection sociales, l'égalité entre les femmes et les hommes, la solidarité entre les générations et la protection des droits de l'enfant. »[929]. L'article 3, paragraphe 2, du traité UE précise au demeurant que la consolidation de l'espace de liberté, de sécurité et de justice, qui est substantiellement lié à l'établissement du marché intérieur, repose notamment sur « des mesures appropriées en matière de contrôle des frontières extérieures, d'asile, d'immigration ainsi que de prévention de la criminalité et de lutte contre ce phénomène. ». Enfin, l'article 3, paragraphe 4, du traité UE indique que le but de la prospérité commune est également poursuivi à travers le moyen, politiquement très significatif, de l'établissement d'« une union économique et monétaire dont la monnaie est l'euro ».

485. De même, la réalisation du but de la défense commune des Etats membres de l'UE requiert, aux termes du onzième alinéa du préambule du traité UE, la mise en œuvre d' « une politique étrangère et de sécurité commune, y compris la définition progressive d'une politique de défense commune, qui pourrait conduire à une défense commune, conformément aux dispositions de l'article 42, renforçant ainsi l'identité de l'Europe et son indépendance afin de promouvoir la paix, la sécurité et le progrès en Europe et dans le monde ». Si cet objectif spécifique ne figure pas expressément dans l'article 3 du traité UE, ce dernier y renvoie implicitement lorsqu'il affirme que « [l]'Union a pour but de promouvoir la paix, ses valeurs et le bien-être de ses peuples. »[930]. Il ressort de la même façon de l'article 3 du traité UE que

---

[929] Article 3, paragraphe 3, alinéa 2, du traité UE

[930] Article 3, paragraphe 1, du traité UE.

la réalisation du but de la défense commune des Etats membres, tel qu'affirmé par le onzième alinéa du préambule du traité UE, suppose concrètement que « [l'UE] contribue à la paix, à la sécurité, au développement durable de la planète, à la solidarité et au respect mutuel entre les peuples, au commerce libre et équitable, à l'élimination de la pauvreté et à la protection des droits de l'homme, en particulier ceux de l'enfant, ainsi qu'au strict respect et au développement du droit international, notamment au respect des principes de la charte des Nations unies. »[931].

486. Ainsi, la pluralité et l'importance qualitative des objectifs de l'UE, tels que liés aux buts fédératifs spécifiques de la prospérité et de la défense communes, conduisent naturellement à considérer qu'elle dispose d'une personnalité juridique très sensiblement et constitutivement distincte de celle des organisations internationales. Ce constat apparaît d'autant plus fondé que, comme cela résulte notamment de l'article 3, paragraphe 6, du traité UE, ces objectifs de l'UE sont assortis aux compétences qui lui sont reconnues par son droit primaire[932]. De fait, « il existe une relation étroite entre les fins visées et les moyens employés, et cette rationalité instrumentale (*Zweckrationalität*) caractérise largement la nature politique de la Fédération »[933], ce qu'illustre notamment l'existence d' « un lien étroit entre les buts et les compétences d'une Fédération, de même [que celle d']un lien entre les buts d'une Fédération et ses fonctions juridiques. »[934]. En tout état de cause, la fonction essentielle que l'UE tient du pacte constitutionnel fédératif européen souligne également la particularité de sa personnalité juridique.

B. La personnalité juridique de l'UE à l'aune de sa fonction essentielle

487. En tant qu'elle est issue d'un pacte constitutionnel fédératif, l'UE a pour fonction essentielle de permettre à ses Etats fondateurs d'assurer la fin particulariste poursuivie à travers sa création, laquelle consiste dans la garantie de l'existence politique de chacun d'eux au sein de l'Union. En effet, « [l]a fédération (Bund) est une union durable, reposant sur une libre convention, servant au but commun de la conservation politique de tous les membres de la fédération »[935]. Comme nous avons déjà eu l'occasion de le souligner, cette fonction essentielle – et même existentielle – de la Fédération englobe et transcende les buts de la prospérité et de la défense communes, dès lors que « [t]oute union fédérale est [...] le résultat à la fois d'une nécessité et

---

[931] Article 3, paragraphe 5, du traité UE.

[932] L'article 3, paragraphe 6, du traité UE prévoit en effet que « [l]'Union poursuit ses objectifs par des moyens appropriés, en fonction des compétences qui lui sont attribuées dans les traités. ».

[933] BEAUD O., *Théorie de la Fédération*, *op. cit.*, p. 274.

[934] *Ibid.*

[935] SCHMITT C., *Théorie de la Constitution*, *op. cit.*, p. 512.

d'une décision qui est la prise en compte des besoins à satisfaire pour continuer à exister en tant qu'unité politique. Ce sont ces besoins qui définissent alors le contenu de la fin commune [et qui sont] qualifi[és] ici comme étant les buts de la Fédération. »[936].

488. Conformément au premier article du traité UE, qui reprend le programme inscrit dans les traités depuis celui de Rome, l'Union assure cette fonction essentielle à travers le moyen spécifique qui consiste dans la mise en œuvre d'un « processus créant une union sans cesse plus étroite entre les peuples de l'Europe »[937]. Dans l'avis 2/13 du 18 décembre 2014, la Cour de justice affirme d'ailleurs à cet égard que « [l]a poursuite des objectifs de l'Union, tels que rappelés à l'article 3 TUE, est, pour sa part, confiée à une série de dispositions fondamentales, telles que celles prévoyant la liberté de circulation des marchandises, des services, des capitaux et des personnes, la citoyenneté de l'Union, l'espace de liberté, de sécurité et de justice ainsi que la politique de concurrence. Ces dispositions, s'insérant dans le cadre d'un système propre à l'Union, sont structurées de manière à contribuer, chacune dans son domaine spécifique et avec ses caractéristiques particulières, à la réalisation du processus d'intégration qui est la raison d'être de l'Union elle-même. »[938].

489. Or, cette garantie paradoxale de l'existence politique des Etats membres à travers le processus tendant à instaurer une union sans cesse plus étroite entre leurs peuples n'est pas sans incidence sur la personnalité juridique de l'UE, étant donné qu'elle conduit à ce que cette dernière soit, à l'inverse de la plupart des organisations internationales, continuellement en évolution. En effet, « [a]utant l'ONU, le Conseil de l'Europe, l'OSCE et l'OTAN paraissent immuables, malgré de timides tentatives de réforme. Autant, l'Union européenne semble en perpétuelle mutation. »[939]. La personnalité juridique de l'UE doit ainsi être constamment reconsidérée au regard non seulement de l'évolution de ses différents objectifs mais également des missions nouvelles qu'elle se voit attribuer au gré du processus d'intégration européenne, compte tenu de ce que « les droits et devoirs d'une [telle] entité [...] doivent dépendre des buts et des fonctions de celle-ci, énoncés ou impliqués par son acte constitutif et développés dans la pratique. »[940].

490. La manière dont la fonction essentielle de toute Fédération est assurée au sein de l'UE singularise enfin sa personnalité juridique, dans la mesure où elle traduit très concrètement le paradoxe inhérent à ce type d'union fédérative. En effet, le processus d'intégration européenne favorise l'institutionnalisation d'une véritable puissance publique concurrente des

---

936 BEAUD O., *Théorie de la Fédération*, *op. cit.*, p. 285.

937 Article 1er, alinéa 2, du traité UE.

938 Cour de justice, avis 2/13 du 18 décembre 2014, ECLI:EU:C:2014:2454, point 172.

939 SCHWOK R., *Théories de l'intégration européenne*, *op. cit.*, p. 14.

940 Avis de la CIJ du 11 avril 1949, *op. cit.*, p. 10.

Etats membres tout en garantissant leur existence politique, à travers, entre autres, la consécration du principe d'attribution des compétences de l'UE[941] et la protection de leur identité nationale ; laquelle suppose le respect des « fonctions essentielles de l'État, notamment celles qui ont pour objet d'assurer son intégrité territoriale, de maintenir l'ordre public et de sauvegarder la sécurité nationale. »[942]. Dès lors, bien que l'on puisse conclure que l'UE dispose d'« une large mesure de personnalité internationale »[943], fondamentalement distincte de celle d'une organisation internationale, celle-ci ne peut être correctement appréhendée si elle est isolée du statut de ses Etats membres au sein de l'ordre juridique de l'Union. La problématique de l'adhésion de l'UE à la CEDH le démontre particulièrement.

§ 2. La démonstration de cette spécificité à travers la problématique de l'adhésion de l'UE à la CEDH

491. Le principe même de l'adhésion de l'UE à la CEDH témoigne de la particularité de la personnalité juridique de l'UE puisque l'adhésion à cet instrument requerrait originellement d'être un Etat. Il en constitue également un indice très net dans la mesure où il manifeste concrètement la tendance à l'évolution de la personnalité juridique de l'UE dans le cadre « [du] processus [...] en cours qui tend à « désétatiser » les États membres et à « étatiser » l'Union européenne »[944]. Les progrès inhérents à ce processus ont en effet conduit à un changement dans la personnalité juridique de l'UE qui a permis de surmonter la « séparation congénitale »[945] des domaines d'intervention respectifs du Conseil de l'Europe et de l'Union ; cette dernière résultant notamment de ce qu' « il semblait [...] évident que les questions d'intégration économique relevaient du droit communautaire et de la compétence de la Cour de Luxembourg, tandis que les problèmes liés à la protection des droits fondamentaux entraient dans le champ de la Convention européenne des droits de l'Homme et dans la compétence des organes de Strasbourg »[946]. En tout état de cause, les aménagements nécessaires à l'adhésion de l'UE à la CEDH prévus tant en amont de sa réalisation technique (**A**), que dans le cadre de son laborieux processus de négociation (**B**) démontrent incontestablement la spécificité de la personnalité juridique de l'UE.

---

[941] Aux termes de l'article 5, paragraphe 1, du traité UE, « [l]e principe d'attribution régit la délimitation des compétences de l'Union. ».
[942] Article 4, paragraphe 2, du traité UE.
[943] Avis de la CIJ du 11 avril 1949, *op. cit.*, p. 9.
[944] BAILLEUX A., DUMONT H., *Le pacte constitutionnel européen – Fondements du droit institutionnel de l'Union*, *op. cit.*, p. 219.
[945] SIMON D., « Des influences réciproques entre CJCE et CEDH : je t'aime, moi non plus ? », *Pouvoirs*, n° 96, p. 32.
[946] *Ibid.*

A. Une adhésion spécialement aménagée par les Etats membres de l'UE et du Conseil de l'Europe

492. En ce qui concerne, en premier lieu, les aménagements opérés au sein de l'ordre juridique de l'Union, il convient de souligner que le principe de l'adhésion de l'UE à la CEDH a été posé par les Etats membres avec le traité de Lisbonne, bien après que la Cour de justice a conclu, dans l'avis 2/94 du 28 mars 1996, à l'incompétence de la CE en la matière, compte tenu de ce « qu'aucune disposition du traité [CE] ne conf[érait] aux institutions communautaires, de manière générale, le pouvoir d'édicter des règles en matière de droits de l'homme ou de conclure des conventions internationales dans ce domaine. »[947].

493. L'article 6, paragraphe 2, du traité UE, tel qu'il résulte du traité de Lisbonne, prévoit ainsi que « [l]'Union adhère à la Convention européenne de sauvegarde des droits de l'Homme et des libertés fondamentales. ». Cette obligation d'adhésion de l'UE à la CEDH a cependant été entourée par les Etats membres de précautions particulières au regard de sa nature spécifique d'union d'Etats aux compétences vastes et élargies – et, dans certains domaines, exclusives – qui ne dispose cependant pas de la plénitude de la compétence étatique.

494. Ainsi, d'une part, l'article 6, paragraphe 2, du traité UE précise que « [l]'adhésion [à la CEDH] ne modifie pas les compétences de l'Union telles qu'elles sont définies dans les traités ». D'autre part, le protocole n° 8 annexé au traité de Lisbonne pour préciser la portée de cette disposition encadre l'adhésion sur plusieurs points, afin d'assurer le respect des caractéristiques spécifiques de l'UE et de son droit[948], et, partant, l'adaptation du processus d'adhésion à la particularité de sa personnalité juridique. De fait, selon ce protocole, l'accord relatif à l'adhésion de l'UE à la CEDH doit ainsi essentiellement garantir des modalités de participation de l'UE au système conventionnel adaptées à sa nature, ainsi que des mécanismes visant à assurer la bonne direction des recours individuels contre l'UE et ses Etats membres au regard de leurs compétences respectives. L'accord d'adhésion doit, plus généralement, assurer le respect de la répartition des compétences entre l'UE et ses Etats membres et celui du monopole de juridiction de la Cour

---

947 Cour de justice, avis 2/94 du 28 mars 1996, ECLI:EU:C:1996:140, point 27.

948 Aux termes du premier article du protocole n° 8 relatif à l'article 6, paragraphe 2, du traité sur l'Union européenne sur l'adhésion de l'Union à la Convention européenne de sauvegarde des droits de l'Homme et des libertés fondamentales, « [l]'accord relatif à l'adhésion de l'Union à la Convention européenne de sauvegarde des droits de l'Homme et des libertés fondamentales (ci-après dénommée "Convention européenne"), prévue à l'article 6, paragraphe 2, du traité sur l'Union européenne, doit refléter la nécessité de préserver les caractéristiques spécifiques de l'Union et du droit de l'Union [...] ».

relativement à tout « différend relatif à l'interprétation ou à l'application des traités »[949].

495. Pour ce qui est, en second lieu, des aménagements prévus par les Etats membres du Conseil de l'Europe pour assurer l'adhésion de l'UE à la CEDH, il convient de relever que l'Union a bénéficié d'un traitement spécialement adapté à la spécificité de sa personnalité juridique, et ce, à double titre. L'article 59 de la CEDH réservait en effet initialement la possibilité d'adhérer à cet instrument aux seuls membres du Conseil de l'Europe. Or, l'article 4 du Statut de cette organisation, qui date du 5 mai 1949, limite la possibilité d'en devenir membre aux seuls Etats européens « reconna[issant] le principe de la prééminence du droit et le principe en vertu duquel toute personne placée sous sa juridiction doit jouir des droits de l'homme et des libertés fondamentales [et] s'engageant à collaborer sincèrement et activement à la poursuite du but [de l'Organisation][950]. »[951]. L'article 17 du protocole n° 14 à la CEDH amendant le système de contrôle de la convention – adopté le 13 mai 2004 et entré en vigueur le 1er juin 2010 – est donc venu modifier son article 59, afin d'établir la possibilité pour l'UE d'y adhérer, malgré son incapacité insurmontable à devenir membre du Conseil de l'Europe[952]. La possibilité de l'adhésion de l'UE à la CEDH a ainsi été clairement adaptée à la spécificité de sa personnalité juridique, liée à sa nature d'union d'Etats particulièrement et suffisamment intégrée pour assumer les obligations inhérentes à l'instrument en cause mais cependant insusceptible d'être qualifiée d'Etat. En dépit de cela, le processus d'adhésion de l'UE à la CEDH, assuré par la Commission européenne, d'une part, et le Comité directeur pour les droits de l'Homme (ci-après CDDH)[953], d'autre part, n'a jusqu'ici pu aboutir.

B. Une adhésion difficilement négociée par la Commission européenne et le CDDH

496. Sur le fondement des dispositions de l'article 6, paragraphe 2, du traité UE, la Commission européenne a, dès le 17 mars 2010, proposé des directives de négociation au Conseil, en vue d'assurer l'adhésion de l'UE à la CEDH.

---

[949] Article 344 du traité FUE.

[950] Selon l'article 1, a, du Statut du Conseil de l'Europe du 5 mai 1949, « [l]e but du Conseil de l'Europe est de réaliser une union plus étroite entre ses Membres afin de sauvegarder et de promouvoir les idéaux et les principes qui sont leur patrimoine commun et de favoriser leur progrès économique et social. ».

[951] Article 3 du Statut du Conseil de l'Europe du 5 mai 1949.

[952] L'article 17 du protocole n° 14 à la Convention de sauvegarde des droits de l'Homme et des libertés fondamentales, amendant le système de contrôle de la convention insère en effet un deuxième paragraphe dans son article 59 aux termes duquel : « L'Union européenne peut adhérer à la présente Convention. »

[953] Le CDDH est un organe du Conseil de l'Europe dont les membres sont choisis par le Comité des ministres du dudit Conseil. Il a pour fonction de définir les politiques de coopération relatives aux droits de l'Homme et aux libertés fondamentales.

Ces directives confidentielles ont été approuvées par une décision du Conseil du 4 juin 2010 qui donne mandat à la Commission pour entamer les négociations nécessaires à la préparation, avec les instances compétentes du Conseil de l'Europe, d'un accord d'adhésion respectueux de la personnalité juridique de l'UE. Au niveau du Conseil de l'Europe, c'est le CDDH qui a été mandaté pour « Elaborer, en coopération avec le(s) représentant(s) de l'Union européenne qui seront désignés par celle-ci, un (des) instrument(s) juridique(s) établissant les modalités d'adhésion de l'Union européenne à la Convention européenne des droits de l'homme, y compris la participation de celle-ci au système de la Convention ; et, dans ce contexte, examiner toute question y afférente »[954]. Aux termes du mandat conféré à cet organisme, les négociations entre la Commission européenne et le CDDH – débutées le 7 juillet 2010 – devaient aboutir à un accord d'adhésion « au plus tard pour le 30 juin 2011, date d'expiration du présent mandat. »[955].

497. Cependant, compte tenu du défaut d'accord entre l'UE et le Conseil de l'Europe à l'issue de l'échéance fixée, « [l]e 13 juin 2012, le Comité des Ministres a donné un nouveau mandat au CDDH en vue de poursuivre les négociations avec l'UE, au sein d'un groupe ad hoc «47+1», afin de finaliser les instruments juridiques fixant les modalités d'adhésion de l'UE à la Convention. »[956]. Les négociations menées dans ce cadre entre le CDDH et la Commission européenne ont ainsi abouti, le 5 avril 2013, à l'adoption d'un projet d'accord d'adhésion dont on peut estimer, *a priori*, qu'il tient globalement compte des spécificités de la personnalité juridique de l'UE ; le préambule de ce texte soulignant d'ailleurs qu' « eu égard à l'ordre juridique spécifique de l'Union européenne, qui n'est pas un Etat, son adhésion requiert certains ajustements du système de la Convention, à apporter d'un commun accord »[957].

498. Ainsi, étant donné que la CEDH a pour but « de protéger des droits non pas théoriques ou illusoires mais concrets et effectifs »[958] et que la Cour chargée d'en assurer le respect met de ce fait régulièrement des obligations

---

[954] Décision n° CM/882/26052010 du Comité des ministres du Conseil de l'Europe du 26 mai 2010 relative au mandat occasionnel du Comité directeur pour les droits de l'homme pour élaborer un instrument juridique établissant les modalités d'adhésion de l'Union européenne à la Convention européenne des droits de l'homme, disponible sur le site internet du Conseil de l'Europe : https://rm.coe.int/comite-directeur-pour-les-droits-de-l-homme-cddh-mandat-occasionnel-co/168090c8e3c.

[955] *Ibid.*

[956] Rapport intérimaire du CDDH au Comité des Ministres du Conseil de l'Europe du 28 juin 2013 sur les négociations pour l'adhésion de l'Union Européenne à la Convention européenne des droits de l'homme (contenant le projet d'accord d'adhésion adopté le 5 avril 2013) p. 3, disponible sur le site internet du Conseil de l'Europe : https://rm.coe.int/CoERMPublicCommonSearchServices/DisplayDCTMContent?documentId=090000168045fe08.

[957] *Ibid.*, p. 5.

[958] Cour EDH, arrêt du 9 octobre 1979, *Airey c. Irlande*.

positives à la charge des Etats qui y sont parties – lesquelles peuvent notamment consister dans l'adoption de législations particulières[959] – l'article 1, paragraphe 3, du projet d'accord d'adhésion stipule très clairement que « [l]'adhésion à la Convention et à ses protocoles n'impose des obligations à l'Union européenne qu'en ce qui concerne des actes, mesures ou omissions de ses institutions, organes, organismes ou agences, ou de personnes agissant en leur nom. Aucune des dispositions de la Convention ou de ses protocoles ne peut imposer à l'Union européenne l'obligation d'accomplir un acte ou d'adopter une mesure pour lesquels elle n'aurait pas compétence en vertu du droit de l'Union européenne. »[960]. Ce faisant, il tend à garantir, conformément aux dispositions de l'article 6, paragraphe 2, et du protocole n° 8 annexé au traité de Lisbonne, le respect de la répartition des compétences entre l'UE et ses Etats membres. Il en est de même pour l'article 1, paragraphe 1, du projet d'accord d'adhésion qui prévoit que l'UE n'adhère qu'aux seuls protocoles à la CEDH ratifiés par l'ensemble de ses Etats membres au jour de son adoption, à savoir le protocole additionnel (ou protocole n°1) et le protocole n° 6.

499. En outre, le mécanisme de codéfendeur prévu par l'article 3 du projet d'accord d'adhésion vise concrètement à « garantir que les recours formés par des États non membres et les recours individuels soient dirigés correctement contre les États membres et/ou l'Union, selon le cas », conformément aux dispositions du premier article du protocole n° 8 au traité de Lisbonne. De fait, l'article 3 du projet d'accord d'adhésion stipule que « [l]'Union européenne, ou un Etat membre de l'Union européenne, peut devenir codéfendeur à la procédure par décision de la Cour »[961]. Ce mécanisme prévoit ainsi la possibilité pour l'UE, comme pour ses Etats membres, de devenir codéfendeur dans des affaires dans lesquelles les requérants seraient susceptibles d'avoir dirigé à tort leurs requêtes contre un ou plusieurs des Etats membres, mais pas contre l'Union, et inversement, afin de permettre à la Cour européenne des droits de l'Homme (ci-après Cour EDH) de les réorienter, le cas échéant, aux fins d'établir correctement les responsabilités en cause[962].

---

959 En effet, dans son arrêt du 10 novembre 2004, *Taskin et al. contre Turquie*, qui synthétise sa jurisprudence relative aux obligations positives liées à certains aspects du droit à un environnement sain fondé sur l'article 8 de la CEDH, la Cour EDH a notamment rappelé que le respect du droit à la vie privée et familiale des individus suppose l'obligation positive pour les Etats parties à la Convention de prévoir une législation imposant, d'une part, la réalisation d'une étude d'impact avant l'implantation d'une usine polluante dans leur voisinage et permettant, d'autre part, l'exercice d'un recours juridictionnel effectif contre les autorisations d'installation de ce type d'usines.

960 Rapport intérimaire du CDDH au Comité des Ministres du Conseil de l'Europe du 28 juin 2013 sur les négociations pour l'adhésion de l'Union Européenne à la Convention européenne des droits de l'homme, *op. cit.*, p. 6.

961 *Ibid.*, p. 7.

962 L'article 3 du projet d'accord d'adhésion indique en effet que « [l]orsqu'une requête est dirigée contre un ou plusieurs Etats membres de l'Union européenne, cette dernière peut devenir

500. Au demeurant, afin de garantir le monopole de juridiction de la Cour de justice à l'égard du droit de l'UE – spécifiquement protégé par le troisième article du protocole n° 8 au traité de Lisbonne – le projet d'accord d'adhésion prévoit, dans certains cas, l'implication préalable du juge de l'Union. Il stipule ainsi que, « [l]orsque l'Union européenne est codéfenderesse dans une procédure, et lorsque la Cour de justice de l'Union européenne n'a pas encore examiné la compatibilité de la disposition du droit de l'Union européenne avec les droits en question garantis par la Convention ou par les protocoles auxquels l'Union européenne a adhéré, [...] le temps nécessaire est accordé à la Cour de justice de l'Union européenne pour procéder à un tel examen, puis aux parties pour formuler leurs observations à la Cour »[963] ; étant toutefois précisé que « [l]'Union européenne [doit alors] veille[r] à ce que cet examen soit effectué rapidement, de manière à ce que la procédure devant la Cour ne soit pas indûment prolongée. »[964].

501. Enfin, l'article 7 du projet d'accord d'adhésion prévoit toute une série d'aménagements visant à permettre à l'UE, malgré son incapacité à devenir membre du Conseil de l'Europe, d'être, en tant que partie à la CEDH, pleinement associée aux fonctions du Comité des Ministres dudit Conseil liées à cette Convention, dont les plus emblématiques et politiquement significatives sont la surveillance de l'exécution des arrêts rendus par la Cour EDH et l'adoption des protocoles additionnels à la CEDH. Cet article stipule en effet que « [l]'Union européenne a le droit de participer, avec droit de vote, aux réunions du Comité des Ministres lorsque ce dernier prend des décisions conformément aux articles 26 (paragraphe 2)[965], 39 (paragraphe 4)[966],

---

codéfenderesse à la procédure en relation avec une violation alléguée telle que notifiée par la Cour s'il apparaît que cette allégation met en cause la compatibilité avec les droits en question garantis par la Convention ou par les protocoles auxquels l'Union européenne a adhéré d'une disposition du droit de l'Union européenne, y compris les décisions prises sur la base du Traité sur l'Union européenne et du Traité sur le fonctionnement de l'Union européenne, notamment lorsque cette violation n'aurait pu être évitée qu'en méconnaissant une obligation découlant du droit de l'Union européenne. ». Et inversement que «[l] orsqu'une requête est dirigée contre l'Union européenne, les Etats membres de l'Union européenne peuvent devenir codéfendeurs à la procédure en relation avec une violation alléguée telle que notifiée par la Cour s'il apparaît que cette allégation met en cause la compatibilité avec les droits en question garantis par la Convention ou par les protocoles auxquels l'Union européenne a adhéré d'une disposition du Traité sur l'Union européenne, du Traité sur le fonctionnement de l'Union européenne ou de toute autre disposition ayant la même valeur juridique conformément à ces instruments, notamment lorsque cette violation n'aurait pu être évitée qu'en méconnaissant une obligation découlant de ces instruments. », *Ibid.*, p. 8.

[963] *Ibid.*

[964] *Ibid.*

[965] L'article 26, paragraphe 2, de la CEDH habilite, dans certaines conditions, le Comité des Ministres du Conseil de l'Europe à réduire de sept à cinq le nombre des juges des chambres de la Cour EDH.

[966] L'article 39, paragraphe 4, de la CEDH prévoit la compétence du Conseil des Ministres du Conseil de l'Europe pour surveiller l'exécution des termes des règlements amiables intervenus entre requérants et entérinés par la Cour EDH.

46 (paragraphes 2 à 5)[967], 47[968] et 54 (paragraphe 1)[969]de la Convention. »[970]. L'article 7 du projet d'accord d'adhésion instaure en outre l'obligation pour le Comité des Ministres du Conseil de l'Europe de consulter et de tenir « dûment compte de la position exprimée par l'Union européenne »[971], avant l'adoption de tout instrument ou texte relatif à la Convention et aux protocoles adoptés par l'UE, aux décisions du Comité des Ministres prises sur le fondement des articles de la CEDH cités plus haut et, enfin, « à la sélection des candidats pour l'élection des juges par l'Assemblée parlementaire du Conseil de l'Europe en vertu de l'article 22 de la Convention »[972].

502. Cependant, malgré ces aménagements qui procèdent indubitablement d'une véritable prise en compte, par les négociateurs de la Commission et du CDDH, des spécificités de la personnalité juridique de l'UE, le processus d'adhésion de l'UE à la CEDH a été interrompu, jusqu'à récemment, à la suite de l'avis défavorable rendu par la Cour de justice, le 18 décembre 2014, relativement au projet d'accord d'adhésion conclu le 5 avril 2013. Cet avis sanctionne essentiellement les atteintes à l'autonomie constitutionnelle et fonctionnelle de l'UE décelées par la Cour de justice dans le projet d'accord en cause. De fait, pour conclure dans l'avis 2/13 que « [l]'accord portant adhésion de l'Union européenne à la convention européenne de sauvegarde des droits de l'homme et des libertés fondamentales n'est pas compatible avec l'article 6, paragraphe 2, TUE ni avec le protocole (n° 8) »[973], la Cour a notamment souligné que « l'approche retenue dans le cadre de l'accord envisagé, consistant à assimiler l'Union à un État et à réserver à cette dernière un rôle en tout point identique à celui de toute autre Partie contractante, méconnaît précisément la nature intrinsèque de l'Union et, en particulier, omet de prendre en considération la circonstance que les États membres, en raison de leur appartenance à l'Union, ont accepté que les relations entre eux, en ce qui concerne les matières faisant l'objet du transfert de compétences des États

---

967 L'article 46, paragraphes 2 à 5, de la CEDH prévoit les modalités selon lesquelles le Conseil des Ministres du Conseil de l'Europe surveille et peut assurer l'exécution des arrêts définitivement rendus par la Cour EDH.

968 L'article 47 de la CEDH établit les modalités suivant lesquelles le Comité des Ministres du Conseil de l'Europe peut saisir la Cour EDH d'une demande d'avis sur des questions juridiques relatives à l'interprétation de la CEDH et de ses protocoles.

969 L'article 54, paragraphe 1, de la CEDH n'existe pas en l'état actuel du droit conventionnel. Aux termes de l'article 7 du projet d'accord d'adhésion de l'UE à la CEDH, adopté le 5 avril 2013, il devra stipuler que : « Les protocoles à la présente Convention sont adoptés par le Comité des Ministres. ».

970 Rapport intérimaire du CDDH au Comité des Ministres du Conseil de l'Europe du 28 juin 2013 sur les négociations pour l'adhésion de l'Union Européenne à la Convention européenne des droits de l'homme, *op. cit.*, p. 10.

971 *Ibid.*

972 *Ibid.*

973 Cour de justice, avis 2/13 du 18 décembre 2014, ECLI:EU:C:2014:2454.

membres à l'Union, soient régies par le droit de l'Union à l'exclusion, si telle est l'exigence de celui-ci, de tout autre droit. »[974].

503. Ainsi, la difficulté d'adapter l'adhésion de l'UE à la CEDH, que souligne particulièrement l'avis 2/13 du 18 décembre 2014, témoigne de la complexité de la personnalité juridique de l'Union, qui ne saurait être assimilée à celle d'un Etat mais qui, du fait de la nature, comme de l'importance qualitative et quantitative des compétences de l'Union, est bien plus développée que celle de toute organisation internationale, aussi évoluée soit-elle. Au demeurant, en plus de confirmer la spécificité de la personnalité juridique de l'UE, l'avis 2/13 nous rappelle logiquement que la Cour de justice est la seule à pouvoir en déterminer valablement l'étendue et les implications, ce qui la singularise d'autant plus. Cet état de fait contribue certainement à expliquer l'absence, à ce jour, de tout nouveau projet d'accord d'adhésion de l'UE à la CEDH, malgré la reprise des négociations dédiées à cette question le 29 septembre 2020, avec la tenue de la sixième réunion du groupe de négociation ad hoc « 47+1 » du CDDH. Au terme de cette analyse de la personnalité juridique de l'UE, il peut donc être aisément constaté que cette dernière constitue véritablement un élément de spécificité de l'ordre juridique de l'Union propre à étayer l'affirmation de son autonomie constitutionnelle. Il convient dès lors, désormais, d'établir s'il en est de même pour les pouvoirs de l'Union.

Section 2 - Les pouvoirs de l'UE

504. Selon la Cour de justice, les pouvoirs réels dévolus aux institutions de l'UE font partie des éléments de spécificité de son ordre juridique qui justifient le versant constitutionnel du principe d'autonomie. En tant qu'organes d'une union fédérale, les institutions de l'UE disposent nécessairement des pouvoirs inhérents aux compétences attribuées par les Etats membres dans le cadre du pacte constitutionnel fédératif constitué par les traités européens. La question de la réalité des pouvoirs des institutions de l'UE ne se pose donc pas. Cependant, au regard des assertions de la Cour de justice, il convient de se demander en quoi ces pouvoirs pourraient constituer un élément de singularité de l'UE par rapport à l'ordre juridique international.

505. En se référant à la théorie de la Fédération du professeur Olivier Beaud, les pouvoirs de l'UE semblent pouvoir être appréhendés comme l'une des données de la spécificité constitutionnelle de l'UE. Ces pouvoirs manifestent en effet l'existence, au sein de l'ordre juridique de l'UE, de l'homologie entre la forme de gouvernement des membres fédérés et celle de l'institution fédérale qui, apparaissant progressivement au fil du processus

---

[974] *Ibid.*, point 193.

d'institutionnalisation nécessaire au parachèvement de toute fédération, témoigne de sa viabilité[975].

506. En effet, à l'inverse du principe d'homogénéité politique des Etats fondateurs et membres d'une Fédération, l'homologie entre la forme de gouvernement fédérale et la forme de gouvernement fédérée n'est pas un élément essentiel à la fondation d'un réel pacte constitutionnel Fédératif. Les Fédérations naissantes sont, au contraire, structurées autour d'« une asymétrie entre la forme de gouvernement fédérée, et ce que l'on ne peut pas appeler forme de gouvernement fédérale, mais plutôt forme d'organisation du pouvoir fédéral »[976]. De fait, le « *système de la Diète fédérale* »[977], qui les caractérise, conduit à ce que « le plus souvent, [cet] organe *unique* du pouvoir fédéral [...] concentre, dans presque tous les cas, les fonctions »[978] ; la Diète fédérale « étant amenée à exercer l'équivalent non seulement du pouvoir législatif et du pouvoir exécutif, mais aussi du pouvoir judiciaire, faisant fonction de pouvoir d'arbitrage. »[979].

507. Cela dit, l'homologie entre la forme de gouvernement fédérée et la forme de gouvernement fédérale s'impose progressivement au cours du processus fédératif et de manière parallèle au phénomène de démocratisation qui affecte la structure des Fédérations ayant atteint un certain degré de développement. De fait, décrivant le modèle des fédérations républicaines comme étant le plus viable, – au regard de « [la] parenté certaine entre fédéralisme et république[980], et de nos jours entre fédéralisme et démocratie »[981] – le professeur Olivier Beaud souligne qu' « [à] partir du moment où la base d'une Fédération, c'est-à-dire les États membres, adopte la forme républicaine de gouvernement, la sphère fédérale doit s'adapter au

---

975 Le professeur Olivier Beaud explique notamment à ce sujet que « la leçon contenue dans l'histoire du second *Reich* est, selon la thèse ici défendue, que, par une sorte de processus de capillarité, la structuration monarchique des gouvernements fédérés a tout simplement envahi la sphère fédérale. Cette congruence structurelle issue des faits, et non de l'intention du constituant, confirme donc cette règle de l'homologie qui doit exister entre la forme de gouvernement fédérale et la forme de gouvernement fédérée. » (BEAUD O., *Théorie de la Fédération*, *op. cit.*, p. 417).

976 *Ibid.*, p. 349.

977 *Ibid.*

978 *Ibid.*, p. 355.

979 *Ibid.*

980 En effet, en tant que « [f]orme de gouvernement de plusieurs par opposition à la monarchie » (AVRIL P., GICQUEL J., *Lexique de droit constitutionnel, op. cit.*, p. 106), la forme républicaine est naturellement la plus à même de correspondre au pluralisme politique et juridique que suppose le fédéralisme. De fait, avec la « *res publica*, la chose publique, la chose de tous, c'est-à-dire du peuple, entendu comme l'ensemble de la population » (DE VILLIERS M., LE DIVELLEC A., *Dictionnaire du droit constitutionnel*, *op. cit.*, p. 340), c'est « plus généralement, [...] toute forme d'appropriation du pouvoir par un seul, ou par quelques-uns, qui est exclue » (*Ibid.*, p. 341).

981 BEAUD O., *Théorie de la Fédération*, *op. cit.*, p. 384.

poids d'une telle contrainte, et adopter elle aussi la forme républicaine. »[982]. Cela est d'autant plus vrai que « loin d'être antinomiques par nature, le fédéralisme et la démocratie [– elle-même liée au principe républicain en ce qu'il postule une séparation des pouvoirs au profit du peuple –] se renforcent mutuellement »[983]. La démocratisation d'une Fédération crée, en effet, une dynamique favorable à son expansion en raison de l'accroissement de la légitimité de son action.

508. Il sera ainsi constaté que, conformément au principe fédératif évoqué plus haut, l'UE connaît, à l'image de l'organisation politique républicaine de l'ensemble de ses Etats membres, une forme de séparation et de démocratisation de ses pouvoirs (**§ 1**), qui accompagne son essor en tant que puissance publique fédérative européenne (**§ 2**).

§ 1. La séparation et la démocratisation des pouvoirs au sein de l'UE

509. Aux termes de l'article 2 du traité UE, tel qu'issu du traité de Lisbonne, l'Union est notamment fondée sur les valeurs, communes à ses Etats membres, de démocratie, d'Etat de droit, de pluralisme et de justice. Elle est par là même encline à appliquer un « [p]rincipe d'organisation politique selon lequel la même autorité ne doit pas exercer toutes les fonctions étatiques »[984] ; celui-ci reposant – tel que théorisé sur la base des travaux de Montesquieu – sur « la distinction classique entre les pouvoirs exécutif, législatif et judiciaire, et le principe libéral définissant leurs rapports : « Il faut que, par la disposition des choses, le pouvoir arrête le pouvoir. » »[985].

510. Cela étant, le principe de la séparation des pouvoirs requiert, outre la distinction évoquée, « une pluralité souhaitable d'organes [c'est la base d'un certain pluralisme politique juridiquement consacré] »[986], bien qu'il ne soit pas nécessaire que « les organes soient totalement spécialisés dans une seule fonction. Ensuite, [il] ne signifie pas antagonisme mais exige au contraire la collaboration entre les organes pour aboutir à ce « concert » dont parle Montesquieu [...]. Simplement, le concert résultera de freins et contrepoids, les célèbres *checks and balances* [...] du régime constitutionnel américain ou peut prendre la forme d'une harmonie assortie de mitigation dans les systèmes parlementaires. »[987]. Dès lors, « [e]n ce sens, la doctrine de la séparation est avant tout négative : les fonctions étatiques ne doivent pas être dans les mains d'un seul organe. Pour le reste, elle peut être positivement réalisée de

---

982 *Ibid.*

983 *Ibid.*

984 AVRIL P., GICQUEL J., *Lexique de droit constitutionnel, op. cit.*, p. 113 (définition de la notion de « séparation des pouvoirs »).

985 *Ibid.*

986 DE VILLIERS M., LE DIVELLEC A., *Dictionnaire du droit constitutionnel, op. cit.*, p. 356.

987 *Ibid.*

différentes manières, comme le montre précisément la variété des régimes libéraux. »[988].

511. Au regard de ces critères de définition du principe de la séparation des pouvoirs, il a pu être constaté que les Communautés européennes étaient déjà fondées sur une certaine forme de séparation des pouvoirs. De fait, après l'expérience supranationale inhérente à la CECA et à sa Haute Autorité qui, bien que dépourvue de la plénitude des pouvoirs d'une Diète fédérale, avait un « rôle central »[989] dans l'ordre juridique communautaire, – dès lors qu' « [elle] disposa[it] des compétences à la fois normatives et exécutives ; le Conseil des ministres quant à lui – d'ailleurs nullement mentionné par Robert Schuman dans son discours fondateur du 9 mai 1950 – se trouva[nt] cantonné à des fonctions consultatives en période normale et à un pouvoir de codécision en période de crise »[990] – l'UE a hérité des Communautés européennes une forme de séparation des pouvoirs qui s'est nourrie de leur démocratisation.

512. Aussi, pour distinguer leur système institutionnel des réalisations classiques de l'ordre juridique international, le professeur Pierre Pescatore soulignait-il que « ce système comport[ait] des caractéristiques qui le distingu[ait] très nettement des conditions dans lesquelles s'est créé et s'applique le droit international : il comport[ait] en effet, d'une part, un pouvoir législatif et, d'autre part, des garanties d'application, à la fois exécutives et judiciaires. »[991]. Il concluait au demeurant de cet état de fait que « la structure communautaire représent[ait] un début de "séparation des pouvoirs" à la suite de la création d'institutions – Parlement, Conseil, Commission et Cour de justice – fondées chacune sur un principe distinct de légitimité et investies de missions propres, à la suite d'une nouvelle répartition des pouvoirs souverains entre les Etats membres et la Communauté »[992].

513. Plus récemment, le professeur Edouard Dubout, qui soutient que le régime politique de l'UE se parlementarise, constate qu' « [a]lors qu'à l'origine, les différents pouvoirs normatifs, notamment législatifs et exécutifs, n'étaient guère distingués, ils ont acquis une autonomie dans une logique démocratique imitée de celle de la séparation des pouvoirs, entendue au sens fonctionnel d'exercice de différentes fonctions normatives. »[993]. Et d'ajouter que « [t]andis que les États membres d'un côté et la Commission de l'autre dominaient jusqu'à présent l'exercice de la plupart des fonctions politiques essentielles, désormais le Parlement européen tend à y occuper une

---

[988] *Ibid.*, p. 358.

[989] BLIN O., « 50 ans de Commission européenne ou la légitimité intégrative en question », *op cit.*, p. 295.

[990] *Ibid.*

[991] PESCATORE P., *L'ordre juridique des Communautés européennes. Etude des sources du droit communautaire*, *op. cit.*, p. 19.

[992] *Ibid.*

[993] DUBOUT E., *Droit constitutionnel de l'Union européenne*, *op. cit.*, p. 343.

importance croissante, voire équivalente à celle des représentants des États. »[994].

514. Cette forme de séparation des pouvoirs peut au demeurant être appréhendée dans le cadre du principe d'équilibre institutionnel dégagé par la Cour de justice dans l'arrêt *Meroni*, rendu le 13 juin 1958, dont l'objet est « d'assurer un équilibre *organique* des institutions »[995]. Ce principe « vise [en effet] à maintenir les institutions à la place que les traités leur ont assignée en garantissant à chacune la jouissance des pouvoirs qui leur ont été attribués. En ce sens il assure, selon l'expression forte des Professeurs Blumann et Dubouis, la protection de l' « autonomie institutionnelle et existentielle » de chaque organe [...] garant de l'intégrité organique des institutions, il est le reflet des équilibres voulus par le constituant. »[996].

515. Dans cette double perspective, il est possible de constater, au sein de l'ordre juridique de l'Union, l'existence non seulement d'un pouvoir législatif (**A**) et d'un pouvoir exécutif (**B**), correspondant aux fonctions respectivement exercées par la Commission, le Conseil, le Parlement, et le Conseil Européen, en vertu des traités, mais également celle d'un pouvoir judiciaire inhérent aux compétences que la Cour de justice tient de ces derniers (**C**). Cette séparation du pouvoir au sein de l'UE s'affirme au demeurant dans un cadre constitutionnel démocratique, dès lors que, comme l'a mis en évidence le traité de Lisbonne, « [l]e fonctionnement de l'Union est fondé sur la démocratie représentative. »[997].

A. Le pouvoir législatif de l'ordre juridique démocratique de l'UE

516. Constitutionnellement, « [l]e pouvoir législatif est le pouvoir de faire les lois, il désigne donc avant tout une fonction de l'État. En revanche, au sens organique, il désigne la ou les institutions qui exerce[nt] ce pouvoir »[998], étant précisé que « la procédure législative est complexe et fait intervenir également les organes dits exécutifs. »[999]. Dès lors, aux termes de l'article 289 du traité FUE qui décrit les procédures législatives ordinaire et spéciales de l'UE, le pouvoir législatif est, dans l'ordre juridique de l'Union, constitué, d'une part, par le Parlement et le Conseil, qui adoptent les actes juridiques obligatoires

---

[994] *Ibid.*

[995] ROLAND S., *Le triangle décisionnel communautaire à l'aune de la théorie de la séparation des pouvoirs – Recherches sur la distribution des pouvoirs législatif et exécutif dans la Communauté*, Thèse de doctorat publiée, Bruxelles, Bruylant, 2008, p. 174.

[996] *Ibid.*, pp. 174-175.

[997] Article 10, paragraphe 1, du traité UE.

[998] DE VILLIERS M., LE DIVELLEC A., *Dictionnaire du droit constitutionnel*, *op. cit.*, p. 291.

[999] *Ibid.*

prévus par l'article 288 du traité FUE, et, d'autre part, par la Commission qui est principalement chargée de leur initiative[1000].

517. Ce pouvoir législatif de l'UE a indéniablement un caractère démocratique, qui est lié aux institutions qui l'exercent et l'incarnent. De fait, le Parlement européen, qui figure en premier lieu dans la liste des institutions de l'Union prévue par l'article 13 du traité UE, et dont les membres « sont élus au suffrage universel direct, libre et secret, pour un mandat de cinq ans »[1001], assure la représentation directe des citoyens européens au sein de l'ordre juridique de l'UE, en vertu de l'article 10, paragraphe 2, du même traité. Cette affirmation récente – car issue du traité de Lisbonne – de la vocation du Parlement européen à représenter les citoyens de l'Union témoigne de la démocratisation de l'ordre juridique de l'Union dans la mesure où elle permet de sortir de l'impasse constitutionnelle qui résultait du fait que « [q]uelque positif que soit le renforcement des pouvoirs du Parlement européen, il rest[ait] impuissant à modifier sa nature, qui continu[ait] à être marquée par le fait que, même avec le [traité de Maastricht], « le Parlement européen [était] composé *des représentants des peuples des Etats* réunis dans la Communauté ». »[1002].

518. De même, le caractère démocratique du Conseil est souligné par l'article 10, paragraphe 2, alinéa 2, du traité UE qui souligne que « [l]es États membres sont représentés au Conseil européen par leur chef d'État ou de gouvernement et au Conseil par leurs gouvernements, eux-mêmes démocratiquement responsables, soit devant leurs parlements nationaux, soit devant leurs citoyens. ». Le critère de représentativité ainsi posé par le traité UE relativement au Conseil, ainsi qu'au Conseil européen, confère au demeurant une certaine légitimité démocratique aux décisions prises par l'Union en matière de PESC, étant donné que, si elles peuvent être contraignantes, elles sont exclues du processus législatif européen et relèvent de la seule compétence normative de ces deux institutions.[1003].

[1000] Il faut souligner qu'aux termes de l'article 289, paragraphe 4, du traité FUE, « [d]ans les cas spécifiques prévus par les traités, les actes législatifs peuvent être adoptés sur initiative d'un groupe d'États membres ou du Parlement européen, sur recommandation de la Banque centrale européenne ou sur demande de la Cour de justice ou de la Banque européenne d'investissement. ».

[1001] Article 14, paragraphe 3, du traité UE.

[1002] D. PLIAKOS A., « La nature juridique de l'Union européenne », *Revue trimestrielle de droit européen*, 1993, p. 207. L'auteur cite ici l'article 137 du traité CE.

[1003] En effet, l'article 24, paragraphe 1, alinéa 2, du traité UE exclut l'adoption d'actes législatifs dans le cadre de la PESC. L'article 26, paragraphe 1, alinéa 1, du traité UE précise, quant à lui, que : « Le Conseil européen identifie les intérêts stratégiques de l'Union, fixe les objectifs et définit les orientations générales de la politique étrangère et de sécurité commune, y compris pour les questions ayant des implications en matière de défense. Il adopte les décisions nécessaires. » ; tandis que l'article 26, paragraphe 2, alinéa 1, du même traité prévoit que : « Le Conseil élabore la politique étrangère et de sécurité commune et prend les décisions nécessaires à la définition et à la mise en œuvre de cette politique, sur la base des orientations générales et des lignes stratégiques définies par le Conseil européen. ».

519. Enfin, comme nous avons déjà pu le souligner, la légitimité démocratique de la Commission est, avec le traité de Lisbonne, renforcée par le fait que sa composition est aujourd'hui constitutionnellement liée aux résultats des élections au Parlement européen[1004], ainsi que par l'élection de son Président[1005] par ce dernier, avant l'approbation parlementaire de l'ensemble du collège des commissaires[1006]. La gardienne des Traités est au demeurant chargée de s'assurer que « [t]out citoyen [puisse] participer à la vie démocratique de l'Union »[1007], et ce, notamment à travers la procédure de l'initiative législative citoyenne en vertu de laquelle « [d]es citoyens de l'Union, au nombre d'un million au moins, ressortissants d'un nombre significatif d'États membres, peuvent prendre l'initiative d'inviter la Commission européenne, dans le cadre de ses attributions, à soumettre une proposition appropriée sur des questions pour lesquelles ces citoyens considèrent qu'un acte juridique de l'Union est nécessaire aux fins de l'application des traités. »[1008].

520. Cette démocratisation du pouvoir législatif de l'Union – qui est symboliquement marquée par l'insertion, dans le traité UE, d'un nouveau titre intitulé « Dispositions relatives aux principes démocratiques »[1009] – permet en tout état de cause de confirmer et d'actualiser le constat fait par le professeur Pierre Pescatore selon lequel, « la mise au point du processus législatif communautaire a été préparé par l'expérience internationale. La différence consiste en ce que le régime législatif des Communautés dépasse, et de loin, tant en quantité qu'en qualité, les précédents internationaux. C'est vrai à tous égards : en ce qui concerne l'étendue du phénomène, la diversité des procédés appliqués, leur cohésion [...] enfin l'efficacité et le rendement des moyens mis en œuvre. »[1010]. Le pouvoir exécutif de l'UE s'inscrit dans le même mouvement de renforcement de la légitimité démocratique de l'institution fédérative européenne.

B. Le pouvoir exécutif de l'ordre juridique démocratique de l'UE

521. Il convient ici, d'une part, de souligner que, « [d]ans son sens le plus traditionnel, l'expression de pouvoir exécutif désigne la fonction d'exécution des lois et l'organe chargé de cette fonction »[1011]. D'autre part,

---

[1004] Article 17, paragraphe 7, alinéas 1 et 2, du traité UE.
[1005] Article 17, paragraphe 7, alinéa 1, du traité UE.
[1006] Article 17, paragraphe 7, alinéa 3, du traité UE.
[1007] Article 10, paragraphe 3, du traité UE.
[1008] Article 11, paragraphe 4, du traité UE.
[1009] Il s'agit du titre II du traité UE, tel qu'issu du traité de Lisbonne.
[1010] PESCATORE P., *Le droit de l'intégration - Emergence d'un phénomène nouveau dans les relations internationales selon l'expérience des Communautés européennes*, *op. cit.*, p. 56.
[1011] DE VILLIERS M., LE DIVELLEC A., *Dictionnaire du droit constitutionnel*, *op. cit.*, p. 288.

« [l]'expression de pouvoir exécutif sert également à désigner les organes de ce pouvoir. Ainsi est-il attribué [en France] au président de la République par la loi du 25 février 1875 [art. C. 3], au président du Conseil par la Constitution du 27 octobre 1946 [art. C. 47], au Premier ministre par celle de la Ve République [art. C. 21] »[1012]. A cet égard, et dans ce double aspect, le pouvoir exécutif de l'UE est plus complexe et protéiforme que son pouvoir législatif.

522. De fait, s'agissant, en premier lieu, de la fonction d'exécution des actes juridiques de l'UE, il faut noter que si le pouvoir exécutif est principalement exercé par les Etats membres en vertu de l'article 291, paragraphe 1, du traité FUE[1013] et de l'article 26, paragraphe 3, du traité UE[1014], la Commission et le Conseil peuvent être dotés de compétences d'exécution dans certains cas. En effet, aux termes de l'article 291, paragraphe 2, du traité UE, les actes juridiquement contraignants de l'UE peuvent conférer des compétences d'exécution à la Commission – qui agit alors dans le cadre de la comitologie[1015] – ou, dans des cas spécifiques et en matière de PESC, au Conseil. Le traité de Lisbonne offre en outre à la Commission la possibilité de concourir à l'exécution du droit de l'Union à travers l'adoption d'actes dits « délégués », lesquels sont « des actes non législatifs de portée générale qui complètent ou modifient certains éléments non essentiels [des] acte[s] législatif[s] », selon l'article 290, paragraphe 1, du traité FUE. Notons que, selon le professeur Edouard Dubout, cette disposition du traité FUE crée « une forme hybride de pouvoir normatif à mi-chemin entre l'exécution et la législation déléguée : l'acte adopté [étant] formellement qualifié de « non-législatif », sans être pour autant expressément qualifié d'« exécutif ». »[1016].

523. Cela étant, suivant une évolution similaire à celle constatée pour le pouvoir législatif, la fonction d'exécution des actes juridiquement contraignants de l'UE s'est aujourd'hui en partie démocratisée grâce à l'intervention du Parlement européen dans deux des procédures décrites plus haut. En, effet, « [e]n pratique, de par sa dimension fédérale, la fonction exécutive dans l'Union peut s'exercer de façon soit « indirecte » soit « directe » [;] [l]e Parlement européen n'interv[enant] pas dans la première hypothèse

---

[1012] *Ibid.*

[1013] Cet article prévoit en effet que : « Les États membres prennent toutes les mesures de droit interne nécessaires pour la mise en œuvre des actes juridiquement contraignants de l'Union. ».

[1014] De fait, selon cet article, « [l]a politique étrangère et de sécurité commune est exécutée par le haut représentant et par les États membres, en utilisant les moyens nationaux et ceux de l'Union. ».

[1015] Les professeurs Claude Blumann et Louis Dubouis expliquent que « [c]ette expression évoque de manière synthétique les nombreux comités techniques qui entourent la Commission et qui l'assistent dans l'exercice de ses compétences exécutives. » (BLUMANN C., DUBOUIS L., *Droit institutionnel de l'Union européenne*, *op. cit.*, p. 435) ; étant précisé que « [d]ans un sens plus étroit, retenu en l'espèce, la comitologie fait référence à un type bien particulier de comités. Ceux qui, établis à partir de la jurisprudence *Koester*, s'insèrent dans le processus de l'exécution normative et s'intercalent entre la Commission et le Conseil. » (*ibid.*).

[1016] DUBOUT E., *Droit constitutionnel de l'Union européenne*, *op. cit.*, p. 366.

qui est confiée, en vertu de l'article 291, paragraphe 1, TFUE exclusivement aux États membres, conformément au principe selon lequel les autorités étatiques placent leurs moyens au service de la réalisation du droit de l'Union en tant qu'agents d'exécution de la décision européenne. »[1017].

524. Cependant, « le Parlement intervient désormais lorsque la fonction exécutive est exercée directement au niveau de l'Union. Selon les traités, elle peut l'être de deux manières principales. D'une part, en vertu d'une compétence d'exécution confiée à la Commission, conformément à une procédure de « comitologie » faisant intervenir les États membres. Une telle procédure d'exécution est prévue par avance dans l'acte législatif, si bien que le Parlement est désormais impliqué »[1018]. Le professeur Dubout ajoute que « [d]'autre part, de façon plus récente, l'exécution peut se faire en vertu d'une délégation à la Commission par un acte législatif, requérant à nouveau l'accord du Parlement, du pouvoir de compléter ou de modifier certains éléments dits « non essentiels » de l'acte législatif en cause (article 290 TFUE). »[1019].

525. Il souligne enfin à ce sujet que, dans le cadre de « la possibilité [reconnue par la Cour de justice au] législateur de l'Union d'investir directement certaines agences indépendantes d'un pouvoir normatif d'exécution[1020], y compris réglementaire[1021] [,] le Parlement européen tente d'[...] occuper une place croissante dans un mouvement original de parlementarisation de la fonction exécutive européenne. »[1022].

526. En second lieu, à l'image des structures constitutionnelles des Etats membres, où le pouvoir exécutif peut être incarné non seulement par un chef d'Etat mais également par un chef de gouvernement et son équipe gouvernementale, la personnification du pouvoir exécutif est également plurielle au sein de l'ordre juridique de l'UE. Le pouvoir exécutif de l'Union semble en effet être personnifié tant par le Conseil européen – qui fait en quelque sorte office de « Chef de l'Union » – que par le Conseil, qui peut être perçu à plusieurs égards comme une forme de gouvernement de l'Union.

527. En effet, d'une part, le traité de Lisbonne confirme que « [la commission] a concédé au Conseil européen un rôle d'impulsion qui devait être originairement le sien »[1023], étant donné qu'il est constitutionnellement chargé de « donne[r] à l'Union les impulsions nécessaires à son

---

[1017] *Ibid.*, p. 365.

[1018] *Ibid.*, p. 366.

[1019] *Ibid.*

[1020] Cette possibilité résulte de l'arrêt *Meroni* (Cour de justice, arrêt du 13 juin 1958, aff. 9/56, ECLI:EU:C:1958:7).

[1021] Cette possibilité résulte de l'arrêt dit « *AEMF* » (Cour de justice, arrêt du 22 janvier 2014, *Royaume-Uni c. Parlement et Conseil*, aff. C-270/1, ECLI:EU:C:2014:18).

[1022] DUBOUT E., *Droit constitutionnel de l'Union européenne*, *op. cit.*, p. 366.

[1023] LOUIS J-V., « Un gouvernement pour la Communauté européenne » in *Présence du droit public et des droits de l'Homme, Mélanges offerts à Jacques Velu*, Tome 1er, Bruylant, Bruxelles, 1992, p. 181.

développement et [d']en défini[r] les orientations et les priorités politiques générales »[1024], et qu'il la dote ainsi d' « une sorte de personnalité politique »[1025]. Ainsi, de façon assez paradoxale – mais justifiable au regard de la dualité de l'existence politique propre à toute Fédération – les Etats membres occupent une place prépondérante dans l'incarnation la plus haute du pouvoir exécutif de l'Union. De fait, bien qu'aux termes de l'article 15, paragraphe 2, du traité UE, le président de la Commission fasse organiquement partie du Conseil européen et que le haut représentant de l'Union pour les affaires étrangères et la politique de sécurité soit associé à ses travaux, ce Conseil a essentiellement vocation à assurer la représentation des Etats membres au sein de l'Union, selon l'article 10, paragraphe 2, alinéa 2, du traité UE.

528. D'autre part, le Conseil de l'UE, exerce, outre la compétence législative, y compris en matière budgétaire, qu'il partage avec le Parlement européen, « des fonctions de définition des politiques et de coordination conformément aux conditions prévues par les traités »[1026], ce qui lui permet d'incarner l'autre facette du pouvoir exécutif de l'Union. Au demeurant, comme dans tout système de démocratie représentative, le pouvoir exécutif de l'UE, considéré dans son double aspect, engage sa responsabilité politique « soit devant [les] parlements nationaux, soit devant [les] citoyens », conformément à l'article 10, paragraphe 2, alinéa 2 du traité UE. En tout état de cause, dans l'Union de droit qu'est l'UE, ce pouvoir est, de même que le pouvoir législatif, soumis au pouvoir judiciaire de l'institution fédérative.

C. Le pouvoir judiciaire de l'ordre juridique démocratique de l'UE

529. Selon les constitutionnalistes Michel de Villiers et Armel Le Divellec, le concept d'un pouvoir judiciaire équivalent aux deux autres est impropre étant donné, d'une part, qu' il « procède d'une lecture hâtive de Montesquieu »[1027] et que, d'autre part, « [il] ne peut avoir la même signification organique que celles de pouvoir législatif et de pouvoir exécutif [;] les plans [n'étant] pas identiques et [...] les magistrats ne pouv[ant] être considérés comme des représentants du peuple »[1028]. Cependant, l'emploi du concept de « pouvoir judiciaire » a une vertu instrumentale – ou didactique – dans la mesure où il renvoie au principe, intrinsèquement lié à la séparation des pouvoirs, de la « [s]oumission de l'Etat

[1024] Article 15, paragraphe 1, du traité UE.
[1025] COLARD D., « Le couple franco-allemand et la construction européenne », in BLANQUET M. (dir.), *Mélanges en hommage à Guy Isaac. 50 ans de droit communautaire*, *op., cit.*, p. 47.
[1026] Article 16, paragraphe 1, du traité UE.
[1027] DE VILLIERS M., LE DIVELLEC A., *Dictionnaire du droit constitutionnel*, *op. cit.*, p. 290.
[1028] *Ibid.*

au droit »[1029], comme au respect de son propre ordre juridique ; « son action sur les *citoyens* [répondant] à des règles qui déterminent leurs droits et précisent les moyens qu'il est autorisé à utiliser [;] Ces règles limit[a]nt « la puissance de l'État en la subordonnant à l'ordre juridique qu'elles consacrent » (Carré de Malberg) »[1030].

530. Au sein de l'ordre juridique de l'Union, ce principe est incarné par la Cour de justice. En effet, depuis les prémices de l'ordre juridique de l'UE, « grâce au contrôle juridictionnel étendu qu'exerce la Cour de justice, l'application et l'interprétation des traités cessent d'être entièrement soumises aux gouvernements. »[1031]. Ainsi, en « assur[ant] le respect du droit dans l'interprétation et l'application des traités »[1032], la Cour de justice témoigne concrètement de la transposition dans l'ordre juridique de l'Union du concept démocratique, et lié à la séparation des pouvoirs, de l' « Etat de droit ». L'usage de l'idée d'une Union de droit – inauguré en 1986 par l'arrêt *Les Verts/Parlement* –, dans la jurisprudence de la Cour, le confirme.

531. Cette idée renvoie, en effet, au fait que l'ordre juridique de l'UE constitue « une [Union] de droit en ce que ni ses États membres ni ses institutions n'échappent au contrôle de la conformité de leurs actes à la charte constitutionnelle de base [que sont les traités] »[1033]. Au demeurant, « dans [cette] Union de droit, l'exigence d'indépendance des juridictions exclut que celles-ci puissent être soumises à un lien hiérarchique ou de subordination à l'égard de quiconque et qu'elles puissent recevoir des ordres ou des instructions de quelque origine que ce soit. »[1034]. Ainsi, la Cour de justice, dont l'action doit être liée au rôle fondamental joué par les juridictions des Etats membres dans le cadre du renvoi préjudiciel, ainsi qu'à celle du Tribunal de l'UE – qui complète cette action[1035] – peut certainement être vue comme représentant le pouvoir judiciaire de l'Union.

[1029] AVRIL P., GICQUEL J., *Lexique de droit constitutionnel, op. cit.*, p. 51.

[1030] *Ibid.*, pp. 51-52.

[1031] WAELBROECK M., « Contribution à l'étude de la nature juridique des Communautés européennes », in *Mélanges offerts à Henri Rolin. Problèmes de droit des gens,* Paris, Pedone, 1964, p. 512.

[1032] Article 19, paragraphe 1, du traité UE.

[1033] Cour de justice, arrêt du 23 avril 1986, *Les Verts/Parlement*, aff. C-294/83, ECLI:EU:C:1986:166, point 23.

[1034] Cour de justice, arrêt du 17 décembre 2020, *Openbaar Ministerief*, aff. jointes C-354/20 PPU et C-412/20 PPU, ECLI:EU:C:2020:1033, point 49.

[1035] En effet, outre ses autres fonctions juridictionnelles, le Tribunal est, aux termes de l'article 256, paragraphe 3, du traité FUE, « compétent pour connaître des questions préjudicielles, soumises en vertu de l'article 267, dans des matières spécifiques déterminées par le statut. ». La Cour de justice reste cependant la garante ultime du respect du droit au sein de l'ordre juridique de l'UE – lequel suppose notamment sa correcte interprétation – dès lors que, d'une part, « [l]orsque le Tribunal estime que l'affaire appelle une décision de principe susceptible d'affecter l'unité ou la cohérence du droit de l'Union, il peut renvoyer l'affaire devant la Cour de justice afin qu'elle statue » (*ibid.*) et que, d'autre part, « [l]es décisions rendues par le

532. Cela est d'autant plus vrai que, conséquemment au fait que les traités européens peuvent recevoir la qualification de pacte constitutionnel fédératif, la CJUE a indéniablement une dimension et un rôle constitutionnels. La professeure Fabienne Péraldi Leneuf considère à ce sujet que si la Cour de justice ne peut, à proprement parler, être qualifiée ni de cour suprême ni de cour constitutionnelle[1036], elle possède des traits caractéristiques de ces deux types d'institutions. La professeure souligne en effet, d'une part, que « [la Cour de justice] se situe au sommet d'un édifice juridictionnel comprenant le Tribunal [de l'UE] et les juridictions nationales [et qu'en tant que] juge de dernier ressort, elle détient à plusieurs égards les compétences d'une cour fédérale »[1037] ; « [l]es Cours fédérales [ayant] traditionnellement une fonction de justice régulatrice et [...] pour mission d'assurer l'uniformité d'application du droit sur le territoire de l'Etat fédéral. »[1038]. Elle constate, d'autre part, que « [la Cour de justice] dispose d'une véritable mission constitutionnelle qui s'exprime sous deux angles essentiellement : le contrôle des actes [de l'Union] et la protection des droits fondamentaux »[1039].

533. En tout état de cause, le caractère fondamental de l'office de la Cour de justice – tel qu'intrinsèquement et respectivement lié à ceux du Tribunal et des juridictions des Etats membres – pour la prééminence du droit au sein de l'ordre juridique de l'UE est notamment souligné par le traité de Lisbonne à travers l'institution d'un comité, « composé de sept personnalités choisies parmi d'anciens membres de la Cour de justice et du Tribunal, des membres des juridictions nationales suprêmes et des juristes possédant des compétences notoires, dont l'un est proposé par le Parlement européen »[1040], qui a notamment vocation à assurer que « [l]es juges et les avocats généraux de la Cour de justice et les juges du Tribunal s[oient] choisis parmi des personnalités offrant toutes garanties d'indépendance »[1041]. Ce comité est de fait chargé de « donner un avis sur l'adéquation des candidats à l'exercice des

---

Tribunal sur des questions préjudicielles peuvent exceptionnellement faire l'objet d'un réexamen par la Cour de justice, dans les conditions et limites prévues par le statut, en cas de risque sérieux d'atteinte à l'unité ou à la cohérence du droit de l'Union. » (*ibid.*).

1036 Notons que le professeur Louis Favoreu a notamment pu soutenir que la Cour de justice, tout comme la CEDH, n'étaient pas des cours constitutionnelles en développant trois séries d'arguments tenant respectivement au fait que ces cours ne sont pas constituées de juges constitutionnels, que leurs fonctions ne reposent pas sur une constitution et, enfin, qu'elles n'ont pas d'autorité constitutionnelle ; cette dernière se traduisant par la possibilité d'annuler pleinement et immédiatement des actes législatifs contraires à la constitution (FAVOREU L., « Les Cours de Luxembourg et de Strasbourg ne sont pas des cours constitutionnelles », in *Au carrefour des droits. Mélanges en l'honneur de Louis Dubouis*, Paris, Dalloz, 2002, pp. 35-45).

1037 PERALDI LENEUF F., « La Cour de justice des communautés européennes, cour suprême et/ou cour constitutionnelle ? », in HERVOUET F., NOREL P. (dir.), *op.cit.*, vol. II, p.10.

1038 *Ibid.*, p. 17.

1039 *Ibid.*, p.18.

1040 Article 255, alinéa 2, du traité FUE.

1041 Article 19, paragraphe 2, alinéa 3 du traité UE.

fonctions de juge et d'avocat général de la Cour de justice et du Tribunal avant que les gouvernements des États membres ne procèdent aux nominations »[1042].

534. Ainsi, le pouvoir judiciaire de l'Union, tel qu'il est incarné par la Cour de justice, confirme, aux côtés des pouvoirs législatif et exécutif, l'existence au sein de l'ordre juridique de l'UE de la dynamique de séparation et de démocratisation des pouvoirs qui apparaît au fil du processus d'institutionnalisation qui se manifeste dans les Fédérations viables. Cette dynamique est au demeurant nourrie par la prévision, par le pacte constitutionnel fédératif européen, de mécanismes de contrepoids entre ces pouvoirs, tels que les recours en manquement et en carence – qui permettent notamment au Juge de l'Union de sanctionner, à la demande de l'un ou plusieurs des dépositaires des pouvoirs législatif et exécutif, les violations du droit de l'UE imputables à certains d'eux – ou, plus classiquement, la motion de censure. En effet, « [l]a possibilité de censure de la Commission par le Parlement européen est prévue dès les traités originaires. Elle est désormais inscrite à l'article 17, paragraphe 8, TUE qui consacre expressément un des piliers du régime parlementaire en prévoyant que « la Commission, en tant que collège, est responsable devant le Parlement européen ». Ce dernier se voit investi du pouvoir d'adopter une « motion de censure » à son encontre. »[1043]. La séparation et la démocratisation des pouvoirs de l'ordre juridique de l'UE ici constatées accompagnent au demeurant son développement en tant que puissance publique fédérative.

§ 2. L'essor parallèle de la puissance publique fédérative européenne

535. Conformément à la logique fédérative qui veut que « le fédéralisme et la démocratie se renforcent mutuellement »[1044], le processus de séparation et de démocratisation des pouvoirs que connaît l'UE va jusqu'à présent de pair avec un renforcement de ses attributions qui la conforte dans son statut de puissance publique fédérative européenne. Il est en effet possible de constater qu'au fil des traités européens successifs, les mécanismes de démocratisation et d'affirmation des différents pouvoirs de l'UE ont été systématiquement accompagnés d'une extension soit des compétences de certaines de ses institutions, soit, plus globalement, des attributions de l'Union elle-même ; cet état de fait témoignant de la mise en œuvre, au sein de l'ordre juridique de l'UE, du processus d'institutionnalisation – et, donc, de différenciation entre les instances fédérale et fédérées – indispensable au parachèvement de toute Fédération.

[1042] Article 255, alinéa 1, du traité FUE.
[1043] DUBOUT E., *Droit constitutionnel de l'Union européenne*, *op. cit.*, p. 336.
[1044] BEAUD O., *Théorie de la Fédération*, *op. cit.*, p. 384.

536. En effet, la reconnaissance, en 1986, de la qualité de Parlement européen à l'Assemblée commune des Communautés européennes par l'Acte unique européen, à la suite de l'élection de ses membres au suffrage universel direct en vertu de l'Acte de 1976[1045], a été accompagnée par une extension des pouvoirs de l'institution évoquée avec l'introduction de la procédure de coopération qui lui conférait un droit d'amendement des positions communes adoptées par le Conseil relativement aux propositions de la Commission, et ce, notamment, dans des domaines fondamentaux pour l'intégration européenne, tels que la libre circulation des travailleurs et la liberté d'établissement[1046]. Il apparaît, au demeurant, à la lecture du préambule de l'Acte unique européen, que la démocratisation de l'ordre juridique communautaire que ce traité a assuré à travers le renforcement des attributions de l'ancienne Assemblée commune, ainsi que son élévation au rang politiquement significatif de Parlement européen, était perçue par les Etats membres comme cruciale au développement du processus d'intégration européenne, dès lors qu'il était nécessaire « que l'idée européenne, les résultats acquis dans les domaines de l'intégration économique et de la coopération politique ainsi que la nécessité de nouveaux développements répondent aux vœux des peuples démocratiques européens pour qui le Parlement européen, élu au suffrage universel, est un moyen d'expression indispensable »[1047]. En tout état de cause, l'Acte unique européen est notamment venu, parallèlement à cette démarche de démocratisation, étendre sensiblement le domaine du vote à la majorité qualifiée au Conseil afin d'assurer l'achèvement du marché intérieur[1048].

537. De même, la démocratisation de l'ordre juridique de l'UE assurée par le traité de Maastricht à travers l'instauration de la procédure de codécision – laquelle dote le Parlement européen d'un pouvoir normatif égal à celui du Conseil dans des domaines d'action cruciaux pour l'Union[1049] – correspond à la mise en place de l'UEM dans le cadre du pilier communautaire, ainsi qu'à l'élargissement des compétences de l'UE avec les deux piliers intergouvernementaux inhérents à la PESC et à la « justice et aux affaires intérieures ». Or, cet état de fait, qui procède de la volonté des Etats membres « de renforcer le caractère démocratique et l'efficacité du fonctionnement des institutions de [l'UE], afin de leur permettre de mieux remplir, dans un cadre

---

[1045] Acte portant élection des représentants à l'Assemblée au suffrage universel direct, adopté à Bruxelles, le 20 septembre 1976.

[1046] V. sur ce point les articles 6 et 7 de l'Acte unique européen.

[1047] 4ème alinéa du préambule de l'Acte unique européen.

[1048] V. sur ce point l'article 14 de l'Acte unique européen.

[1049] On peut notamment rappeler que les points 10) et 11) de l'article G du traité de Maastricht prévoient respectivement l'application de la procédure de codécision aux domaines de la libre circulation des travailleurs et de la liberté d'établissement, tandis que le point 22) du même article permet son application pour l'adoption de mesures relatives au rapprochement des législations des Etats membres nécessaires à l'établissement et au fonctionnement du marché intérieur.

institutionnel unique, les missions qui leur sont confiées »[1050], consolide très concrètement le statut de puissance publique fédérative de l'UE.

538. De fait, selon la professeure Catherine Schneider, « [l]e thème de l'Europe puissance [...] est devenu récurrent depuis le Traité de Maastricht. En reconnaissant en effet à l'Union européenne, le bénéfice des principales fonctions régaliennes, monnaie, politique étrangère, justice, affaires intérieures, le Traité de Maastricht inaugure un saut qualitatif indéniable dans la montée en puissance du système communautaire et son ascension au statut de véritable acteur de la scène internationale. »[1051]. La professeure Catherine Schneider considère ainsi qu' « [i]l existe donc bien une dynamique de la contribution du droit à l'émergence de l'Europe puissance qui s'est développée tout au long de la construction communautaire sur trois registres : celui de la finalisation de la puissance, celui de l'institutionnalisation de la puissance, celui de l'instrumentalisation de la puissance. »[1052].

539. L'essor de l'UE en tant que puissance publique dans le cadre du processus de démocratisation et d'affirmation de ses différents pouvoirs est au demeurant confirmé par les traités postérieurs qui étendent ses compétences, ainsi que celles de ses institutions, tout en consacrant toujours plus nettement le caractère démocratique de l'Union. Ainsi, le traité d'Amsterdam assure notamment la communautarisation de l'acquis de Schengen avec l'instauration de l'espace de liberté, de sécurité et de justice et accroît les compétences du Parlement européen, en établissant que « [l]'Union est fondée sur les principes de la liberté, de la démocratie, du respect des droits de l'homme et des libertés fondamentales, ainsi que de l'État de droit, principes qui sont communs aux États membres. »[1053]. Ce traité introduit au demeurant le mécanisme déjà évoqué[1054] de sanction des violations, par les Etats membres, des valeurs de l'UE[1055] – alors désignées comme ses principes –, tandis que le traité de Nice le confirme en étendant la possibilité de l'initier au Parlement européen[1056].

540. Cette « dynamique incontestable d'extension »[1057] de l'UE en tant que puissance publique fédérative dans le cadre de la démocratisation de son fonctionnement est, en tout état de cause, confirmée par le traité de Lisbonne qui introduit dans le traité UE un titre dédié aux « dispositions relatives aux

---

1050 7ème alinéa du préambule du traité UE.

1051 SCHNEIDER C., « Libres propos sur la contribution du droit à la dynamique de l'Europe puissance », *op. cit.*, p. 21.

1052 *Ibid.*, p. 22.

1053 Point 8) de l'article premier du traité d'Amsterdam.

1054 Il s'agit de la procédure de sanction des violations graves et persistantes des valeurs de l'UE prévue par l'actuel article 7 du traité UE.

1055 Point 9) de l'article premier du traité d'Amsterdam.

1056 Point 1) de l'article premier du traité de Nice.

1057 SCHNEIDER C., « Libres propos sur la contribution du droit à la dynamique de l'Europe puissance », *op. cit.*, p. 23.

principes démocratiques »[1058] de l'Union, tout en abolissant, d'une part, sa structure en piliers héritée du traité de Maastricht et en accroissant, d'autre part, les attributions de ses différentes institutions. L'on relèvera à cet égard que, depuis le traité de Lisbonne, la CJUE peut participer plus largement à la consolidation de l'espace de liberté, de sécurité et de justice, ainsi qu'à la protection des droits fondamentaux des citoyens de l'Union dans le cadre de ce dernier, grâce à l'extension de ses compétences en matière de coopération policière et judiciaire en matière pénale[1059].

541. Ainsi, le processus de démocratisation connu par les différents pouvoirs de l'UE au fil des différents traités européens contribue à son développement en tant que puissance publique fédérative, dès lors qu'il lui permet de s'affirmer en tant que véritable autorité normative. La professeure Valérie Michel souligne d'ailleurs à ce sujet que « [l]es révisions du traité de Rome servent, bien souvent, à augmenter les domaines d'action de l'Union. Il suffit d'égrener ces traités de révision pour s'en convaincre [...] » [1060].

542. Valérie Michel observe de surcroît qu' «[i]l y a là d'incontestables avancées à la contribution desquelles le rôle des États est moins instantané, c'est-à-dire lié au traité de révision, qu'il n'y paraît. En effet, un bref regard sur les actes de droit dérivé adoptés antérieurement aux traités de révision révèle que certains de ces domaines ont été abordés bien avant la consécration d'une base juridique dans le traité. Tel est le cas bien connu de la protection de l'environnement »[1061]. De fait, « dès les années 1970 la Communauté y porte attention alors que cette politique ne sera inscrite dans le droit primaire qu'avec l'Acte unique. La même observation vaut pour la santé publique puisque l'on trouve des prises de position au milieu des années 1980 sur le sida, la protection des patients en dialyse ou encore la toxicologie alors que sa mention en droit primaire procède du traité de Maastricht »[1062].

543. Ce constat de l'autonomisation de l'autorité normative de l'UE doit au demeurant être rapporté à l'analyse du professeur Pierre Pescatore selon laquelle, « la Cour [de justice] a [...] donné à reconnaître que, si le système du droit [de l'Union] présente des lacunes et des discontinuités, il a l'avantage de porter en lui, précisément parce qu'il s'agit d'un système, des règles générales et des principes qui permettent, à tout le moins, de maintenir un

[1058] Il s'agit du titre II du traité UE.
[1059] V. sur ce point la note 289.
[1060] MICHEL V., « Brèves réflexions sur une méthode d'élaboration du droit primaire », in COHEN-JONATHAN G., CONSTANTINESCO V., MICHEL V., (dir.), *Chemins d'Europe. Mélanges en l'honneur de Jean-Paul Jacqué*, Paris, Dalloz, 2010, p. 500.
[1061] *Ibid.*, pp. 500-501.
[1062] *Ibid.*

ordre élémentaire et d'assurer la sauvegarde de quelques valeurs essentielles [...]. »[1063].

544. Le professeur Christian Lequesne fait en outre état de cette force de régulation interne de la puissance publique que constitue l'UE en soulignant que « l'autorité de ses institutions (Commission, Cour de justice...) tend à imposer aux acteurs nationaux une convergence de leurs politiques publiques nationales par le biais de normes. »[1064]. Il souligne à cet égard que « l'évident rapprochement des politiques nationales en matière de rigueur budgétaire ou de privatisation des services publics donne sans nul doute de bons exemples de cette convergence en action »[1065]. Cette dernière peut au demeurant être perçue, toujours selon le professeur Christian Lequesne, comme « [une] européanisation des ordres politiques nationaux [qui] doit [...] être vue moins comme un processus d'adaptation que de *traduction* et de *réinterprétation* des normes [de l'Union] par des institutions et des cultures nationales porteuses de diversité »[1066]. Or, cette circonstance constitue un indice supplémentaire de l'existence, au sein de l'ordre juridique de l'UE, de la nécessaire coexistence politique des puissances publiques fédérées et fédérale qui caractérise toute Fédération. De fait, « [m]algré la force « englobante » de l'Union européenne, les politiques et la politique restent donc des objets fragmentés par territoire national ou, pour le dire autrement et plus légèrement, l'Union européenne n'équivaut certainement pas à la fin de l'histoire ! »[1067].

545. L'on doit enfin considérer avec le professeur Vlad Constantinesco que si, sur la scène internationale, l'UE ne dispose indéniablement pas de l'autorité nécessaire pour être regardée comme « une grande puissance au sens d'un ensemble politico-militaire capable de faire jeu égal avec les États-Unis ou la Chine »[1068], elle s'affirme tout de même comme une réelle « *puissance normative* »[1069]. En effet, « [p]uissance économique et commerciale

---

1063 PESCATORE P., « La carence du législateur communautaire et le devoir du juge », in LÜKE G. (Ed.), *Rechtsvergleichung, Europarecht und Staatenintegration. Gedächtnisschrift für Léontin-Jean Constantinesco*, Köln, Berlin, 1983, pp. 561-562.

1064 LEQUESNE C., « Comment penser l'Union européenne ? », *op. cit.*, p. 126.

1065 *Ibid.*

1066 *Ibid.*, p. 127.

1067 *Ibid.*

1068 LAIDI Z., *La norme sans la force – L'énigme de la puissance européenne*, Paris, Presses de Sciences Po, 3ème éd., 2013, p. 63. Notons en outre que, selon le professeur Zaki Laïdi, la notion de « grande puissance » renvoie essentiellement « au pouvoir qu'a un acteur A de contraindre un acteur B à agir dans un sens qu'autrement il n'aurait pas pris. Cette définition de la puissance renvoie à son tour à trois facteurs : l'intentionnalité, le conflit et la domination. Cela signifie qu'une puissance doit avoir des objectifs visant à contraindre d'autres acteurs (intentionnalité), que ces objectifs entrent en contradiction avec ceux des autres acteurs (conflit), mais que, pour parvenir à ses fins, la puissance A dispose de ressources plus importantes que la puissance B pour la contraindre (asymétrie). » (*Ibid.*, p. 18).

1069 CONSTANTINESCO V., « Par la norme vers la puissance ? L'expérience de l'Union européenne », in *Terres du droit. Mélanges en l'honneur d'Yves Jégouzo*, Paris, Dalloz, 2009, p. 15.

indiscutable sur le plan mondial, mais pas encore, sans doute, puissance politique affirmée, et encore moins puissance militaire, l'Union européenne se voit, depuis quelques années, souvent décrite comme une *puissance normative.* »[1070]. Cela résulte notamment de ce que la circonstance « [q]ue la norme de [l'Union] soit limitée au marché commun ou intérieur ne l'empêche pas dans le domaine des règles de concurrence ou de la réglementation antidumping, de produire des effets en dehors du territoire des États membres »[1071]. On parle ainsi de « l'*effet extraterritorial* du droit de la concurrence, qui permet à la Commission de sanctionner les entreprises établies à l'extérieur du marché commun lorsque leur comportement porte atteinte aux règles de la concurrence dans le marché commun. Ainsi, la police du marché intérieur peut-elle se révéler, au bénéfice de l'Union européenne, facteur de puissance tournée vers l'extérieur. »[1072].

546. L'UE apparaît également comme une puissance normative vis-à-vis de l'extérieur en raison du réel *soft power* dont elle dispose en matière économique du fait de l'attractivité du marché unique européen. De fait, la volonté des opérateurs économiques de bénéficier des potentialités de ce marché peut les conduire à s'astreindre au respect de certaines normes juridiques de l'Union. Marion Gaillard observe à cet égard que « [l'UE] peut conditionner l'accès à son marché unique de près de 450 millions d'habitants au respect de ses propres réglementations : elle est donc par ce biais capable d'exporter ses normes au-delà de ses frontières. [...] En effet, toute entreprise, même extra-européenne, a intérêt à respecter les règles de l'UE si elle veut avoir accès à ce marché convoité. »[1073]. Marion Gaillard souligne en outre que, « pour les mêmes raisons, de plus en plus d'agriculteurs américains cherchent à répondre aux exigences de la PAC en termes de sécurité alimentaire, et nombre d'entreprises extra-européennes se plient aux réglementations de la directive REACH de 2006 sur les produits chimiques ou à celles du règlement général sur la protection des données (RGPD) de 2018. »[1074].

547. Le professeur Zaki Laïdi explique au demeurant cette puissance normative de l'UE dans l'ordre international dans des termes qui font écho à la cause existentielle du pacte constitutionnel fédératif européen, qu'est la conservation de l'existence politique des Etats membres. Il expose en effet que « [d]ans la construction européenne, la prééminence de la norme répond à trois considérations. La première tient à la volonté de dévitaliser la souveraineté politique des Etats dans ce qu'elle a de plus conflictuel au profit d'un modèle coopératif stable, durable, prévisible et devant progressivement conduire ces mêmes États européens à cesser de penser leurs intérêts sur la

---

1070 *Ibid.*

1071 *Ibid.*, p. 27.

1072 *Ibid.*

1073 GAILLARD M., *L'Union européenne – Institutions et politiques*, Paris, La documentation française, « Découverte de la vie publique », 6ème éd., 2022, p. 170.

1074 *Ibid.*, p. 171.

base d'un jeu à somme nulle. »[1075]. Le politiste complète de surcroît son propos sur la puissance normative de l'UE avec une analyse qui étaye le constat de la présence, au sein de l'ordre juridique de l'Union, de la tension inhérente à la dualité de l'existence politique qui caractérise toute Fédération. Il affirme en effet que « [l]e projet européen est, dès la [CECA] un modèle de décentrement de l'honneur des nations européennes. Dans un premier temps, il s'agit de détruire l'instinct de guerre qui déchira les nations européennes. Mais la disparition de cet instinct n'a pas pour autant anesthésié l'égotisme des États. De sorte qu'à chaque nouvelle étape de la construction européenne, il a fallu inventer de nouvelles normes pour discipliner les États, sans pour autant les faire formellement renoncer à leur souveraineté. »[1076]. Et d'en conclure que « [l]a norme en Europe a toujours cherché à contourner la souveraineté des Etats. L'exemple de l'euro l'illustre bien. »[1077].

548. En tout état de cause, il y a lieu de considérer sur ce point, à la suite du professeur Vlad Constantinesco, que, « [s]i le vecteur privilégié par l'Union pour exercer son influence sur ses partenaires internationaux est de manière privilégiée la norme sans force, c'est peut-être parce que le droit peut être considéré comme un substitut du politique : il est à la fois un moyen de contourner le politique (ou de combler son absence) et un moyen d'y parvenir, si la relation politique consiste en l'imposition d'une volonté. »[1078]. En effet, « [l]e recours à la norme, et le type de puissance que ce recours confère, révèle que l'Union européenne est bien, même si la force lui fait défaut, une entité politique mais que ses Etats membres entendent encore confiner dans la seule sphère de la normativité : pour combien de temps encore ? »[1079].

[1075] LAIDI Z., *La norme sans la force – L'énigme de la puissance européenne*, *op. cit.*, pp. 84-85.

[1076] *Ibid.*, p. 85.

[1077] *Ibid.*

[1078] CONSTANTINESCO V., « Par la norme vers la puissance ? L'expérience de l'Union européenne », *op. cit.*, p. 29.

[1079] *Ibid.*

Conclusion du chapitre II

549. Au terme de notre analyse, il est possible de considérer que les éléments de spécificité de l'ordre juridique de l'UE tenant à ses attributs que sont sa personnalité juridique et ses pouvoirs sont, conformément aux assertions – pourtant laconiques – de la Cour de justice sur le sujet, de nature à étayer juridiquement l'affirmation du versant constitutionnel du principe d'autonomie.

550. En effet, d'une part, la personnalité juridique de l'UE est spécifique dans la mesure où elle est non seulement fonction de ses buts fédératifs, progressivement et largement déclinés, mais également de sa vocation essentielle qui consiste dans la garantie de l'existence politique de ses Etats membres. Ainsi, comme le démontre le processus jusqu'à ce jour inabouti d'adhésion de l'UE à la CEDH, la personnalité juridique de l'UE reflète très concrètement son existence fédérale – et donc complexe – en tant qu'Union d'Etats autonome et puissante, en raison de l'étendue de ses compétences, aux côtés de ses Etats fondateurs et membres dont elle doit, paradoxalement, garantir l'intégrité politique.

551. D'autre part, les pouvoirs de l'Union manifestent également son autonomie constitutionnelle dans la mesure où ils témoignent de l'existence, au sein de l'ordre juridique de l'UE, de l'homologie entre la forme républicaine de gouvernement des Etats membres et celle de l'instance fédérale qui apparaît au fil du processus d'institutionnalisation des Fédérations ayant atteint un certain degré de maturité. En tout état de cause, la séparation et la démocratisation des pouvoirs de l'ordre juridique de l'Union propre à cette homologie contribuent indéniablement à la conforter dans son statut de puissance publique fédérative européenne, essentiellement normative.

Conclusion de la deuxième partie

552. Les données actuelles de l'ordre juridique de l'Union accréditent concrètement la position défendue par la Cour de justice, à travers sa jurisprudence relative au versant constitutionnel du principe d'autonomie, selon laquelle les éléments fondamentaux de la spécificité de l'UE que sont le processus d'intégration particulier dans lequel elle est engagée, d'une part, et les attributs caractéristiques d'une nature fédérative que lui ont conférés les traités, d'autre part, contribuent à en faire un objet constitutionnellement autonome.

553. En effet, le processus d'intégration qui caractérise l'UE, tout en étant marqué, en premier lieu, par sa propension originelle et existentielle à fédérer les Etats membres de l'Union, par le biais d'une méthode communautaire toujours apte à assurer l'accroissement comme l'approfondissement de ses compétences, et, en second lieu, par une réelle – bien que nécessairement imparfaite – imbrication des ordres juridiques qu'il met en présence, manifeste, notamment à travers les tensions qui l'habitent au profit du renforcement de la place des Etats fondateurs de l'Union dans sa structure institutionnelle et sa mécanique décisionnelle, la complexité de l'existence politique duale qui est immanente à la forme constitutionnelle autonome qu'est la Fédération.

554. Il en est de même des attributs de l'UE que sont sa personnalité juridique propre et les pouvoirs dont elle a été progressivement dotée par ses Etats fondateurs et membres. De fait, d'une part, la personnalité juridique atypique de l'UE reflète concrètement, comme en témoigne notamment le laborieux processus d'adhésion de l'UE à la CEDH, sa nature fédérative complexe en ce qu'elle est fonction des buts spécifiques – car fédératifs – qui lui ont été assignés. D'autre part, l'évolution de l'aménagement et de l'équilibre des pouvoirs au sein de l'UE atteste de la maturité comme du renforcement de son statut de puissance publique fédérative, dans la mesure où la répartition des pouvoirs inhérente à la mécanique institutionnelle de l'Union se calque progressivement sur la forme démocratique et républicaine de gouvernement commune à ses Etats membres.

Troisième partie : Autonomie fonctionnelle et rapports de l'UE avec le droit extérieur

555. L'autonomie fonctionnelle de l'ordre juridique de l'Union procède, aux termes de la jurisprudence de la Cour de justice inhérente au principe d'autonomie, de son autonomie constitutionnelle. La Cour de justice soutient en effet depuis le début du processus d'intégration européenne que ce qui est aujourd'hui l'UE doit, en raison de sa nature éminemment particulière, fonctionner sur la base d'une logique et de principes qui lui sont propres et, donc, indépendamment de tout diktat issu du droit national de ses Etats membres ou du droit international ; cette indépendance de l'ordre juridique de l'UE étant présentée par la Cour de justice comme indispensable à sa viabilité même.

556. Cette idée, qui s'est avérée cruciale pour le développement de l'ordre juridique communautaire – face au risque d'atteinte à son unité inhérent à l'application des différents droits nationaux des Etats membres – est ainsi notamment apparue en 1964, avec l'arrêt *Costa contre ENEL* dans lequel la Cour affirme, après avoir mis en exergue les critères de l'autonomie constitutionnelle de la Communauté et de l'Union européennes qui ont fait l'objet de nos précédents développements[1080], « qu'il résulte de l'ensemble de ces éléments, qu'issu d'une source autonome, le droit né du traité ne pourrait donc, en raison de sa nature spécifique originale, se voir judiciairement opposer un texte interne quel qu'il soit, sans perdre son caractère communautaire et sans que soit mise en cause la base juridique de la Communauté elle-même »[1081].

557. De même, comme l'indique l'arrêt *République de Moldavie*, rendu par la Cour de justice le 2 septembre 2021, la nécessité de protéger, compte tenu de sa nature spécifique, l'ordre juridique de l'Union de toute immixtion du droit international conventionnel menaçant son indépendance résulte d'une jurisprudence ancienne et constante. L'arrêt susmentionné rappelle en effet

---

[1080] Il convient de se référer, pour une présentation détaillée de ces éléments aux deux premières parties de cet ouvrage. Notons cependant que, dans l'arrêt *Costa contre ENEL*, la Cour de justice les présente synthétiquement en soutenant qu' « à la différence des traités internationaux ordinaires, le traité de la C.E.E. a institué un ordre juridique propre, intégré au système juridique des États membres lors de l'entrée en vigueur du traité et qui s'impose à leurs juridictions ; qu'en effet, en instituant une Communauté de durée illimitée, dotée d'institutions propres, de la personnalité, de la capacité juridique, d'une capacité de représentation internationale et plus particulièrement de pouvoirs réels issus d'une limitation de compétence ou d'un transfert d'attributions des États à la Communauté, ceux-ci ont limité, bien que dans des domaines restreints, leurs droits souverains et créé ainsi un corps de droit applicable à leurs ressortissants et à eux-mêmes. » (Cour de justice, arrêt du 15 juillet 1964, *Costa contre ENEL*, aff. 6/64, ECLI:EU:C:1964:66, pp. 1158-1159).

[1081] Cour de justice, arrêt du 15 juillet 1964, *Costa contre ENEL*, aff. 6/64, ECLI:EU:C:1964:66, p. 1160.

que « selon une jurisprudence constante de la Cour, un accord international ne saurait porter atteinte à l'ordre des compétences fixé par les traités et, partant, à l'autonomie du système juridique de l'Union dont la Cour assure le respect. »[1082] ; et ce, dans la mesure où « [s]elon une jurisprudence également constante de la Cour, l'autonomie du droit de l'Union, au regard tant du droit des États membres que du droit international, se justifie en raison des caractéristiques essentielles de l'Union et de son droit, relatives, notamment, à la structure constitutionnelle de l'Union ainsi qu'à la nature même de ce droit. »[1083].

558. Ainsi, pour la Cour de justice, l'autonomie constitutionnelle de l'ordre juridique de l'Union postule, d'une part, des rapports d'intégration particuliers entre le droit de l'UE et le droit national des Etats membres, d'autre part, une subordination du droit international conventionnel au respect de « l'ordre des compétences fixé par les traités ». Dès lors, afin de déterminer si les principes de régulation des rapports entre l'ordre juridique de l'UE et les autres systèmes juridiques, que la Cour de justice a définis dans le cadre de sa jurisprudence relative au versant fonctionnel du principe d'autonomie, sont véritablement immanents à la nature de l'Union, il conviendra d'analyser les rapports d'intégration entre le droit de l'UE et celui de ses Etats membres à la lumière des conclusions tirées deux premières parties de nos travaux (**chapitre I**), avant d'étudier, selon la même méthode, la question de la subordination du droit international conventionnel à l'ordre des compétences fixé par les traités (**chapitre II**).

1082 Cour de justice, arrêt du 2 septembre 2021, *République de Moldavie*, aff. C-741/19, ECLI:EU:C:2021:655, point 42. Ce point de l'arrêt susmentionné reprend le principe établi par la Cour de justice dans l'avis 1/91 (Cour de justice, avis 1/91 du 14 décembre 1991, ECLI:EU:C:1991:490, point 35), que nos prochains développements nous donneront l'occasion d'étudier précisément.

1083 *Ibid.*, point 43.

Chapitre I - Les rapports d'intégration entre le droit de l'UE et le droit national des Etats membres

559. A l'égard du droit national des différents Etats membres, l'autonomie fonctionnelle de l'ordre juridique de l'UE postule des rapports d'intégration spécifiques qui découlent des principes de l'effet direct et de la primauté du droit de l'Union. Les professeurs Antoine Bailleux et Hugues Dumont soulignent ainsi que « [s]i ni la primauté ni l'effet direct ne consacrent une rupture avec les canons du droit international[1084], la manière dont ces deux principes sont articulés par la CJUE donne au droit de l'Union une effectivité inconnue des normes internationales « classiques ». »[1085]. De fait, « [e]n déclarant que les juridictions nationales sont dans l'obligation d'écarter toute norme de droit interne contraire à une règle de droit de l'Union, la CJUE prive les États membres de leur liberté d'organiser comme ils l'entendent les rapports entre le droit de l'Union et leur ordre juridique interne. »[1086]. Antoine Bailleux et Hugues Dumont en concluent dès lors que « contrairement au droit international « classique », qui affirme une primauté de principe sans s'interroger sur son « accueil » en droit interne, le droit de l'Union dicte lui-même son intégration dans les ordres juridiques nationaux. »[1087].

560. De fait, de manière singulière par rapport à la logique du droit international classique, le principe de l'effet direct – bien que non absolu car subordonné au respect de conditions que nous aurons l'occasion d'évoquer ultérieurement – « [c]'est le droit pour toute personne de demander à son juge de lui appliquer traités, règlements, directives ou décisions [du droit de l'Union]. C'est l'obligation pour le juge de faire usage de ces textes quelle que soit la législation du pays dont il relève. »[1088]. De même, le principe de primauté place le droit de l'UE à la tête de l'ordonnancement juridique propre à chacun des Etats membres, dès lors qu'aux termes de la jurisprudence de la

---

[1084] Les professeurs Antoine Bailleux et Hugues Dumont expliquent sur ce point, d'une part, que « la primauté du droit international est une condition d'existence de celui-ci. L'effectivité d'une convention internationale interdit qu'un État partie puisse unilatéralement s'en écarter en adoptant une norme interne qui lui est contraire. » (BAILLEUX A., DUMONT H., *Le pacte constitutionnel européen – Fondements du droit institutionnel de l'Union, op. cit*., p. 203). En ce qui concerne le principe de l'effet direct, les deux professeurs observent, d'autre part, qu' « [i]l ne s'agit pas là d'une innovation dans la technique du droit international puisque [...] la Cour permanente de justice internationale, dans son célèbre avis du 3 mars 1928 dans l'affaire des compétences des tribunaux de Dantzig, avait admis de façon générale que "l'objet même d'un accord international [...] puisse être l'adoption, par les Parties, de règles déterminées, créant des droits et obligations pour des individus, et susceptibles d'être appliquées par des tribunaux nationaux" ». » *Ibid*., pp. 203-204).

[1085] *Ibid*., p. 204.

[1086] *Ibid.*

[1087] *Ibid.*

[1088] LECOURT R., *L'Europe des juges*, Bruxelles, Bruylant, 2007 (réimpression de l'ouvrage publié aux éditions Bruylant en 1976), p. 248.

Cour de justice, « celui-ci l'emporte sur toutes les normes du droit national contraires, quel que soit leur rang »[1089] ; « le droit européen s'ins[érant] directement dans l'ordre juridique interne des Etats membres »[1090].

561. Ces rapports d'intégration particuliers entre le droit de l'UE et le droit de chacun de ses Etats membres – tels qu'issus des deux principes évoqués – sont, selon la jurisprudence pertinente de la Cour de justice, liés à la nature même de l'UE et, corrélativement, à celle du droit dont elle est issue. En effet, comme nous avons déjà pu le constater, la dimension fonctionnelle du principe d'autonomie, dont – rappelons-le – l'effet direct et la primauté du droit de l'Union procèdent, découle de sa dimension constitutionnelle, dans la mesure où, selon la Cour de justice, l'UE doit fonctionner dans le cadre d'une logique et sur la base de principes qui lui sont propres en raison de sa nature même. De fait, selon le professeur René Barents, l'autonomie de l'ordre juridique de l'Union « implies that the direct effect of Community law in national legal orders and its primacy over national law are not dependent on national constitutions, acts of ratification or any other provision of national law. Instead, these characteristics find their basis exclusively in Community law, thus reflecting its normative independence from national legal orders. »[1091].

562. Ce lien entre la dimension constitutionnelle du principe d'autonomie et sa dimension fonctionnelle qui conduit – relativement aux Etats membres de l'UE – à la consécration de la primauté et de l'effet direct du droit de l'Union, ressort des deux arrêts fondateurs de 1963 et 1964 comme de l'ensemble de la jurisprudence ultérieure inhérente au principe en question, qui renvoie systématiquement à ceux-ci.

563. En effet, dans l'arrêt *Van Gend & Loos* du 5 février 1963, la Cour de justice affirme, dans un premier temps, l'autonomie constitutionnelle de l'ordre juridique communautaire dans les termes suivants : « attendu que l'objectif du traité C.E.E. qui est d'instituer un marché commun dont le fonctionnement concerne directement les justiciables de la Communauté, implique que ce traité constitue plus qu'un accord qui ne créerait que des obligations mutuelles entre les États contractants; que cette conception se trouve confirmée par le préambule du traité qui, au-delà des gouvernements, vise les peuples, et de façon plus concrète par la création d'organes qui institutionnalisent des droits souverains dont l'exercice affecte aussi bien les États membres que leurs citoyens; qu'il faut d'ailleurs remarquer que les ressortissants des États réunis dans la Communauté sont appelés à collaborer, par le truchement du Parlement européen et du Comité économique et social, au fonctionnement de cette Communauté; qu'en outre le rôle de la Cour de

---

[1089] BLIN O., *Droit institutionnel, matériel et contentieux de l'Union européenne*, Bruxelles, Bruylant, 5ème éd., 2022, p. 146.

[1090] *Ibid.*

[1091] BARENTS R., *The Autonomy of Community Law*, La Haye, Kluwer law international, 2004, pp. 243-244.

justice dans le cadre de l'article 177, dont le but est d'assurer l'unité d'interprétation du traité par les juridictions nationales, confirme que les États ont reconnu au droit communautaire une autorité susceptible d'être invoquée par leurs ressortissants devant ces juridictions »[1092].

564. La Cour de justice fait ensuite découler le principe de l'effet direct de cette affirmation de l'autonomie constitutionnelle de l'ordre juridique communautaire lorsqu'elle considère « qu'il faut conclure de cet état de choses que la Communauté constitue un nouvel ordre juridique de droit international, au profit duquel les États ont limité, bien que dans des domaines restreints, leurs droits souverains, et dont les sujets sont non seulement les États membres mais également leurs ressortissants; que, partant, le droit communautaire, indépendant de la législation des États membres, de même qu'il crée des charges dans le chef des particuliers, est aussi destiné à engendrer des droits qui entrent dans leur patrimoine juridique; que ceux-ci naissent non seulement lorsqu'une attribution explicite en est faite par le traité, mais aussi en raison d'obligations que le traité impose d'une manière bien définie tant aux particuliers qu'aux États membres et aux institutions communautaires »[1093].

565. De même, dans l'arrêt *Costa contre ENEL* du 15 juillet 1964, la Cour de justice rappelle – et étoffe –, en premier lieu, son affirmation de l'autonomie constitutionnelle de l'ordre juridique communautaire en jugeant « qu'à la différence des traités internationaux ordinaires, le traité de la C.E.E. a institué un ordre juridique propre, intégré au système juridique des États membres lors de l'entrée en vigueur du traité et qui s'impose à leurs juridictions; qu'en effet, en instituant une Communauté de durée illimitée, dotée d'institutions propres, de la personnalité, de la capacité juridique, d'une capacité de représentation internationale et plus particulièrement de pouvoirs réels issus d'une limitation de compétence ou d'un transfert d'attributions des États à la Communauté, ceux-ci ont limité, bien que dans des domaines restreints, leurs droits souverains et créé ainsi un corps de droit applicable à leurs ressortissants et à eux-mêmes »[1094].

566. Elle vient, en second lieu, asseoir le principe de primauté sur la spécificité constitutionnelle alléguée dans les termes repris plus haut[1095] en

---

[1092] Cour de justice, arrêt du 5 février 1963, *Van Gend & Loos*, aff. 26/62, ECLI:EU:C:1963:1, p. 23.

[1093] *Ibid.*

[1094] Cour de justice, arrêt du 15 juillet 1964, *Costa contre ENEL*, aff. 6/64, ECLI:EU:C:1964:66, pp. 1158-1159.

[1095] Il y a lieu de noter que la Cour explicite les propos en question en soulignant à leur suite que « cette intégration au droit de chaque pays membre de dispositions qui proviennent de source communautaire, et plus généralement les termes et l'esprit du traité, ont pour corollaire l'impossibilité pour les États de faire prévaloir, contre un ordre juridique accepté par eux sur une base de réciprocité, une mesure unilatérale ultérieure qui ne saurait ainsi lui être opposable;

considérant « qu'il résulte de l'ensemble de ces éléments, qu'issu d'une source autonome, le droit né du traité ne pourrait donc, en raison de sa nature spécifique originale, se voir judiciairement opposer un texte interne quel qu'il soit, sans perdre son caractère communautaire et sans que soit mise en cause la base juridique de la Communauté elle-même; que le transfert opéré par les États, de leur ordre juridique interne au profit de l'ordre juridique communautaire, des droits et obligations correspondant aux dispositions du traité, entraîne donc une limitation définitive de leurs droits souverains contre laquelle ne saurait prévaloir un acte unilatéral ultérieur incompatible avec la notion de Communauté »[1096].

567. Ce lien intrinsèque entre, d'une part, la dimension constitutionnelle de l'autonomie de l'ordre juridique de l'Union et, d'autre part, l'effet direct et la primauté du droit de l'Union – qui constituent conjointement l'une des facettes du versant fonctionnel du principe d'autonomie – est au demeurant mis en exergue par le professeur Denys Simon lorsqu'il affirme que « la jurisprudence de la Cour relative à l'autonomie du droit communautaire procède d'une double logique : « une logique apparente, qui déduit la primauté du droit communautaire de sa nature propre et une logique intérieure, exactement inverse, qui déduit la nature spécifique du droit communautaire de la nécessité de lui assurer la priorité au plan interne »[1097] »[1098]. Denys Simon considère au demeurant que « les deux propositions qui, dans la logique du juge, relient l'autonomie d'une part, l'effet direct et la primauté du droit communautaire d'autre part, entretiennent un rapport dialectique dont le fondement se trouve dans la volonté des États souverains de réaliser par le droit les objectifs qu'ils se sont fixés. »[1099]. De fait, « comme le notait dès

que la force exécutive du droit communautaire ne saurait, en effet, varier d'un État à l'autre à la faveur des législations internes ultérieures, sans mettre en péril la réalisation des buts du traité visée à l'article 5 (2), ni provoquer une discrimination interdite par l'article 7; que les obligations contractées dans le traité instituant la Communauté ne seraient pas inconditionnelles mais seulement éventuelles, si elles pouvaient être mises en cause par les actes législatifs futurs des signataires; que, lorsque le droit d'agir unilatéralement est reconnu aux États, c'est en vertu d'une clause spéciale précise (articles 15, 93-3, 223 à 225 par exemple); que, d'autre part, les demandes de dérogation des États sont soumises à des procédures d'autorisation (articles 8-4, 17-4, 25, 26, 73, 93-2, 3e alinéa, et 226 par exemple) qui seraient sans objet s'ils avaient la possibilité de se soustraire à leurs obligations au moyen d'une simple loi; attendu que la prééminence du droit communautaire est confirmée par l'article 189 aux termes duquel les règlements ont valeur « obligatoire » et sont « directement applicables dans tout État membre »; que cette disposition, qui n'est assortie d'aucune réserve, serait sans portée si un État pouvait unilatéralement en annihiler les effets par un acte législatif opposable aux textes communautaires; » (*Ibid.*, pp. 1159-1160).

[1096] *Ibid.*, p. 1160.

[1097] L'auteur cite ici des propos tenus par l'ancien président de la Commission européenne Walter Hallstein, dans le cadre d'une intervention devant le Parlement européen du 18 juin 1965.

[1098] SIMON D., « Les fondements de l'autonomie du droit communautaire », in SFDI (Ed.), *Droit international et droit communautaire, perspectives actuelles*, *op. cit.*, p. 221.

[1099] *Ibid.*

1965 le Président Hallstein, « en créant la Communauté les États membres se sont eux-mêmes assujettis à ce nouveau système juridique », et l'on peut dire qu'en affirmant la primauté absolue du droit communautaire, la Cour n'impose finalement aux États membres que ce à quoi ils ont consenti. »[1100].

568. Cela étant, si les assertions de la Cour de justice peinent à démontrer que les principes d'intégration du droit de l'UE au droit national des Etats membres qu'elle a définis sont intrinsèquement liés à la nature du premier et de l'Union qu'il a instituée, dans la mesure où les fondements de l'autonomie constitutionnelle de l'ordre juridique de l'UE ne sont pas explicités dans sa jurisprudence, il apparaît, à l'issue de l'étude que nous avons menée sur le principe évoqué, possible de le concevoir au regard, d'une part, de l'essence fédérative de l'UE et, d'autre part, du rapprochement qui peut être naturellement et respectivement fait entre l'effet direct et la primauté du droit de l'Union, d'un côté, et les principes proprement fédératifs d'interdépendance et d'indépendance, de l'autre.

569. Le principe de l'effet direct du droit de l'Union fait effectivement écho au principe fédératif d'interdépendance, dès lors que ce dernier traduit « l'idée, plus profonde qu'elle ne paraît, selon laquelle la fédération et les États membres ne sont pas des « étrangers » l'un à l'autre, ce qui signifie notamment que chacune des deux parties doit reconnaître une partie du droit de l'autre comme étant une partie de son propre droit »[1101] et qu'elles entretiennent « des relations mutuelles qui sont d'ailleurs régies par le pacte fédéral. »[1102]. Le principe de primauté peut, quant à lui, être rapproché du principe fédératif d'indépendance dans la mesure où « cette indépendance de la fédération est le résultat de cette institutionnalisation, de ce processus de différenciation »[1103] qui permet à l'institution fédérative de s'émanciper de ses Etats membres et, donc, de leur autorité normative. En effet, « l'impossible réduction de la fédération à ses États membres signifie, en réalité, que l'instance fédérale a une autonomie (organique et fonctionnelle) vis-à-vis des instances fédérées »[1104] ; autonomie qui se traduit de façon radicale dans l'ordre juridique de l'UE par le principe de primauté.

570. Nous tâcherons ainsi de déterminer, à l'aune du principe fédératif d'interdépendance, si l'effet direct du droit de l'UE peut être juridiquement lié à la nature de cette institution, et donc, corrélativement, à celle de son droit primaire (**section 1**). Nous procéderons par la suite au même exercice pour la primauté du droit de l'Union au regard du principe fédératif d'indépendance (**section 2**).

1100 *Ibid.*

1101 BEAUD O., *Théorie de la Fédération*, *op. cit.*, p. 191.

1102 *Ibid.*, p. 189.

1103 *Ibid.*, p. 185.

1104 *Ibid.*

Section 1 - L'effet direct du droit de l'Union à l'aune du principe fédératif d'interdépendance

571. Le principe même de l'effet direct n'est pas propre au droit de l'UE. Le professeur Alain Pellet explique en effet que « la notion d'applicabilité directe est loin d'être inconnue dans l'ordre juridique international. Pendant longtemps, on a admis, comme une vérité d'évidence que le « droit des gens » régissait exclusivement les rapports entre Etats et que, dès lors, un accord international « ne peut pas, en tant que tel, créer directement des droits et des obligations pour les individus ». »[1105]. Toutefois, la CPJI a eu l'occasion d'affirmer que « [l]'on ne peut pas contester que l'objet même d'un accord international, dans l'intention des parties contractantes, [puisse] être l'adoption, par les parties, de règles déterminées, créant des droits et obligations pour les individus, et susceptibles d'être appliquées par les tribunaux nationaux. » »[1106].

572. Le professeur Bruno de Witte partage ce constat, tout en soulignant la spécificité de l'ordre juridique de l'Union, lorsqu'il affirme que « l'effet direct attire seulement plus l'attention en droit européen, parce qu'il y est reconnu par la Cour de justice de manière centralisée à travers la procédure de l'article [267][1107], alors que pour le reste du droit international son appréciation est laissée aux tribunaux internes et donc plus dispersée. »[1108]. Et de conclure ainsi qu' « [e]n cette matière comme en d'autres, c'est par son agencement juridictionnel plus que par son contenu matériel que se distingue le droit [de l'Union]. »[1109].

573. Au vu de ces éléments, la pertinence du discours de la Cour de justice tendant à lier, à travers l'affirmation combinée de l'autonomie constitutionnelle et fonctionnelle de l'ordre juridique de l'Union, l'effet direct du droit de l'UE à la nature même de celle-ci peut légitimement être questionnée. Cependant, après avoir explicité le contenu de la notion d'interdépendance propre à la théorie de la Fédération (**§ 1**), il sera possible de reconnaître dans l'effet direct du droit de l'Union une expression claire de ce principe purement fédératif (**§ 2**), ce qui accrédite la thèse du lien intrinsèque entre la nature de l'UE et l'effet direct que la Cour de justice attribue à son droit.

1105 PELLET A., « Les fondements juridiques internationaux du droit communautaire », *op. cit.*, p. 259.

1106 *Ibid.* Alain Pellet cite ici l'avis consultatif de la Cour permanente de justice internationale du 3 mars 1928, *Compétence des tribunaux de Dantzig*, série B, n°15, points 17-18.

1107 Il est ici question de l'actuel article 267 du traité FUE, relatif au mécanisme de la question préjudicielle.

1108 DE WITTE B., « Retour à « Costa » : la primauté du droit communautaire à la lumière du droit international », *op. cit.*, pp. 447-448.

1109 *Ibid.*, p. 448.

§ 1. Le contenu du principe d'interdépendance dans le cadre de la théorie de la Fédération

574. Selon le professeur Olivier Beaud, « la fédération et les États membres ne sont pas complétement isolés ou séparés car sinon, on ne pourrait parler d'une Fédération au sens de l'ordre juridique global qui les contient. En effet, ils ont des relations mutuelles qui sont d'ailleurs régies par le pacte fédéral. »[1110]. Le principe d'interdépendance procède donc des relations qui doivent nécessairement se nouer entre la fédération et les Etats membres de la Fédération ; « indispensable complément du principe d'indépendance »[1111], « [u]n tel principe illustre l'idée d'une *connexion* entre les deux ordres juridiques en présence, d'une imbrication permanente qui implique l'existence de « passerelles » entre eux. »[1112]. Afin de démontrer en quoi l'effet direct du droit de l'Union peut être appréhendé comme l'une de ces « passerelles », nous tâcherons, en premier lieu, de définir le principe d'interdépendance propre à la théorie de la Fédération du professeur Olivier Beaud qui, comme nous l'avons précédemment vu, peut s'appliquer au processus d'intégration européenne (**A**). Il conviendra, en second lieu, de mettre en exergue la façon dont le principe d'interdépendance peut concrètement se manifester au sein d'un ordre juridique fédératif (**B**).

A. Définition du principe

575. Le principe d'interdépendance renvoie à « la connexion intrinsèque entre l'ordre fédéré et l'ordre fédéral »[1113] et est généralement décrit, corrélativement aux Etats membres, à travers le principe de participation[1114], lequel constitue, aux côtés de l'autonomie reconnue à ces derniers vis-à-vis de la fédération, l'une des données essentielles du fédéralisme. En effet, « cette double dimension de l'autonomie et de la participation des Etats fédérés forme l'axe principal de la théorie du fédéralisme des publicistes français en particulier »[1115] ; le professeur Louis Le Fur considérant notamment « la participation des différentes composantes comme l'élément constitutif et

---

[1110] BEAUD O., *Théorie de la Fédération, op. cit.*, p. 189

[1111] *Ibid.*

[1112] *Ibid.*

[1113] *Ibid.*

[1114] Le principe de participation est classiquement défini par le fait que, tout en étant « [a]utonomes dans l'exercice des compétences qui leur sont attribuées (ou abandonnées) par la constitution fédérale, les États fédérés participent, selon des modalités variables, à la formation de la volonté de l'Etat fédéral. » (DE VILLIERS M., LE DIVELLEC A., *Dictionnaire du droit constitutionnel, op. cit.*, p. 166).

[1115] DE ROUGEMONT D. (dir.), *Dictionnaire international du fédéralisme, op. cit.*, p. 71.

caractéristique de tout État fédératif (ou *Bund*), quel que soit son type d'organisation (fédérale ou confédérale) »[1116].

576. Cela étant, les travaux du professeur Olivier Beaud révèlent que « le principe de participation est […] loin d'épuiser le thème de la connexion intrinsèque entre l'ordre fédéral et l'ordre fédéré »[1117], étant donné que « [c]elle-ci revêt une multitude de formes »[1118]. L'on notera que ce constat s'accorde pleinement avec la pensée du professeur Georges Scelle pour qui le processus fédératif peut être appréhendé « comme une dialectique entre *loi d'autonomie* et *loi de superposition* : les compétences fédérales résultent de cette dernière, tandis que la première garantit les pouvoirs des organes fédérés. La coopération s'instaure constamment entre les deux niveaux, grâce à *la loi de participation* […]. Leur combinaison s'opère grâce à la *loi du dédoublement fonctionnel* »[1119].

577. Dès lors, dans le cadre du principe d'interdépendance, l'appréhension de la connexion entre ordres juridiques propre au fédéralisme est étendue à l'ensemble de la sphère fédérative, dans la mesure où celui-ci correspond à « l'idée, plus profonde qu'elle ne paraît, selon laquelle la fédération et les États membres ne sont pas des « étrangers » l'un à l'autre, ce qui signifie notamment que chacune des deux parties doit reconnaître une partie du droit de l'autre comme étant une partie de son propre droit. »[1120]. De fait, « [e]n formant une Fédération, « on permet à ses voisins d'exercer un certain pouvoir sur soi », ce qui signifie qu'autrui n'est plus exactement l'étranger, de même que la Fédération est une sorte de prolongement des États qui l'ont fondée. »[1121]. Il n'est ainsi pas possible de considérer que « la fédération et les États membres d'une même Fédération sont des « entités étrangères » les uns par rapport aux autres »[1122] et il convient d'en conclure que « le droit international public est inapplicable à ce type de relations. Autrement dit, la fédération et les États membres sont dans une relation de droit public interne. »[1123].

578. Le principe d'interdépendance repose donc sur les relations particulièrement étroites – car régies par un droit public interne – qui lient la fédération et les membres d'une Fédération, en raison de la nature même de l'institution spécifique que ces derniers ont librement fondée. Les travaux du professeur Carl Schmitt sur la fédération le confirment. En effet, selon le constitutionnaliste, « [e]n tant que sujet *de droit public interne* […], la fédération existe parce que, face aux membres de la fédération, elle est titulaire

---

[1116] *Ibid.*, p. 216.
[1117] BEAUD O., *Théorie de la Fédération*, *op. cit.*, p. 189.
[1118] *Ibid.*
[1119] DE ROUGEMONT D. (dir.), *Dictionnaire international du fédéralisme, op. cit.*, p. 268.
[1120] BEAUD O., *Théorie de la Fédération*, *op. cit.*, p. 191.
[1121] *Ibid.*
[1122] *Ibid.*, p. 192.
[1123] *Ibid.*

de prérogatives propres de droit public, et parce que les relations entre la fédération et ses membres relèvent du droit public interne. »[1124]. Force est ainsi de constater que « [l]e *status* de chaque Etat membre de la fédération n'est pas déterminé par son appartenance d'une façon spécifique seulement vers l'extérieur : l'appartenance à la fédération a donc des effets immédiats en droit public. Il n'y a pas de fédération qui ne serait qu'une relation extérieure entre ses membres, relevant seulement du droit international »[1125]. L'on observera du reste qu' « [e]n droit international – au moins jusqu'aujourd'hui – les Etats indépendants se font face comme des entités closes vers l'extérieur, impénétrables, imperméables, *waterproof* pour reprendre l'expression américaine malgré sa banalité. Au sein d'une fédération, cette impénétrabilité complète ne peut exister. »[1126].

579. Ainsi, et dans la mesure où le principe d'interdépendance correspond aux différentes relations qui unissent spécifiquement la fédération et ses membres dans le cadre du pacte constitutionnel fédératif, il se manifeste de façon diverse dans un ordre juridique fédératif.

B. Manifestations concrètes du principe

580. La théorie de la Fédération à laquelle nous nous référons met en évidence le fait que « la connexion intrinsèque entre l'ordre fédéré et l'ordre fédéral »[1127] que le principe d'interdépendance décrit « revêt une multitude de formes »[1128] dans l'ordre juridique fédératif. Parmi celles traitées par le professeur Olivier Beaud, nous évoquerons, dans un premier temps, l'interdépendance des constitutions des Etats membres et de la Fédération, puis le mécanisme du renvoi, compte tenu de ce que ces deux manifestations du principe ici évoqué nous semblent être les plus emblématiques du lien singulier qui unit les ordres juridiques fédérés et fédéral.

581. De fait, pour ce qui est de l'interdépendance des constitutions au sein de la Fédération, le professeur Olivier Beaud indique que l' « on ne peut pas penser l'existence de la constitution fédérale sans liaison avec les constitutions fédérées. La connexion entre elles est une sorte de nécessité naturelle car, en réalité, toute constitution fédérale est en même temps partie de la constitution fédérée. »[1129]. Le constitutionnaliste Carl Schmitt l'avait précédé dans ce constat en soulignant que « [l]e pacte fédératif est un traité d'un genre spécial, c'est-à-dire un pacte constitutionnel. Sa conclusion est un acte du pouvoir constituant. Son contenu est en même temps le contenu de la constitution fédérative [...] et *une composante de la constitution de chaque Etat*

1124 SCHMITT C., *Théorie de la Constitution*, *op. cit.*, pp. 528-529.
1125 *Ibid.*
1126 *Ibid.*
1127 BEAUD O., *Théorie de la Fédération*, *op. cit.*, p. 189.
1128 *Ibid.*
1129 *Ibid.*

membre. »[1130]. Il illustrait au demeurant ce propos, dans sa *Théorie de la Constitution*, en exposant notamment que « [d]e nombreux Etats de la Confédération germanique de 1815 ont [...] placé en tête de leur constitution la phrase qui précise qu'ils forment un élément de la fédération ; ainsi le Grand-duché de *Bade*, constitution du 22 août 1818, art. 1 : « le Grand-duché forme un élément de la confédération germanique » [...] »[1131].

582. Dans l'ordre juridique fédératif de l'UE, cette interdépendance se manifeste notamment à travers un phénomène de concomitance entre les procédures de révision des traités européens et des constitutions des Etats membres. L'on peut en effet constater l'existence d'une forme d'« européanisation »[1132] des constitutions nationales des Etats membres à travers l'existence d'une symétrie entre la révision des traités européens et celles des constitutions nationales, laquelle a notamment été documentée par la professeure Hélène Gaudin[1133]. Le principe d'interdépendance se manifeste également dans l'ordre juridique de l'UE par l'insertion dans certaines constitutions nationales des Etats membres de dispositions spécifiques à l'intégration européenne, telles que celles de l'article 88-1 de la Constitution française qui dispose que : « La République participe à l'Union européenne constituée d'États qui ont choisi librement d'exercer en commun certaines de leurs compétences en vertu du traité sur l'Union européenne et du traité sur le fonctionnement de l'Union européenne, tels qu'ils résultent du traité signé à Lisbonne le 13 décembre 2007. ».

583. Dans son ouvrage dédié au droit constitutionnel de l'UE, le professeur Edouard Dubout évoque ainsi naturellement la question de l'interdépendance

---

1130 SCHMITT C., *Théorie de la Constitution*, *op. cit.*, p. 514.

1131 *Ibid.*, pp. 514-515.

1132 Nous empruntons l'expression à la professeure Laurence Burgorgue-Larsen, selon qui, « [l]es Constitutions nationales se sont européanisées » (BURGORGUE-LARSEN L., « L'identité constitutionnelle en question(s) », in BURGORGUE-LARSEN L. (dir.), *L'identité constitutionnelle saisie par les juges en Europe*, *op.cit.*, p. 168).

1133 La professeure Hélène Gaudin a notamment constaté à ce sujet que « [s]i l'on met à part le cas de l'Acte unique européen de 1986 qui a entraîné une révision constitutionnelle en Irlande, la révision opérée par le traité de Maastricht en 1992 marque, à n'en pas douter, un tournant. Car à 1992, année du traité de Maastricht correspond 1992, année de révision constitutionnelle dans 5 Etats membres des Communautés et de l'Union européennes : loi constitutionnelle allemande du 21 décembre 1992, espagnole du 19 août 1992, française du 25 juin 1992, irlandaise du 18 juin 1992 et enfin portugaise du 17 novembre 1992. » (GAUDIN H., « Révision des traités communautaires, révision des constitutions nationales : recherche sur la symétrie d'un phénomène », in BLANQUET M. (dir.), *Mélanges en hommage à Guy Isaac. 50 ans de droit communautaire*, Toulouse, Presses de l'Université des Sciences sociales, 2004, vol. II, pp. 541-542). La professeure Hélène Gaudin observe de surcroît que « la correspondance ne s'arrête pas à cette année et à ces phénomènes. L'un et l'autre se répètent en 1997, à l'occasion du traité d'Amsterdam pour trois Etats, même si l'on note ici un léger décalage dans le temps : lois constitutionnelles autrichienne en mai 1998, française du 25 janvier 1999 et irlandaise du 22 mai 1998. Similairement, les adhésions des nouveaux Etats, à compter des années 1970 et de manière progressivement amplifiée, se sont largement accompagnées de révisions constitutionnelles. » (*Ibid.*).

des constitutions des Etats membres et de l'Union. Il expose, en effet, qu' « [u]n indice remarquable de la transformation d'un État lorsqu'il devient « membre » d'un ensemble fédératif tient à la singularisation progressive dans son propre ordre constitutionnel de ses rapports avec le niveau fédéral. »[1134]. Dans cette perspective fédérative, « l'ordre constitutionnel étatique n'envisage plus l'appartenance fédérale comme une question externe ou internationale, mais davantage comme un « dédoublement fonctionnel » : tout en demeurant formellement un organe de l'État, l'autorité étatique met ses pouvoirs au service de la réalisation des finalités [de] l'Union. ».[1135] Relativement au cas français, Edouard Dubout ajoute au demeurant que « [l]e titre XV[1136] de la Constitution forme ainsi ce que l'on peut considérer comme la « constitution européenne de la France » en posant les fondements sur la base desquels l'ordre juridique interne fonctionnera au contact de l'ordre européen. La constitution étatique devient « duale » [...]. »[1137].

584. Par ailleurs, le mécanisme du renvoi manifeste également tout particulièrement « le principe de connexion entre les deux ordres juridiques »[1138] propre à la Fédération. En effet, « [c]ette technique du renvoi est le moyen par lequel s'effectue principalement la liaison entre la fédération et les États membres, mais d'une manière spécifique [en ce] qu'elle constitue un renvoi mutuel entre deux ordres qui sont égaux les uns par rapport aux autres. »[1139]. Selon le professeur Olivier Beaud, « [u]ne illustration particulièrement frappante de cette connexion par renvoi mutuel est le droit de la nationalité »[1140], dès lors qu'il existe « une connexion inéluctable entre le droit de la nationalité fédérée et le droit de la nationalité fédérale et que, par ce jeu de renvoi, les conditions d'acquisition et de perte d'une nationalité donnée déterminent, par voie de conséquence, celles de l'autre nationalité qui est obtenue par effet de ricochet fédéral. »[1141].

585. Le mécanisme du renvoi n'est pas étranger au droit de l'UE qui en fait notamment usage en matière de citoyenneté européenne. De fait, aux termes de l'article 20, paragraphe 1, du traité FUE, « [i]l est institué une citoyenneté de l'Union. Est citoyen de l'Union toute personne ayant la nationalité d'un État membre. La citoyenneté de l'Union s'ajoute à la citoyenneté nationale et

---

1134 DUBOUT E., *Droit constitutionnel de l'Union européenne*, *op. cit.*, p. 201.

1135 *Ibid.*

1136 Le titre XV de la Constitution française est intitulé « De l'Union européenne » et est inauguré par l'article 88-1 qui consacre la participation de la France à l'intégration européenne en prévoyant que : « La République participe à l'Union européenne constituée d'États qui ont choisi librement d'exercer en commun certaines de leurs compétences en vertu du traité sur l'Union européenne et du traité sur le fonctionnement de l'Union européenne, tels qu'ils résultent du traité signé à Lisbonne le 13 décembre 2007. ».

1137 DUBOUT E., *Droit constitutionnel de l'Union européenne*, *op. cit.*, p. 202.

1138 BEAUD O., *Théorie de la Fédération*, *op. cit.*, p. 190.

1139 *Ibid.*

1140 *Ibid.*

1141 *Ibid.*

ne la remplace pas. ». Ainsi, dans l'arrêt *Préfet du Gers* du 9 juin 2022, la Cour de justice tire logiquement les conséquences du renvoi opéré par l'article 20, paragraphe 1, du traité FUE, face à la prétention d'une ressortissante britannique de conserver le droit de voter en France ; droit qu'elle tirait, avant le Brexit, de sa citoyenneté européenne[1142]. La Cour de justice juge en effet que « la circonstance qu'un particulier ait, lorsque l'État dont il est ressortissant était un État membre, exercé son droit de circuler et de séjourner librement sur le territoire d'un autre État membre n'est, par conséquent, pas de nature à lui permettre de conserver le statut de citoyen de l'Union et l'ensemble des droits qui y sont attachés par le traité FUE si, à la suite du retrait de son État d'origine de l'Union, il ne possède plus la nationalité d'un État membre. »[1143].

586. Ainsi, les deux formes du principe d'interdépendance présentées témoignent du fait que ce dernier se manifeste de façon très concrète dans un ordre juridique fédératif. Elles permettent également d'entr'apercevoir en quoi l'effet direct du droit de l'UE peut être perçu comme une autre forme d'expression du principe d'interdépendance dans l'ordre juridique de l'UE.

§ 2. L'effet direct du droit de l'Union : forme d'expression du principe fédératif d'interdépendance dans l'ordre juridique de l'UE

587. Concrètement, l'effet direct du droit de l'Union « désigne l'aptitude qu'a la règle de l'Union à créer directement des droits ou des obligations dans le chef des particuliers. Ces droits et ces obligations pourront être invoqués par les particuliers devant le juge national car ce dernier est tenu d'en assurer la sanction. »[1144]. L'on notera plus précisément que « le principe de l'effet direct impose le respect des droits conférés par la règle de l'Union à l'encontre de l'État (« effet direct vertical ») et, également, souvent, à l'encontre des personnes privées (« effet direct horizontal »). Il peut, par exemple, être invoqué dans les litiges opposant un employé à son employeur. »[1145]. Ainsi, à travers la capacité qu'il donne aux particuliers de faire valoir, devant leurs juridictions nationales, les droits qu'ils tirent de l'ordre juridique de l'Union, le principe de l'effet direct assure indéniablement une certaine connexion entre ce dernier et ceux des différents Etats membres. Nos prochains développements nous permettront dès lors de constater que l'effet direct du droit de l'Union peut, tant par rapport à la façon dont il a été affirmé par la

---

[1142] L'article 20, paragraphe, 2, b), du traité FUE garantit aux citoyens de l'Union « le droit de vote et d'éligibilité aux élections au Parlement européen ainsi qu'aux élections municipales dans l'État membre où ils résident, dans les mêmes conditions que les ressortissants de cet État ».

[1143] Cour de justice, arrêt du 9 juin 2022, *Préfet du Gers*, aff. C-673/20, ECLI:EU:C:2022:449, point 52.

[1144] BLUMANN C., *Droit institutionnel de l'Union européenne, op. cit.*, pp. 698-699

[1145] *Ibid.*

Cour de justice (**A**), qu'au regard de ses modalités de mise en œuvre concrète (**B**), être appréhendé comme une forme d'expression du principe fédératif d'interdépendance précédemment présenté.

A. Dans son affirmation

588. Comme nous avons pu le constater, le principe d'interdépendance renvoie à la connexion intrinsèque entre les ordres juridiques fédérés et fédéral qui, en raison de la nature même du pacte constitutionnel fédératif, place les Etats membres et la fédération dans une relation de droit public interne au sein de la Fédération. L'effet direct du droit de l'Union exprime ce principe de connexion spécifique corrélativement aux particuliers relevant de l'ordre juridique de l'Union dans la mesure où sa reconnaissance tient en premier lieu au fait que « [d]e l'analyse de la structure juridique du traité et de l'ordre juridique qu'il institue, il ressort [...], d'une part, que les États membres n'ont pas entendu seulement contracter des engagements mutuels, mais instituer un droit communautaire, d'autre part, qu'ils n'ont pas voulu soustraire l'application de ce droit à la compétence normale des instances judiciaires nationales. Or, le droit communautaire doit recevoir une application effective et uniforme dans l'ensemble de la Communauté. Il en résulte, tout d'abord, que l'effet du droit communautaire sur le droit interne des États membres ne peut être déterminé par ce droit interne, mais le seul droit communautaire, ensuite, que les juridictions nationales sont tenues d'appliquer directement les règles du droit communautaire, enfin, que le juge national est tenu de faire prévaloir les règles du droit communautaire sur les lois nationales contraires, même postérieures. »[1146].

589. De fait, dans l'affaire de principe *Van Gend & Loos*, du 5 février 1963, la Cour de justice souscrit pleinement à l'argumentaire de la Commission européenne cité plus haut pour reconnaître à une entreprise néerlandaise le droit d'invoquer devant son juge national l'article 12 du traité CEE qui interdisait notamment l'augmentation des droits de douane et taxes d'effet équivalent entre les Etats membres durant la période de transition prévue pour la mise en œuvre progressive du marché commun. L'ancien président de la Cour de justice des Communautés européennes Robert Lecourt, qui a pris part au jugement de l'affaire évoquée, relatait très clairement les faits du litige au principal en exposant que l'entreprise néerlandaise dite *Van Gend & Loos* « avait importé d'Allemagne aux Pays-Bas un produit chimique destiné à la fabrication de la Colle. Lors de l'entrée en vigueur du traité, ce produit était passible d'un droit de douane de 3 %. Il avait été, ensuite, porté à 8 % en dépit de l'obligation de « standstill » du traité. L'importateur, qui avait dû payer ce droit de douane majoré, introduisit aux Pays-Bas une procédure de restitution

---

[1146] Cour de justice, arrêt du 5 février 1963, *Van Gend & Loos*, aff. 26/62, ECLI:EU:C:1963:1, pp. 14-15.

du trop-perçu. »[1147]. Déboutée en première instance, l'entreprise *Van Gend & Loos* avait finalement obtenu de la juridiction suprême néerlandaise compétente en la matière qu'elle adresse à la Cour de justice une question préjudicielle relative à l'interprétation de l'article 12 du traité CEE prohibant toute augmentation des droits de douane.

590. Dans l'arrêt *Van Gend & Loos*, la Cour de justice suit donc et développe la logique de la Commission en jugeant qu' « attendu que l'objectif du traité C.E.E. qui est d'instituer un marché commun dont le fonctionnement concerne directement les justiciables de la Communauté, implique que ce traité constitue plus qu'un accord qui ne créerait que des obligations mutuelles entre les États contractants ; que cette conception se trouve confirmée par le préambule du traité qui, au-delà des gouvernements, vise les peuples, et de façon plus concrète par la création d'organes qui institutionnalisent des droits souverains dont l'exercice affecte aussi bien les États membres que leurs citoyens ; qu'il faut d'ailleurs remarquer que les ressortissants des États réunis dans la Communauté sont appelés à collaborer, par le truchement du Parlement européen et du Comité économique et social, au fonctionnement de cette Communauté ; qu'en outre le rôle de la Cour de justice dans le cadre de l'article 177, dont le but est d'assurer l'unité d'interprétation du traité par les juridictions nationales, confirme que les États ont reconnu au droit communautaire une autorité susceptible d'être invoquée par leurs ressortissants devant ces juridictions »[1148].

591. En tout état de cause, la Cour de justice conclut « de cet état de choses que la Communauté constitue un nouvel ordre juridique de droit international, au profit duquel les États ont limité, bien que dans des domaines restreints, leurs droits souverains, et dont les sujets sont non seulement les États membres mais également leurs ressortissants ; que, partant, le droit communautaire, indépendant de la législation des États membres, de même qu'il crée des charges dans le chef des particuliers, est aussi destiné à engendrer des droits qui entrent dans leur patrimoine juridique ; que ceux-ci naissent non seulement lorsqu'une attribution explicite en est faite par le traité, mais aussi en raison d'obligations que le traité impose d'une manière bien définie tant aux particuliers qu'aux États membres et aux institutions communautaires »[1149].

592. L'affirmation de l'effet direct du droit communautaire opérée par la Cour de justice dans l'arrêt *Van Gend & Loos* – qui inaugure une jurisprudence constance en la matière – postule donc clairement une connexion spécifique entre les ordres juridiques des Etats membres et celui de l'Union liée à la nature fédérative de l'Union, telle qu'elle résulte des traités

---

1147 LECOURT R., *L'Europe des juges*, *op. cit.*, p. 250.

1148 Cour de justice, arrêt du 5 février 1963, *Van Gend & Loos*, aff. 26/62, ECLI:EU:C:1963:1, p. 23.

1149 *Ibid.*

européens, ce qui fait écho au contenu même du principe d'interdépendance propre à la Fédération. Cette consonnance essentielle entre les deux notions évoquées ressort également de l'énonciation du principe de l'effet direct faite par la Cour de justice dans l'arrêt dit *Francovich* du 19 novembre 1991, laquelle est enrichie par la dialectique inhérente à la primauté du droit de l'Union.

593. En effet, dans cet arrêt, la Cour, avant d'ouvrir la voie à la réparation des dommages causés aux particuliers par les Etats membres consécutivement à leurs violations du droit de l'Union, indique qu' « [i]l y a lieu de rappeler, tout d'abord, que le traité CEE a créé un ordre juridique propre, intégré aux systèmes juridiques des États membres et qui s'impose à leurs juridictions, dont les sujets sont non seulement les États membres, mais également leurs ressortissants et que, de même qu'il crée des charges dans le chef des particuliers, le droit communautaire est aussi destiné à engendrer des droits qui entrent dans leur patrimoine juridique ; ceux-ci naissent non seulement lorsqu'une attribution explicite en est faite par le traité, mais aussi en raison d'obligations que le traité impose d'une manière bien définie tant aux particuliers qu'aux États membres et aux institutions communautaires (voir arrêts du 5 février 1963, Van Gend en Loos, 26/62, Rec. p. 3; et du 15 juillet 1964, Costa, 6/64, Rec. p. 1141). »[1150].

594. Aussi, dans les développements de son incontournable cours de droit institutionnel communautaire dédiés à l'applicabilité directe du droit communautaire, le professeur Pierre-Henri Teitgen affirmait-il, au regard de la jurisprudence de la Cour de justice ici évoquée, l'existence d'une connexion spécifique entre les ordres juridiques des Etats membres et celui des Communautés européennes dans les termes suivants : « c'est ici un principe fondamental qui manifeste l'autonomie du droit communautaire [,]si les États membres des Communautés restent libres de se dire dualistes […], [ils] ne sont pas en droit de séparer de cette sorte l'ordre juridique communautaire et l'ordre juridique interne »[1151] ; dès lors que « [c]omme l'affirme la Cour de Justice des Communautés, pareille séparation méconnaîtrait la nature juridique des Communautés. »[1152].

595. Le professeur Pierre-Henri Teitgen ajoutait au demeurant sur le même point qu' « [e]n les fondant, les États membres ont renoncé à exercer séparément certaines de leurs compétences touchant les activités économiques de leurs ressortissants puis ont soumis ces activités à un système de règles communautaires. […]. »[1153].

[1150] Cour de justice, arrêt du 19 novembre 1991, *Francovich et Bonifaci*, aff. jointes C-6/90 et C-9/90, ECLI:EU:C:1991:428, point 31.

[1151] TEITGEN P-H., *Droit institutionnel communautaire*, Bruxelles, Bruylant, « Droit de l'Union européenne – Grands écrits », 2019, p. 93.

[1152] *Ibid.*

[1153] *Ibid.*, pp. 93-94.

596. Olivier Blin met également en évidence le lien existant entre la consécration de l'effet direct du droit de l'Union et la nature particulière de celle-ci lorsqu'il observe que, selon la Cour de justice, « la finalité d'intégration du projet communautaire postule l'effet direct. Elle affirme ainsi : « L'objectif du Traité CEE [...] est d'instaurer un marché commun dont le fonctionnement concerne directement les justiciables de la Communauté. » Elle poursuit en précisant que « la Communauté constitue un nouvel ordre juridique [...] dont les sujets sont non seulement les États mais leurs ressortissants. » Enfin, elle conclut par le principe suivant : « Le droit communautaire, indépendant de la législation des États membres, de même qu'il crée des charges dans le chef des particuliers, est aussi destiné à engendrer des droits qui entrent dans leur patrimoine juridique ». »[1154].

597. Olivier Blin relève au demeurant que si ce n'est « qu'exceptionnellement que les traités internationaux disposent d'un effet direct, la règle générale étant qu'ils n'en aient pas. La situation est inverse pour le droit de l'Union européenne : ce qui était l'exception pour les traités internationaux tend à devenir la règle. La Cour de justice considère en effet qu'il existe, dans le système des traités européens, une présomption en faveur de l'effet direct. »[1155].

598. Ainsi, dans la mesure où elle repose sur la connexion spécifique qu'ont créée les traités européens entre l'ordre juridique fédératif de l'UE et ceux de ses Etats membres, l'affirmation de l'effet direct du droit de l'Union peut apparaître comme une forme d'expression du principe d'interdépendance propre à la Fédération. Les modalités concrètes de mise en œuvre de l'effet direct du droit de l'UE constituent en outre une réelle manifestation de ce principe dans l'ordre juridique de l'Union.

B. Dans sa mise œuvre concrète

599. Le principe de l'effet direct du droit de l'Union n'est pas absolu. De fait, aux termes de la jurisprudence de la Cour de justice, ce principe ne s'applique qu'aux dispositions du droit de l'UE inconditionnelles et suffisamment précises[1156], étant souligné qu' une disposition du droit de l'Union remplit les conditions de précision et d'inconditionnalité précitées, d'une part, « lorsqu'elle « énonce une obligation dans des termes non

---

[1154] BLIN O., *Droit institutionnel, matériel et contentieux de l'Union européenne*, Bruxelles, Bruylant, 5ème éd., 2022, p. 140.

[1155] *Ibid.*, p. 140.

[1156] Dans l'affaire *Ratti* (Cour de justice, arrêt du 5 avril 1979, aff. C-148/78, ECLI:EU:C:1979:110), la Cour de justice affirme en effet « qu'une juridiction nationale saisie par un justiciable qui s'est conformé aux dispositions d'une directive, d'une demande tendant à écarter une disposition nationale incompatible avec ladite directive non introduite dans l'ordre juridique interne d'un État défaillant, doit faire droit à cette demande si l'obligation en cause est inconditionnelle et suffisamment précise » (point 23).

équivoques » »[1157] et, d'autre part, lorsque l'obligation ainsi créée « n'est pas subordonnée à la réalisation d'une condition et ne requiert pas de mesure complémentaire à l'égard de laquelle l'autorité compétente – État ou institution de l'Union – disposerait d'une marge de pouvoir discrétionnaire. »[1158]. Cependant, nonobstant cet encadrement, le principe de l'effet direct du droit de l'Union assure une connexion réelle et concrète entre les ordres juridiques respectifs de l'UE et de ses Etats membres tant du fait de son étendue (1), que de ses conséquences pratiques (2).

1. L'étendue de l'effet direct du droit de l'Union

600. Le vaste champ d'application de l'effet direct du droit de l'Union contribue indubitablement à l'incorporation de ce dernier dans les ordres juridiques des Etats membres. De fait, « l'ensemble du droit de l'Union (hors PESC) [peut] potentiellement se voir reconnaître un effet direct »[1159], dès lors que les critères d'inconditionnalité et de précision précédemment évoqués, ainsi que, dans certains cas, des conditions additionnelles tenant à la nature juridique des normes en cause, sont respectés.

601. Certaines des dispositions du droit de l'Union peuvent au demeurant être invoquées par les particuliers devant leur juge national pour faire valoir les droits qu'ils tirent de l'ordre juridique de l'UE à l'encontre non seulement des Etats membres – cette possibilité correspondant à l'effet direct vertical du droit de l'Union – mais également d'autres particuliers – cette faculté se rapportant à l'effet direct horizontal du droit de l'Union – et revêtent ainsi un effet direct dit intégral ou complet. Il en est notamment ainsi du règlement, auquel il est largement recouru dans l'ordre juridique de l'Union. De fait, aux termes de l'article 288, alinéa 2, du traité FUE, « [l]e règlement a une portée générale. Il est obligatoire dans tous ses éléments et il est directement applicable dans tout État membre. ». La Cour de justice a ainsi très tôt affirmé qu' « attendu qu'aux termes de l'article 189, alinéa 2, du traité [CEE], le règlement « a une portée générale » et « est directement applicable dans tout État membre » ; que dès lors, en raison de sa nature même et de sa fonction dans le système des sources du droit communautaire, il produit des effets immédiats et est, comme tel, apte à conférer aux particuliers des droits que les juridictions nationales ont l'obligation de protéger; qu'en conséquence, l'effet des règlements tel que prévu par l'article 189 s'oppose à l'application de toute mesure législative, même postérieure, incompatible avec leurs dispositions »[1160].

[1157] BLUMANN C., *Droit institutionnel de l'Union européenne*, *op. cit.*, p. 700.
[1158] *Ibid.*
[1159] BLIN O., *Droit institutionnel, matériel et contentieux de l'Union européenne*, *op. cit.*, p. 141.
[1160] Cour de justice, arrêt du 14 décembre 1971, *Politi*, aff. C-43/71, ECLI:EU:C:1971:122, point 9.

602. La connexion entre les ordres juridiques de l'UE et des Etats membres qu'assure la large application de l'effet direct du droit de l'Union est de surcroît accrue par le fait que la mise en œuvre de ce principe fondateur s'effectue dans le cadre de la coopération entre les juridictions nationales et de l'UE liée au mécanisme du renvoi préjudiciel. Il revient en effet, en dernier lieu, au juge de l'Union de déterminer si les normes issues des différentes sources de son droit sont dotées ou non d'un effet direct et dans quelles conditions[1161].

603. Ainsi, depuis l'arrêt *Van Gend & Loos* du 5 février 1963, la Cour de justice reconnaît régulièrement l'effet direct de dispositions des traités de l'Union qui revêtent une importance capitale pour la mise en œuvre du processus d'intégration européenne. A titre d'illustration, l'on relèvera notamment que dans l'affaire *Baumbast e.a.* du 17 septembre 2002, la Cour de justice a consacré l'effet direct de l'article 18, paragraphe 1, du traité CE – lequel correspond à l'actuel article 21, paragraphe 1, du traité FUE[1162] – relatif à la liberté de circulation et de séjour des citoyens de l'Union sur le territoire des Etats membres. La Cour a en effet jugé « qu'un citoyen de l'Union européenne qui ne bénéficie plus dans l'État membre d'accueil d'un droit de séjour comme travailleur migrant peut, en qualité de citoyen de l'Union, y bénéficier d'un droit de séjour par application directe de l'article 18, paragraphe 1, CE. »[1163].

604. La Cour a de surcroît précisé dans la même affaire que, si « [l]'exercice de ce droit est soumis aux limitations et conditions visées à cette disposition, [...] les autorités compétentes et, le cas échéant, les juridictions nationales doivent veiller à ce que l'application desdites limitations et conditions soit faite dans le respect des principes généraux du droit communautaire et, notamment, du principe de proportionnalité. »[1164]. Le professeur Edouard Dubout souligne qu'ainsi « le droit de circuler et de séjourner de tout citoyen de l'Union a été érigé en véritable droit subjectif, directement effectif, contraignant les États à démanteler tous les dispositifs réservant des avantages sociaux à leurs nationaux. »[1165].

605. La professeure Anastasia Iliopoulou-Penot relève en outre que « la Cour a dissocié *existence* et *exercice* du droit de séjour des inactifs dans l'arrêt *Baumbast*. Dès lors que l'article 21, paragraphe 1, TFUE (ex 18, paragraphe

---

[1161] Cela résulte notamment de l'article 19, paragraphe 1, du traité UE qui prévoit que la CJUE « assure le respect du droit dans l'interprétation et l'application des traités. ».

[1162] L'article 21, paragraphe 1, du traité FUE dispose que : « Tout citoyen de l'Union a le droit de circuler et de séjourner librement sur le territoire des États membres, sous réserve des limitations et conditions prévues par les traités et par les dispositions prises pour leur application. ».

[1163] Cour de justice, arrêt du 17 septembre 2002, *Baumbast e.a*, aff. C-413/99, ECLI:EU:C:2002:493, point 94.

[1164] *Ibid.*

[1165] DUBOUT E., *Droit constitutionnel de l'Union européenne*, *op. cit.*, p. 97.

1, CE) est d'effet direct, seul l'exercice et non l'existence du droit peut être limité ; les conditions économiques formulées dans les directives ne sont pas constitutives du droit et ne peuvent remettre en cause son existence. »[1166].

606. La Cour de justice enserre cependant de façon particulièrement inhabituelle l'exercice de la liberté de circulation et de séjour du citoyen de l'Union dans les limites posées par le droit dérivé, dans l'arrêt *Dano* en date du 11 novembre 2014, en rappelant l'obligation, fondée sur la directive 2004/38 du 29 avril 2004, pour le citoyen de l'Union et sa famille, accueillis dans un Etat membre autre que celui dont ils sont issus, de disposer de ressources suffisantes, afin de ne pas constituer « une charge déraisonnable pour le système d'assistance sociale de l'État membre d'accueil »[1167].

607. La professeure Anastasia Iliopoulou-Penot explique cette position de la Cour en soulignant qu' « [a]vec la ligne jurisprudentielle *Dano*, la Cour accepte les limites façonnées par voie législative et se plie à la volonté politique dominante en faveur d'un renforcement de ces limites. »[1168].

608. Toutefois, si la portée de la jurisprudence *Baumbast* doit être relativisée au regard de l'arrêt *Dano*, elle illustre le fait que l'effet direct du droit primaire de l'Union assure, dans le cadre de la coopération existant entre les différents juges de l'UE, une réelle correspondance entre leurs ordres juridiques respectifs, dans la mesure où il garantit l'effectivité des droits que les citoyens de l'Union tirent dudit droit.

609. Il en est de même de l'effet direct des principes généraux du droit de l'Union qui, bien avant que la Charte des droits fondamentaux de l'UE se voit

---

[1166] ILIOPOULOU-PENOT A., « Citoyenneté de l'union et accès des inactifs aux prestations sociales dans l'État d'accueil », in CLEMENT-WILZ L. (dir.), *Le rôle politique de la Cour de justice de l'Union européenne*, Bruxelles, Bruylant, « Droit de l'Union européenne – Monographies », 2018, p. 321.

[1167] Dans l'arrêt *Dano* du 11 novembre 2014, la Cour de justice considère en effet qu' « [a]fin d'apprécier si des citoyens de l'Union, économiquement non actifs, dans la situation des requérants au principal, dont la durée de séjour dans l'État membre d'accueil a été supérieure à trois mois mais inférieure à cinq ans, peuvent prétendre à une égalité de traitement avec les ressortissants de ce dernier État membre pour ce qui concerne le droit à des prestations sociales, il y a donc lieu d'examiner si le séjour desdits citoyens respecte les conditions de l'article 7, paragraphe 1, sous b), de la directive 2004/38. Parmi ces conditions figure l'obligation pour le citoyen de l'Union économiquement non actif de disposer, pour lui et les membres de sa famille, de ressources suffisantes. Admettre que des personnes qui ne bénéficient pas d'un droit de séjour en vertu de la directive 2004/38 puissent réclamer un droit à des prestations sociales dans les mêmes conditions que celles qui sont applicables pour les ressortissants nationaux irait à l'encontre d'un objectif de ladite directive, énoncé à son considérant 10, qui vise à éviter que les citoyens de l'Union ressortissants d'autres États membres deviennent une charge déraisonnable pour le système d'assistance sociale de l'État membre d'accueil. » (cour de justice, arrêt du 11 novembre 2014, *Dano*, aff. C-333/13, ECLI:EU:C:2014:2358, points 73-74).

[1168] ILIOPOULOU-PENOT A., « Citoyenneté de l'union et accès des inactifs aux prestations sociales dans l'état d'accueil », *op. cit.*, pp. 321-322.

reconnaître une autorité égale à celles des traités[1169], ont garanti la protection des droits fondamentaux au sein de l'ordre juridique communautaire. En effet, ces « règles de droit non écrites auxquelles le juge reconnaît une valeur générale qui les rend applicables même sans texte »[1170], qui sont placées « au sommet de la hiérarchie de l'ordre juridique de l'Union, [c'est-à-dire] au même niveau que les traités constitutifs »[1171], peuvent être invoquées par les particuliers. Dans l'arrêt *Mangold* du 22 novembre 2005, la Cour de justice a de fait reconnu l'effet direct du principe général du droit de l'Union de non-discrimination liée à l'âge – consacré à l'occasion de l'affaire en question – en considérant qu' « il incombe à la juridiction nationale, saisie d'un litige mettant en cause le principe de non-discrimination en fonction de l'âge, d'assurer, dans le cadre de ses compétences, la protection juridique découlant pour les justiciables du droit communautaire et de garantir le plein effet de celui-ci en laissant inappliquée toute disposition éventuellement contraire de la loi nationale »[1172].

610. L'on soulignera au demeurant, à la suite du professeur Edouard Dubout, qu' « [u]ne fois un tel effet reconnu aux principes généraux du droit, ne serait-ce qu'indirectement, il s'imposait logiquement d'admettre la même portée aux dispositions de la Charte, notamment à celles codifiant les principes généraux du droit antérieurs. »[1173]. C'est ce qu'a fait la Cour de justice, dans l'arrêt *Kücükdeveci*[1174], dans lequel, « à nouveau saisie d'une discrimination en fonction de l'âge dans un contrat de travail, [elle] réitéra sa jurisprudence *Mangold*, ce qui lui permit de considérer, implicitement, que l'article 21 de la Charte interdisant les discriminations devait également être reconnu opposable dans un litige horizontal entre personnes privées. »[1175].

611. L'effet direct du droit dérivé de l'UE est également un vecteur de connexion entre l'ordre juridique de l'Union et ceux de ses Etats membres, sous le contrôle qu'opère la Cour de justice à travers le mécanisme du renvoi préjudiciel. En effet, outre les décisions prévues par l'article 288, alinéa 4, du traité FUE qui sont dotées d'un effet direct variant en fonction de leurs destinataires[1176], les directives sont également susceptibles d'être invoquées

---

1169 L'article 6, paragraphe 1, du traité UE, dispose en effet que : « L'Union reconnaît les droits, les libertés et les principes énoncés dans la Charte des droits fondamentaux de l'Union européenne du 7 décembre 2000, telle qu'adaptée le 12 décembre 2007 à Strasbourg, laquelle a la même valeur juridique que les traités. ».

1170 BLUMANN C., *Droit institutionnel de l'Union européenne*, *op. cit.*, p. 793.

1171 *Ibid.*

1172 Cour de justice, arrêt du 22 novembre 2005, *Mangold*, aff. C-144/04, ECLI:EU:C:2005:709, point 77.

1173 DUBOUT E., *Droit constitutionnel de l'Union européenne*, *op. cit.*, p. 440.

1174 Cour de justice, arrêt du 19 janvier 2010, *Kücükdeveci*, aff. C-555/07, ECLI:EU:C:2010:21.

1175 DUBOUT E., *Droit constitutionnel de l'Union européenne*, *op. cit.*, p. 440.

1176 Aux termes de l'article 288, alinéa 4, du traité FUE, « [l]a décision est obligatoire dans tous ses éléments. Lorsqu'elle désigne des destinataires, elle n'est obligatoire que pour ceux-

par les justiciables, malgré la marge de manœuvre importante qu'elles laissent aux Etats membres dans l'application du droit de l'Union. Rappelons qu'aux termes de l'article 288, alinéa 3 du traité FUE, « [l]a directive lie tout État membre destinataire quant au résultat à atteindre, tout en laissant aux instances nationales la compétence quant à la forme et aux moyens. ». Ainsi, « [l]a majeure partie de la doctrine a considéré pendant longtemps que la nature même de la directive, acte de législation indirecte, excluait la reconnaissance d'un quelconque effet direct à son profit. »[1177].

612. Cependant, pour admettre l'effet direct des directives dans l'affaire *Van Duyn*, jugée en 1974, la Cour de justice observe en premier lieu que « si, en vertu des dispositions de l'article 189, les règlements sont directement applicables et, par conséquent, par leur nature susceptibles de produire des effets directs, il n'en résulte pas que d'autres catégories d'actes visés par cet article ne peuvent jamais produire d'effets analogues »[1178]. Elle tire ensuite argument de la nécessité d'assurer le plein effet du droit communautaire en considérant « qu'il serait incompatible avec l'effet contraignant que l'article 189 reconnaît à la directive d'exclure en principe que l'obligation qu'elle impose, puisse être invoquée par des personnes concernées ; que, particulièrement dans les cas où les autorités communautaires auraient, par directive, obligé les États membres à adopter un comportement déterminé, l'effet utile d'un tel acte se trouverait affaibli si les justiciables étaient empêchés de s'en prévaloir en justice et les juridictions nationales empêchées de la prendre en considération en tant qu'élément du droit communautaire »[1179].

613. Dans l'arrêt Becker, rendu le 19 janvier 1982, la Cour de justice indique au demeurant clairement que l'effet direct des directives – qui est susceptible d'affecter la marge de manœuvre des Etats membres dans

---

ci. ». L'effet direct des décisions varie de ce fait en fonction de leurs destinataires. Les décisions adressées à des particuliers peuvent ainsi être dotées d'un effet direct horizontal, dès lors qu'elles mettent à la charge de ces derniers des obligations dont d'autres particuliers peuvent se prévaloir. Le professeur Claude Blumann observe à ce sujet qu' « [u]n très grand nombre de décisions ont pour destinataires des personnes privées, ordinairement des entreprises. Tel est le cas de la décision par laquelle la Commission, constatant qu'une entente entre deux ou plusieurs entreprises est incompatible avec le marché commun [...], enjoint à ces entreprises de mettre fin à leur entente et leur inflige une amende. Cette décision produit un effet direct à l'égard des entreprises concernées. » (BLUMANN C., *Droit institutionnel de l'Union européenne*, *op. cit.*, p. 755). Par ailleurs, les décisions dont les Etats membres sont les destinataires peuvent produire un effet direct vertical. De fait, « [u]ne décision de ce type doit, bien entendu, être exécutée par l'État. Elle ne produit effet direct que si elle impose à l'État une obligation précise et inconditionnelle d'où découle pour les personnes privées concernées un droit ou une obligation susceptible d'être invoqué devant le juge national. » (*Ibid.*).

[1177] BLIN O., *Droit institutionnel, matériel et contentieux de l'Union européenne*, *op. cit.*, p. 143.

[1178] Cour de justice, arrêt du 4 décembre 1974, *Van Duyn*, aff. C-41/74, ECLI:EU:C:1974:133, point 12.

[1179] *Ibid.*

l'application du droit de l'Union que les normes en cause sont censées leur ménager – vient en quelque sorte sanctionner leur défaillance à l'égard de leur obligation de les transposer, correctement et à temps, dans les ordres juridiques nationaux. Dans cet arrêt, la Cour explicite en effet les conditions de l'effet direct des directives en soutenant, en premier lieu, que « l'État membre qui n'a pas pris, dans les délais, les mesures d'exécution imposées par la directive, ne peut opposer aux particuliers le non-accomplissement, par lui-même, des obligations qu'elle comporte. »[1180].

614. Elle en déduit ensuite que « dans tous les cas où des dispositions d'une directive apparaissent comme étant, du point de vue de leur contenu, inconditionnelles et suffisamment précises, ces dispositions peuvent être invoquées à défaut de mesures d'application prises dans les délais, à l'encontre de toute disposition nationale non conforme à la directive, ou encore en tant qu'elles sont de nature à définir des droits que les particuliers sont en mesure de faire valoir à l'égard de l'État. »[1181].

615. Elle affirme enfin que « [s]i la […] directive comporte indéniablement, pour les États membres, une marge d'appréciation plus ou moins importante pour la mise en œuvre de certaines de ses dispositions, on ne saurait, pour autant, refuser aux particuliers le droit d'invoquer celles des dispositions qui, compte tenu de leur objet propre, sont susceptibles d'être détachées de l'ensemble et appliquées comme telles. Cette garantie minimale, en faveur des justiciables lésés par l'inexécution de la directive, découle du caractère contraignant de l'obligation imposée aux États membres par l'article 189, alinéa 3, du traité. Cette obligation serait privée de toute efficacité s'il était permis aux États membres d'annuler, par leur carence, jusqu'aux effets qu'en vertu de leur contenu certaines dispositions d'une directive sont susceptibles de produire. »[1182]. Ainsi, si les directives ne sauraient, en raison de leur nature même, être invoquées à l'encontre de particuliers[1183], leur invocabilité à l'égard des Etats membres assure une réelle correspondance entre leurs ordres juridiques et celui de l'Union, dès lors que « [l]a Cour entend […] l'effet vertical des directives de manière large puisque leurs dispositions sont opposables non seulement à l'État membre mais encore aux

---

[1180] Cour de justice, arrêt du 19 janvier 1982, *Becker*, aff. C-8/81, ECLI:EU:C:1982:7, point 24.

[1181] *Ibid.*, point 25.

[1182] *Ibid.*, point 29.

[1183] Dans l'affaire *Marshall*, jugée le 26 février 1986, la Cour de justice explique l'impossibilité, pour les directives, non seulement de produire un effet direct dans les relations entre les particuliers (effet direct horizontal), mais également d'être invoquées par un Etat membre à l'encontre de ceux-ci (effet direct vertical descendant), dans les termes suivants : « il convient de souligner que, selon l'article 189 du traité, le caractère contraignant d'une directive sur lequel est fondée la possibilité d'invoquer celle-ci devant une juridiction nationale n'existe qu'à l'égard de « tout État membre destinataire ». Il s'ensuit qu'une directive ne peut pas par elle-même créer d'obligations dans le chef d'un particulier et qu'une disposition d'une directive ne peut donc pas être invoquée en tant que telle à l'encontre d'une telle personne. » (Cour de justice, arrêt du 26 février 1986, *Marshall*, aff. C-152/84, ECLI:EU:C:1986:84, point 48).

autorités décentralisées ou déconcentrées, aux entreprises publiques et même à l'État employeur. »[1184].

616. Enfin, la capacité de l'effet direct à connecter les ordres juridiques de l'UE et de ses Etats membres s'étend à la dimension extérieure de l'action de l'Union avec les accords internationaux conclus par celle-ci. La Cour de justice a en effet admis que ces accords, qui, aux termes de l'article 216, paragraphe 2, du traité FUE, « lient les institutions de l'Union et les États membres », puissent se voir reconnaître un effet direct, dès lors qu'ils font partie intégrante de l'ordre juridique de la première, dès leur entrée en vigueur[1185]. Cela étant, compte tenu de ce que les accords internationaux ont traditionnellement vocation à créer des droits et obligations à l'égard des seuls Etats ou organisations qui y sont parties, « [leur] invocabilité [...] par les particuliers à l'encontre d'un acte de l'Union, dans le cadre d'un recours en annulation, en carence ou en indemnité, ou d'un recours devant le juge national qui conduit à un renvoi préjudiciel en appréciation de validité, dépend de conditions supplémentaires par rapport à l'invocabilité des dispositions des traités et des actes du droit dérivé »[1186]. De fait, aux termes de l'arrêt Air Transport Association of America, dit *ATAA*[1187], « l'invocabilité des accords internationaux par les particuliers dépend des critères suivants : L'Union doit être liée par l'accord international ; la nature et l'économie de l'accord international doivent permettre son invocabilité ; les dispositions invoquées apparaissent, du point de vue de leur contenu, inconditionnelles et suffisamment précises [...]. »[1188]. La professeure Eleftheria Neframi souligne que, dès lors, « à la condition objective de clarté et de précision de la norme

---

[1184] BLIN O., *Droit institutionnel, matériel et contentieux de l'Union européenne*, *op. cit.*, p. 144.

[1185] Dans l'affaire *Haegeman*, datant de 1974, la Cour de justice était appelée à se prononcer sur l'interprétation de certaines dispositions de l'accord d'association signé le 9 juillet 1961 entre la CEE et la Grèce, dénommé dans l'arrêt correspondant « accord d'Athènes ». Pour fonder sa compétence préjudicielle à l'égard de cet accord international, la Cour l'identifie à un acte communautaire en considérant que « l'accord d'Athènes a été conclu par le Conseil, conformément aux articles 228 et 238 du traité, ainsi qu'il résulte des termes de la décision du 25 septembre 1961 ; que cet accord est dès lors, en ce qui concerne la Communauté, un acte pris par l'une des institutions de la Communauté, au sens de l'article 177, alinéa 1, b) ; que les dispositions de l'accord forment partie intégrante, à partir de l'entrée en vigueur de celui-ci, de l'ordre juridique communautaire ; que, dans le cadre de cet ordre juridique, la Cour est dès lors compétente pour statuer à titre préjudiciel sur l'interprétation de cet accord ; » (Cour de justice, arrêt du 30 avril 1974, *Haegeman*, aff. C-181/73, ECLI:EU:C:1974:41, points 3-6).

[1186] NEFRAMI E., « Accords internationaux. – Les accords internationaux dans l'ordre juridique de l'Union », *JurisClasseur Europe – Traité*, fasc. 192-2, 2021, § 47.

[1187] Cour de justice, arrêt du 21 décembre 2011, *Air Transport Association of America e.a.*, aff. C-366/10, ECLI:EU:C:2011:864. S'agissant des conditions de l'effet direct des accords internationaux, v. les points 49-55.

[1188] NEFRAMI E., « Accords internationaux. – Les accords internationaux dans l'ordre juridique de l'Union », *op. cit.*, § 47.

invoquée, s'ajoute une condition subjective de l'intention des parties à l'accord de conférer des droits aux particuliers »[1189].

617. Ainsi, l'étendue très large de l'effet direct du droit de l'Union permet à celui-ci d'assurer une réelle correspondance entre l'ordre juridique de l'UE et ceux de ses Etats membres et, par là même, d'exprimer de façon très concrète le principe d'interdépendance fédératif au sein de l'Union. Il en est de même de ses conséquences pratiques.

2. Les conséquences pratiques de l'effet direct du droit de l'Union

618. En pratique, la reconnaissance d'un effet direct à une norme du droit de l'UE lui permet de bénéficier d'une « invocabilité maximale »[1190] dans les différents Etats membres, ce qui assure dans une grande mesure la correspondance entre ordres juridiques fédéral et fédérés inhérente au principe fédératif d'interdépendance, au sein de l'Union. De fait, si « une norme dépourvue d'effet direct [peut avoir] une « invocabilité minimale » autorisant les juridictions nationales [...] à interpréter le droit national pertinent à la lumière du droit européen (invocabilité d'interprétation conforme), et enfin à condamner l'État à réparer les dommages découlant de la violation des obligations qui lui incombent en vertu du droit européen (invocabilité de réparation) »[1191], la consécration de l'effet direct d'une norme du droit de l'Union « permet au juge national, saisi en ce sens, d'aller jusqu'à substituer cette norme européenne à la norme nationale contraire (ce que l'on appelle « l'invocabilité de substitution ») »[1192].

619. En effet, dans l'arrêt *Simmenthal*[1193] la Cour de justice « a pu préciser que les règles d'effet direct, « en tant qu'elles font partie intégrante, avec rang de priorité, de l'ordre juridique applicable sur le territoire des États membres », doivent être appliquées dès leur entrée en vigueur, malgré l'éventuelle préexistence d'une loi nationale incompatible, et pendant toute la période où elles le restent, malgré l'adoption ultérieure d'une loi incompatible. ».[1194] Le professeur Rostane Mehdi ajoute à cet égard que « [l]a violation d'une règle d'effet direct, par essence normativement complète, emporte donc deux types de conséquences. Comme nous venons de le relever, elle appelle l'exclusion du droit national contraire et laisse envisager l'application par substitution au

---

1189 *Ibid.*

1190 BLIN O., *Droit institutionnel, matériel et contentieux de l'Union européenne*, *op. cit.*, p. 145.

1191 *Ibid.*

1192 *Ibid.*

1193 Cour de justice, arrêt du 9 mars 1978, *Simmenthal*, aff. C-106/77, ECLI:EU:C:1978:49.

1194 MEHDI R., « Ordre juridique de l'Union européenne. – Effet direct », *JurisClasseur Europe – Traité*, fasc. 195, 2022, § 95.

droit national contraire de la norme communautaire douée de cette propriété. »[1195].

620. Relativement au principe d'interdépendance, l'effet direct du droit de l'Union apparaît ainsi comme l'une de ces « passerelles » entre les différents ordres juridiques en présence au sein d'un ensemble fédératif. L'on soulignera à cet égard que le juge Lecourt présentait déjà l'effet direct du droit communautaire comme une « clé de l'intégration juridique »[1196] en soulignant que « [l]orsque le particulier s'adresse à son juge pour faire reconnaître le droit qu'il tient des traités, il n'agit pas seulement dans son intérêt propre, il devient par là même une sorte d'agent auxiliaire de la Communauté. En s'armant de la règle commune et en invitant son juge à la lui appliquer, il donne à celui-ci l'occasion de la faire pénétrer dans l'ordre juridique interne. »[1197] Robert Lecourt précisait sur ce point que par l'action contentieuse du particulier, « [la règle commune] devient alors élément effectif du patrimoine juridique national. En effet, au-delà de cette intégration singulière, son initiative en rejoint d'autres provenant d'autres plaideurs d'autres États membres. Du fait de ces initiatives individuelles, le droit communautaire s'affirme, s'affine et s'insère simultanément dans tous les États membres. »[1198]. Et d'en conclure que, « [p]ar la notion d'effet direct, le juge national a d'abord réussi à implanter dans l'ensemble des Etats membres une véritable common law européenne, devenue par l'étendue des matières concernées et la généralisation de son application un acquit positif. »[1199].

621. Le juge Lecourt considérait en tout état de cause que « [s]i les notions communautaires essentielles ont ainsi pénétré dans le patrimoine juridique de tous les Etats membres, et si, à l'inverse, des notions empruntées aux droits nationaux, comme celles d'ordre public, de force majeure, de droits fondamentaux de la personne, ont pénétré dans le droit communautaire c'est à ce principe qu'on le doit »[1200], dans la mesure où « [e]n ouvrant les prétoires aux particuliers, l'effet direct a été un facteur déterminant d'interpénétration juridique dans l'ensemble des Etats membres. »[1201].

622. Le principe de l'effet direct du droit de l'Union manifeste ainsi de façon très concrète cette connexion intrinsèque entre les ordres juridiques fédéral et fédérés que sous-tend le principe fédératif d'interdépendance. De fait, « [e]n application de la notion d'effet direct [...], des enfants de travailleurs en âge scolaire ou déficients physiques ou mentaux ont été reconnus dans leur droit à l'enseignement, ou à la protection sociale, des

---

1195 *Ibid.*, § 96.
1196 LECOURT R., *L'Europe des juges*, *op. cit.*, p. 260.
1197 *Ibid.*, pp. 260-261
1198 *Ibid.*
1199 *Ibid.*, p. 261.
1200 *Ibid.*
1201 *Ibid.*, pp. 261-262.

poursuites répressives contraires aux traités ont dû être abandonnées »[1202]. De la même façon, « le droit à pension du travailleur ou de sa veuve, le droit à la sécurité sociale du chômeur, du représentant de commerce, de l'artisan ou de l'agriculteur, l'obligation de repos des chauffeurs routiers ont été consacrés ainsi que tous droits relatifs aux produits ou aux exportations agricoles. »[1203].

623. La connexion entre l'ordre juridique de l'Union et ceux de ses Etats membres que permet l'application du principe de l'effet direct apparaît, du reste, d'autant plus fondamentale aujourd'hui qu'il résulte d'un revirement jurisprudentiel de la Cour de justice relativement récent que ce principe semble désormais constituer une sorte de prérequis à la primauté absolue du droit de l'Union sur les droits nationaux des Etats membres. De fait, jusqu'à l'arrêt *Poplawski* du 24 juin 2019, « selon une jurisprudence constante de la Cour, l'effet direct était tout au plus une condition pour imposer l'application directe d'une règle de droit de l'Union, soit en l'absence de règle nationale pertinente, soit par substitution à une règle nationale incompatible. »[1204]. Cela étant, « si une norme de droit de l'Union ne rempli[ssait] pas les conditions techniques de l'effet direct, le juge national n'en [était] pas moins tenu d'assurer sa primauté sur le droit national, le cas échéant en écartant l'application de la règle nationale contraire, y compris, comme la Cour l'a précisé à de multiples reprises, si cette dernière [était] de nature constitutionnelle [...] »[1205].

624. Or, avec l'arrêt Poplawski, « il semble résulter du nouveau *vademecum* édicté par la Cour à l'intention des juridictions nationales que l'absence d'effet direct est devenue un facteur de réduction de la portée de la primauté, qui dispense les juridictions nationales de l'obligation d'éliminer ou de ne pas appliquer les règles nationales privant le droit de l'Union de son effet obligatoire. »[1206]. La Cour de justice considère en effet depuis l'arrêt évoqué que si « tout juge national, saisi dans le cadre de sa compétence a, en tant qu'organe d'un État membre, l'obligation de laisser inappliquée toute disposition nationale contraire à une disposition de droit de l'Union qui est d'effet direct dans le litige dont il est saisi [...], une disposition du droit de l'Union qui est dépourvue d'effet direct ne peut être invoquée, en tant que telle, dans le cadre d'un litige relevant du droit de l'Union, afin d'écarter l'application d'une disposition de droit national qui y serait contraire »[1207], dès lors que « [l]e principe de primauté du droit de l'Union ne saurait [...] aboutir à remettre en cause la distinction essentielle entre les dispositions du droit de

---

[1202] *Ibid.*, pp. 259-260.
[1203] *Ibid.*
[1204] RIGAUX A., SIMON D., « L'arrêt Poplawski 2 : accroc limité ou ébranlement général dans la mise en œuvre de la primauté par le juge national ? », *Europe*, 2019, n° 10, étude n° 7, p. 6.
[1205] *Ibid.*
[1206] *Ibid.*, p. 8.
[1207] Cour de justice, arrêt du 24 juin 2019, *Poplawski*, aff. C-573/17, ECLI:EU:C:2019:530, points 61-62.

l'Union disposant d'un effet direct et celles qui en sont dépourvues, ni, partant, à instaurer un régime unique d'application de l'ensemble des dispositions du droit de l'Union par les juridictions nationales. »[1208].

625. Au terme de l'ensemble de nos développements, le principe de l'effet direct peut aisément être appréhendé comme un facteur d'intégration du droit de l'Union dans les ordres juridiques de ses Etats membres constituant une forme d'expression du principe fédératif d'interdépendance. Son incontournable pendant, le principe de primauté, pourra, lui, être regardé comme manifestant le principe d'indépendance qui permet à une union fédérative de s'affirmer en tant que puissance publique distincte de ses Etats membres.

Section 2 - La primauté du droit de l'Union à l'aune du principe fédératif d'indépendance

626. Communément présentée par la doctrine comme une « exigence existentielle »[1209] de l'ordre juridique de l'Union, « la primauté [de son droit] est fondée sur la spécificité de la construction communautaire et non sur le droit international. »[1210]. De fait, comme le soulignait le professeur Pierre Henri Teitgen, la Cour de justice a fait reposer la primauté du droit de l'Union sur « la nature intrinsèque des traités communautaires et des Communautés »[1211]. Dans l'arrêt de principe en la matière, la Cour de justice clôt en effet son argumentaire tendant à établir le principe de primauté par la sentence bien connue selon laquelle « issu d'une source autonome, le droit né du traité ne pourrait donc, en raison de sa nature spécifique originale, se voir judiciairement opposer un texte interne quel qu'il soit, sans perdre son caractère communautaire et sans que soit mise en cause la base juridique de la Communauté elle-même »[1212].

627. Cependant, le silence persistant des traités[1213] sur un principe aussi fondamental que celui dont il est ici question peut conduire à considérer, à la

---

[1208] *Ibid.*, point 60.

1209 Cette formule a été inaugurée par le professeur Pierre Pescatore dans l'ouvrage *L'ordre juridique des Communautés européennes. Etude des sources du droit communautaire*, *op. cit.*, p. 227.

[1210] JACQUE J-P., « Conclusions », in CLEMENT-WILZ L. (dir.), *Le rôle politique de la Cour de justice de l'Union européenne*, *op. cit.*, p. 458.

[1211] TEITGEN P-H., *Droit institutionnel communautaire*, *op. cit.*, p. 153.

[1212] Cour de justice, arrêt du 15 juillet 1964, *Costa contre ENEL*, aff. 6/64, ECLI:EU:C:1964:66, p. 1160.

[1213] Ce silence n'est cependant pas absolu. En effet, après l'échec de l'inscription du principe évoqué dans le droit primaire de l'Union au moyen du TECE, la primauté, telle qu'elle résulte de la jurisprudence *Costa contre ENEL*, a fait l'objet d'une déclaration spécifique, annexée à l'acte final de la conférence intergouvernementale inhérente au traité de Lisbonne. Si cette déclaration est dépourvue de valeur juridique, elle n'en a pas moins une véritable portée politique. V. sur point le paragraphe 499 du présent ouvrage.

suite du professeur Vlad Constantinesco, que « [l]e raisonnement judiciaire qui conduit ainsi à la proclamation de la primauté [...] apparaît davantage comme l'opinion de la Cour sur la question des rapports entre ordres juridiques communautaire et national que comme l'expression d'une règle de conflit, même implicite, que contiendrait le traité. »[1214]. Cette perception de la jurisprudence *Costa contre ENEL* semble d'autant plus acceptable que la technique consistant à faire primer une norme de droit international sur une norme de droit interne n'est pas propre au droit de l'UE.

Le professeur Bruno de Witte souligne en effet que « les tribunaux internationaux n'ont pas manqué, bien avant la naissance des Communautés, de proclamer et d'appliquer la primauté de la règle de droit des gens sur le droit national. »[1215]. De fait, dans son avis consultatif sur la *Question des « communautés » gréco-bulgares*[1216], la CPJI considérait déjà en 1930 que « c'est un principe généralement reconnu du droit des gens que, dans les rapports entre Puissances contractantes d'un traité, les dispositions d'une loi interne ne sauraient prévaloir sur celles du traité. »[1217]. L'on observera de surcroît que, dans son avis consultatif en date du 4 février 1932 relatif au *Traitement des nationaux polonais et des autres personnes d'origine ou de langue polonaise dans le territoire de Dantzig*[1218], la CPJI affirme la primauté des traités et du droit international, en général, sur les constitutions nationales dans les termes suivants : « un État ne saurait invoquer vis-à-vis d'un autre État sa propre Constitution pour se soustraire aux obligations que lui imposent le droit international ou les traités en vigueur. »[1219].

628. Cela étant, l'explicitation du principe d'indépendance qui sera assurée par nos prochains développements (**§ 1**) nous permettra de constater qu'en tant que forme d'expression de ce principe fédératif dans l'ordre juridique de l'Union, la primauté de son droit peut être rattachée, comme le postule la jurisprudence de la Cour de justice, à la nature même de ce dernier (**§ 2**).

1214 CONSTANTINESCO V., « La primauté du droit communautaire, mythe ou réalité ? », in LÜKE G. (Ed.), *Rechtsvergleichung, Europarecht und Staatenintegration. Gedächtnisschrift für Léontin-Jean Constantinesco*, Köln, Berlin, Heymann, 1983, p. 114.

1215 DE WITTE B., « Retour à « Costa » : la primauté du droit communautaire à la lumière du droit international », *op. cit.*, p. 425.

1216 CPJI, avis consultatif du 31 juillet 1930 relatif à la *Question des « communautés » gréco-bulgares*, série B, n° 17, disponible sur le site de l'institution : à l'adresse suivante : https://www.icj-cij.org/sites/default/files/permanent-court-of-international-justice/serie_B/B_17/01_Communautes_greco-bulgares_Avis_consultatif.pdf

1217 *Ibid.*, p. 32.

1218 CPJI, avis consultatif du 4 février 1932 relatif au *Traitement des nationaux polonais et des autres personnes d'origine ou de langue polonaise dans le territoire de Dantzig*, série A/B, fasc. n°44, disponible sur le site internet de l'institution à l'adresse suivante : https://www.icj-cij.org/sites/default/files/permanent-court-of-international-justice/serie_AB/AB_44/01_Traitement_nationaux_polonais_Avis_consultatif.pdf

1219 *Ibid.*, p. 24.

§ 1. Le contenu du principe d'indépendance dans le cadre de la théorie de la Fédération

629. Appliqué à l'institution fédérative, le principe d'indépendance correspond au principe d'autonomie qui structure tout ordre juridique fédéral. De fait, selon le professeur Denis de Rougemont, « le fédéralisme est la politique qui consiste à chercher dans l'union la garantie des autonomies, ou : le fédéralisme est la politique des autonomies qui cherchent leur garantie dans l'Union »[1220].

630. Classiquement, « [a]u sein d'une Fédération, l'autonomie des États-membres [renvoie à leur] capacité de se donner une Constitution par leurs propres organes constituants, en observant les limites générales établies dans la Constitution fédérale »[1221]; étant précisé que « [c]ette capacité constituante inclut les autres compétences, législative, administrative et judiciaire, dans les limites et conditions établies par la Constitution fédérale et la Constitution de l'État-membre. »[1222]. En d'autres termes, le principe d'autonomie désigne la capacité qu'ont, « [à] la différence des collectivités politiques décentralisées, les entités fédérées [d']exerce[r] en toute autonomie des pouvoirs déterminés, en particulier celui de faire la loi dans les domaines de leurs compétences, sans être subordonnées aux autorités fédérales. »[1223]. En raison de ce principe, les autorités fédérales « ne peuvent donc pas faire prévaloir leur conception de l'intérêt général dans les matières confiées par la Constitution aux entités fédérées. »[1224].

Cela étant, la théorie de la Fédération met en évidence le fait que « l'autonomie devrait *aussi* être utilisée pour décrire le statut de la fédération vis-à-vis des États membres »[1225], dès lors qu'au sein d'une Fédération, « l'instance fédérale a [nécessairement] une autonomie (organique et fonctionnelle) vis-à-vis des instances fédérées. »[1226]. De fait, « [t]he dual public powers of a federation are characterized by a 'mixed autonomy' or by the principles of *independence* and *interdependence*. »[1227]. Signe Rehling Larsen explique, avec pertinence, à ce sujet que « The Member States come together in a federation to preserve themselves politically. Their statehood and autonomy are therefore not dissolved. However, it is not merely the Member States vis-à-vis the Union but also the Union vis-à-vis the Member States that

---

[1220] DE ROUGEMONT D. (dir.), *Dictionnaire international du fédéralisme, op. cit.*, p. 202.
[1221] *Ibid.* p. 23.
[1222] *Ibid.*
[1223] BAILLEUX A., DUMONT H., *Le pacte constitutionnel européen – Fondements du droit institutionnel de l'Union, op. cit.*, p. 190.
[1224] *Ibid.*
[1225] BEAUD O., *Théorie de la Fédération, op. cit.*, p. 185.
[1226] *Ibid.*
[1227] LARSEN S. R., *The constitutional theory of the federation and the European Union*, London, Oxford University Press, 2021, pp. 78-79

has autonomous status. »[1228]. Il est dès lors possible de conclure que « The federation is characterized by a *double autonomy*: the autonomy of the Member States and the autonomy of the Union as a whole. By coming together in a federation, the Member States give birth to a new political association that is autonomous from them. A federal union of states is different from the sum of its parts. »[1229].

631. Au sein d'une Fédération, le principe d'indépendance désigne donc l'autonomie – notamment législative, exécutive et juridictionnelle – dont disposent, en tant que puissances publiques distinctes, les Etats membres à l'égard de l'instance fédérale – la fédération – ainsi que cette dernière corrélativement aux entités fédérées ; « [l']expression d'indépendance [permettant] d'éviter la connotation de subordination envers le niveau fédéral et de traduire la réversibilité du principe qui s'applique également à la Fédération vis-à-vis des Etats grâce au processus d'institutionnalisation. »[1230].

632. Cette double autonomie que recouvre le principe d'indépendance est consubstantielle à l'institution fédérative. En effet, d'une part, elle garantit aux Etats fédérés le maintien de leur existence politique, sauvegarde qui constitue l'objet même du pacte constitutionnel fédératif. De fait, « [l]a fédération vise à maintenir l'existence politique de tous les membres dans le cadre de la fédération. Il en résulte que la constitution fédérative contient dans tous les cas (même lorsqu'elle ne le mentionne pas explicitement) une *garantie* de l'existence politique de chaque membre de la fédération »[1231]. Par conséquent, au sein d'une Fédération, « [l]'un des premiers éléments dont il est indispensable d'assurer le respect aux Etats membres est le principe de répartition des compétences entre le niveau fédéral et le niveau fédéré. »[1232].

633. D'autre part, l'autonomie de la fédération procède du pacte constitutionnel fédératif dans la mesure où il existe « un lien systématique entre la création de cette institution complexe qu'est la Fédération et la nécessaire différenciation entre la fédération et les États membres. »[1233]. En effet, « la notion d'institution signifie qu'une telle entité a des organes qui lui sont propres, sécrétant leur propre droit, de sorte que le « groupement », la « personne collective », acquiert une autonomie par rapport aux membres qui la constituent. »[1234]. La notion d'institution renvoie donc nécessairement à une *« différenciation* entre les deux composantes, l'institution et les membres de l'institution, avec des conséquences et des modalités variées selon le type de groupement collectif. »[1235]. Ainsi, « toute fédération détient en tant que telle

---

[1228] *Ibid.*

[1229] *Ibid.*

[1230] DECHATRE L., *Le pacte fédératif européen, op. cit.*, p. 60.

[1231] SCHMITT C., *Théorie de la Constitution, op. cit.*, p. 515.

[1232] DECHATRE L., *Le pacte fédératif européen, op. cit.*, p. 348.

[1233] BEAUD O., *Théorie de la Fédération, op. cit.*, p. 174.

[1234] *Ibid.*, p. 175.

[1235] *Ibid.*

(qu'il s'agisse d'une confédération ou d'un Etat fédéral) une volonté globale et une existence politique »[1236], qui évoluent parallèlement à celles des Etats membres.

634. Le principe d'indépendance des membres fédérés, comme de la fédération, est donc immanent à l'ordre juridique fédératif. Il se manifeste notamment, et de la façon la plus évidente, par un « partage des compétences consist[ant] à attribuer à chacune des instances en cause des pouvoirs et des prérogatives dans des domaines où la puissance publique doit intervenir. Selon l'objet concerné, le pacte fédératif ou la pratique constitutionnelle établiront quelle est l'instance compétente. »[1237]. Le professeur Olivier Beaud précise qu'« [i]l en résulte pour l'autre instance, incompétente, une prohibition d'action sur ledit domaine. L'indépendance de chaque entité est donc, en quelque sorte, « constitutionnellement » garantie »[1238].

635. Cette explication du contenu du principe d'indépendance doit en outre nous conduire à constater que son respect est fondamental dans tout ordre juridique fédératif, dans la mesure où, en garantissant concrètement l'autonomie – et donc l'existence politique – de chacun des deux types de puissance publique en présence – fédérée et fédérale –, ce principe assure la viabilité de la Fédération. De fait, « une fédération juxtapose deux genres d'existence politique : l'existence globale de la fédération et l'existence particulière de l'Etat membre. Ces deux genres d'existence politique doivent continuer à coexister tant que la fédération est censée perdurer. »[1239]. Il ne saurait dès lors être admis que « l'existence globale de la fédération supprime l'existence particulière des Etats membres ou que cette existence des Etats membres supprime celle de la fédération. Les Etats membres ne sont pas simplement subordonnés, sujets de la fédération, et la fédération ne leur est pas non plus subordonnée ou sujette. La fédération n'existe qu'avec cette combinaison existentielle et cet équilibre. »[1240]. En effet, « [l]' essence de la fédération réside dans le dualisme de l'existence politique, dans une combinaison d'association fédérative (*bundesmässiges Zusammensein*) et d'unité politique d'un côté, et de persistance d'une pluralité (*Mehrheit*), d'un pluralisme d'unités politiques distinctes de l'autre côté. »[1241].

636. Du reste, afin d'appréhender au mieux le versant du principe d'indépendance le plus pertinent pour répondre à la problématique qui nous occupe actuellement – c'est-à-dire celui propre à l'instance fédérale de la Fédération –, il convient de relever qu'en garantissant les prérogatives de la fédération, aux côtés de celles des Etats membres, dans le cadre du processus d'institutionnalisation et de différenciation qui caractérise la première, le

1236 SCHMITT C., *Théorie de la Constitution*, *op. cit.*, p. 518.
1237 BEAUD O., Théorie de la Fédération, *op. cit.*, p. 186.
1238 *Ibid.*
1239 SCHMITT C., *Théorie de la Constitution*, *op. cit.*, p. 518.
1240 *Ibid.*
1241 *Ibid.*

principe d'indépendance permet à la Fédération de remplir la mission existentielle qui lui est assignée : la conservation politique des membres qu'elle fédère.

637. De fait, en assurant la réalisation des objectifs matériels de la Fédération, au moyen des pouvoirs qui lui sont conférés par le pacte constitutionnel fédératif, la fédération contribue au maintien de l'existence politique de ses Etats membres. Signe Rehling Larsen souligne très justement à cet égard que « [a]s a general rule, states only decide to come together in a federal union because they are incapable of accomplishing separately one or more of their fundamental substantive aims: external security, internal stability, or the wellbeing of their citizens. They come together not only in order to 'live well' but out of necessity. »[1242]. Signe Rehling Larsen ajoute, en tout état de cause, que « Federations are for that reason created in order to secure one or more of the substantive aims of their Member States and thereby perpetuate their political existence. Federations and States are different forms of political association. Nevertheless, their substantive aims are expressions of the same overall principle: *Salus populi suprema lex esto*. »[1243].

638. Ainsi, en sus de découler naturellement du pacte constitutionnel fédératif, l'autonomie de la fédération vis-à-vis des Etats membres, que consacre le principe d'indépendance, est justifiée, au sein d'un ordre juridique fédératif, par la nécessité même de garantir à l'institution fédérale les moyens de concourir réellement et efficacement à la réalisation des buts communs de la Fédération. L'atteinte de ces objectifs revêt de fait une importance capitale dans la mesure où ils ont été définis par les fondateurs de l'institution fédérative dans le souci essentiel d'assurer la conservation de leur propre existence politique. En effet, « [l]'idée d'union politique justifie l'exercice des pouvoirs par les autorités fédérales qui doivent assurer l'effectivité du droit fédéral assurant la réalisation de l'objet de la Fédération. Elles doivent garantir une cohérence de la Fédération. »[1244].

639. Dès lors, relativement à l'instance fédérale de la Fédération, le principe d'indépendance renvoie à une autonomie qui est non seulement une émanation du pacte constitutionnel fédératif, mais également une nécessité tant politique que juridique découlant de celui-ci, en raison de l'objet même de l'institution fédérative. Or, c'est justement au regard de cette double dimension de l'autonomie de la fédération que la primauté du droit de l'Union, telle qu'elle est affirmée par la Cour de justice, apparaît comme une forme d'expression du principe fédératif d'indépendance et peut, par voie de conséquence, être rattachée à la nature même du droit de l'UE, comme le postule la jurisprudence relative au sujet.

[1242] LARSEN S. R., *The constitutional theory of the federation and the European Union*, *op. cit.*, p. 49.

[1243] *Ibid.*

[1244] DECHATRE L., *Le pacte fédératif européen*, *op. cit.*, p. 94.

§ 2. La primauté du droit de l'Union : forme d'expression du principe fédératif d'indépendance dans l'ordre juridique de l'UE

640. Relativement à la fédération, le principe d'indépendance correspond à l'autonomie de la puissance publique fédérale à l'égard des Etats membres fédérés. Comme nos précédents développements ont permis de le souligner, cette autonomie émane, d'une part, du pacte constitutionnel fédératif et s'impose, d'autre part, dans l'ordre juridique de la Fédération comme un impératif lié à la nécessité d'assurer la réalisation des objectifs assignés à la fédération, dès lors qu'ils tendent essentiellement à garantir l'existence politique de chacun des membres fédérés.

641. La dialectique initiée en 1964 par la Cour de justice afin d'asseoir la primauté du droit de l'UE sur les droits nationaux de ses Etats membres conduit à appréhender cette dernière comme une forme d'expression du principe d'indépendance évoqué plus haut. De fait, dans l'arrêt *Costa contre ENEL*, la Cour synthétise l'argumentation qu'elle a développée relativement au principe de primauté par la formule bien connue selon laquelle, « issu d'une source autonome, le droit né du traité ne pourrait donc, en raison de sa nature spécifique originale, se voir judiciairement opposer un texte interne quel qu'il soit, sans perdre son caractère communautaire et sans que soit mise en cause la base juridique de la Communauté elle-même »[1245].

642. Cette sentence de la Cour de justice fait écho à la double dimension du principe fédératif d'indépendance – laquelle a été mise en exergue par nos précédents développements – dans la mesure où la Cour y fait découler le principe de primauté de l'autonomie dont jouit l'UE en tant qu'ordre juridique fédératif, en s'appuyant, en premier lieu, sur sa spécificité constitutionnelle (**A**) et, en second lieu, sur la nécessité impérieuse d'assurer le plein effet de son droit (**B**).

A. La primauté du droit de l'Union : marque d'autonomie émanant du pacte fédératif européen

643. L'affirmation de la primauté du droit de l'Union repose encore aujourd'hui largement sur le discours développé par la Cour de justice relativement à la spécificité des traités fondateurs de l'UE dans la jurisprudence *Costa contre ENEL*. Le professeur Rostane Mehdi observe notamment à ce sujet que la Cour de justice « n'a cessé, tout au long d'une jurisprudence parfaitement rectiligne, depuis l'arrêt Costa c/ Enel (*CJCE, 15 juill. 1964, aff. 6/64, Costa c/ Enel : Rec. CJCE 1964, p. 1141*) de développer le principe d'une primauté absolue et inconditionnelle du droit communautaire

---

[1245] Cour de justice, arrêt du 15 juillet 1964, *Costa contre ENEL*, aff. 6/64, ECLI:EU:C:1964:66, p. 1160.

[…] puis du droit de l'Union européenne comme il convient de dire depuis l'entrée en vigueur du traité de Lisbonne »[1246].

644. De fait, l'arrêt *RS* du 22 février 2022 – auquel la Cour de justice se réfère désormais régulièrement pour réaffirmer la primauté du droit de l'UE sur le droit constitutionnel des Etats membres, afin de garantir l'indépendance du juge de droit commun de l'Union[1247] – souligne que « dans sa jurisprudence constante relative au traité CEE, la Cour a jugé que les traités communautaires ont, à la différence des traités internationaux ordinaires, instauré un nouvel ordre juridique propre, intégré au système juridique des États membres lors de l'entrée en vigueur des traités et qui s'impose à leurs juridictions. Les États membres ont limité, au profit de ce nouvel ordre juridique doté d'institutions propres et dont les sujets sont non seulement les États membres, mais également leurs ressortissants, dans les domaines définis par les traités, leurs droits souverains (voir, en ce sens, arrêts du 5 février 1963, van Gend & Loos, 26/62, EU:C:1963:1, p. 23 ; du 15 juillet 1964, Costa, 6/64, EU:C:1964:66, p. 1158 et 1159, ainsi que du 21 décembre 2021, Euro Box Promotion e.a., C-357/19, C-379/19, C-547/19, C-811/19 et C-840/19, EU:C:2021:1034, point 245). »[1248].

645. L'arrêt *RS* ajoute au demeurant qu' « [a]insi, dans l'arrêt du 15 juillet 1964, Costa (6/64, EU:C:1964:66, p. 1158 à 1160), la Cour a constaté que l'institution par le traité CEE d'un ordre juridique propre, accepté par les États membres sur une base de réciprocité, a pour corollaire qu'ils ne sauraient faire prévaloir contre cet ordre juridique une mesure unilatérale ultérieure, ni opposer au droit né du traité CEE des règles de droit national quelles qu'elles soient, sans faire perdre à ce droit son caractère communautaire et sans mettre

---

[1246] MEHDI R., « Ordre juridique de l'Union européenne. – Primauté du droit de l'Union européenne », *JurisClasseur Europe – Traité*, fasc. 196, 2022, § 2.

[1247] La Cour se réfère notamment à l'arrêt *RS* du 22 février 2022 (aff. C-430/21, ECLI:EU:C:2022:99) dans une ordonnance du 7 novembre 2022 dans laquelle elle juge qu'est contraire au droit de l'Union toute pratique ou réglementation nationale imposant à une juridiction de droit commun de se conformer aux décisions d'une cour constitutionnelle dont l'indépendance à l'égard des pouvoirs législatif et exécutif n'est pas garantie par le droit national de l'Etat membre concerné (Cour de justice, ordonnance du 7 novembre 2022, *FX e.a.*, aff. jointes C-859/19, C-926/19 et C-929/19, ECLI:EU:C:2022:878) ; dans un arrêt de grande chambre du 13 juillet 2023 dans lequel elle juge contraire au droit de l'Union toute législation nationale confiant à une instance dont l'indépendance et l'impartialité ne sont pas garanties la compétence d'initier des poursuites pénales à l'encontre de juges de droit commun (Cour de justice, arrêt du 13 juillet 2023, *YP e.a.*, aff. jointes C-615/20 et C-671/20, ECLI:EU:C:2023:562) ; dans un arrêt de grande chambre du 24 juillet 2023 dans lequel elle indique expressément que le principe de primauté du droit de l'Union s'oppose à une réglementation ou pratique nationale qui impose à des juridictions nationales de se conformer aux décisions d'une cour constitutionnelle ou d'une juridiction suprême contraires à des dispositions du droit de l'Union d'effet direct et empêche ainsi au juge de droit commun de laisser lesdites décisions inappliquées en l'exposant à un risque de sanction disciplinaire (Cour de justice, arrêt du 24 juillet 2023, *Lin*, aff. C-107/23 PPU, ECLI:EU:C:2023:606).

[1248] Cour de justice, arrêt du 22 février 2022, *RS*, aff. C-430/21, ECLI:EU:C:2022:99, point 47.

en cause la base juridique de la Communauté elle-même. »[1249]. La Cour de justice a en effet considéré qu' « en instituant une Communauté de durée illimitée, dotée d'institutions propres, de la personnalité, de la capacité juridique, d'une capacité de représentation internationale et plus particulièrement de pouvoirs réels issus d'une limitation de compétence ou d'un transfert d'attributions des États à la Communauté, ceux-ci ont limité, bien que dans des domaines restreints, leurs droits souverains et créé ainsi un corps de droit applicable à leurs ressortissants et à eux-mêmes »[1250].

646. La Cour de justice fait donc reposer, en premier lieu, la primauté du droit de l'Union sur l'autonomie dont cette dernière dispose en tant qu'ordre constitutionnel à part, issu de traités d'un genre spécial, qui, comme la première partie de nos travaux l'indique, sont de nature à former un pacte constitutionnel fédératif. L'on notera à ce sujet que, selon le professeur Claude Blumann, « la primauté du droit de l'Union en constitue une donnée intrinsèque qui résulte en définitive, même si la Cour ne l'indique pas expressément, du projet supranational que les États ont entendu initier et mener à bien. »[1251].

647. La jurisprudence de la Cour relative au principe de primauté fait ainsi, notamment, écho au constat selon lequel, « [l]e caractère de droit public de toute fédération aboutit en bonne logique à ce que le *droit fédératif prévaut toujours sur le droit de l'Etat membre* tant que la fédération agit dans le cadre de ses compétences face aux Etats membres, même si ce n'est que dans un domaine très restreint. »[1252].

648. Le professeur Robert Garron souligne à cet égard que « [l]e principe de la primauté du droit européen a pour fondement essentiel la volonté manifestée par les Etats de créer une Communauté afin de parvenir à la réalisation de certains objectifs communs »[1253]. Et d'ajouter qu' « [i]l résulte [...] de la nature collective de l'engagement des Etats en vue de satisfaire un intérêt commun. »[1254].

649. La professeure Noreen Burrows décrit, pour sa part, l'inhérence du principe de primauté au pacte constitutionnel fédératif que forment les traités européens dans les termes suivants : « [Member] States have accepted the constitutional basis of the Community. They must be expected to accept the legal consequences of the new legal order. They must accept that due to the specificity and autonomy of Community law, primacy arises not from national

---

[1249] *Ibid.*, point 48.

[1250] Cour de justice, arrêt du 15 juillet 1964, *Costa contre ENEL*, aff. 6/64, ECLI:EU:C:1964:66, p. 1159.

[1251] BLUMANN C., *Droit institutionnel de l'Union européenne*, *op. cit.*, p. 956.

[1252] SCHMITT C., *Théorie de la Constitution*, *op. cit.*, p. 529.

[1253] GARRON R., « Réflexions sur la primauté du droit communautaire », *Revue trimestrielle de droit européen*, 1969, p. 32.

[1254] *Ibid.*

legislative provisions but from the new legal order itself. »[1255]. Le professeur Rostane Mehdi considère de même que, « [s]i les États qui sont convenus de la création des Communautés puis de l'Union veulent être cohérents avec leur intention première, ils se doivent donc d'accepter la primauté du droit de l'Union comme la conséquence première et évidente de leur engagement. »[1256].

650. Il résulte ainsi de la jurisprudence de la Cour de justice que le principe de primauté exprime l'indépendance dont jouit l'UE en tant qu'ordre constitutionnel fédératif, dès lors que, d'une part, « le transfert opéré par les États, de leur ordre juridique interne au profit de l'ordre juridique communautaire, des droits et obligations correspondant aux dispositions du traité, entraîne donc une limitation définitive de leurs droits souverains contre laquelle ne saurait prévaloir un acte unilatéral ultérieur incompatible avec la notion de Communauté »[1257]. D'autre part, « [l'] intégration au droit de chaque pays membre de dispositions qui proviennent de source communautaire, et plus généralement les termes et l'esprit du traité, ont pour corollaire l'impossibilité pour les États de faire prévaloir, contre un ordre juridique accepté par eux sur une base de réciprocité, une mesure unilatérale ultérieure qui ne saurait ainsi lui être opposable »[1258].

651. L'on observera, à la suite du professeur Pierre-Henri Teitgen, que cette indépendance résulte, ici, très concrètement de ce que, « [f]ondée sur la nature intrinsèque des traités communautaires et des Communautés, la primauté de la règle communautaire sur la règle nationale contraire échappe aux aléas que lui feraient courir, si elle en dépendait, les règles divergentes qui, dans chaque pays et pour chaque pays, prétendent régler les conflits du droit international et du droit interne. »[1259].

652. Il faut au demeurant souligner que l'affirmation de l'indépendance de l'ordre juridique de l'Union à l'égard de ceux de ses Etats membres – telle qu'elle procède de la jurisprudence inhérente au principe de primauté – repose non seulement sur la singularisation du premier par rapport aux seconds mais également sur sa distinction fondamentale avec le droit international. En effet, « [a]u total, pour la Cour de justice, la primauté ressortit à l'essence même de la Communauté. L'autorité du droit [de l'Union] ne peut procéder d'un renvoi aux droits nationaux. En affirmant la stricte autonomie du fondement de la primauté, elle récuse les prémisses d'une approche « internationaliste » qui réduirait la construction communautaire à une dimension essentiellement

---

1255 BURROWS N., « The risks of widening without deepening », *European Law Review*, 1992, n° 4, p. 357.

1256 MEHDI R., « Ordre juridique de l'Union européenne. – Primauté du droit de l'Union européenne », *op. cit.*, & n° 2.

1257 Cour de justice, arrêt du 15 juillet 1964, *Costa contre ENEL*, aff. 6/64, ECLI:EU:C:1964:66, p. 1160.

1258 *Ibid.*, p. 1159.

1259 TEITGEN P-H., *Droit institutionnel communautaire*, *op. cit.*, p. 153.

interétatique. ». Le professeur Rostane Mehdi précise sur ce point que l' « [o]n sait […] que le droit international confie aux États, sous réserve d'en assurer l'effectivité, le soin de définir constitutionnellement les modalités d'application des règles qu'ils se donnent. »[1260]. Or, « [à] cette perception par trop classique, la Cour oppose une lecture « communautaire », selon laquelle ce n'est pas le droit national mais le droit communautaire lui-même, qui fixe la matière. Simultanément la Cour de justice approuve la spécificité du droit communautaire par rapport aux « traités internationaux ordinaires » »[1261].

653. L'on relèvera que cette double indépendance de l'ordre juridique de l'Union à l'égard du droit national des Etats membres comme du droit international – qui sous-tend la consécration du principe de primauté – a été reconnue, dès les prémices du processus d'intégration européenne, par deux des cours constitutionnelles des six Etats fondateurs, et ce, dans des termes qui font indéniablement écho à la jurisprudence de la Cour de justice présentement évoquée. De fait, dans un arrêt en date du 18 octobre 1967, la Cour de Karlsruhe, aux fins de déclarer irrecevable un recours exercé devant elle à l'encontre de règlements communautaires, fait état de l'autonomie de l'ordre juridique issu du traité de Rome, tant à l'égard du droit national des Etats membres que du droit international, de façon comparable à la Cour de justice.

654. La Cour constitutionnelle allemande y considère en effet que « [l]es règlements du Conseil et de la Commission sont les actes d'une puissance publique particulière, "supranationale", créée par le Traité et nettement distincte de la puissance publique des États membres. Les institutions de la C.E.E. exercent des droits souverains dont les États membres se sont dépouillés au profit de la Communauté qu'ils ont créée. »[1262]. La Cour de Karlsruhe affirme de plus que « La Communauté n'est pas elle-même un État, et n'est pas non plus un État fédéral. Elle est une communauté de nature particulière, en voie d'intégration progressive, une institution à laquelle la République fédérale d'Allemagne, tout comme les autres États membres, a "transféré" certains droits de souveraineté. »[1263]. Elle en conclut de surcroît qu' « [a]insi a été créée une nouvelle puissance publique, autonome et indépendante vis-à-vis de la puissance publique de chaque État membre ; ses actes n'ont donc pas besoin d'être approuvés (ratifiés) par les États membres, et ils ne sauraient non plus être annulés par eux. Le traité C.E.E. représente en quelque sorte la constitution de cette Communauté. » [1264].

1260 MEHDI R., « Ordre juridique de l'Union européenne. – Primauté du droit de l'Union européenne », *op. cit.*, & 6

1261 *Ibid.*

1262 Arrêt de la Cour constitutionnelle allemande du 18 octobre 1967, cité dans TEITGEN P-H.., *Droit institutionnel communautaire*, *op. cit.*, p. 138.

1263 *Ibid.*

1264 *Ibid.*

655. Confrontée à la même problématique que le juge garant de la Loi fondamentale allemande, la Cour constitutionnelle italienne a, quant à elle, plus modestement – mais de manière tout aussi nette – également reconnu l'autonomie de l'ordre juridique communautaire à l'égard de celui des Etats membres. Elle a dans un premier temps jugé, en 1965, que les articles de la Constitution italienne « concernent seulement la protection des droits et des intérêts reconnus à tout sujet de droit du fait de sa position dans le cadre de l'ordre juridique interne et non [...] la protection des droits et des intérêts qu'il tire de sa position dans le cadre d'un ordre juridique tel que celui de la C.E.C.A. ».[1265] Le juge constitutionnel italien a ensuite affirmé que les dispositions de la constitution italienne « réglementent uniquement l'activité normative des Institutions de l'État italien et, par leur nature, elles ne peuvent se rapporter ou s'appliquer aux règles communautaires qui émanent d'une source de production autonome, propre à un ordre juridique distinct de l'ordre interne, ordre cependant caractérisé par un ensemble de garanties statutaires et par un système propre de protection juridique »[1266].

656. Il convient enfin de souligner que cette indépendance que manifeste la primauté du droit de l'UE, telle qu'elle procède de la jurisprudence de la Cour de justice analysée plus haut, est loin d'impliquer un cloisonnement entre l'ordre juridique de l'Union et ceux de ses Etats membres, dès lors que tout ordre juridique fédératif est, comme nos précédents développements ont permis de l'observer, marqué par un « double principe d'indépendance et d'interdépendance »[1267] correspondant à « l'idée de séparation et de connexion des ordres juridiques, fédéral et fédéré »[1268]. Ainsi, si le principe de primauté postule une autonomie bien spécifique de l'ordre juridique de l'Union, ce dernier n'en est pas moins, comme l'a mis en évidence la jurisprudence de la Cour de justice inhérente au sujet[1269], intégré à l'ordre juridique interne des Etats membres ; ce que le Conseil constitutionnel français a notamment reconnu dans une décision du 19 novembre 2004[1270],

[1265] Arrêt de la Cour constitutionnelle italienne du 16 décembre 1965, cité dans TEITGEN P-H., *Droit institutionnel communautaire*, *op. cit.*, p. 139.

[1266] Arrêt de la Cour constitutionnelle italienne du 18 décembre 1973, cité dans TEITGEN P-H., *Droit institutionnel communautaire*, *op. cit.*, p. 139.

[1267] BEAUD O., *Théorie de la Fédération, op. cit.*, p. 216.

[1268] *Ibid.*, p. 184.

[1269] En effet, « dans sa jurisprudence constante relative au traité CEE, la Cour a jugé que les traités communautaires ont, à la différence des traités internationaux ordinaires, instauré un nouvel ordre juridique propre, intégré au système juridique des États membres lors de l'entrée en vigueur des traités et qui s'impose à leurs juridictions. » (Cour de justice, arrêt du 22 février 2022, *RS*, aff. C-430/21, ECLI:EU:C:2022:99, point 47).

[1270] La décision n° 2004-505 DC du 19 novembre 2004 du Conseil constitutionnel comporte en effet le constat suivant : « Considérant [...] qu'aux termes de l'article 88-1 de la Constitution : « La République participe aux Communautés européennes et à l'Union européenne, constituées d'Etats qui ont choisi librement, en vertu des traités qui les ont instituées, d'exercer en commun

compte tenu de la constitutionnalisation de la participation de la France au processus d'intégration européenne.

657. C'est la raison pour laquelle le principe de primauté, tout en constituant une forme d'expression du principe fédératif d'indépendance dans l'ordre juridique de l'Union, est également un vecteur d'intégration du droit de l'Union dans les ordres juridiques de ses Etats membres contribuant à l'interdépendance des différents systèmes juridiques en présence, dès lors que « contrairement au droit international « classique », qui affirme une primauté de principe sans s'interroger sur son « accueil » en droit interne, le droit de l'Union dicte lui-même son intégration dans les ordres juridiques nationaux. »[1271].

658. En effet, d'une part, « la Cour de justice [a pu] oblig[er] les juges internes à refuser eux-mêmes, au besoin de leur propre autorité, d'appliquer toute disposition de droit interne, quelle qu'elle soit, qui serait contraire au droit de l'union, *sans pouvoir attendre* l'intervention du pouvoir législatif, du pouvoir exécutif ou de quelque organe que ce soit. Telle est la portée de l'arrêt *Simmenthal* du 9 mars 1978. »[1272]. D'autre part, la reconnaissance du caractère d'effet direct d'une norme du droit de l'Union permet à celle-ci, en vertu du principe de primauté, de se substituer à une norme nationale contraire. Le professeur Rostane Mehdi souligne ainsi que « l'effet direct permet à la primauté du droit communautaire de s'affirmer non seulement en proscrivant le maintien en vigueur de toute règle nationale qui lui serait contraire mais [également] en favorisant l'application par substitution de la règle communautaire elle-même (pour autant qu'elle réponde aux critères requis à cette fin) »[1273].

---

certaines de leurs compétences » ; que le constituant a ainsi consacré l'existence d'un ordre juridique communautaire intégré à l'ordre juridique interne et distinct de l'ordre juridique international » (décision disponible sur le site internet du Conseil constitutionnel : https://www.conseil-constitutionnel.fr/decision/2004/2004505DC.htm).

[1271] BAILLEUX A., DUMONT H., *Le pacte constitutionnel européen – Fondements du droit institutionnel de l'Union*, *op. cit.*, p. 204.

[1272] *Ibid.*, p. 136. Dans l'arrêt *Simmenthal*, la Cour de justice affirme en effet que « le juge national chargé d'appliquer, dans le cadre de sa compétence, les dispositions du droit communautaire, a l'obligation d'assurer le plein effet de ces normes en laissant au besoin inappliquée, de sa propre autorité, toute disposition contraire de la législation nationale, même postérieure, sans qu'il ait à demander ou à attendre l'élimination préalable de celle-ci par voie législative ou par tout autre procédé constitutionnel » (Cour de justice, arrêt du 9 mars 1978, *Simmenthal*, aff. C-106/77, ECLI:EU:C:1978:49, point 24). Ce principe doit cependant aujourd'hui être nuancé au regard de la jurisprudence récente de la Cour de justice qui, comme nous avons déjà pu le constater, subordonne la possibilité de neutraliser une norme de droit national contraire à une disposition du droit de l'Union au caractère d'effet direct de la seconde (v. sur ce point, Cour de justice, arrêt du 24 juin 2019, *Poplawski*, aff. C-573/17, ECLI:EU:C:2019:530, points 60-62).

[1273] MEHDI R., « Ordre juridique de l'Union européenne. – Primauté du droit de l'Union européenne », *op. cit.*, & n° 47.

659. En outre, « demeurent rattachées au seul principe de primauté, et non soumises aux conditions de l'effet direct, certaines formes de justiciabilité qui imposent au juge étatique d'une part une obligation d'interprétation conforme du droit étatique au droit de l'Union, et d'autre part une obligation de réparation en cas de violation du droit de l'Union par le droit étatique »[1274].

660. Ainsi, en définitive, l'application du principe de primauté du droit de l'Union, dans le cadre du double rapport d'indépendance et d'interdépendance qui caractérise les relations entre les membres fédérés et l'institution fédérale, conduit à ce que « *l'ordonnancement juridique [de l'Union] bien qu'intégré dans l'ordre juridique interne des États membres n'est pas régi pour chacun d'eux par leur Constitution, mais par les règles « constitutionnelles » que posent les traités* »[1275] ; et ce, qui plus est, « *comme l'ordonnancement juridique fédéral, bien qu'intégré dans l'ordre juridique des États fédérés, n'est pas subordonné à la Constitution de chacun d'eux mais régi par la Constitution fédérale.* »[1276].

661. Ce double rapport d'indépendance et d'interdépendance, dans le cadre duquel s'inscrit la primauté du droit de l'Union en tant que marque d'autonomie inhérente à la spécificité des traités européens, permet au demeurant d'expliquer l'apparente contradiction que semble receler la jurisprudence de la Cour de justice relative au principe évoqué qui – comme nous venons de le constater – postule l'indépendance de l'ordre juridique de l'Union, tout en décrétant et organisant son intégration dans ceux des Etats membres ; contradiction relevée par le professeur Alain Pellet dans les termes suivants : « la jurisprudence et la doctrine communautaristes ont un comportement schizoïde : elles affirment à la fois l'autonomie absolue de l'ordre juridique communautaire tant à l'égard du droit international que des droits nationaux […] et sa primauté, tout aussi absolue, par rapport à ces autres droits, en tout cas par rapport aux droits nationaux […]»[1277]. Ces deux positions – qui peuvent apparaître contradictoires en ce qu'elles relèvent respectivement d'une conception dualiste et moniste du droit international – trouvent en effet une cohérence dans la dialectique inhérente aux principes proprement fédératifs d'indépendance et d'interdépendance, dans laquelle s'inscrit le principe de primauté de l'ordre juridique de l'Union.

1274 DUBOUT E., *Droit constitutionnel de l'Union européenne*, *op. cit.*, p. 226.
Pour plus de précisions sur le point correspondant à la présente note, v. les développements figurant aux pages 226-227 de l'ouvrage ici cité. L'on précisera cependant que l'obligation d'interprétation conforme du droit national au droit de l'Union a été posée par la Cour de justice dans l'arrêt *Von Colson et Kamann* (Cour de justice, arrêt du 10 avril 1984, aff. C-14/83, ECLI:EU:C:1984:153) ; tandis que l'invocabilité de réparation liée à la violation du droit de l'Union résulte de l'arrêt *Francovich et Bonifaci* (Cour de justice, arrêt du 19 novembre 1991, aff. jointes C-6/90 et C-9/90, ECLI:EU:C:1991:428).

1275 TEITGEN P-H., *Droit institutionnel communautaire*, *op. cit.*, p. 134.

1276 *Ibid.*

1277 PELLET A., « Les fondements juridiques internationaux du droit communautaire », *op. cit.*, p. 246.

662. De fait, en raison de sa vocation à créer une institution fédérative – vocation qui constitue le fondement existentiel du principe de primauté –, l'ordre juridique de l'Union se distingue essentiellement de ceux de ses Etats membres, comme de l'ordre international, tout en reposant sur une imbrication des deux types de systèmes juridiques qu'il fait coexister ; cette imbrication étant grandement assurée par les effets attachés au principe de primauté du droit de l'UE précédemment évoqués.

663. Considérant que le processus de construction européenne pouvait être appréhendé à la lumière de la théorie de la Fédération, le professeur Guy Carcassonne expliquait notamment à ce sujet que la forme politique autonome que constitue ce type d'institution « a ceci de singulier qu'elle lie entre eux des Etats qui lui préexistent, de sorte qu'elle suppose une dualité, qu'elle assume et entretient, entre deux puissances publiques [;] une dualité qui, à son tour, exige l'adoption de procédés politico-juridiques qui respectent l'égalité entre les ordres fédéral et fédéré, tout en aménageant de manière viable cette pluralité. »[1278]. Et de souligner qu'il « [e]n résulte alors une entité qui ne relève à proprement parler ni du droit international ni du droit constitutionnel, mais qui, justement par son autonomie, peut s'accommoder de l'un et de l'autre sans y perdre son âme ou sa substance ni attenter aux leurs. »[1279].

664. Ainsi, paradoxalement, tout en assurant une imbrication entre l'ordre juridique de l'UE et ceux de ses Etats membres, les effets attachés au principe de primauté du droit de l'Union tendent parallèlement et essentiellement à garantir l'autonomie – ou encore l'indépendance – de l'ordre juridique de l'Union en favorisant la réalisation des objectifs inhérents au pacte fédératif européen.

B. La primauté du droit de l'Union : marque d'autonomie justifiée par la nécessité d'assurer l'effectivité du pacte fédératif européen

665. Comme cela ressort de nos précédents développements, l'indépendance de l'institution fédérale à l'égard des Etats fédérés est justifiée par la nécessité d'assurer la réalisation des objectifs qu'ils lui ont assignés. Cette nécessité procède, quant à elle, de ce que l'atteinte du but ultime de la Fédération – à savoir la conservation de l'existence politique des Etats qu'elle fédère – dépend de la réalisation même des objectifs conférés à la fédération. Or, le principe de primauté du droit de l'UE, tel qu'il a été posé par la Cour de justice de l'Union européenne, apparaît clairement comme un moyen essentiel pour assurer une telle indépendance. Il constitue en effet un gage d'autonomie de l'Union indispensable à la mise en œuvre effective du pacte fédératif que constituent les traités.

[1278] CARCASSONNE G., « La Fédération éclairée », *op. cit.*
[1279] *Ibid.*

666. En effet, selon le professeur Pierre-Henri Teitgen, « [p]our fonder la primauté de la règle communautaire sur la règle nationale contraire, postérieure comme antérieure, la Cour fait appel, selon une méthode que nous connaissons déjà, à une double argumentation : – celle qu'elle tire de la nature juridique des Communautés, [qui a fait l'objet de nos précédents développements] – celle qu'elle tire de l'interprétation des traités communautaires selon leur « effet utile ». »[1280]. S'agissant de ce second point, le professeur Pierre-Henri Teitgen explique que, selon la Cour de justice, « il est hors de doute que la Communauté ne peut fonctionner et atteindre ses objectifs que si la règle communautaire est uniformément respectée et appliquée dans tous les pays membres. Ainsi l'ont voulu les États qui ont signé les Traités sur une base de réciprocité. Ainsi l'exige l'interprétation des Traités selon leur effet utile. »[1281]. En effet, « il serait contraire tout à la fois à la commune volonté des parties, à la finalité des Traités et à la nature de la Communauté d'admettre qu'un État membre puisse se soustraire à la règle communautaire en lui opposant une règle nationale contraire. »[1282].

667. Dans l'arrêt fondateur de 1964, la Cour de justice indique de fait que « la force exécutive du droit communautaire ne saurait, en effet, varier d'un État à l'autre à la faveur des législations internes ultérieures, sans mettre en péril la réalisation des buts du traité visée à l'article 5 »[1283]. La Cour rappelle à cet égard, et avec insistance[1284], « que les obligations contractées dans le traité instituant la Communauté ne seraient pas inconditionnelles mais seulement éventuelles, si elles pouvaient être mises en cause par les actes législatifs futurs des signataires »[1285].

668. La Cour conclut enfin son argumentaire relatif à l'effet utile des dispositions du traité CEE et assoit simultanément le principe de primauté de

---

1280 TEITGEN P-H., *Droit institutionnel communautaire*, *op. cit.*, p. 152.

1281 *Ibid.*, p. 154.

1282 *Ibid.*

1283 Cour de justice, arrêt du 15 juillet 1964, *Costa contre ENEL*, aff. 6/64, ECLI:EU:C:1964:66, p. 1159.

1284 L'argument de l'effet utile des dispositions du traité CEE ici employé par la Cour de justice est par la suite décliné dans son argumentaire de la manière suivante : « que, lorsque le droit d'agir unilatéralement est reconnu aux États, c'est en vertu d'une clause spéciale précise (articles 15, 93-3, 223 à 225 par exemple) ; que, d'autre part, les demandes de dérogation des États sont soumises à des procédures d'autorisation (articles 8-4, 17-4, 25, 26, 73, 93-2, 3e alinéa, et 226 par exemple) qui seraient sans objet s'ils avaient la possibilité de se soustraire à leurs obligations au moyen d'une simple loi ; attendu que la prééminence du droit communautaire est confirmée par l'article 189 aux termes duquel les règlements ont valeur « obligatoire » et sont « directement applicables dans tout État membre » ; que cette disposition, qui n'est assortie d'aucune réserve, serait sans portée si un État pouvait unilatéralement en annihiler les effets par un acte législatif opposable aux textes communautaires » (Cour de justice, arrêt du 15 juillet 1964, *Costa contre ENEL*, aff. 6/64, ECLI:EU:C:1964:66, p. 1159-1160).

1285 Cour de justice, arrêt du 15 juillet 1964, *Costa contre ENEL*, aff. 6/64, ECLI:EU:C:1964:66, p. 1159.

façon péremptoire en affirmant non seulement « qu'issu d'une source autonome, le droit né du traité ne pourrait donc, en raison de sa nature spécifique originale, se voir judiciairement opposer un texte interne quel qu'il soit, sans perdre son caractère communautaire et sans que soit mise en cause la base juridique de la Communauté elle-même »[1286], mais également « que le transfert opéré par les États, de leur ordre juridique interne au profit de l'ordre juridique communautaire, des droits et obligations correspondant aux dispositions du traité, entraîne donc une limitation définitive de leurs droits souverains contre laquelle ne saurait prévaloir un acte unilatéral ultérieur incompatible avec la notion de Communauté »[1287].

669. La marque d'autonomie, à l'égard des Etats membres, que constitue ainsi le principe de primauté s'impose dès lors comme « la clé de voûte du Droit [de l'Union] »[1288]. En effet, « [p]our la Cour de justice, selon l'expression du juge Pescatore, la primauté est une « *exigence existentielle* » de l'ordre juridique des Communautés »[1289]. Par conséquent, « [l]a jurisprudence de la Cour de justice n'a jamais dévié de ce principe affirmant que la primauté du droit communautaire ressortit à la nature même de la Communauté. Elle ne saurait être subordonnée aux exigences des droits nationaux. Cette autonomie du fondement juridique de la primauté du droit communautaire commande sa portée ainsi que son autorité. »[1290].

670. Aussi, « le paradigme de l'autonomie et de la primauté de l'ordre juridique européen [défendu par la Cour de justice] dans le souci de « protéger les valeurs constitutionnelles » de l'Union »[1291] peut-il être appréhendé – aux côtés du principe de l'effet direct du droit de l'UE – comme l'une « des règles fondatrices de l'État de droit européen »[1292] consacrées par la juridiction luxembourgeoise, étant donné que « [s]ans [c]es principes [...] en grande partie repris par l'ensemble des juridictions nationales, la valeur du Traité aurait [...] été ramenée à celle d'une simple convention entre Etats fixant les modalités de leur coopération réciproque et de leurs rapports avec les institutions dans lesquelles ils se rencontreraient. »[1293].

1286 *Ibid.*, p. 1160.

1287 *Ibid.*

1288 TEITGEN P-H., *Droit institutionnel communautaire*, *op. cit.*, p. 153.

1289 MEHDI R., « Ordre juridique de l'Union européenne. – Primauté du droit de l'Union européenne », *op. cit.*, & n° 27.

1290 *Ibid.*

1291 VAUCHEZ A., « Le travail politique du droit ou comment réfléchir au « rôle politique » de la cour ? », in CLEMENT-WILZ L. (dir.), *Le rôle politique de la Cour de justice de l'Union européenne*, *op. cit.*, p. 46.

1292 POIRMEUR Y., « Comprendre la « justice politique » au niveau européen », in CLEMENT-WILZ L. (dir.), *Le rôle politique de la Cour de justice de l'Union européenne*, *op. cit.*, p. 69.

1293 LECOURT R., « Quel eût été le droit des Communautés sans les arrêts de 1963 et 1964 ? », in *L'Europe et le droit. Mélanges en hommage à Jean Boulouis*, Paris, Dalloz, 1991, p. 360.

671. En tout état de cause, le gage d'indépendance de l'ordre juridique de l'UE que constitue le principe de primauté apparaît d'autant plus comme un critère – non seulement juridique mais également politique – d'effectivité du pacte constitutionnel fédératif que forment les traités européens qu'il est admis comme tel par les Etats membres de l'Union européenne. En effet, dans la déclaration n° 17 relative à la primauté, annexée à l'acte final de la conférence intergouvernementale qui a adopté le traité de Lisbonne, les Etats membres soulignent collectivement, après l'échec de l'inscription du principe de primauté dans le droit primaire au moyen de l'article I-6 du TECE[1294], que « selon une jurisprudence constante de la Cour de justice de l'Union européenne, les traités et le droit adopté par l'Union sur la base des traités priment le droit des États membres, dans les conditions définies par ladite jurisprudence. ». Cette déclaration s'appuie de surcroît sur un avis du service juridique du Conseil de l'UE en date du 22 juin 2007 aux termes duquel *« [i]l découle de la jurisprudence de la Cour de justice que la primauté du droit communautaire est un principe fondamental dudit droit. Selon la Cour, ce principe est inhérent à la nature particulière de la Communauté européenne. À l'époque du premier arrêt de cette jurisprudence constante (arrêt du 15 juillet 1964 rendu dans l'affaire 6/64, Costa contre ENEL [...], la primauté n'était pas mentionnée dans le traité. Tel est toujours le cas actuellement. Le fait que le principe de primauté ne soit pas inscrit dans le futur traité ne modifiera en rien l'existence de ce principe ni la jurisprudence en vigueur de la Cour de justice. »*.

672. Dès lors, si la déclaration n° 17 est, à proprement parler, dépourvue de valeur contraignante, sa portée juridique et politique ne peut être niée. La maîtresse de conférences Frédérique Michéa y voit même une plus-value par rapport aux dispositions du TECE consacrées au principe de primauté. Elle observe en effet que « [l]e contenu de la déclaration n° 17 contraste à plusieurs égards avec le prescrit plutôt lapidaire de l'article I-6 TECE. En premier lieu, la déclaration n° 17 apporte des précisions essentielles sur la jurisprudence fondatrice afférente au principe de primauté du droit de l'Union, remédiant au silence de la déclaration *ad* article I-6 sur ce point. »[1295]. Frédérique Michéa souligne ainsi que « [l]a déclaration n° 17 sanctuarise donc la définition de la primauté telle qu'elle procède de l'arrêt Costa. »[1296].

[1294] Rappelons que l'article I-6 du TECE prévoyait que : « La Constitution et le droit adopté par les institutions de l'Union, dans l'exercice des compétences qui sont attribuées à celle-ci, priment le droit des États membres. ». Il faut en outre souligner qu'aux termes de la déclaration ad article I-6 annexée à l'acte final de la conférence ayant adopté le TECE, « l'article I-6 reflète la jurisprudence existante de la Cour de justice des Communautés européennes et du Tribunal de première instance. ».

[1295] MICHEA F., « La primauté du droit de l'Union à la lumière du traité de Lisbonne », *Revue du Marché commun et de l'Union européenne*, juillet-août 2008, n° 520, p. 446.

[1296] *Ibid.*

673. Ainsi, selon le professeur Alexandre Viala, « [t]out se passe comme si les Etats-Nations, faisant le deuil de leur propre souveraineté en acceptant la primauté du droit européen, mobilisaient leur attention au seul service de ce à quoi, à travers leur propre identité, ils ne sauraient renoncer sans se renier eux-mêmes. »[1297]. Il apparaît dès lors « que la résistance des ordres juridiques internes ne peut plus se manifester en termes de puissance ou de souveraineté étatique mais, plus fondamentalement, en termes d'existence ou de visibilité culturelle »[1298].

674. Il convient enfin de souligner que le principe de primauté a également été reconnu comme une marque d'autonomie de l'ordre juridique de l'Union procédant de la nécessité d'assurer l'effectivité des traités par le juge constitutionnel de l'un des six Etats fondateurs de l'Union. Analysant les implications constitutionnelles de la participation de la France à l'UE, le professeur Jean Combacau souligne en effet qu'en n'ayant vu d'inconstitutionnalité ni dans la dénomination du TECE, ni dans le fait qu'il ait consacré le principe de primauté, le Conseil constitutionnel a « accrédit[é] l'idée que la primauté du droit communautaire sur l'ensemble du droit étatique est avant tout une exigence essentielle du premier, dont la seule participation de l'État aux Communautés et à l'Union suffit à lui imposer le respect, et dont il donne acte à celles-ci »[1299]. Le professeur Jean Combacau considère au demeurant que cela revient à « attribuer à l'article 88-1 la portée d'un acte simplement déclaratif, par laquelle l'État membre ne fait que reconnaître la force intrinsèque du principe communautaire auquel, dans son droit interne, il entend se conformer, au lieu de prétendre le constituer originairement, de son côté et pour son compte. »[1300].

675. De fait, dans la décision n° 2004-505 DC du 19 novembre 2004, le Conseil constitutionnel juge que l'inscription du principe de primauté dans le TECE n'implique pas de révision de la constitution française en présentant un argumentaire qui fait écho à la jurisprudence de la Cour de justice qui institue le principe en question[1301] ; et ce, bien qu'il ait souligné, d'une part, « qu'il résulte des stipulations du traité soumis au Conseil constitutionnel, intitulé « Traité établissant une Constitution pour l'Europe », et notamment de celles

---

[1297] VIALA A., « Le concept d'identité constitutionnelle. Approche théorique » in BURGORGUE-LARSEN L. (dir.), *L'identité constitutionnelle saisie par les juges en Europe*, *op.cit.*, p. 8.

[1298] *Ibid.*

[1299] COMBACAU J., « Sources internationales et européennes du droit constitutionnel », in CHAGNOLLAUD D., TROPER M. (dir.), *Traité international de droit constitutionnel – Théorie de la Constitution*, *op. cit.*, p. 432.

[1300] *Ibid.*

[1301] L'argumentation du Conseil constitutionnel relative au principe de primauté figure dans les considérants 9 à 13 de sa décision n° 2004-505 DC du 19 novembre 2004, regroupés sous l'intitulé « Sur le principe de primauté du droit de l'Union européenne ». Cette décision est disponible sur le site internet de l'institution à l'adresse suivante : https://www.conseil-constitutionnel.fr/decision/2004/2004505DC.htm.

relatives à son entrée en vigueur, à sa révision et à la possibilité de le dénoncer, qu'il conserve le caractère d'un traité international souscrit par les Etats signataires du traité instituant la Communauté européenne et du traité sur l'Union européenne », et, d'autre part, considéré « en particulier, que n'appelle pas de remarque de constitutionnalité la dénomination de ce nouveau traité », dès lors qu' « il résulte notamment de son article I-5, relatif aux relations entre l'Union et les Etats membres, que cette dénomination est sans incidence sur l'existence de la Constitution française et sa place au sommet de l'ordre juridique interne ».

676. Dans la décision n° 2004-505 DC du 19 novembre 2004, le Conseil constitutionnel consacre en effet tout à la fois l'autonomie de l'ordre juridique de l'Union et son imbrication dans les systèmes juridiques de ses Etats membres en relevant « qu'aux termes de l'article 88-1 de la Constitution : « La République participe aux Communautés européennes et à l'Union européenne, constituées d'Etats qui ont choisi librement, en vertu des traités qui les ont instituées, d'exercer en commun certaines de leurs compétences » ; que le constituant a ainsi consacré l'existence d'un ordre juridique communautaire intégré à l'ordre juridique interne et distinct de l'ordre juridique international ».

677. Le Conseil y relie de plus le principe de primauté du droit de l'Union à la nécessité d'assurer le respect de la finalité du TECE en considérant « qu'aux termes de l'article I-1 du traité : « Inspirée par la volonté des citoyens et des Etats d'Europe de bâtir leur avenir commun, la présente Constitution établit l'Union européenne, à laquelle les Etats membres attribuent des compétences pour atteindre leurs objectifs communs. L'Union coordonne les politiques des Etats membres visant à atteindre ces objectifs et exerce sur le mode communautaire les compétences qu'ils lui attribuent » ».

678. Le Conseil constitutionnel valide enfin la jurisprudence de la Cour de justice inhérente au principe de primauté. Il affirme en effet, d'une part, « qu'aux termes de l'article I-6 : « La Constitution et le droit adopté par les institutions de l'Union, dans l'exercice des compétences qui sont attribuées à celle-ci, priment le droit des Etats membres » ; qu'il résulte d'une déclaration annexée au traité que cet article ne confère pas au principe de primauté une portée autre que celle qui était antérieurement la sienne ». Il juge, d'autre part, « que, si l'article I-1 du traité substitue aux organisations établies par les traités antérieurs une organisation unique, l'Union européenne, dotée en vertu de l'article I-7 de la personnalité juridique, il ressort de l'ensemble des stipulations de ce traité, et notamment du rapprochement de ses articles I-5 et I-6, qu'il ne modifie ni la nature de l'Union européenne, ni la portée du principe de primauté du droit de l'Union telle qu'elle résulte, ainsi que l'a jugé le Conseil constitutionnel par ses décisions susvisées, de l'article 88-1 de la Constitution ; que, dès lors, l'article I-6 du traité soumis à l'examen du Conseil n'implique pas de révision de la Constitution ».

679. Ainsi, en se présentant, conformément à la jurisprudence de la Cour de justice, comme un principe autonome – tant des systèmes juridiques nationaux que du droit international – procédant d'une nécessité ontologique inhérente à la finalité des traités européens, et accepté comme tel par les Etats parties au pacte constitutionnel formé par ceux-ci, la primauté du droit de l'UE apparaît clairement comme une manifestation, au sein de l'ordre juridique de l'Union, du principe fédératif d'indépendance, et ce, en dépit de la résistance de certaines parties au pacte constitutionnel européen[1302].

[1302] Rappelons à ce sujet que, dans un arrêt de grande chambre en date du 24 juillet 2023, la Cour de justice a récemment dû rappeler expressément que le principe de primauté du droit de l'Union s'oppose à une réglementation ou pratique nationale qui impose à des juridictions nationales de se conformer aux décisions d'une cour constitutionnelle ou d'une juridiction suprême contraires à des dispositions du droit de l'Union d'effet direct et empêche ainsi au juge de droit commun de laisser lesdites décisions inappliquées en l'exposant à un risque de sanction disciplinaire (Cour de justice, arrêt du 24 juillet 2023, *Lin*, aff. C-107/23 PPU, ECLI:EU:C:2023:606).

Conclusion du chapitre I

680. Si la technique de l'effet direct comme celle de la primauté ne sont pas méconnues du droit international, elles s'imposent, dans l'ordre juridique de l'UE, comme des principes fondamentaux spécifiques à ce dernier, dans la mesure où, procédant de la nature même des traités européens, elles constituent respectivement des formes d'expression des principes fédératifs d'interdépendance et d'indépendance, qui structurent de manière essentielle les rapports d'intégration qui lient les membres fédérés et l'instance fédérale au sein d'une Fédération.

681. En effet, d'une part, le principe de l'effet direct du droit de l'UE, en associant notamment, de manière remarquablement étroite, les particuliers qui relèvent de ce dernier à la préservation des prérogatives qu'il leur confère, assure la connexion intrinsèque et concrète, que traduit le principe fédératif d'interdépendance, entre l'ordre juridique de l'Union et ceux de ses Etats membres, laquelle est fondamentale au bon fonctionnement comme au développement de l'institution fédérative qu'ils forment conjointement.

682. D'autre part, le principe de primauté du droit de l'UE manifeste le principe fédératif d'indépendance au sein de l'ordre juridique de l'Union en organisant les relations entre le droit qui en est issu et celui qui émane des Etats membres en fonction de la nature fédérative du premier – et non des règles propres au droit national des Etats membres ou au droit international – afin d'assurer la réalisation effective des objectifs définis par le pacte constitutionnel que constituent les traités.

Chapitre II - La subordination du droit international conventionnel au respect de l'ordre des compétences fixé par les traités

683. En tant qu'acteur de l'ordre juridique international, l'UE entend non seulement se soumettre aux principes et règles qui en régissent le fonctionnement, mais également en assurer la promotion. L'article 21, paragraphe 1, du traité UE dispose en effet que « [l]'action de l'Union sur la scène internationale repose sur les principes qui ont présidé à sa création, à son développement et à son élargissement et qu'elle vise à promouvoir dans le reste du monde : la démocratie, l'État de droit, l'universalité et l'indivisibilité des droits de l'homme et des libertés fondamentales, le respect de la dignité humaine, les principes d'égalité et de solidarité et le respect des principes de la charte des Nations unies et du droit international. ». Le deuxième paragraphe du même article ajoute à cet égard que « [l]'Union définit et mène des politiques communes et des actions et œuvre pour assurer un haut degré de coopération dans tous les domaines des relations internationales afin : [...] de consolider et de soutenir la démocratie, l'État de droit, les droits de l'homme et les principes du droit international »[1303].

684. Au demeurant, en vertu d'une jurisprudence bien établie de la Cour de justice, il est aujourd'hui constant que « les compétences de l'Union doivent être exercées dans le respect du droit international »[1304], en ce compris le droit international coutumier ; la Cour de justice ayant notamment jugé à ce sujet que « comme il résulte de l'arrêt du 24 novembre 1992, Poulsen et Diva Navigation (C-286/90, Rec. p. 1-6019, point 9), les compétences de la Communauté doivent être exercées dans le respect du droit international. Par conséquent, celle-ci est tenue de respecter les règles du droit coutumier international lorsqu'elle adopte un règlement suspendant les concessions commerciales octroyées par un accord ou en vertu d'un accord qu'elle a conclu avec un pays tiers. »[1305].

685. Cependant, ce principe de soumission de l'UE aux règles du droit international général – lequel est « constitué de coutumes universelles, de traités multilatéraux à vocation mondiale ainsi que de principes généraux du droit »[1306] – doit être nuancé, dès lors que « les rapports avec le droit international dépendent grandement des avantages ou au contraire des inconvénients que le droit international peut générer pour le droit de l'Union,

---

[1303] Article 21, paragraphe 2, b), du traité UE.

[1304] Cour de justice, arrêt du 21 décembre 2011, *Air Transport Association of America e.a.*, aff. C-366/10, ECLI:EU:C:2011:864, point 7.

[1305] Cour de justice, arrêt du 16 juin 1998, *Racke / Hauptzollamt Mainz*, aff. C-162-96, ECLI:EU:C:1997:582, point 45.

[1306] BLUMANN C., *Droit institutionnel de l'Union européenne*, *op. cit.*, p. 723.

ou encore de sa plus ou moins grande incidence sur le principe d'autonomie de l'ordre juridique de l'Union. »[1307].

686. En effet, « [l]'autonomie de l'ordre [juridique] de l'UE est d'abord synonyme d'indépendance et, en particulier, d'indépendance vis-à-vis de l'ordre international. Malgré une nécessité « existentielle » de la présence de normes de droit international au sein de l'ordre de l'Union, en ce que cet ordre est né de la conclusion de normes internationales [...], l'UE constitue un ordre juridique indépendant. »[1308]. De ce fait, « [l]a Cour de justice décide toujours de la prise en compte de normes de droit international, en fonction des conséquences que cette prise en compte pourrait avoir sur l'autonomie de l'ordre juridique [de l'Union]. L'autonomie constitue ainsi un enjeu déterminant le choix de la Cour ou de toute autre institution de l'UE dans la prise en compte des normes de droit international, notamment général. »[1309].

687. Cependant, au-delà de cette posture de principe valant pour le droit international considéré dans son ensemble et difficilement objectivable, il ressort clairement de la jurisprudence de la Cour de justice que l'autonomie fonctionnelle de l'ordre juridique de l'UE postule une règle claire et systématique – qui retiendra notre attention – de subordination du droit international conventionnel au respect de ce que la Cour désigne comme « l'ordre des compétences fixé par les traités ».

688. Cet état de fait apparaît de façon remarquable dans l'arrêt *Kadi et Al Barakaat International Foundation,* rendu en 2008, dans lequel la Cour invalide, en vertu du principe d'autonomie, la logique du Tribunal de première instance des Communautés européennes conduisant à faire primer les impératifs du droit des Nations Unies sur ceux de l'ordre juridique communautaire.

689. Dans les arrêts *Kadi / Conseil et Commission* et *Yusuf et Al Barakaat International Foundation / Conseil et Commission* en date du 21 septembre 2005, le Tribunal de première instance, considérant qu'à l'instar des Etats parties à la Charte des Nations Unies, la Communauté européenne ne disposait d'aucune marge de manœuvre dans l'application d'une résolution du Conseil de sécurité de l'ONU prise sur la base du chapitre VII de la Charte des Nations Unies, s'était estimé incompétent pour contrôler dûment la légalité du règlement (CE) n° 881/2002 du Conseil, du 27 mai 2002, instituant certaines mesures restrictives spécifiques à l'encontre de certaines personnes et entités liées à Oussama ben Laden, au réseau Al-Qaida et aux Talibans ; lequel avait été adopté conformément à la résolution 1267 du Conseil de sécurité de l'ONU en date du 15 octobre 1999.

[1307] *Ibid.*

[1308] SOUSSAN A., « Coutume internationale et droit de l'UE », in BENLOLO-CARABOT M., CANDAS U., CUJO E. (dir.), *Union européenne et droit international – En l'honneur de Patrick DAILLER*, Paris, Pedone, 2012, p. 664

[1309] *Ibid.*

690. Or, dans l'arrêt *Kadi et Al Barakaat International Foundation* susmentionné[1310], la Cour de justice, saisie par les pourvois formés par Monsieur Kadi et la personne morale Al Barakaat International Foundation contre les deux arrêts du Tribunal de première instance évoqués plus haut, affirme non seulement l'autonomie de l'ordre juridique communautaire à l'égard du droit issu de la Charte des Nations Unies, mais décrète également la subordination de ce dernier au système juridique de la CE en faisant état de sa jurisprudence constante sur la régulation des relations entre le droit international conventionnel et le droit de l'Union.

691. La Cour de justice y rappelle en effet « qu'un accord international ne saurait porter atteinte à l'ordre des compétences fixé par les traités et, partant, à l'autonomie du système juridique communautaire dont la Cour assure le respect en vertu de la compétence exclusive dont elle est investie par l'article 220 CE, compétence que la Cour a d'ailleurs déjà considérée comme relevant des fondements mêmes de la Communauté (voir, en ce sens, avis 1/91, du 14 décembre 1991, Rec. p. I-6079, points 35 et 71, ainsi que arrêt du 30 mai 2006, Commission/Irlande, C-459/03, Rec. p. I 4635, point 123 et jurisprudence citée). »[1311].

692. Il s'ensuit dès lors que « le contrôle, par la Cour, de la validité de tout acte communautaire au regard des droits fondamentaux doit être considéré comme l'expression, dans une communauté de droit, d'une garantie constitutionnelle découlant du traité CE en tant que système juridique autonome à laquelle un accord international ne saurait porter atteinte. La question de la compétence de la Cour se pose en effet dans le cadre de l'ordre juridique interne et autonome de la Communauté, dont relève le règlement litigieux, et dans lequel la Cour est compétente pour contrôler la validité des actes communautaires au regard des droits fondamentaux. »[1312].

693. Comme l'indique l'arrêt *Kadi et Al Barakaat International Foundation*, la règle de la subordination des accords internationaux au respect de l'ordre des compétences fixé par les traités européens – que la Cour de justice réaffirme notablement dans le cas d'espèce évoqué – apparaît dans la jurisprudence communautaire dès le début des années 1990. Cette règle sera par la suite constamment aiguisée et exploitée par la juridiction luxembourgeoise. Afin de l'appréhender au mieux, il conviendra d'en déterminer précisément le champ d'application en précisant quels accords internationaux elle concerne, ainsi qu'en définissant la notion d'atteinte à « l'ordre des compétences fixé par les traités » – progressivement explicitée par la Cour de justice – sur laquelle elle repose (**section 1**).

[1310] Cour de justice, arrêt du 3 septembre 2008, *Kadi et Al Barakaat International Foundation / Conseil et Commission,* aff. jointes C-402/05 P et C-415/05 P, ECLI:EU:C:2008:461.

[1311] *Ibid.*, point 282.

[1312] *Ibid.*, points 316-317.

694. L'explicitation de cette notion nous permettra de constater que, comme cela ressort de la jurisprudence de la Cour de justice inhérente au principe d'autonomie, la subordination du droit international conventionnel au respect du cadre constitutionnel de l'Union est immanente au caractère fédératif de son ordre juridique, dans la mesure où elle est indispensable au maintien de ce dernier (**section 2**).

Section 1 – Le champ d'application de la règle de la subordination du droit international conventionnel au respect de l'ordre des compétences fixé par les traités

695. Aux termes de la jurisprudence de la Cour de justice, la règle de la subordination du droit international conventionnel au droit de l'Union susmentionnée trouve à s'appliquer face aux accords internationaux susceptibles d'affecter son autonomie du fait d'une atteinte à « l'ordre des compétences fixé par les traités ». Afin de délimiter le champ d'application de cette règle de régulation des rapports du droit de l'Union avec le droit international, il convient – au regard de la diversité des conventions internationales susceptibles de produire des effets dans l'ordre juridique de l'Union – de déterminer, à partir de la jurisprudence de la Cour de justice, de quels accords internationaux il peut ici être question (**§ 1**), avant de définir la notion d'atteinte à l'« ordre des compétences fixé par les traités » (**§ 2**).

§ 1. Les accords internationaux concernés

696. Comme l'indique l'*obiter dictum* de la Cour de justice, sa jurisprudence protectrice de l'autonomie du système juridique de l'Union face au droit international conventionnel cible *a priori* tout accord international, en tant qu'il est susceptible d'affecter « l'ordre des compétences fixé par les traités ».

697. Il convient cependant de souligner qu'ayant en premier lieu, et principalement, été développée dans le cadre de la fonction consultative dont disposait la Cour de justice relativement à l'examen de la compatibilité, avec le traité CEE, des accords internationaux que la Communauté européenne projetait de conclure[1313] – laquelle fonction a été reconduite par le traité

[1313] L'article 228, paragraphe 1, du traité CEE prévoyait à cet égard que : « Dans les cas où les dispositions du présent Traité prévoient la conclusion d'accords entre la Communauté et un ou plusieurs États ou une organisation internationale, ces accords sont négociés par la Commission. Sous réserve des compétences reconnues à la Commission dans ce domaine, ils sont conclus par le Conseil, après consultation de l'Assemblée dans les cas prévus au présent Traité. Le Conseil, la Commission ou un État membre peut recueillir au préalable l'avis de la Cour de Justice sur la compatibilité de l'accord envisagé avec les dispositions du présent Traité. L'accord qui a fait l'objet d'un avis négatif de la Cour de Justice ne peut entrer en vigueur que dans les conditions fixées selon le cas à l'article 236. ».

FUE[1314] – la jurisprudence évoquée s'est d'abord appliquée aux projets d'accords internationaux envisagés par ladite Communauté et s'applique aujourd'hui également à ceux par lesquels l'Union entend s'engager.

698. La règle de la subordination des accords internationaux au respect de « l'ordre des compétences fixé par les traités » a en effet été posée par la Cour de justice dans l'avis 1/91[1315], rendu le 14 décembre 1991, dans lequel cette dernière s'est prononcée sur la compatibilité, avec le traité CEE, du premier projet d'accord entre la Communauté et les pays de l'Association européenne de libre-échange (ci-après AELE), relatif à la création de l'EEE.

699. Cette même règle a, plus récemment, été appliquée relativement au projet d'accord d'adhésion de l'UE à la CEDH dans l'avis 2/13[1316] en date du 18 décembre 2014, ainsi que dans l'avis 1/17[1317], rendu le 30 avril 2019, s'agissant de l'accord de libre-échange entre l'Union, ses Etats membres et le Canada communément dénommé « CETA » ; lequel n'est pas encore formellement entré en vigueur mais fait, pour partie, l'objet d'une application provisoire – conformément à l'article 218, paragraphe 5, du traité FUE – depuis le 21 septembre 2017.

700. Il s'ensuit qu'en dépit de l'imprécision de la sentence de la Cour posant le principe de la subordination du droit international conventionnel au respect de « l'ordre des compétences fixé par les traités », la protection de l'autonomie du système juridique de l'Union qui en découle est logiquement amorcée dès lors qu'un projet d'accord international que cette dernière envisage de conclure est susceptible de l'affecter.

701. Cet état de fait apparaît cohérent à deux égards. En effet, d'une part, la Cour de justice est habilitée, depuis l'institution de la CEE, à rendre un avis contraignant[1318] sur la compatibilité, avec les traités européens, des projets d'accords internationaux négociés par la CE, puis l'UE. D'autre part, la place dont disposent les traités internationaux régulièrement conclus par l'Union au

---

[1314] L'article 218, paragraphe 11, du traité FUE dispose en effet que : « Un État membre, le Parlement européen, le Conseil ou la Commission peut recueillir l'avis de la Cour de justice sur la compatibilité d'un accord envisagé avec les traités. En cas d'avis négatif de la Cour, l'accord envisagé ne peut entrer en vigueur, sauf modification de celui-ci ou révision des traités. ».

[1315] Cour de justice, avis 1/91 du 14 décembre 1991, ECLI:EU:C:1991.

[1316] Cour de justice, avis 2/13 du 18 décembre 2014, ECLI:EU:C:2014:2454.

[1317] Cour de justice, avis 1/17 du 30 avril 2019, ECLI:EU:C:2019:341.

[1318] De fait, un projet d'accord international jugé incompatible avec les traités par la Cour de justice ne peut, en tant que tel, entrer en vigueur dans l'ordre juridique de l'Union. Succédant à l'article 228, paragraphe 1, alinéa 2 du traité CEE – lequel prévoyait, en renvoyant à l'article 236 du même traité, qu'un projet d'accord ayant fait l'objet d'un avis négatif de la Cour de justice ne pouvait entrer en vigueur qu'après une révision du traité CEE –, l'article 218, paragraphe 11, du traité FUE prévoit aujourd'hui qu' « [u]n État membre, le Parlement européen, le Conseil ou la Commission peut recueillir l'avis de la Cour de justice sur la compatibilité d'un accord envisagé avec les traités. En cas d'avis négatif de la Cour, l'accord envisagé ne peut entrer en vigueur, sauf modification de celui-ci ou révision des traités. ».

sein de son ordre juridique ne peut qu'inviter la Cour de justice à la vigilance à l'égard de leurs clauses.

702. En effet, aux termes de l'article 216, paragraphe 2, du traité FUE – lequel reprend le principe initialement posé par l'article 228, paragraphe 2, du traité CEE –, « [l]es accords conclus par l'Union lient les institutions de l'Union et les États membres » ; ce qui induit notamment que, dans la hiérarchie des normes propre au droit de l'Union, les accords internationaux viennent s'intercaler entre le droit primaire et le droit dérivé émanant des institutions de l'UE.

703. Il résulte au demeurant de la jurisprudence de la Cour de justice – et notamment de l'arrêt *Haegeman,* rendu le 30 avril 1974 –, qu'après leur entrée en vigueur, les accords internationaux conclus par l'Union « forment partie intégrante »[1319] de son ordre juridique, à partir de leur entrée en vigueur, et doivent de ce fait être appliqués par les institutions de l'UE, comme ses Etats membres, en tant qu'obligations relevant du droit de l'Union lui-même[1320].

704. Les projets d'accords internationaux négociés par l'UE sont donc encadrés par la jurisprudence en cause dans la mesure où ils sont susceptibles d'aboutir à l'intégration, dans l'ordre juridique de l'Union, de dispositions conventionnelles risquant de contrarier son autonomie ; et ce, d'autant plus que « [l]a Cour n'a pas fait référence à une quelconque procédure de transformation ou d'introduction, l'article 216, paragraphe 2, TFUE a ainsi une fonction de réception de l'accord en tant que tel dans l'ordre juridique de l'Union, ce qui relève d'une approche moniste »[1321].

705. Cependant, en dépit de cette approche moniste, des normes conventionnelles déjà entrées en vigueur dans l'ordre juridique de l'Union peuvent également se voir opposer la jurisprudence de la Cour de justice tendant à préserver l'autonomie de ce dernier relativement aux accords internationaux, laquelle s'inscrit clairement dans une logique dualiste. C'est notamment ce qui ressort de l'arrêt rendu par la Cour de justice le 30 mai 2006 dans l'affaire de *l'usine Mox*[1322], consécutivement à un recours en manquement exercé par la Commission à l'encontre de l'Irlande en raison de

---

1319 Cour de justice, arrêt du 30 avril 1974, *Haegman*, aff. C-181/73, ECLI:EU:C:1974:41, point 5.

1320 La Cour de justice a en effet jugé qu' « [e]n assurant le respect des engagements découlant d'un accord conclu par les institutions communautaires, les États membres remplissent une obligation non seulement par rapport au pays tiers concerné, mais également et surtout envers la Communauté qui a assumé la responsabilité pour la bonne exécution de l'accord. C'est ainsi que les dispositions d'un tel accord, comme la Cour l'a déjà dit dans son arrêt du 30 avril 1974 (Haegeman, affaire 181/73, Recueil p. 449), forment partie intégrante de l'ordre juridique communautaire. » (Cour de justice, arrêt du 26 octobre 1982, *Kupferberg*, aff. C-104/81, ECLI:EU:C:1982:362, point 13).

1321 NEFRAMI E., « Accords internationaux. – Les accords internationaux dans l'ordre juridique de l'Union », *op. cit.*, § 3.

1322 Cour de justice, arrêt du 30 mai 2006, *Commission / Irlande*, aff. C-459/03, ECLI:EU:C:2006:345.

la procédure arbitrale engagée par cette dernière contre le Royaume-Uni sur le fondement de la convention de Montego Bay de 1982 relative au droit de la mer, accord mixte formellement approuvé par la Communauté en 1998 et ratifié par l'ensemble de ses Etats membres.

706. En effet, si, dans l'arrêt susmentionné, la Cour de justice rappelle, d'une part, qu'il « a déjà [été] jugé que les accords mixtes ont le même statut dans l'ordre juridique communautaire que les accords purement communautaires, s'agissant des dispositions qui relèvent de la compétence de la Communauté »[1323] et juge, d'autre part, « que les dispositions de la Convention invoquées par l'Irlande dans le cadre du différend relatif à l'usine MOX soumis au Tribunal arbitral constituent des règles faisant partie de l'ordre juridique communautaire »[1324], elle finit par faire application de sa jurisprudence relative à la subordination du droit international conventionnel au respect de « l'ordre des compétences fixé par les traités » pour caractériser le manquement de l'Irlande à ses obligations communautaires.

707. La Cour de justice affirme en effet que « l'engagement et la poursuite d'une procédure devant le Tribunal arbitral, dans les circonstances qui ressortent des points 146 à 150 du présent arrêt, comportent un risque manifeste d'atteinte à l'ordre des compétences fixé par les traités et, partant, à l'autonomie du système juridique communautaire. »[1325].

708. Si cette attitude de la Cour de justice semble pour le moins contradictoire, elle peut être expliquée par le fait que tous les accords internationaux conclus par l'Union ne sont pas, à l'instar de ceux qui l'étaient par la CE, systématiquement soumis à un contrôle préalable de leur compatibilité avec les traités dans le cadre de la procédure consultative prévue par l'article 218, paragraphe 11, du traité FUE. De fait, l'initiation de cette procédure est une simple faculté pour les institutions et les Etats membres habilités par l'article 218, paragraphe 11, du traité FUE à solliciter un avis de la Cour de justice sur la compatibilité d'un projet d'accord international avec les traités.

709. Or, « [d]epuis l'avis 1/75 et l'*obiter dictum* de la Cour de justice, il est établi que les traités internationaux conclus par la Communauté et désormais l'Union subissent un double contrôle de compatibilité au regard du droit primaire à la fois *a priori* (sur le fondement de l'article 218 § 11 TFUE) mais aussi *a posteriori* (sur le fondement des articles 263 TFUE ou 267 TFUE) »[1326] ; la Cour ayant notamment relevé dans cet avis que « [l]a question de savoir si la conclusion d'un accord déterminé relève ou non des compétences

---

[1323] *Ibid.*, point 84.

[1324] *Ibid.*, point 121.

[1325] *Ibid.*, point 154.

[1326] DUBOUT E., « La relativité de la distinction des normes du droit de l'Union européenne et du droit international » *in* BURGORGUE-LARSEN L., DUBOUT E., et al. (dir.), *Les interactions normatives : droit de l'Union européenne et droit international*, Paris, Pedone, « Cahiers européens n° 2 », 2012, p. 42.

de la Communauté et si, le cas échéant, ces compétences ont été exercées de manière conforme aux dispositions du traité étant en principe susceptibles d'être soumises à la Cour de justice, soit directement, au titre de l'article 169 ou de l'article 173 du traité, soit par la procédure préjudicielle, il incombe donc de reconnaître que la Cour peut en être saisie par la procédure préalable de l'article 22 »[1327].

710. Ce positionnement paradoxal de la Cour de justice concernant la place, au sein du système juridique de l'UE, des accords internationaux régulièrement conclus par celle-ci indique au demeurant que leur intégration dans l'ordre juridique de l'Union doit être considérée comme imparfaite, dès lors qu'ils sont susceptibles de comporter des normes problématiques au regard de son autonomie fonctionnelle ; ce qui témoigne du fait que le principe d'autonomie revêt une importance capitale dans l'appréhension des rapports de systèmes entre droit de l'Union et droit international.

711. Cela étant, en sus de concerner les projets d'accords et les accords internationaux conclus par l'Union, la jurisprudence de la Cour de justice protectrice de « l'ordre des compétences fixé par les traités » va jusqu'à s'appliquer aux conventions internationales conclues par ses Etats membres avec des pays tiers et aux conventions internationales passées entre ces Etats membres, dès lors qu'elles comportent ou induisent des normes susceptibles d'affecter le champ de compétence matériel de l'Union.

712. Cela ressort notamment, pour ce qui est des conventions conclues par les Etats membres de l'Union avec des pays tiers, de l'arrêt *Kadi et Al Barakaat International Foundation*, rendu le 3 septembre 2008. En effet, dans cet arrêt, la Cour de justice oppose sa jurisprudence relative à la protection de « l'ordre des compétences fixé par les traités » à une résolution adoptée par le Conseil de sécurité de l'ONU sur le fondement du chapitre VII de la Charte des Nations Unies, afin d'admettre un contrôle total de la légalité du règlement européen adopté pour en assurer l'application au sein de l'ordre juridique communautaire.

713. La Cour de justice affirme notamment à cet égard que « le contrôle, par la Cour, de la validité de tout acte communautaire au regard des droits fondamentaux doit être considéré comme l'expression, dans une communauté de droit, d'une garantie constitutionnelle découlant du traité CE en tant que système juridique autonome à laquelle un accord international ne saurait porter atteinte. La question de la compétence de la Cour se pose en effet dans le cadre de l'ordre juridique interne et autonome de la Communauté, dont relève le règlement litigieux, et dans lequel la Cour est compétente pour

[1327] Cour de justice, avis 1/75 du 11 novembre 1975, ECLI:EU:C:1975:145, p. 1361.

contrôler la validité des actes communautaires au regard des droits fondamentaux. »[1328].

714. Cette conclusion de la Cour de justice est d'autant plus notable que « plusieurs dispositions du TUE soumettent l'Union au respect « des principes de la Charte des Nations Unies », en ce compris les privilèges dont peuvent disposer certains de ses Etats membres »[1329]. Elle vient cependant « accrédite[r] l'idée que malgré son ouverture au droit international, le droit de l'Union se comporte vis-à-vis de lui comme un ordre juridique interne, ou plus précisément autonome, dans un contexte de « dualisme global ». »[1330].

715. En ce qui concerne, par ailleurs, les conventions internationales conclues entre les Etats membres de l'Union, l'arrêt *Achmea* en date du 6 mars 2018 indique que leur application peut également être subordonnée par la Cour de justice au respect de « l'ordre des compétences fixé par les traités ». De fait, saisie dans le cadre d'une question préjudicielle, la Cour considère dans cet arrêt que la clause d'un traité bilatéral d'investissement conclu en 1991 entre les Pays-Bas et la Tchécoslovaquie – à laquelle la Slovaquie a succédé pour l'exécution dudit accord – « porte atteinte à l'autonomie du droit de l'Union »[1331], dès lors que « les États membres parties à celui-ci ont instauré un mécanisme de résolution de litiges opposant un investisseur à un État membre susceptible d'exclure que ces litiges, alors même qu'ils pourraient concerner l'interprétation ou l'application du droit de l'Union, soient tranchés d'une manière garantissant la pleine efficacité de ce droit. »[1332].

716. Au terme de ces développements, il apparaît donc qu'au-delà des projets d'accords internationaux, dont la compatibilité avec les traités européens peut faire l'objet d'un examen consultatif préalable de la Cour de justice, tout accord international, qu'il soit conclu par l'UE avec ou sans ses Etats membres, par ces derniers entre eux ou avec des tiers, peut se voir opposer la règle de la subordination du droit international conventionnel au respect de « l'ordre des compétences fixé par les traités », dès lors qu'il est de nature à produire des effets dans l'ordre juridique de l'Union.

[1328] Cour de justice, arrêt du 3 septembre 2008, *Kadi et Al Barakaat International Foundation / Conseil et Commission,* aff. jointes C-402/05 P et C-415/05 P, ECLI:EU:C:2008:461, points 316-317.

[1329] FORTEAU M., « La place des conventions internationales dans l'ordre juridique de l'Union européenne », *in* BENLOLO-CARABOT M., CANDAS U., CUJO E. (dir.), *Union européenne et droit international – En l'honneur de Patrick DAILLER*, *op. cit.*, p. 590. L'auteur de la contribution susmentionnée renvoie ici aux articles 3, paragraphe 5, 21, 34, paragraphe 2, et 42, paragraphe 1 du traité UE.

[1330] DUBOUT E., « La relativité de la distinction des normes du droit de l'Union européenne et du droit international », *op. cit.*, p. 42

[1331] Cour de justice, arrêt du 6 mars 2018, *Achmea*, aff. C-284/16, ECLI:EU:C:2018:158., point 59.

[1332] *Ibid.*, point 56.

717. La CEDH semble cependant constituer une exception notable à cet état de fait ; exception sans doute expliquée par la place particulière qu'elle occupe dans l'ordre juridique de l'Union, tant en vertu des traités qu'au regard de la jurisprudence de la Cour de justice[1333], compte tenu de son objet – la protection effective de droits et libertés fondamentaux – qui ne saurait être méconnu dans une Union de droit.

718. De fait, si le premier projet d'accord d'adhésion de l'UE à la CEDH a été jugé incompatible avec les traités par la Cour de justice dans l'avis 2/13, rendu le 18 décembre 2014, au regard de ses répercussions sur « l'ordre des compétences fixé par les traités » et, partant, l'autonomie de l'ordre juridique de l'Union, l'application du texte conventionnel lui-même au sein dudit ordre juridique n'est pas encadrée par la règle de subordination susmentionnée ; ce malgré l'existence du catalogue de droits fondamentaux propre et contraignant qu'est la Charte des droits fondamentaux de l'Union.

719. Face au risque, en termes d'autonomie, que peut comporter l'application concomitante de normes et principes respectivement issus de la CEDH et de la Charte des droits fondamentaux dans l'ordre juridique de l'Union, la Cour de justice rappelle de façon récurrente que « dans la mesure où la Charte contient des droits correspondant à des droits garantis par la convention européenne de sauvegarde des droits de l'homme et des libertés fondamentales, signée à Rome le 4 novembre 1950 (ci-après la « CEDH »), l'article 52, paragraphe 3, de la Charte[1334] vise à assurer la cohérence nécessaire entre les droits contenus dans celle-ci et les droits correspondants

---

[1333] De fait, le traité de Maastricht avait entériné, à travers son article F, paragraphe 2, la jurisprudence *Rutili* – qui faisait des droits et libertés garantis par la CEDH une source d'inspiration des principes généraux du droit communautaire (v. Cour de justice, arrêt du 28 octobre 1975, *Rutili*, aff. C-36/75, ECLI:EU:C:1975:137, point 32) – en prévoyant que : « l'Union respecte les droits fondamentaux, tels qu'ils sont garantis par la convention européenne de sauvegarde des droits de l'homme et des libertés fondamentales, signée à Rome le 4 novembre 1950, et tels qu'ils résultent des traditions constitutionnelles communes aux Etats membres en tant que principes généraux du droit communautaire. ». Le traité de Lisbonne est venu confirmer et renforcer symboliquement la place de la CEDH dans l'ordre juridique de l'Union en disposant, d'une part, que : « Les droits fondamentaux, tels qu'ils sont garantis par la Convention européenne de sauvegarde des droits de l'Homme et des libertés fondamentales et tels qu'ils résultent des traditions constitutionnelles communes aux États membres, font partie du droit de l'Union en tant que principes généraux » (article 6, paragraphe 3, du traité UE) ; d'autre part que : « L'Union adhère à la Convention européenne de sauvegarde des droits de l'Homme et des libertés fondamentales (article 6, paragraphe 2, du traité UE).

[1334] L'article 52, paragraphe 3, de la Charte des droits fondamentaux dispose que : « Dans la mesure où la présente Charte contient des droits correspondant à des droits garantis par la Convention européenne de sauvegarde des droits de l'Homme et des libertés fondamentales, leur sens et leur portée sont les mêmes que ceux que leur confère ladite convention. Cette disposition ne fait pas obstacle à ce que le droit de l'Union accorde une protection plus étendue. ».

garantis par la CEDH, sans que cela porte atteinte à l'autonomie du droit de l'Union et de la Cour de justice de l'Union européenne. »[1335].

720. Cependant, la Cour de justice, qui semble liée par les dispositions mêmes de l'article 52, paragraphe 3, de la Charte des droits fondamentaux – aux termes desquelles les droits garantis par ladite Charte correspondant à ceux prévus par la CEDH ont un sens et une portée similaires à ceux que leur confère cette dernière – ne formule concrètement aucune réserve à l'application de la CEDH dans l'ordre juridique de l'Union, en vertu de la jurisprudence constante susmentionnée. Thomas von Danwitz, actuellement juge au sein de la Cour de justice, observe à ce sujet que « [l]es termes mêmes employés par cette disposition nourrissent l'idée d'une reprise à l'identique des droits de la CEDH par la Charte de sorte que la Cour serait empêchée de procéder à une interprétation autonome de ces droits. »[1336]. Il ajoute que « si l'on prend en compte la longue liste des droits fondamentaux, qui sont reconnus dans les explications élaborées en vue de guider l'interprétation de la Charte comme similaires dans la Charte et dans la CEDH, alors le doute quant à l'indépendance de la protection des droits fondamentaux de l'Union apparaît tout à fait légitime. »[1337].

721. Si le juge von Danwitz soutient finalement que « la Cour ne se considère pas liée par la jurisprudence antérieure de la Cour EDH et que, dès lors, la clause de transfert de l'article 52, paragraphe 3, ne doit pas être comprise comme créant une compétence liée de la Cour, mais plutôt comme une référence dynamique destinée à assurer la cohérence entre les régimes »[1338], le doute qu'il soulève s'agissant de la possibilité, pour la Cour de justice, de développer une interprétation pleinement autonome des droits

---

1335 Cour de justice, arrêt du 29 juillet 2019, *Spiegel Online*, aff. C-516/17, ECLI:EU:C:2019:625, point 57. V. la jurisprudence antérieure constate en la matière mentionnée dans le point 57 de l'arrêt, notamment l'arrêt qui l'inaugure en 2016 en précisant qu' « il ressort des explications relatives à l'article 6 de la Charte, lesquelles, conformément à l'article 6, paragraphe 1, troisième alinéa, TUE et à l'article 52, paragraphe 7, de la Charte, doivent être prises en considération en vue de son interprétation (voir, en ce sens, arrêts Åkerberg Fransson, C-617/10, EU:C:2013:105, point 20, ainsi que Spasic, C-129/14 PPU, EU:C:2014:586, point 54), que les droits prévus à l'article 6 de la Charte correspondent à ceux garantis par l'article 5 de la CEDH et que les limitations qui peuvent légitimement être apportées à l'exercice des droits consacrés à la première de ces dispositions ne peuvent excéder celles autorisées par la CEDH dans le libellé même de la seconde de ces dispositions. Toutefois, les explications afférentes à l'article 52 de la Charte indiquent que le paragraphe 3 de cet article vise à assurer la cohérence nécessaire entre la Charte et la CEDH, «sans que cela porte atteinte à l'autonomie du droit de l'Union et de la Cour de justice de l'Union européenne». » (arrêt du 15 février 2016, *N.*,aff. C-601/15 PPU, EU:C:2016:84, point 47).

1336 VON DANWITZ T., « L'autonomie du droit de l'union et la mise en œuvre de la charte des droits fondamentaux de l'Union Européenne » in BERTRAND B., PICOD F., ROLAND S., (dir.) *L'identité du droit de l'Union européenne : mélanges en l'honneur de Claude Blumann*, Bruxelles, Bruylant, 2015 p. 543.

1337 *Ibid.*

1338 *Ibid.* p. 546.

consacrés par la Charte de l'Union correspondant à ceux de la CEDH ne peut qu'être renforcé par le fait que la Cour de justice n'applique pas à cette dernière sa jurisprudence – pourtant tentaculaire – inhérente à la protection de l'autonomie de l'ordre juridique de l'Union contre toute atteinte du droit international conventionnel à « l'ordre des compétences fixé par les traités » ; notion qu'il convient désormais d'expliciter.

§ 2. La notion d'atteinte à « l'ordre des compétences fixé par les traités »

722. Progressivement développée par la Cour de justice, la notion d'atteinte à « l'ordre des compétences fixé – ou défini – par les traités » va permettre à la juridiction luxembourgeoise d'assurer, relativement au droit international conventionnel, une protection concrète de l'ordre constitutionnel spécifique qui constitue et caractérise l'Union ; ce, notamment, à travers la défense du monopole de juridiction que les traités confèrent à la Cour, face à la concurrence des juridictions internationales. Après l'inauguration de la notion par l'avis 1/91 en date du 14 décembre 1991 (**A**), la Cour de justice va méthodiquement, et opportunément, en affiner et étoffer la portée dans l'ordre juridique communautaire, avant de la consacrer dans l'ordre juridique de l'Union (**B**).

A. L'inauguration de la notion avec l'avis 1/91

723. A l'origine de l'avis 1/91, se trouve la question de la compatibilité avec les traités de la CEE d'un projet d'accord mixte relatif à la création de l'EEE tendant à instaurer, sur la base des règles du droit communautaire, une zone de libre-échange entre la Communauté européenne et les pays de l'AELE dont le fonctionnement serait notamment régulé par une instance juridictionnelle, comprenant un tribunal de première instance, ainsi qu'une Cour – dénommée Cour EEE dans l'avis 1/91 – compétente pour « le règlement des différends entre les parties contractantes, les actions engagées dans le cadre de la procédure de surveillance à l'égard des États de l'AELE et, en matière de concurrence, les appels formés contre les décisions prises par l'autorité de surveillance de l'AELE »[1339].

724. Afin de se prononcer sur la compatibilité du projet d'accord évoqué avec les traités communautaires, la Cour de justice commence par souligner les divergences fondamentales existant entre leurs objectifs respectifs. Elle observe en effet que « [s]'agissant de la comparaison des objectifs des dispositions de l'accord et de celles du droit communautaire, il convient de constater que l'accord vise l'application d'un régime de libre-échange et de concurrence dans les relations économiques et commerciales entre les parties

---

[1339] Cour de justice, avis 1/91 du 14 décembre 1991, ECLI:EU:C:1991, point 6.

contractantes. Pour ce qui est de la Communauté, en revanche, le régime de libre-échange et de concurrence, que l'accord vise à étendre à l'ensemble du territoire des parties contractantes, s'est développé et s'insère dans l'ordre juridique communautaire, dont les objectifs vont au-delà de celui poursuivi par l'accord. »[1340].

725. La Cour souligne à cet égard, qu' « il découle notamment des articles 2, 8 A et 102 A du traité CEE que celui-ci vise à atteindre une intégration économique débouchant sur l'établissement d'un marché intérieur et d'une union économique et monétaire. L'article 1er de l'Acte unique européen précise, par ailleurs, que l'ensemble des traités communautaires a pour objectif de contribuer à faire progresser concrètement l'Union européenne. Il résulte de ce qui précède que les dispositions du traité CEE régissant la libre circulation et la concurrence, loin de représenter une finalité en soi, ne sont que des moyens pour la réalisation de ces objectifs. »[1341].

726. La juridiction luxembourgeoise compare ensuite le contexte inhérent au projet d'accord relatif à l'EEE à celui qui est propre à la Communauté européenne, en mettant en exergue l'autonomie constitutionnelle de l'ordre juridique de cette dernière. Elle observe en effet que « le contexte dans lequel s'inscrit l'objectif de l'accord diffère également de celui dans lequel se poursuivent les objectifs communautaires. En effet, l'Espace EE doit être réalisé sur la base d'un traité international qui ne crée, en substance, que des droits et obligations entre les parties contractantes et qui ne prévoit aucun transfert de droits souverains au bénéfice des organes intergouvernementaux qu'il institue. En revanche, le traité CEE, bien que conclu sous la forme d'un accord international, n'en constitue pas moins la charte constitutionnelle d'une communauté de droit. Selon une jurisprudence constante de la Cour de justice, les traités communautaires ont instauré un nouvel ordre juridique au profit duquel les États ont limité, dans des domaines de plus en plus étendus, leurs droits souverains et dont les sujets sont non seulement les États membres, mais également leurs ressortissants [...]. Les caractéristiques essentielles de l'ordre juridique communautaire ainsi constitué sont, en particulier, sa primauté par rapport aux droits des États membres ainsi que l'effet direct de toute une série de dispositions applicables à leurs ressortissants et à eux-mêmes. »[1342].

727. La Cour de justice relève ainsi que « l'objectif de l'homogénéité dans l'interprétation et l'application du droit dans l'Espace EE se heurte aux divergences existantes entre les finalités et le contexte de l'accord, d'une part, et ceux du droit communautaire, d'autre part. »[1343]. Elle estime dès lors, logiquement, que « c'est compte tenu de la contradiction qui vient d'être

---

[1340] *Ibid.*, points 15-16.
[1341] *Ibid.*, points 17-18.
[1342] *Ibid.*, points 19-21.
[1343] *Ibid.*, point 29.

relevée, qu'il convient d'examiner si le système juridictionnel envisagé est de nature à mettre en cause l'autonomie de l'ordre juridique communautaire dans la poursuite des objectifs qui lui sont propres »[1344].

728. Ce faisant, la Cour de justice est conduite à constater que, dans l'exercice de ses missions, la Cour EEE pourrait être amenée à statuer sur la répartition des compétences entre la Communauté et ses Etats membres, dans les matières relevant de l'accord envisagé, étant donné que, saisie d'un différend relatif à l'interprétation ou à l'application de ce dernier, ladite Cour pourrait avoir « à interpréter la notion de "partie contractante", au sens de l'article 2, sous c), de l'accord, afin de déterminer si, au sens de la disposition litigieuse, les termes "partie contractante" visent la Communauté, la Communauté et ses États membres, ou les seuls États membres. »[1345]. Or, l'attribution d'une telle prérogative à la Cour EEE serait clairement contraire au monopole de juridiction que les traités communautaires confèrent, depuis l'origine, à la Cour de justice concernant tout « différend relatif à l'interprétation ou à l'application des traités »[1346].

729. La Cour de justice juge en conséquence « que la compétence attribuée à la Cour EEE en vertu des articles 2, sous c), 96, paragraphe 1, sous a), et 117, paragraphe 1, de l'accord, est susceptible de porter atteinte à l'ordre des compétences défini par les traités et, partant, à l'autonomie du système juridique communautaire dont la Cour de justice assure le respect, en vertu de l'article 164 du traité CEE »[1347] ; lequel charge cette dernière de veiller à la conformité de l'interprétation et de l'application des traités avec le droit[1348]. La Cour souligne de surcroît que « [c]ette compétence exclusive [...] est confirmée par l'article 219 du traité CEE selon lequel les États membres s'engagent à ne pas soumettre un différend relatif à l'interprétation ou à l'application de ce traité à un mode de règlement autre que ceux prévus par

---

1344 *Ibid.*, point 30.

1345 *Ibid.*, point 34.

1346 De fait, l'article 87 du traité CECA disposait que : « Les Hautes Parties Contractantes s'engagent à ne pas se prévaloir des traités, conventions ou déclarations existant entre Elles en vue de soumettre un différend relatif à l'interprétation ou à l'application du présent Traité à un mode de règlement autre que ceux prévus par celui-ci. ». L'article 219 du traité CEE prévoyait, quant à lui, que : « Les États membres s'engagent à ne pas soumettre un différend relatif à l'interprétation ou à l'application du présent Traité à un mode de règlement autre que ceux prévus par celui-ci. ». Il correspond à l'actuel article 344 du traité FUE, selon lequel, « [l]es États membres s'engagent à ne pas soumettre un différend relatif à l'interprétation ou à l'application des traités à un mode de règlement autre que ceux prévus par ceux-ci. ».

1347 Cour de justice, avis 1/91 du 14 décembre 1991, ECLI:EU:C:1991, point 35.

1348 Selon l'article 164 du traité CEE, « [l]a Cour de Justice assure le respect du droit dans l'interprétation et l'application du présent Traité. ». Cet article correspond aux dispositions de l'article 19, paragraphe 1, du traité UE prévoyant que : « La Cour de justice de l'Union européenne comprend la Cour de justice, le Tribunal et des tribunaux spécialisés. Elle assure le respect du droit dans l'interprétation et l'application des traités. ».

celui-ci. L'article 87 du traité CECA comporte une disposition dans le même sens. »[1349].

730. La Cour censure donc logiquement les dispositions du projet d'accord susmentionnées et considère plus généralement, au terme d'une analyse détaillée du mécanisme juridictionnel prévu par ce dernier, qu'il est incompatible avec le droit communautaire dans la mesure où il pourrait, notamment, soustraire à sa compétence l'interprétation de certaines règles communautaires relatives à la libre circulation et à la concurrence qu'il reprend dans ses dispositions. Or, cet état de fait contreviendrait également à « l'ordre des compétences fixé par les traités », et partant, à l'autonomie du système juridique communautaire[1350].

731. En effet, compte tenu de la place centrale qu'occupe le corpus des dispositions économiques de la Communauté dans le processus d'intégration politique européen, la Cour de justice considère qu' « en conditionnant l'interprétation future des règles communautaires en matière de libre circulation et de concurrence, le mécanisme juridictionnel prévu par l'accord porte atteinte à l'article 164 du traité CEE et, plus généralement, aux fondements mêmes de la Communauté. »[1351].

732. Dès lors, si, comme l'admet la Cour de justice, un accord international auquel la Communauté est partie peut prévoir la mise en place d'un système juridictionnel, dans la mesure où « [s]a compétence [...] en matière de relations internationales et sa capacité de conclure des accords internationaux comporte nécessairement la faculté de se soumettre aux décisions d'une juridiction créée ou désignée en vertu de tels accords, pour ce qui concerne l'interprétation et l'application de leurs dispositions »[1352], la juridiction ainsi instituée ne saurait se substituer à la Cour dans l'exercice des missions spécifiques que les traités lui confient, de surcroît, exclusivement.

733. L'avis 1/91 précise que cette conclusion s'impose nonobstant la prévision de liens organiques entre la Cour de justice et la juridiction créée par accord international. Dans l'avis évoqué, la Cour estime en effet, compte tenu du contexte et des objectifs, radicalement différents, respectivement propres aux traités communautaires et au projet d'accord relatif à l'EEE – lesquels sont précisés plus haut[1353] – que « [l]e danger que représente le système juridictionnel de l'accord pour l'autonomie de l'ordre juridique communautaire n'est aucunement atténué par le fait que ses articles 95 et 101 visent à créer des liens organiques entre la Cour EEE et la Cour de justice en prévoyant que des juges de la Cour de justice siègent au sein de la Cour EEE et de ses chambres, ainsi que des juges du Tribunal de première instance des

---

[1349] Cour de justice, avis 1/91 du 14 décembre 1991, ECLI:EU:C:1991, point 35.

[1350] V. sur ce point l'argumentation développée par la Cour de justice dans les points 36 à 46 de l'avis 1/91.

[1351] Cour de justice, avis 1/91 du 14 décembre 1991, ECLI:EU:C:1991, point 46.

[1352] *Ibid.*, point 40.

[1353] V. également sur cette question les points 15 à 21 de l'avis 1/91.

Communautés européennes au sein du Tribunal de première instance EEE »[1354].

734. A cet égard, la Cour observe à juste titre que « suivant qu'ils siègeront à la Cour de justice ou à la Cour EEE, les juges de la Cour de justice, membres de la Cour EEE, auront à appliquer et à interpréter les mêmes dispositions mais selon des approches, des méthodes et des concepts différents afin de tenir compte de la nature de chaque traité et des objectifs qui lui sont propres. Dans ces conditions, il sera très difficile, voire impossible, pour ces juges d'aborder, avec une pleine indépendance d'esprit, lorsqu'ils siègent à la Cour de justice, les questions au jugement desquelles ils auront participé dans le cadre de la Cour EEE »[1355]. Or, cet état de fait ne manquerait pas de nuire à l'office spécifique dont les juges de la Cour de justice doivent s'acquitter, au sein de l'ordre juridique communautaire, et porterait ainsi atteinte à « l'ordre des compétences défini par les traités ».

735. Ainsi, aux termes de l'avis 1/91, la contravention à l'autonomie fonctionnelle de l'ordre juridique communautaire que constitue l'atteinte à « l'ordre des compétences fixé par les traités » apparaît comme étant une méconnaissance de l'économie ou de l'objet des traités, susceptible d'obérer le fonctionnement de la Communauté du fait de ses conséquences sur les dispositions matérielles ou l'équilibre institutionnel sur lequel il repose.

736. Relativement à la Cour de justice, une telle atteinte est, dans le cas d'espèce, constituée dès lors que ses compétences juridictionnelles exclusives sont affectées, dans la mesure où elle doit « assurer le respect d'un ordre juridique particulier et contribuer à son développement, en vue d'atteindre les objectifs énoncés notamment aux articles 2, 8 A et 102 A du traité CEE et de réaliser entre les États membres une Union européenne ainsi qu'il résulte de la déclaration solennelle de Stuttgart du 19 juin 1983 (point 2.5) à laquelle se réfère le premier considérant du préambule de l'Acte unique européen [;] le libre-échange et la concurrence ne constitu[a]nt que des moyens destinés à atteindre ces objectifs. »[1356].

737. De fait, à travers les prérogatives que lui reconnaissent les traités en ce qui concerne leur interprétation et application, la Cour de justice a toujours contribué à la pleine efficacité du droit communautaire, particulièrement dans le domaine économique, afin d'assurer l'essor du processus d'intégration européen – fondé en premier lieu sur l'instauration du marché commun –, allant pour cela jusqu'à combler certaines lacunes des traités.

738. Le professeur Hjalte Rasmussen observait justement à cet égard que « the judges of the European Court never seem to have doubted that it was their duty to transform the Treaty into a viable constitutional instrument. Crucial to that transformation was, in the words of one of its reknowned

---

1354 Cour de justice, avis 1/91 du 14 décembre 1991, ECLI:EU:C:1991, point 47.

1355 *Ibid.*, points 51-52.

1356 *Ibid.*, point 50.

judges, Pierre Pescatore, to permit a « certaine idée de l'Europe » to prevail over « arguments based on the legal technicalities of the matter ».»[1357]. Hjalte Rasmussen posait également, avec tout autant de pertinence, le constat suivant : « in serving their European ideal, the judges gave high interpretative priority to the spirit of the Treaty over its contexts and texts. Gaps and silences were filled in the same vein. »[1358].

739. C'est certainement au regard de ce rôle fondamental que la Cour de justice tire des prérogatives que les traités lui confèrent, afin d'assurer le respect du droit dans leur interprétation et application, qu'elle considère dans l'avis 1/91 que l'affaiblissement de ses compétences dans ce domaine induit par le mécanisme juridictionnel concurrent prévu par le premier projet d'accord relatif à l'EEE « porte atteinte [...] aux fondements mêmes de la Communauté. »[1359].

740. Commentant la solution ainsi retenue par la Cour de justice dans une analyse détaillée de l'avis 1/91, la professeure Noreen Burrows considère à ce sujet que « [t]he difference in the EEA agreement is merely a question of scale. An explanation of the Court's argument may lie in the very real fear on the part of the Court of Justice that the widening of the Community must, by definition, affect the depth of integration of the Community and widening cannot be at the price of suffering such a loss of depth. »[1360]. La professeure Noreen Burrows precise au demeurant que « [g]iven the scale of intermixing (or juxtaposing) of Community rules with EEA rules, the Court of Justice may believe that, in the absence of a commitment to political union, the new court will interpret the EEA rules in a more limited fashion and will, therefore, begin to erode the central purpose of the Community. »[1361].

741. Une atteinte à « l'ordre des compétences fixé par les traités » semble ainsi aisément décelable lorsqu'une norme extérieure à l'ordre juridique de l'Union est susceptible d'affecter les compétences de la Cour de justice. L'avis 1/91 nous l'indique en tout dernier lieu en jugeant contraires au droit communautaire les dispositions du projet d'accord relatif à l'EEE qui confèrent une simple valeur consultative aux réponses que ce dernier charge la Cour de justice d'apporter aux juridictions des Etats membres de l'AELE l'ayant saisie, alors que les avis rendus par la Cour dans l'ordre juridique communautaire sont contraignants[1362]. Selon la Cour, une telle altération de

---

[1357] RASMUSSEN H., « The Court of Justice of the European Communities and the process of integration », *in* ORBAN E., FAVOREU L. *et al.*, *Fédéralisme et Cours suprêmes,* Bruylant, Bruxelles, 1991, p. 204.

[1358] *Ibid.*

[1359] Cour de justice, avis 1/91 du 14 décembre 1991, ECLI:EU:C:1991, point 46.

[1360] BURROWS N., « The risks of widening without deepening », *op. cit.*, p. 358.

[1361] *Ibid.*

[1362] A ce sujet, la Cour de justice affirme en effet que si « [a]ucune objection de principe ne peut [...] être formulée à l'encontre de la liberté laissée aux États de l'AELE d'autoriser ou non

ses compétences serait d'autant plus problématique qu'elle pourrait induire, au sein de l'ordre juridique communautaire, un affaiblissement du mécanisme du renvoi préjudiciel, en raison de la remise en cause de l'autorité de ses arrêts qu'elle serait susceptible d'occasionner au sein des juridictions des Etats membres de la Communauté[1363].

742. Ainsi, si aux termes de l'avis 1/91, la notion d' atteinte à « l'ordre des compétences fixé par les traités » semble pouvoir être rapportée à toute méconnaissance de leurs dispositions ou de leur portée qui soit de nature à affecter le fonctionnement du système juridique communautaire, elle apparaît comme étant étroitement – et sans doute opportunément – liée aux fonctions de régulation et de promotion de l'intégration politique qu'assure la Cour de justice au sein de ce dernier[1364].

743. De fait, dans cet avis fondateur, l' atteinte à « l'ordre des compétences fixé par les traités » correspond *in concreto* à la remise en cause des compétences juridictionnelles de la Cour, d'une part, et à l'affaiblissement de l'autorité de ses décisions, d'autre part. La jurisprudence ultérieure à l'avis 1/91, tout en synthétisant et complétant l'argumentaire développé par la Cour dans ce dernier, confirmera cet état de fait.

B. Les apports de la jurisprudence ultérieure

744. Dans le cadre de l'ordre juridique communautaire, la Cour de justice va s'appliquer à expliciter et synthétiser l'argumentation plutôt complexe qu'elle a développée relativement à la notion d' atteinte à « l'ordre des compétences défini par les traités » dans les *obiter dicta* de l'avis 1/91 (1). Après l'entrée en vigueur du traité de Lisbonne, la Cour confirmera cette jurisprudence et lui conférera une portée plus large (2).

---

leurs juridictions à poser des questions à la Cour pas plus qu'à l'absence d'obligation pour certaines de ces juridictions de saisir la Cour de justice [,] il est impossible d'admettre que les réponses que la Cour de justice donne aux juridictions des États de l'AELE aient un effet purement consultatif et soient dépourvues d'effets obligatoires. Une telle situation dénaturerait la fonction de la Cour de justice, telle qu'elle est conçue par le traité CEE, à savoir celle d'une juridiction dont les arrêts sont contraignants. Même dans le cas très particulier de l'article 228, l'avis de la Cour de justice est doté de l'effet contraignant précisé à cet article. » (Cour de justice, avis 1/91 du 14 décembre 1991, ECLI:EU:C:1991, points 60-61).

[1363] V. sur cette question les points 62 à 64 de l'avis susmentionné.

[1364] La Cour de justice, qui est chargée d'assurer le respect du droit dans l'interprétation et l'application des traités, fait état de la dimension politique de ses fonctions dans l'avis 1/91, lorsqu'elle souligne qu' « il découle notamment des articles 2, 8 A et 102 A du traité CEE que celui-ci vise à atteindre une intégration économique débouchant sur l'établissement d'un marché intérieur et d'une union économique et monétaire. L'article 1er de l'Acte unique européen, précise, par ailleurs, que l'ensemble des traités communautaires a pour objectif de contribuer à faire progresser concrètement l'Union européenne. Il résulte de ce qui précède que les dispositions du traité CEE régissant la libre circulation et la concurrence, loin de représenter une finalité en soi, ne sont que des moyens pour la réalisation de ces objectifs. » (points 17-18 de l'avis).

1. L'explicitation et la synthèse de la notion dans l'ordre juridique communautaire

745. Dans l'avis 1/92[1365], rendu le 10 avril 1992, la Cour de justice, qui se prononce sur un projet d'accord relatif à l'EEE renégocié consécutivement aux conclusions de l'avis 1/91, confirme la démarche qu'elle a initiée dans ce dernier. Le professeur Marc-André Gaudissart indique en effet que, « [s]oumises à l'examen de la Cour de justice, les dispositions nouvelles de l'accord recevaient cette fois l'approbation des juges communautaires. Loin de constituer un revirement de jurisprudence, l'avis favorable de la Cour se fonde avant tout sur la nature différente des mécanismes de surveillance et de règlement des différends »[1366] prévus par le nouvel accord. Et de préciser, notamment, que « la Cour relève en effet, dans les nouvelles dispositions, quatre innovations majeures, dont la moindre n'est pas la disparition de la Cour de l'Espace économique européen. Celle-ci fait place désormais à une Cour nouvelle, propre aux Etats de l'AELE, ne présentant aucun lien personnel ou fonctionnel avec la Cour de justice. Leur indépendance respective est ainsi garantie. »[1367].

746. L'avis 1/92 rappelle ainsi, dans un premier temps, que « [d]ans son avis du 14 décembre 1991, la Cour a constaté que l'objectif de l'homogénéité dans l'interprétation et l'application du droit dans l'Espace EE se heurtait aux divergences existant entre les finalités et le contexte de l'accord, d'une part, et ceux du droit communautaire, d'autre part. C'est compte tenu de cette contradiction que la Cour a conclu que le système juridictionnel envisagé était de nature à mettre en cause l'autonomie de l'ordre juridique communautaire dans la poursuite des objectifs qui lui sont propres. »[1368].

747. La Cour indique ensuite qu'il y a de nouveau lieu de s'assurer que le projet d'accord relatif à l'EEE remanié ne porte pas atteinte à « l'ordre des compétences défini par les traités » et, partant, à l'autonomie de l'ordre juridique communautaire en soulignant que, « [d]ès lors que les divergences relevées subsistent, il convient d'examiner si les nouvelles dispositions de l'accord, qui ont remplacé celles que la Cour avait considérées comme incompatibles avec l'autonomie du droit communautaire, sont susceptibles de soulever des objections similaires. »[1369]. Après un examen minutieux de ces nouvelles dispositions, la Cour jugera finalement que le nouveau projet d'accord est compatible avec l'autonomie fonctionnelle de l'ordre juridique

---

[1365] Cour de justice, avis 1/92 du 10 avril 1992, ECLI:EU:C:1992:189.

[1366] GAUDISSART M-A., « La portée des avis 1/91 et 1/92 de la Cour de justice des Communautés européennes », *Revue du marché unique européen*, 1992, n° 2, p. 131.

[1367] *Ibid.*

[1368] Cour de justice, avis 1/92 du 10 avril 1992, ECLI:EU:C:1992:189, point 17.

[1369] *Ibid.*, point 18.

communautaire et, par conséquent, avec le droit communautaire, dès lors que les mécanismes qu'il prévoit pour garantir l'effectivité de sa compétence exclusive en matière d'interprétation du droit communautaire sont contraignants.

748. De fait, en ce qui concerne, en premier lieu, la nécessité d'une interprétation et d'une application uniformes du droit communautaire, soulignée avec insistance dans l'avis 1/91, la Cour de justice note une évolution positive dans le nouveau projet d'accord en constatant la disparition de la Cour EEE – laquelle est remplacée par une Cour AELE uniquement compétente dans le cadre de l'AELE et n'ayant aucun lien fonctionnel avec la Cour de justice –, ainsi que la mise en place d'un comité mixte chargé de veiller aux deux impératifs susmentionnés. La Cour précise au demeurant que cette fonction du comité n'est pas contraire au droit communautaire, dans la mesure où l'accord prévoit que les décisions de ce dernier ne peuvent affecter l'autorité de sa jurisprudence à l'égard des parties contractantes[1370] ; « [c]e principe constitu[ant] une garantie essentielle indispensable à l'autonomie de l'ordre juridique communautaire. »[1371].

749. En deuxième lieu, la possibilité pour ce comité mixte de consulter la Cour de justice, ainsi que celle pour les Etats de l'AELE de la saisir à travers leurs juridictions, sont considérées comme compatibles avec le droit communautaire, dès lors que les décisions rendues dans ce cadre par la Cour sont également contraignantes à l'égard de ceux-ci[1372]. La Cour de justice souligne effectivement sur ce point que « [l]es compétences conférées par le traité à la Cour ne peuvent être modifiées que dans le cadre de la procédure visée à son article 236. Toutefois, un accord international conclu par la Communauté peut lui attribuer de nouvelles compétences à condition que

---

1370 La Cour développe son argumentaire sur cette question dans les points 21 à 29 de l'avis 1/92. Relevons qu'elle souligne notamment qu' « [a]fin de parvenir à une interprétation aussi uniforme que possible des dispositions de l'accord et de celles de la législation communautaire reprises en substance dans l'accord, l'article 105 de cet accord confère au Comité mixte la compétence pour procéder à l'examen permanent du développement de la jurisprudence de la Cour de justice des Communautés européennes et de la Cour AELE ainsi que pour agir de manière à préserver l'interprétation homogène de l'accord. Si cet article devait être entendu comme comportant la possibilité, pour le comité mixte, de méconnaître le caractère contraignant des décisions de la Cour dans l'ordre juridique communautaire, l'attribution d'une telle compétence à ce comité porterait atteinte à l'autonomie de l'ordre juridique communautaire dont la Cour doit assurer le respect, en vertu de l'article 164 du traité CEE, et serait donc incompatible avec le traité. Toutefois, aux termes du « procès-verbal agréé ad article 105 », les décisions prises par le comité mixte en vertu de cette disposition ne peuvent, en aucun cas, affecter la jurisprudence de la Cour de justice. Ce principe constitue une garantie essentielle indispensable à l'autonomie de l'ordre juridique communautaire. » (points 21-24 de l'avis 1/92).

1371 Cour de justice, avis 1/92 du 10 avril 1992, ECLI:EU:C:1992:189, point 24.

1372 V. les points 31 à 35 et 37 de l'avis 1/92 sur cette question.

cette attribution ne dénature pas la fonction de la Cour telle qu'elle est conçue dans le traité CEE. »[1373].

750. Pour ce qui est, en troisième lieu, des procédures d'arbitrage prévues par le projet d'accord évoqué, la Cour ne constate pas non plus d'atteinte à « l'ordre des compétences défini par les traités » dans la mesure où elles ne s'appliquent pas aux dispositions du droit communautaire. Elle indique en effet que, « [q]uant aux procédures d'arbitrage, il suffit de relever que, selon l'article 111, paragraphe 4, de l'accord, aucune question d'interprétation des dispositions de l'accord, identiques aux dispositions correspondantes du droit communautaire, ne peut être réglée dans ce cadre. Il s'ensuit que le règlement de différends par la voie de l'arbitrage n'est pas de nature à porter atteinte à l'autonomie de l'ordre juridique communautaire. »[1374].

751. Enfin, en ce qui concerne les dispositions prévues par le projet d'accord relativement à la répartition des compétences en matière de concurrence entre l'autorité de surveillance de l'AELE et la Commission européenne, la Cour de justice considère que la possibilité pour la CEE de conclure des traités internationaux dans le domaine en cause peut entraîner sa soumission à de telles règles de répartition entre elle et les parties cocontractantes, lesquelles sont compatibles avec son autonomie fonctionnelle, « dès lors que ces règles ne dénaturent pas les compétences de la Communauté et de ses institutions telles qu'elles sont conçues dans le traité. »[1375].

752. Ainsi, tout en en confirmant la portée, l'avis 1/92 vient préciser – et synthétiser – l'approche inaugurée par l'avis 1/91 en indiquant qu'une atteinte est portée à « l'ordre des compétences fixé par les traités » par toute norme issue d'un accord international emportant dénaturation des compétences de la Communauté et de ses institutions, notamment de celles relatives à l'effet contraignant des décisions de la Cour de justice, alors garanti par l'article 187 du traité CEE, ainsi qu'à son monopole de juridiction. La Cour de justice reconduira et complètera cette approche plus claire de la notion d' atteinte à « l'ordre des compétences fixé par les traités » dans l'avis 1/00, rendu le 18 avril 2002.

753. Dans le cadre de l'avis 1/00, la Cour devait de se prononcer « sur la compatibilité d'un projet d'accord portant sur la création d'un espace aérien européen commun (ci-après l'«accord EAEC») à conclure entre la république de Bulgarie, la République tchèque, la république d'Estonie, la Communauté européenne, la république de Hongrie, la république d'Islande, la république de Lettonie, la république de Lituanie, le royaume de Norvège, la république de Pologne, la Roumanie, la République slovaque et la république de Slovénie

---

[1373] Cour de justice, avis 1/92 du 10 avril 1992, ECLI:EU:C:1992:189, point 32.
[1374] *Ibid.*, point 36.
[1375] *Ibid.*, point 41.

(ci-après les «parties contractantes»), et notamment du système de surveillance juridique qu'il prévoit, avec les dispositions du traité CE. »[1376].

754. Or, pour opérer ce contrôle de la conformité du projet d'accord en question avec le traité, la Cour se fonde bien évidemment sur l'autonomie fonctionnelle de l'ordre juridique communautaire et affirme, dans un premier temps, conformément à ce qu'elle a clairement formulé dans l'avis 1/92, que « la préservation de l'autonomie de l'ordre juridique communautaire suppose, d'une part, que les compétences de la Communauté et de ses institutions, telles qu'elles sont conçues dans le traité, ne soient pas dénaturées (avis précités 1/91, points 61 à 65, et 1/92, points 32 et 41) »[1377].

755. La Cour de justice vient ensuite expliciter la notion d'atteinte à « l'ordre des compétences défini par les traités » en considérant que la préservation de l'autonomie de l'ordre juridique communautaire « implique, d'autre part, que les mécanismes relatifs à l'unité d'interprétation des règles de l'accord EAEC et au règlement des différends n'aient pas pour effet d'imposer à la Communauté et à ses institutions, dans l'exercice de leurs compétences internes, une interprétation déterminée des règles de droit communautaire reprises par ledit accord (avis précités 1/91 et 1/92). »[1378].

756. Elle expose au demeurant très clairement à cet égard qu' elle « a ainsi considéré que le premier projet d'accord portant sur la création de l'EEE qui lui avait été communiqué pour avis mettait en cause l'autonomie de l'ordre juridique communautaire et était, par suite, incompatible avec le traité, en ce que, compte tenu du souci d'homogénéité manifesté par ses auteurs, il envisageait notamment de confier l'interprétation en dernier ressort des règles de cet accord, en substance identiques à celles du droit communautaire, à une Cour EEE, laquelle pouvait au surplus être amenée à se prononcer sur la répartition des compétences entre la Communauté et les Etats membres (avis 1/91, précité, points 30 à 46). »[1379].

757. Constatant finalement que l'accord EAEC n'est problématique sur aucun des deux points d'attention évoqués – à savoir le respect de la nature des compétences des institutions communautaires, d'une part, et la préservation, au sein de l'ordre juridique de la Communauté, d'une interprétation adéquate, car strictement communautaire, des dispositions de son droit reprises par l'accord en question, d'autre part –, la Cour de justice le déclara compatible avec le droit communautaire.

758. De fait, elle considèrera, dans un premier temps, que le projet d'accord EAEC est compatible avec le principe d'autonomie dans la mesure où, s'il étend les compétences de certaines institutions communautaires, notamment

---

[1376] Cour de justice, avis 1/00 du 18 avril 2002, ECLI:EU:C:2002:231, « I – Exposé de la demande d'avis ».

[1377] *Ibid.*, point 12.

[1378] *Ibid.*, point 13.

[1379] *Ibid.*, point 5.

la Commission, il ne les dénature pas[1380]. Elle observera, dans un second temps, et au terme d'une longue argumentation reprenant les positions qu'elle a soutenues dans les avis 1/91 et 1/92[1381], que ce projet d'accord n'impose pas aux institutions communautaires une interprétation déterminée du droit communautaire dans l'exercice de leurs compétences internes.

759. L'avis 1/00 indique ainsi qu'une atteinte à « l'ordre des compétences fixé par les traités » est constituée, dès lors qu'une norme prévue par un accord international dénature les compétences de la Communauté et de ses institutions ou leur impose une interprétation déterminée du droit communautaire dans l'exercice de leurs compétences internes.

760. Cette formulation nettement plus simple de la notion d'atteinte à « l'ordre des compétences fixé par les traités » que celle que l'avis 1/91 permet d'appréhender n'induit pas d'affaiblissement de sa portée. En effet, d'une part, la protection, par la Cour de justice, de la nature des compétences des institutions communautaires lui permet de garantir un fonctionnement adéquat de la Communauté, dans la mesure où ces compétences – telles qu'elles sont réparties et agencées par les traités – sont fonctions des missions et objectifs particuliers assignés à cette dernière. D'autre part, prémunir l'ordre juridique communautaire contre toute interprétation de son droit qui lui soit extérieure permet à la Cour de justice d'en déterminer, en toute autonomie, le sens et la portée conformément à la spécificité et aux impératifs propres à la Communauté.

761. L'expression synthétique de la notion d'atteinte à « l'ordre des compétences fixé par les traités » que fournit l'avis 1/00 permet ainsi, dans la continuité des *obiter dicta* de l'avis 1/91, à la Cour de justice de garantir le fonctionnement autonome de la Communauté, compte tenu de ce qu'elle « doit assurer le respect d'un ordre juridique particulier et contribuer à son développement, en vue d'atteindre les objectifs énoncés notamment aux articles 2, 8 A et 102 A du traité CEE et de réaliser entre les États membres une Union européenne ainsi qu'il résulte de la déclaration solennelle de Stuttgart du 19 juin 1983 (point 2.5) à laquelle se réfère le premier considérant du préambule de l'Acte unique européen. »[1382].

762. Le cadre de définition de l'atteinte à « l'ordre des compétences fixé par les traités » ainsi posé par la Cour de justice dans l'ordre juridique communautaire va perdurer et se développer dans celui de l'Union.

2. La consécration de la notion dans l'ordre juridique de l'Union

763. Dans l'avis 1/09, rendu le 8 mars 2011, la Cour de justice, appelée à se prononcer sur la compatibilité avec le traité CE d'un accord international

---

[1380] V. à ce sujet les points 14 à 26 de l'avis 1/00.

[1381] V. à ce sujet les points 27 à 45 de l'avis 1/00.

[1382] Cour de justice, avis 1/91 du 14 décembre 1991, ECLI:EU:C:1991, point 50.

prévoyant la création d'une juridiction compétente en matière de brevets européens – dite JB dans l'avis en question –, confirme et développe, après l'entrée en vigueur du traité de Lisbonne, sa jurisprudence relative à la préservation de « l'ordre des compétences fixé par les traités » en rappelant les fondamentaux posés par l'avis 1/91.

764. La Cour souligne, en effet, tout d'abord que l'autonomie fonctionnelle de l'ordre juridique de l'Union repose sur son autonomie constitutionnelle en indiquant, en premier lieu, qu' « [i]l résulte d'une jurisprudence constante de la Cour que les traités fondateurs de l'Union ont, à la différence des traités internationaux ordinaires, instauré un nouvel ordre juridique, doté d'institutions propres, au profit duquel les États ont limité, dans des domaines de plus en plus étendus, leurs droits souverains et dont les sujets sont non seulement les États membres, mais également leurs ressortissants [...]. Les caractéristiques essentielles de l'ordre juridique de l'Union ainsi constitué sont, en particulier, sa primauté par rapport aux droits des États membres ainsi que l'effet direct de toute une série de dispositions applicables à leurs ressortissants et à eux-mêmes (voir avis 1/91, du 14 décembre 1991, Rec. p. I 6079, point 21). »[1383]. La Cour réaffirme, en second lieu, qu' « il [lui] appartient d'assurer le respect de l'autonomie de l'ordre juridique de l'Union ainsi créé par les traités (voir avis 1/91, précité, point 35). »[1384].

765. La Cour de justice réitère ensuite sa dialectique liant la préservation de « l'ordre des compétences fixé par les traités » à celle de la nature des compétences de l'Union et de ses institutions, notamment des siennes, en soulignant qu'elle « a également précisé qu'un accord international peut avoir des incidences sur ses propres compétences pourvu que les conditions essentielles de préservation de la nature de celles-ci soient remplies et que, partant, il ne soit pas porté atteinte à l'autonomie de l'ordre juridique de l'Union (voir avis 1/00, du 18 avril 2002, Rec. p. I 3493, points 21, 23 et 26). »[1385].

766. Cependant, mettant en évidence le fait que le projet d'accord envisagé est problématique en ce que son application restreindrait directement la compétence de droit commun des juridictions nationales des Etats membres en matière de droit de l'Union – et, incidemment, la sienne –en affectant leur faculté ou devoir de lui adresser des questions préjudicielles dans les domaines de compétence de la juridiction du brevet qu'il institue, la Cour de justice élargit sa jurisprudence relative à la dénaturation des compétences de l'Union et de ses institutions en évoquant, plus globalement, une atteinte à la nature du droit de l'UE, qui lui permet de prendre en compte la place que ce dernier confère aux juges nationaux des Etats membres dans l'ordre juridique de

[1383] Cour de justice, avis 1/09 du 8 mars 2011, ECLI:EU:C:2011:123, point 65.
[1384] *Ibid.*, point 67.
[1385] *Ibid.*, point 76.

l'Union.[1386] La Cour de justice souligne pour ce faire le fait que « les fonctions attribuées, respectivement, aux juridictions nationales et à la Cour sont essentielles à la préservation de la nature même du droit institué par les traités »[1387].

767. La protection de la nature des compétences attribuées aux Etats membres par les traités est ainsi incluse, par la Cour de justice, dans l'impératif de sauvegarde de l'ordre des compétences fixé par ces derniers, aux côtés de la préservation de la nature des compétences de l'Union et de ses institutions, compte tenu de ce que les unes comme les autres sont essentielles à la défense de la nature même du droit de l'Union[1388].

768. Si l'on pourrait voir dans cette position de la Cour de justice un souci de protéger, à travers la défense du mécanisme de la question préjudicielle, ses propres prérogatives, elle apparaît justifiée au regard du rôle unificateur que joue ce dernier au sein de l'ordre juridique de l'Union, grâce à la collaboration entre les juridictions nationales des Etats membres et la Cour de justice qu'il a instituée au profit de l'intégration européenne, et notamment de la consolidation du marché commun, dès le début du processus de construction communautaire. Evoquant la disposition du traité CEE relative à la question préjudicielle – à savoir, son article 177 – le professeur Walter Ganshof Van der Meersch affirmait ainsi qu'elle « [était], à juste titre, considérée en fin de compte comme la clé de voûte de la structure institutionnelle des Communautés, en ce sens qu'elle assur[ait] la cohérence et l'uniformité dans l'interprétation et, dès lors, dans l'application du droit communautaire. »[1389].

769. Ce constat fait d'ailleurs écho à l'un des arguments invoqués par la Cour, dans l'avis 1/09, afin de caractériser l'atteinte à « l'ordre des compétences fixé par les traités » que constituent les prérogatives exclusives de sa compétence, comme de celles des juridictions nationales des Etats membres, attribuées à la juridiction du brevet européen envisagée. La Cour de justice souligne en effet que « [l]e système instauré à l'article 267 TFUE établit [...] une coopération directe entre la Cour et les juridictions nationales

---

[1386] Cette analyse est très amplement développée dans les points 78 à 80 de l'avis 1/09 (Cour de justice, avis 1/09 du 8 mars 2011, ECLI:EU:C:2011:123)

[1387] *Ibid.*, point 85.

[1388] La Cour de justice indique plus précisément sur ce point que « l'accord envisagé, en attribuant une compétence exclusive pour connaître un important nombre d'actions intentées par des particuliers dans le domaine du brevet communautaire ainsi que pour interpréter et appliquer le droit de l'Union dans ce domaine à une juridiction internationale, qui se situe en dehors du cadre institutionnel et juridictionnel de l'Union, priverait les juridictions des États membres de leurs compétences concernant l'interprétation et l'application du droit de l'Union ainsi que la Cour de la sienne pour répondre, à titre préjudiciel, aux questions posées par lesdites juridictions et, de ce fait, dénaturerait les compétences que les traités confèrent aux institutions de l'Union et aux États membres qui sont essentielles à la préservation de la nature même du droit de l'Union. » (Cour de justice, avis 1/09 du 8 mars 2011, ECLI:EU:C:2011:123, point 89).

[1389] GANSHOF VAN DER MEERSCH W., « L'ordre juridique des Communautés européennes et le droit international », *op. cit.*, p. 298.

dans le cadre de laquelle ces dernières participent de façon étroite à la bonne application et à l'interprétation uniforme du droit de l'Union ainsi qu'à la protection des droits conférés par cet ordre juridique aux particuliers. »[1390].

770. Dans un article relatif à l'autonomie fonctionnelle de l'ordre juridique de l'Union face au droit international conventionnel, l'actuel président de la Cour de justice, Koen Lenaerts, indique justement à ce sujet que « [t]ant l'avis 1/09 que l'arrêt *Achmea* mais aussi l'avis 2/13 soulignent d'ailleurs, s'agissant de tels litiges, l'importance du mécanisme préjudiciel, « clef de voûte » du système juridictionnel de l'Union qui, « en instaurant un dialogue de juge à juge précisément entre la Cour et les juridictions des États membres, a pour but d'assurer l'unité d'interprétation du droit de l'Union ». »[1391]. Le président de la Cour de justice considère, en tout état de cause, que « [l]'Union ne peut en aucun cas conclure un accord international compromettant ce dialogue, qui constitue ainsi une véritable limite fonctionnelle à la compétence externe de l'Union. »[1392].

771. Cela étant, consécutivement à l'étoffement susmentionné de la jurisprudence de la Cour de justice relative à la notion d'atteinte à « l'ordre des compétences fixé par les traités », il apparaît qu'une telle atteinte est constituée par le fait, d'une part, d'affecter la nature du droit de l'Union en dénaturant ses compétences, celles de ses institutions ou les attributions dont les Etats membres jouissent en vertu des traités, ou, d'autre part, par celui d'imposer aux institutions de l'Union une interprétation déterminée du droit propre à cette dernière, dans l'exercice de leurs compétences internes.

772. L'avis 1/17, rendu le 30 avril 2019, a enfin donné l'occasion à la Cour de justice de préciser que la préservation de la nature des compétences des institutions de l'Union – que requiert la protection de « l'ordre des compétences fixé par les traités » – suppose que « les institutions de l'Union [puissent] fonctionner conformément au cadre constitutionnel de celle-ci »[1393], lequel englobe l'ensemble des valeurs fondatrices dont l'Union entend assurer la promotion dans l'ordre juridique international. Koen Lenaerts, et José A. Gutiérrez-Fons, référendaire à la Cour de justice, observent dès lors à cet égard que « [t]he principle of autonomy also prevents the EU and/or the Member States from entering into international agreements that may threaten the autonomy of the EU legal order, by removing from the judicial system of the EU disputes that may concern the interpretation and application of EU law. Again, precluding such jurisdictional stripping amounts to protecting the values contained in art. 2 TEU. »[1394]. Ces deux praticiens – particulièrement

---

[1390] Cour de justice, avis 1/09 du 8 mars 2011, ECLI:EU:C:2011:123, point 84.

[1391] LENAERTS K., « Le cadre constitutionnel de l'Union et l'autonomie fonctionnelle de son ordre juridique », *op. cit.*, p. 297.

[1392] *Ibid.*

[1393] Cour de justice, avis 1/17 du 30 avril 2019, ECLI:EU:C:2019:341, point 119.

[1394] LENAERTS K., GUTIERREZ-FONS J. A., « The autonomy of EU law, legal theory and european integration », *op. cit*, pp. 1496-1497.

qualifiés – du droit de l'UE affirment en outre que « [m]oreover, cases like *Schrems*[1395]show that the principle of autonomy may also produce a specific type of "Brussels effect", i.e. that of requiring economic operators – and public authorities – located in third countries to align their practices to the values on which the EU is founded, notably that of respect for fundamental rights. »[1396].

773. L'exigence ainsi affirmée est respectée dans le cadre des dispositions du CETA examinées dans l'avis 1/17 dans la mesure où, comme l'observe le professeur Pierre-Yves Monjal, « la Commission européenne, en sa qualité de négociateur de l'accord, a procédé à un véritable travail d'orfèvrerie juridique. »[1397]. Pierres-Yves Monjal précise à ce sujet, d'une part, qu'« en faisant en sorte que l'accord ne soit pas pourvu de l'effet direct comme le prévoit son article 30.6 paragraphe 1 [...], renvoyant ainsi les parties à l'application stricte de l'accord entre eux et sur le fondement du droit international général »[1398] ; d'autre part, qu' « en cloisonnant surtout de manière parfaitement étanche l'ordre juridique de l'Union au nom de son autonomie qui ne peut être qu'absolue et édifiée en conséquence en « ordre constitutionnel », le risque d'affectation du droit de l'Union par le système juridictionnel du CETA est ici totalement exclu. »[1399].

774. Il apparaît ainsi qu'à travers la notion d'atteinte à « l'ordre des compétences fixé par les traités », la Cour de justice entend protéger concrètement l'autonomie fonctionnelle de l'ordre juridique de l'UE en s'assurant que des normes issues du droit international conventionnel ne puissent altérer ni son fonctionnement propre – lequel repose sur l'exercice synergique de compétences spécifiques par les institutions de l'Union et ses Etats membres –, ni le sens et la portée du droit de l'Union dont elle est la seule garante.

775. Telle qu'explicitée dans nos précédents développements, la jurisprudence relative à la subordination du droit international conventionnel au respect de « l'ordre des compétences fixé par les traités » est ainsi régulièrement invoquée par la Cour de justice pour vérifier la compatibilité avec le droit de l'Union des clauses des projets d'accords ou accords internationaux passés par l'Union et ses Etats membres susceptibles d'affecter l'ordre juridique de la première. C'est ainsi, notamment, à l'aune de cette jurisprudence que le projet d'accord d'adhésion de l'UE à la CEDH a été

1395 Note des auteurs : « See case C-362/14 *Schrems* ECLI:EU:C:2015:650. See also case C-311/18 *Facebook Ireland and Schrems* ECLI:EU:C:2020:559. », *Ibid.*, p. 1497.
1396 *Ibid.* p. 1497.
1397 MONJAL P-Y., « L'Avis 1/17 de la Cour de justice et le système juridictionnel des investissements : le CETA comme Gold-standard trade pact », *Revue du droit de l'Union européenne*, 2019, n° 2, p. 12.
1398 *Ibid.*, p. 12
1399 *Ibid.*, pp. 12-13.

examiné dans l'avis 2/13[1400] ou encore que la compatibilité avec les traités des mécanismes de règlement des différends prévus par des accords mixtes ou passés entre Etats membres est jaugée par la Cour[1401]. La protection de l'ordre juridique de l'UE ainsi assurée par la Cour de justice semble en tout état de cause découler naturellement de la spécificité constitutionnelle de l'Union.

Section 2 - La subordination du droit international conventionnel au respect de l'ordre des compétences fixé par les traités : un principe immanent à l'ordre juridique fédératif de l'Union

776. Dans le cadre d'une union fédérative, l'ordre des compétences déterminé par le pacte constitutionnel revêt un caractère fondamental dans la mesure où il est constitutif de la dualité de puissances publiques qui permet la coexistence politique des Etats membres et de la fédération qu'ils ont établie. Or, d'une part, cette coexistence politique caractérise toute Fédération, dès lors que « [l]e pacte fédératif crée une nouvelle constitution. Tous les membres de la fédération reçoivent un nouveau *status* politique global, si bien que l'on voit coexister l'unité politique de la fédération en tant que telle et l'existence politique des membres de la fédération. »[1402]. D'autre part, les interactions intervenant, dans le cadre défini par le pacte constitutionnel fédératif, entre les acteurs de ce double niveau de puissance publique contribuent de manière essentielle à la réalisation des objectifs de la Fédération.

777. Ainsi, relativement à l'UE, le respect de l'ordre des compétences fixé par les traités garantit la coexistence politique des Etats membres et de l'institution fédérative qu'ils ont formée, lesquels ont respectivement

---

[1400] Cour de justice, avis 2/13 du 18 décembre 2014, ECLI:EU:C:2014:2454.
La Cour de justice évoque dans cet avis les deux types d'atteinte à « l'ordre des compétences fixé par les traités » que sont, d'une part, la dénaturation des compétences des institutions de l'Union, d'autre part, le fait d'imposer à ces institutions une interprétation déterminée du droit de l'UE dans l'exercice de leurs compétences internes (v. points 183 à 184). Or, la Cour de justice juge ici, notamment, que le projet d'accord d'adhésion de l'Union à la CEDH est problématique sur ce dernier point, dans la mesure où il pourrait conduire à ce que les droits de la Charte des droits fondamentaux de l'Union correspondant aux droits garantis par la CEDH fassent l'objet, dans l'ordre juridique de l'Union, d'une interprétation différente de celle que la Cour de justice en donne au regard des impératifs de primauté, d'unité et d'effectivité du droit de l'Union (v. points 187 à 190).

[1401] V. notamment sur cette question les arrêts de la Cour de justice *Commission / Irlande* du 30 mai 2006, (aff. C-459/03, ECLI:EU:C:2006:345, points 123 et suivants), *Achmea* du 6 mars 2018 (aff. C-284/16, ECLI:EU:C:2018:158, points 32 et suivants) et *République de Moldavie* du 2 septembre 2021 (aff. C-741/19, ECLI:EU:C:2021:655, points 42 et suivants) pour l'interdiction du recours à l'arbitrage entre les Etats membres pour les questions relevant du droit de l'Union et l'avis 1/17 du 30 avril 2019 (ECLI:EU:C:2019:341, points 107 à 119) pour l'admission par la Cour de justice du mécanisme de règlement des différends entre les investisseurs, les Etats et l'Union propre au CETA.

[1402] SCHMITT C., *Théorie de la Constitution*, *op. cit.*, p. 197.

vocation, à travers l'exercice des compétences que leur confie exclusivement ou conjointement le pacte constitutionnel fédératif européen, à assurer la réalisation des objectifs de l'Union, dont – rappelons-le – la poursuite sert le but existentiel et ultime de la conservation politique de ses membres. Le respect de l'ordre des compétences fixé par les traités garantit donc l'intégrité de l'union fédérative que forment l'UE et ses Etats membres face au droit international (**§ 1**). Au regard des attributions essentielles que lui confère le pacte fédératif européen, la Cour de justice, qui est l'ultime garant du respect du droit dans l'interprétation et l'application des traités, apparaît au demeurant comme étant constitutionnellement tenue de protéger l'ordre constitutionnel de l'Union face au droit international (**§ 2**).

§ 1. La garantie de l'intégrité du pacte fédératif européen face au droit international assurée par le respect de l'ordre des compétences fixé par les traités

778. Selon les professeurs Antoine Bailleux et Hugues Dumont, l'UE répond à la qualification de Fédération plurinationale dans la mesure où elle constitue « une union volontaire, durable et dotée de la personnalité juridique, qui associe par un pacte constitutionnel des États attachés au maintien de leur nationalité et de leur souveraineté négative, mais ayant consenti au remplacement de leur souveraineté positive dans les matières substantielles qu'ils ont transférées à l'union »[1403], et ce, dans le cadre d' « un dispositif institutionnel propre à un exercice en commun de ces souverainetés au service des citoyens de l'union. »[1404] ; l'emploi du terme « plurinationale » tendant à « souligner qu'à la différence de l'État fédéral qui est généralement mono-national, il s'agit d'« une communauté de nations [...] qui n'absorbe pas les nations membres dans une nouvelle et grande nation » »[1405].

779. Relativement au pacte fédératif de l'UE, les deux auteurs ajoutent que « ce que la Constitution est à l'État, le pacte constitutionnel l'est à l'Union européenne. Il s'agit d'abord d'un pacte, donc d'un traité conclu entre des États, mais on peut assortir ce substantif « pacte » de l'adjectif « constitutionnel » parce qu'il reçoit une qualité ou une manière d'être constitutionnelle de par son objet matériel et de par la cosouveraineté qu'il institue. »[1406]. Les professeurs Bailleux et Dumont précisent au demeurant que « l'adjectif constitutionnel est bien approprié pour viser la qualité seconde de ce Pacte formé des traités que l'on connaît, compte tenu de son objet et de ce qu'il fonde. Son objet est matériellement constitutionnel puisqu'il régit, d'une

---

1403 BAILLEUX A., DUMONT H., *Le pacte constitutionnel européen – Fondements du droit institutionnel de l'Union*, *op. cit.*, p. 232.
1404 *Ibid.*
1405 *Ibid.*
1406 *Ibid.*, p. 235.

part, l'organisation, le fonctionnement et les compétences des institutions européennes et, d'autre part, les droits fondamentaux [des] citoyens de l'union [...]»[1407]. Les deux constitutionnalistes expliquent enfin que le pacte fédératif européen revêt un caractère constitutionnel, dans la mesure où « il remplace la souveraineté positive des États par une cosouveraineté. En effet, dans les nombreux domaines qu'ils ont transférés à l'union, notamment les plus sensibles pour leur souveraineté matérielle, ils ont perdu, selon des modalités très diverses, le pouvoir de prendre ou d'imposer une décision seuls pour gagner en échange la cosouveraineté que le Pacte organise. »[1408].

780. Si cette approche de la Fédération diffère de celle proposée par le professeur Olivier Beaud – qui a significativement alimenté nos travaux – en ce qu'elle tranche la question du partage de la souveraineté entre membres fédérés et instance fédérale, elle s'appuie sur une conception du phénomène fédératif similaire à celle de l'auteur de la *Théorie de la Fédération*. En effet, selon les professeurs Bailleux et Dumont, « [l]e phénomène fédératif ou le concept le plus générique de fédération qui englobe les trois espèces[1409], peut se définir comme suit : il s'agit d'une union durable de collectivités politiques dotée de la personnalité juridique et d'un appareil institutionnel apte à prendre des décisions tantôt à l'unanimité, tantôt à la majorité de ses composantes. »[1410]. Cependant, « [c]es collectivités conservent chacune une personnalité juridique distincte et une autonomie au moins législative et exécutive. Un partage des compétences est donc effectué et un équilibre est recherché entre les logiques de l'unité et de la diversité. Quant aux ressortissants de l'union, ils ont un double lien juridique d'appartenance : avec l'union et avec leur propre collectivité. »[1411].

781. L'angle de vue choisi par les deux auteurs présente au demeurant l'avantage de mettre en exergue le fait que tout pacte constitutionnel fédératif repose sur une répartition bien déterminée des compétences entre les Etats qui y sont parties et l'instance fédérale instituée par ces derniers ; cette répartition des compétences étant elle-même fonction des buts assignés par les membres fondateurs à la fédération, afin de garantir leur survie politique.

782. Le professeur Edouard Dubout indique sur ce point qu' « [e]n tant que Fédération, la justification de l'Union réside dans l'accomplissement de certaines fins, considérées comme nécessaires à la préservation de l'existence politique de ses États membres. Pour les accomplir, elle est dotée de compétences qui donnent naissance à un pouvoir politique commun, sans faire

---

1407 Ibid., p. 236.

1408 *Ibid.*

1409 Les trois espèces ici évoquées sont : l'Etat fédéral, la Confédération et la fédération plurinationale.

1410 BAILLEUX A., DUMONT H., *Le pacte constitutionnel européen – Fondements du droit institutionnel de l'Union, op. cit.*, p. 229.

1411 *Ibid.*

pour autant disparaître les pouvoirs politiques étatiques. »[1412]. Il observe de plus que « [l]a théorie des compétences permet ainsi de distinguer des champs respectifs d'autorité au sein desquels les ordres juridiques en présence peuvent revendiquer leur autonomie. C'est pourquoi, la répartition des compétences entre différents niveaux de gouvernement sur un même espace est souvent considérée comme formant le cœur nucléaire du fédéralisme. »[1413] ; avant de rappeler qu' « [à] son sujet, Hans Kelsen écrivait que « la répartition des compétences est le noyau politique de l'idée fédéraliste. […] »[1414].

783. L'ordre des compétences fixé par les traités européens revêt donc un caractère constitutionnel et fondamental pour l'ordre juridique fédératif qu'est l'UE. Assurer son respect face aux possibles immixtions du droit international classique permet dès lors de garantir l'intégrité du pacte fédératif européen et, partant, son effectivité. De fait, pour être viable, relativement à l'objet du pacte constitutionnel européen, l'ordre juridique de l'Union doit pouvoir fonctionner sur la base d'une logique intrinsèque, propre à l'engagement fédératif que les traités consignent, et non sur celle des principes inhérents aux canons du droit international.

784. Cet état de fait est d'ailleurs apparu dès les débuts du processus de construction européenne. Le professeur Pierre Pescatore soutenait en effet que le droit communautaire est « un ordre juridique spécifique, fondé sur la reconnaissance d'une compétence propre des institutions communautaires, dans la sphère définie par les traités. Le droit communautaire forme un système juridique complet, en quelque sorte fermé sur lui-même, puisqu'il porte en lui toutes les ressources nécessaires pour se développer et pour se réaliser. »[1415]. En conséquence, « cette sphère juridique est distincte à la fois des systèmes juridiques des Etats membres et de l'ordre juridique de la société internationale ambiante : il se distingue, en d'autres termes, tant du droit national que du droit international. »[1416]. Pierre Pescatore considérait, en tout état de cause, que « [l]a raison profonde de l'inadaptation du droit international au droit communautaire résulte du fait que le premier est fait pour régir des rapports qu'on appelle rapports de coexistence et de coopération, tablant sur le maintien intégral de la souveraineté des Etats, alors que les traités instituant les Communautés ont consacré <u>un rapport d'intégration</u> »[1417] ; lequel peut raisonnablement être appréhendé comme étant « fondé sur une attribution de pouvoirs souverains aux institutions

---

[1412] DUBOUT E., *Droit constitutionnel de l'Union européenne*, Bruxelles, Bruylant, 2ème éd., 2023, p. 117.
[1413] *Ibid.*
[1414] *Ibid.*
[1415] PESCATORE P., *L'ordre juridique des Communautés européennes. Etude des sources du droit communautaire*, *op. cit.*, p. 163
[1416] *Ibid.*
[1417] *Ibid.*, p. 164.

communautaires et, par voie de conséquence, sur une articulation entre ce pouvoir nouveau et les pouvoirs résiduels des Etats membres. »[1418].

785. Dès lors, selon l'ancien juge des Communautés européennes, « il devient apparent que les règles d'un système juridique fondé sur la prémisse d'une souveraineté nationale intacte et intangible ne fournissent pas des critères juridiques convenables en vue de résoudre les problèmes qui se posent à l'intérieur de la structure communautaire, fondée qu'elle est sur la subordination des intérêts nationaux à l'intérêt commun [...] »[1419].

786. Cette spécificité de l'ordre juridique issu des Communautés européennes justifie dès lors, d'après le professeur Walter Ganshof Van der Meersch, qu'en dépit de son origine conventionnelle, l'UE ne soit que « « subsidiairement » soumise aux règles du droit international commun, c'est-à-dire à celles qui ne sont pas incompatibles avec ses objectifs d'intégration et son système institutionnel dans les relations [Union]-Etats membres. »[1420]. C'est d'ailleurs ce qui ressort très clairement de l'ensemble de la jurisprudence de la Cour de justice relative à la subordination du droit international conventionnel au respect de l'ordre des compétences fixé par les traités, qui vise – comme nous avons déjà pu le constater – à prévenir toute atteinte à « l'autonomie de l'ordre juridique [de l'Union] dans la poursuite des objectifs qui lui sont propres. »[1421].

787. De fait, « [l]a Cour a, pour l'essentiel, posé le principe que l'ensemble fondé sur le traité CE (CEE), constituait « un système » ou un « ordre » autonome, aux caractéristiques spécifiques et dont l'autonomie devait être préservée. »[1422]. Ainsi, dans l'avis 1/91, rendu le 14 décembre 1991 – qui, rappelons-le, inaugure la jurisprudence dont il est ici question –, la Cour de justice rappelle qu'elle « doit assurer le respect d'un ordre juridique particulier et contribuer à son développement, en vue d'atteindre les objectifs énoncés notamment aux articles 2, 8 A et 102 A du traité CEE et de réaliser entre les États membres une Union européenne ainsi qu'il résulte de la déclaration solennelle de Stuttgart du 19 juin 1983 (point 2.5) à laquelle se réfère le premier considérant du préambule de l'Acte unique européen. Dans ce cadre, le libre-échange et la concurrence ne constituent que des moyens destinés à atteindre ces objectifs. »[1423]. La Cour de justice souligne au demeurant qu'elle se distingue en cela nettement de la Cour EEE alors envisagée, qui était simplement chargée d' « assurer le bon fonctionnement d'un régime de libre-

---

[1418] *Ibid.*

[1419] *Ibid.*, pp. 164-165.

[1420] GANSHOF VAN DER MEERSCH W., « L'ordre juridique des Communautés européennes et le droit international », *op. cit.*, p. 42.

[1421] Cour de justice, avis 1/91 du 14 décembre 1991, ECLI:EU:C:1991, point 30.

[1422] MANIN P., *Droit constitutionnel de l'Union européenne*, Paris, Pedone, « Etudes internationales – n° 6 », 2004, p. 45.

[1423] Cour de justice, avis 1/91 du 14 décembre 1991, ECLI:EU:C:1991, point 50.

échange et de concurrence dans le cadre d'un traité international qui ne crée d'obligations qu'entre les parties contractantes. »[1424].

788. La Cour de justice censure donc le premier projet d'accord EEE, jugé susceptible de porter atteinte à « l'ordre des compétences fixé par les traités », notamment en ce que la Cour EEE aurait été « amenée à statuer sur les compétences respectives de la Communauté et de ses États membres pour les matières régies par les dispositions de l'accord [EEE] »[1425] ; ce, en totale méconnaissance du monopole de juridiction qui permet à la première de veiller à ce que la répartition des compétences entre les Etats membres et l'UE soit opérée à l'aune des objectifs de l'Union et, subséquemment, de façon à assurer la réalisation du but existentiel assigné au pacte fédératif qui en constitue le fondement.

789. La jurisprudence de la Cour de justice postérieure à l'avis 1/91 confirmera le fait que l'autonomie du système juridique communautaire, puis de l'Union, dans la poursuite des objectifs qui sont propres à l'ordre juridique fédératif en présence, repose fondamentalement sur un aménagement des compétences entre l'UE – appréhendée à travers ses différentes institutions – et ses Etats membres, opéré par les traités fondateurs, que le droit international ne saurait méconnaître sans mettre en péril le processus d'intégration ainsi mis en œuvre.

790. De fait, dans l'avis 1/00 en date du 18 avril 2002, la Cour de justice expose, relativement au projet d'accord portant sur la création d'un espace aérien européen commun – dit accord EAEC dans l'avis susmentionné – que « [l]a recherche d'interprétation et d'application uniformes des mêmes règles peut, dans certaines hypothèses, affecter, au point de les dénaturer, les compétences de la Communauté et de ses institutions ou les conditions d'interprétation des normes communautaires. Un accord qui comporterait de telles incidences sur l'ordre juridique communautaire ne pourrait, dans la mesure où il porterait atteinte aux fondements de la Communauté et donc aux dispositions du traité lui-même, être adopté sur le seul fondement de l'article 300 CE. »[1426].

791. La Cour souligne au demeurant qu' « [à] l'inverse, lorsqu'un accord dissocie plus nettement sur le plan institutionnel la Communauté des autres parties contractantes et qu'il ne conditionne plus, en les dénaturant, l'exercice des compétences de la Communauté et de ses institutions ni l'interprétation du droit communautaire, l'autonomie de l'ordre juridique communautaire peut être considérée comme préservée. En particulier, le risque que la mise en œuvre d'un accord affecte les fondements de la Communauté est d'autant plus faible que les États parties à cet accord sont regroupés dans une même

[1424] *Ibid.*, point 49.
[1425] *Ibid.*, point 34.
[1426] Cour de justice, avis 1/00 du 18 avril 2002, ECLI:EU:C:2002:231, point 5.

organisation, dotée d'un organe juridictionnel et d'une autorité de surveillance propres, distincts des institutions communautaires. »[1427].

792. Ainsi, si la faculté, pour la CE, de conclure des traités internationaux dans son domaine d'action pouvait la conduire à accepter des règles de répartition des compétences propres aux dispositions prévues par les instruments en question, celles-ci ne pouvaient être compatibles avec l'autonomie de l'ordre juridique communautaire que « dès lors qu['elles] ne dénatur[aie]nt pas les compétences de la Communauté et de ses institutions telles qu'elles [étaient] conçues dans le traité. »[1428]. Il en est aujourd'hui de même au sein de l'ordre juridique de l'Union.

793. En effet, dans l'avis 1/09, rendu le 8 mars 2011, la Cour de justice juge incompatible avec le droit de l'Union un projet d'accord visant à instituer une juridiction du brevet européen eu égard au fait que « l'accord envisagé, en attribuant une compétence exclusive pour connaître un important nombre d'actions intentées par des particuliers dans le domaine du brevet communautaire ainsi que pour interpréter et appliquer le droit de l'Union dans ce domaine à une juridiction internationale, qui se situe en dehors du cadre institutionnel et juridictionnel de l'Union, priverait les juridictions des États membres de leurs compétences concernant l'interprétation et l'application du droit de l'Union ainsi que la Cour de la sienne pour répondre, à titre préjudiciel, aux questions posées par lesdites juridictions et, de ce fait, dénaturerait les compétences que les traités confèrent aux institutions de l'Union et aux États membres qui sont essentielles à la préservation de la nature même du droit de l'Union. »[1429].

794. Le respect de l'ordre des compétences fixé par les traités apparaît également, dans la perspective de l'adhésion de l'UE à la CEDH, comme indispensable pour préserver la spécificité du processus d'intégration découlant de ces derniers, dans l'avis 2/13 en date du 18 décembre 2013. De fait, face au risque de voir la Cour EDH s'immiscer, au mépris de son monopole de juridiction, dans la répartition des compétences entre l'UE et ses Etats membres pour déterminer leurs responsabilités respectives en cas de violation de la CEDH liée au droit de l'Union, la Cour de justice rappelle, notamment, avant de rejeter le projet d'accord d'adhésion qui lui est soumis, « qu'un accord international ne peut avoir des incidences sur ses propres compétences que si les conditions essentielles de préservation de la nature de celles-ci sont remplies et que, partant, il n'est pas porté atteinte à l'autonomie de l'ordre juridique de l'Union [...]. En particulier, l'intervention des organes investis de compétences décisionnelles par la CEDH, telle que prévue dans l'accord envisagé, ne doit pas avoir pour effet d'imposer à l'Union et à ses institutions, dans l'exercice de leurs compétences internes, une interprétation

---

1427 *Ibid.*, point 6.
1428 Cour de justice, avis 1/92 du 10 avril 1992, ECLI:EU:C:1992:189, point 41.
1429 Cour de justice, avis 1/09 du 8 mars 2011, ECLI:EU:C:2011:123, point 89.

déterminée des règles du droit de l'Union »[1430], dès lors que « [p]our garantir la préservation des caractéristiques spécifiques et de l'autonomie de [son] ordre juridique, les traités ont institué un système juridictionnel destiné à assurer la cohérence et l'unité dans l'interprétation du droit de l'Union. »[1431].

795. La Cour de justice précise ici, au demeurant, que « [d]ans ce cadre, il appartient aux juridictions nationales et à la Cour de garantir la pleine application du droit de l'Union dans l'ensemble des États membres ainsi que la protection juridictionnelle des droits que les justiciables tirent dudit droit [...]. En particulier, la clef de voûte du système juridictionnel ainsi conçu est constituée par la procédure du renvoi préjudiciel prévue à l'article 267 TFUE qui, en instaurant un dialogue de juge à juge précisément entre la Cour et les juridictions des États membres, a pour but d'assurer l'unité d'interprétation du droit de l'Union »[1432].

796. La Cour de justice souligne ainsi que le respect de la répartition des compétences entre l'UE et ses Etats membres – dont procède le système juridictionnel de la première – a un caractère fondamental dans la mesure où, en organisant entre les deux types de juridictions en présence, non pas un simple dialogue mais une collaboration spécifique et essentielle à la cohérence du droit issu des traités, cette répartition contribue grandement à assurer l'autonomie de l'Union dans la poursuite des objectifs qui lui sont propres ; laquelle autonomie est – comme nous avons déjà eu l'occasion de le constater – indispensable à la préservation du pacte fédératif européen.

797. La garantie jurisprudentielle de l'ordre des compétences fixé par les traités permet ainsi à la Cour de justice de veiller à l'autonomie de l'ordre juridique de l'Union, et, partant, à l'intégrité du pacte fédératif de l'Union face aux risques liés à l'application de certaines normes de droit international, dans la mesure où « [l]'intensité des obligations instituées par les traités [de l'Union] implique que ceux-ci bénéficient d'une protection contre les entraves et dérogations que les Etats membres pourraient être tentés d'y apporter en concluant entre eux ou avec des Etats tiers, des accords internationaux incompatibles. »[1433].

798. Cette nature spécifique des obligations contractées par les Etats membres de l'Union justifie également que la Cour de justice « a[it] écarté de nombreux mécanismes issus du droit international. Il en va ainsi des exceptions préliminaires, permettant d'écarter l'ouverture d'une instance devant une juridiction internationale, telles que l'*estoppel*, invoqué sans succès devant la Cour, ou encore la règle de droit international coutumier

---

[1430] Cour de justice, avis 2/13 du 18 décembre 2014, ECLI:EU:C:2014:2454, points 183-184.
[1431] *Ibid.*, point 174.
[1432] *Ibid.*, points 175-176.
[1433] MANIN P., *Droit constitutionnel de l'Union européenne*, Paris, *op. cit.*, p. 45.

relative à l'épuisement des voies de recours internes, dépourvue d'effet en droit communautaire. »[1434].

799. La garantie jurisprudentielle de l'ordre des compétences fixé par les traités apparaît dès lors comme étant indispensable à la viabilité de l'Union étant donné que, d'une part, « [son] autonomie réside [...] dans la circonstance qu['elle] est dotée d'un cadre constitutionnel qui lui est propre »[1435] ; et que, d'autre part, « [r]elèvent de ce cadre les valeurs fondatrices énoncées à l'article 2 TUE, aux termes duquel l'Union « est fondée sur les valeurs de respect de la dignité humaine, de liberté, de démocratie, d'égalité, de l'État de droit, ainsi que de respect des droits de l'homme », les principes généraux du droit de l'Union, les dispositions de la Charte, ainsi que les dispositions des traités UE et FUE, lesquelles comportent, notamment, les règles d'attribution et de répartition des compétences, les règles de fonctionnement des institutions de l'Union et du système juridictionnel de celle-ci, ainsi que les règles fondamentales dans des domaines spécifiques, structurées de manière à contribuer à la réalisation du processus d'intégration rappelé à l'article 1er, deuxième alinéa, TUE »[1436] ; laquelle est « la raison d'être de l'Union elle-même »[1437].

800. L'on peut ainsi convenir avec la professeure Gaëlle Marti de ce que « les principes classiques du droit international, construits pour les besoins d'une société internationale basée sur des rapports de coopération et de coordination entre États membres, se révèlent inappropriés à l'édification d'une organisation d'intégration, dont ils risqueraient de saper les fondements. »[1438].

801. Le respect de l'ordre des compétences défini par les traités, tel qu'assuré par la Cour de justice, permet donc de préserver l'intégrité du pacte fédératif constitué par ces derniers. Pour la Cour de Luxembourg, cette garantie jurisprudentielle s'impose, en tout état de cause, comme une obligation constitutionnelle issue du pacte fédératif européen.

[1434] MARTI G., *Les grandes notions du droit de l'Union européenne*, Paris, PUF, « Thémis – droit », 2023, pp. 60-61.

[1435] Cour de justice, avis 1/17 du 30 avril 2019, ECLI:EU:C:2019:341, point 110.

[1436] *Ibid.*

[1437] Cour de justice, avis 2/13 du 18 décembre 2014, ECLI:EU:C:2014:2454, point 172. Dans le point 172 de l'avis évoqué, la Cour de justice soutient en effet que : « La poursuite des objectifs de l'Union, tels que rappelés à l'article 3 TUE, est, pour sa part, confiée à une série de dispositions fondamentales, telles que celles prévoyant la liberté de circulation des marchandises, des services, des capitaux et des personnes, la citoyenneté de l'Union, l'espace de liberté, de sécurité et de justice ainsi que la politique de concurrence. Ces dispositions, s'insérant dans le cadre d'un système propre à l'Union, sont structurées de manière à contribuer, chacune dans son domaine spécifique et avec ses caractéristiques particulières, à la réalisation du processus d'intégration qui est la raison d'être de l'Union elle-même. ».

[1438] MARTI G., *Les grandes notions du droit de l'Union européenne*, *op. cit.*, p. 61.

§ 2. L'obligation constitutionnelle pour la CJUE de garantir l'intégrité du pacte fédératif européen face au droit international

802. Aux termes des dispositions bien connues de l'article 19, paragraphe 1, du traité UE, la CJUE « assure le respect du droit dans l'interprétation et l'application des traités ». Elle est, à ce titre, constitutionnellement chargée de garantir l'intégrité du pacte fédératif européen en veillant, notamment, à ce que l'ensemble du droit primaire et dérivé déploie son plein effet dans l'ordre juridique de l'Union. Elle doit, au demeurant, conformément aux traités, exercer cette mission en vue d'assurer la poursuite du « processus créant une union sans cesse plus étroite entre les peuples de l'Europe »[1439], et ce, « dans la perspective des étapes ultérieures à franchir pour faire progresser l'intégration européenne »[1440] ; la réalisation de ce processus d'approfondissement de l'union politique étant, comme la Cour de justice l'a déduit des dispositions des traités, « la raison d'être de l'Union elle-même »[1441].

803. La Cour de justice a ainsi, « dès le début, tiré tout le parti de son pouvoir d'interprétation. [...] La Cour a accompli sa mission en se considérant comme partie prenante et agissante dans l'œuvre de construction européenne, avec cette conscience d'être un pouvoir qui éclaire le sens de la construction européenne. »[1442]. Elle a, de plus, « manifest[é] son habileté politique en saisissant certaines occasions [...] favorables pour contribuer à la consolidation et à la progression de la construction européenne. »[1443].

804. Ce positionnement de la Cour de justice peut être justifié par le fait qu'en tant qu'institution fédérative, l'UE doit s'inscrire dans une dynamique de consolidation de son statut et de ses pouvoirs de puissance publique européenne coexistant avec ses Etats membres et fondateurs. Cette consolidation de l'existence politique de l'instance fédérale européenne est au demeurant indispensable pour permettre à l'Union d'être toujours mieux à même de satisfaire le but existentiel du pacte constitutionnel fédératif dont elle procède, à savoir la conservation de l'existence politique de ses Etats membres[1444], qui apparaît fragilisée, voire menacée – ou même compromise –

[1439] L'article premier, alinéa 2, du traité UE présente en effet ledit traité comme « une nouvelle étape dans le processus créant une union sans cesse plus étroite entre les peuples de l'Europe, dans laquelle les décisions sont prises dans le plus grand respect possible du principe d'ouverture et le plus près possible des citoyens. ».

[1440] 14ème alinéa du préambule du traité UE.

[1441] Cour de justice, avis 2/13 du 18 décembre 2014, ECLI:EU:C:2014:2454, point 172.

[1442] SOULIER G., DESCAMPS O., « Histoire de la construction européenne », *op. cit.*, § 30.

[1443] *Ibid.*

[1444] Ce souci de la conservation de l'existence politique des Etats membres de l'Union est aujourd'hui manifesté par l'article 4, paragraphe 2, du traité UE qui prévoit que : « L'Union respecte l'égalité des États membres devant les traités ainsi que leur identité nationale, inhérente

en dehors de ce cadre, tant politique que juridique, protecteur. Dans cette perspective, « les traités européens et la Cour de justice remplissent manifestement une fonction constitutionnelle destinée à définir le champ et la nature de l'exercice de la puissance publique par les différents niveaux de gouvernement sur l'espace européen. »[1445].

805. Ainsi, pour Signe Rehling Larsen, la CJUE peut se voir conférer – à l'instar de la Commission et de la Banque centrale européennes, avec lesquelles elle partage un statut spécifique lié à leur indépendance vis-à-vis des Etats membres[1446] – le titre de gardienne de l'Europe, dans la mesure où « [t]he foundations of the authority of the Commission, the ECJ, and the ECB can be understood based on the principles of federal governement, namely, teleology and specialization. The independents are constitutionally limited teleological institutions and their independence is intimately tied to the federal *telos*[1447].»[1448]. Signe Rehling Larsen affirme de plus que « [t]he source of the independents' authority is not *representation* but *delegation* or *commission*: they are entrusted with the authority to do a certain task by the constitution. Their authority relies on a constitutional mandate to ensure the federal *telos*. They are 'European guardians'. »[1449].

806. La CJUE est donc, dans ce cadre spécifique, constitutionnellement chargée de veiller à ce que l'ordre juridique particulier dont elle a pour partie – non négligeable – la charge ne soit pas menacé par des normes ou principes de droit international susceptibles d'être des facteurs de désintégration de ce dernier car inadaptés aux impératifs du processus d'intégration européenne qui, « [c]ompte tenu [du] caractère conditionnel et fonctionnel de l'intégration juridique »[1450] suppose, d'une part, « qu'aucun domaine du droit ne peut *a*

à leurs structures fondamentales politiques et constitutionnelles, y compris en ce qui concerne l'autonomie locale et régionale. Elle respecte les fonctions essentielles de l'État, notamment celles qui ont pour objet d'assurer son intégrité territoriale, de maintenir l'ordre public et de sauvegarder la sécurité nationale. En particulier, la sécurité nationale reste de la seule responsabilité de chaque État membre. ».

[1445] DUBOUT E., *Droit constitutionnel de l'Union européenne*, 2ème éd., *op. cit.*, p. 117.

[1446] Signe Rehling Larsen indique à ce sujet que : « The most peculiar aspect of the EU's institutional apparatus from the perspective of the theory of the federation is the powerful role played by three 'independent' or 'counter-majoritarian' institutions: the ECJ, the ECB, and the Commission. » (LARSEN S. R., *The constitutional theory of the federation and the European Union*, *op. cit.*, p. 100).

[1447] Le *Telos* fédératif désigne les fins politiques propres à la Fédération. Signe Rehling Larsen définit cette notion dans les termes suivants : « The federal telos is the raison d'être of a federation. By 'the federal telos' is meant the purpose specific to a concrete federation, that is, the reason for which it was constituted. » (LARSEN S. R., *The constitutional theory of the federation and the European Union*, *op. cit.*, p. 51).

[1448] LARSEN S. R., *The constitutional theory of the federation and the European Union*, *op. cit.*, p. 101

[1449] *Ibid.*

[1450] CEREXHE E., « La problématique juridique des phénomènes d'intégration », in Institut d'études juridiques européennes (Ed.), *Mélanges Fernand Dehousse, vol. II : La construction européenne*, Bruxelles, Labor, 1979, p. 17.

priori être exclu des efforts d'intégration des droits ; [d'autre part] que la détermination de l'intensité de cette intégration doit s'apprécier *in concreto* »[1451].

807. C'est d'ailleurs ce qu'exprime très clairement la Cour de justice dans l'avis inaugurant sa jurisprudence relative à la défense de l'ordre des compétences défini par les traités face aux normes prévues par les projets d'accords internationaux négociés par l'Union qui lui sont soumis[1452]. De fait, dans l'avis 1/91, en date du 14 décembre 1991, la Cour de justice affirme ainsi que, contrairement à la Cour EEE envisagée dans le premier projet d'accord relatif à l'EEE, qui avait été uniquement conçue pour « assurer le bon fonctionnement d'un régime de libre-échange et de concurrence dans le cadre d'un traité international qui ne crée d'obligations qu'entre les parties contractantes »[1453], elle doit, quant à elle, « assurer le respect d'un ordre juridique particulier et contribuer à son développement, en vue d'atteindre les objectifs énoncés notamment aux articles 2, 8 A et 102 A du traité CEE et de réaliser entre les États membres une Union européenne ainsi qu'il résulte de la déclaration solennelle de Stuttgart du 19 juin 1983 (point 2.5) à laquelle se réfère le premier considérant du préambule de l'Acte unique européen. Dans ce cadre, le libre-échange et la concurrence ne constituent que des moyens destinés à atteindre ces objectifs. »[1454].

808. Commentant l'avis 1/91, la professeure Noreen Burrows soulignait notamment que la solution retenue par la Cour de justice dans cet avis – qui a posé les fondements de la jurisprudence inhérente à la protection de l'ordre des compétences fixé par les traités – n'était pas surprenante, étant donné que « the Court [...] has long held the view that the original treaties founding the Community should be viewed as constitutional documents. The fear expressed by the Court is the fear that this approach would be weakened and the Community legal order destroyed were the treaties, in future, to be interpreted as purely instruments of international law. »[1455].

809. La mission constitutionnelle, dévolue à la CJUE, de protection de l'ordre des compétences fixé par les traités contre les risques de désintégration

---

[1451] *Ibid.*

[1452] Il y a ici lieu de relever que, dans son rôle constitutionnel de protection de l'ordre juridique fédératif de l'Union contre les risques liés à l'application de certaines normes de droit international, la Cour de justice est confortée par les dispositions du droit primaire prévoyant, depuis l'institution de la CEE, qu'un projet d'accord international qu'elle juge incompatible avec les traités ne peut, en tant que tel, entrer en vigueur dans l'ordre juridique de l'Union. En effet, succédant à l'originel article 228, paragraphe 1, alinéa 2 du traité CEE, l'article 218, paragraphe 11, du traité FUE prévoit aujourd'hui qu' « [u]n État membre, le Parlement européen, le Conseil ou la Commission peut recueillir l'avis de la Cour de justice sur la compatibilité d'un accord envisagé avec les traités. En cas d'avis négatif de la Cour, l'accord envisagé ne peut entrer en vigueur, sauf modification de celui-ci ou révision des traités. ».

[1453] Cour de justice, avis 1/91 du 14 décembre 1991, ECLI:EU:C:1991, point 49.

[1454] *Ibid.*, point 50.

[1455] BURROWS N., « The risks of widening without deepening », *op. cit.*, p. 356.

qu'il court relativement à certaines normes de droit international s'inscrit dès lors dans la dynamique et la logique de progression inhérentes au processus d'intégration européenne, dont la Cour de justice n'aura, naturellement, pas manqué de relever – dans sa jurisprudence dédiée à la garantie présentement étudiée – qu'il vise à établir, aux termes mêmes des traités, « une union sans cesse plus étroite entre les peuples de l'Europe »[1456].

810. La Cour de justice peut ainsi, légitimement, être « l'artisane engagée de l'extension du champ d'intervention européen en découvrant, grâce à son pouvoir d'interprétation, de nouveaux titres à agir au profit des institutions européennes […] »[1457] ; et ce, dans la mesure où « [i]l apparaît […] qu'à la différence de ce qu'on a l'habitude de penser et d'écrire, la méthode téléologique n'est pas ici une méthode d'interprétation parmi d'autres ; bien loin de là, *il s'agit d'une méthode particulièrement appropriée aux caractéristiques propres des traités instituant [l'Union]* »[1458] qui, étant « entièrement fondés sur la notion d'objectifs à atteindre »[1459], sont « entièrement pétris de téléologie »[1460].

811. L'on relèvera ici que, dans un article dédié aux méthodes d'interprétation de la CJCE, le professeur et ancien président de ladite institution, Josse Mertens de Wilmars, développait sur ce point une analyse qui apparaît toujours pertinente relativement à l'ordre juridique de l'Union. Il soulignait en effet que « [s]i la Cour utilise l'éventail complet des méthodes d'interprétation, c'est parce qu'elle est consciente d'appliquer et d'interpréter, en ce qui concerne les domaines transférés de la compétence des Etats à celle des institutions communautaires, un système juridique qui, bien qu'encore inachevé et en voie d'élaboration, est, de par sa nature, un système complet dans lequel il n'y a pas de place pour le *non liquet.* »[1461]. Dès lors, afin

1456 Dans l'avis 2/13, rendu le 18 décembre 2014, la Cour de justice, afin d'assurer la préservation de la spécificité de l'ordre juridique de l'Union face au projet d'accord d'adhésion de l'UE à la CEDH qui lui est soumis – qu'elle juge attentatoire à l'autonomie dudit ordre juridique – affirme en effet que « [l]es caractéristiques essentielles du droit de l'Union ont donné lieu à un réseau structuré de principes, de règles et de relations juridiques mutuellement interdépendantes liant, réciproquement, l'Union elle-même et ses États membres, ainsi que ceux-ci entre eux, lesquels sont désormais engagés, comme il est rappelé à l'article 1er, deuxième alinéa, TUE, dans un «processus créant une union sans cesse plus étroite entre les peuples de l'Europe». » (Cour de justice, avis 2/13 du 18 décembre 2014, ECLI:EU:C:2014:2454, point 167).

1457 DUBOUT E., *Droit constitutionnel de l'Union européenne*, 2ème éd., *op. cit.*, p. 122.

1458 PESCATORE P., « Les objectifs de la Communauté européenne comme principes d'interprétation dans la jurisprudence de la Cour de Justice », in Université libre de Bruxelles, Centre interuniversitaire de droit public (éd), *Miscellanea W.J. Ganshof van der Meersch : studia ab discipulis amicisque in honorem egregii professoris edita,* Bruxelles et Paris, 1972, vol. 2, p. 328.

1459 *Ibid.*, p. 327.

1460 *Ibid.*

1461 MERTENS DE WILMARS J., « Réflexions sur les méthodes d'interprétation de la Cour de justice des Communautés européennes », *Cahiers de Droit Européen*, 1986, p. 9.

d'assurer la cohérence et le développement de l'ordre juridique de l'Union, « la Cour se réfère [...] fréquemment : « aux termes, à l'économie et à l'esprit de la disposition en cause, compte tenu du système des traités et des finalités qui lui sont propres ». »[1462].

812. Signe Rehling Larsen appréhende également les fonctions juridictionnelles de la CJUE à l'aune des exigences du processus d'intégration européenne lorsqu'elle affirme : « Being a guardian of the constitution, however, is not merely a conservative task looking towards the past. It is also a transformative or *creative* task. In the act of uniting, the Member States express their foundational intention of being 'resolved to continue the process of *creating* an ever-closer union among the peoples of Europe'. »[1463]. Signe Rehling Larsen en conclut que « [t]he independents are, therefore, also commissioned to look towards the future. [...]. In addition to their conservative mandate, the independents have a constitutional mandate to promote the objectives of the Union for the benefit of which the Member States decided to unite in the first place. »[1464].

813. L'obligation constitutionnelle de garantir l'intégrité du pacte fédératif européen, face aux risques de désintégration ou d'affaiblissement que comportent certains principes ou normes de droit international suppose donc, pour la CJUE, de prendre pleinement en compte le fait que « la structure de [l'Union] et son droit forment un système, c'est-à-dire un tout structuré, organisé, finalisé. »[1465]. La Cour de justice se doit dès lors de « profite[r] [...] des ressources et de la dynamique de ce système. »[1466]. De fait, selon le juge Pescatore, « [c]'est sous l'inspiration de cette double *idée de finalité et de système* que la Cour de justice a pu aboutir, en invoquant le « principe de l'effet utile », à des décisions constructives en ce qui concerne la définition des compétences et pouvoirs de [l'Union]. »[1467]. De fait, « dans sa mission juridictionnelle [telle que définie dès le début du processus de construction européenne par le traité CECA, et aujourd'hui consacrée par l'article 19 du traité UE[1468]], l'organe judiciaire de [l'Union], doit prendre en considération

[1462] *Ibid.*

[1463] LARSEN S. R., *The constitutional theory of the federation and the European Union, op. cit.*, pp. 101-102

[1464] Ibid.

1465 PESCATORE P., Le droit de l'intégration - Emergence d'un phénomène nouveau dans les relations internationales selon l'expérience des Communautés européennes, op. cit., p. 43.

[1466] *Ibid.*

[1467] *Ibid.*

[1468] De fait, l'article 31 du traité CECA prévoyait déjà que : « La Cour assure le respect du droit dans l'interprétation et l'application du présent Traité et des règlements d'exécution. » Ses dispositions ont été reprises par l'article 164 du traité CEE, selon lequel, « [l]a Cour de Justice assure le respect du droit dans l'interprétation et l'application du présent Traité. », avant d'être de nouveau reconduites par l'article 19, paragraphe 1, du traité UE qui dispose que : « La Cour de justice de l'Union européenne comprend la Cour de justice, le Tribunal et des tribunaux spécialisés. Elle assure le respect du droit dans l'interprétation et l'application des traités. ».

non seulement les traités, mais le droit tout court. Il est reconnu par là que les traités sont placés dans un contexte juridique plus étendu, dont le juge doit tenir compte en cas de litige. »[1469].

814. Le juge Pierre Pescatore observait ainsi qu'« [a]u fil de la jurisprudence, la Cour de justice a eu l'occasion, en affirmant l'autonomie du droit communautaire, de prendre ses distances à l'égard du droit national et du droit international pareillement. Comme gardienne de l'ordre juridique communautaire, elle n'a pas, en principe du moins, vocation pour appliquer les règles de l'un ou de l'autre de ces deux ordres juridiques. »[1470].

815. Aussi, si la Cour de justice n'a jamais entendu affranchir l'ordre juridique de l'Union, anciennement communautaire, du respect du droit international, dans la mesure où « conformément à une jurisprudence constante, l'Union est tenue d'exercer ses compétences dans le respect du droit international dans son ensemble, y compris non seulement les dispositions des conventions internationales qui la lient, mais également les règles et les principes du droit international général coutumier »[1471], la juridiction luxembourgeoise est, depuis le début de son office, confrontée à un « impératif [qui] est double : il faut tout à la fois assurer l'autonomie du système juridique [de l'Union] qui implique que rien à l'extérieur du système et de sa norme suprême ne s'impose à lui, mais dans le même temps, assurer le respect du droit international. »[1472]. La professeure Estelle Brosset met ainsi en évidence le fait que, sous le contrôle de la Cour de justice, l'ordre juridique de l'Union doit pouvoir « entretenir des relations conventionnelles avec des entités tierces, et, dans le même temps, éviter que ces conventions provoquent « *un abandon de l'autonomie d'action [de l'Union] dans ses rapports extérieurs et une modification de [s]a constitution interne [...] par l'altération d'éléments essentiels de la structure [de l'Union]*[1473] ». »[1474].

816. La protection de l'ordre des compétences fixé par les traités – assurée dans les conditions précédemment étudiées – face au risque d'introduction, au sein de l'Union, de normes de droit international susceptibles de porter atteinte à l'autonomie de son ordre juridique, dans la poursuite des objectifs qui lui

---

1469 PESCATORE P., L'ordre juridique des Communautés européennes. Etude des sources du droit communautaire, op. cit., pp. 162-163.

1470 *Ibid.*, pp. 163-164.

1471 Cour de justice, arrêt du 21 décembre 2023, BMW Bank, aff. jointes C-38/21, C-47/21 et C-232/21, ECLI:EU:C:2023:1014, point 118.

1472 BROSSET E., « Le discours juridictionnel et les rapports entre ordres juridiques », in MICHEL V. (dir.), Le droit, les institutions et les politiques de l'Union européenne face à l'impératif de cohérence, Strasbourg, Presses universitaires de Strasbourg, 2009, p. 249.

1473 Note de l'auteur : Avis 1/76 du 27-04-1977, Rec., p. 754.

1474 BROSSET E., « Le discours juridictionnel et les rapports entre ordres juridiques », in MICHEL V. (dir.), Le droit, les institutions et les politiques de l'Union européenne face à l'impératif de cohérence, Strasbourg, Presses universitaires de Strasbourg, 2009, p. 249.

sont propres, permet dès lors à la Cour de justice de s'acquitter de son obligation constitutionnelle de garantir l'intégrité du pacte fédératif européen, tout en veillant au caractère d'Union de droit de l'UE.

Conclusion du chapitre II

817. En tant que système fédératif, l'ordre juridique de l'UE fonctionne sur la base d'une logique et de normes spécifiques qui diffèrent radicalement de ceux propres à l'ordre juridique international. La Cour de justice a donc progressivement établi, sur le fondement de l'autonomie constitutionnelle de l'ordre juridique de l'Union, un mécanisme de protection de ce dernier en subordonnant l'introduction et l'application, au sein de l'UE, des normes conventionnelles – lesquelles sont notamment à même d'affecter le fonctionnement de l'Union du fait de l'autorité reconnue par le droit primaire aux accords internationaux adoptés par celle-ci – au respect de « l'ordre des compétences fixé par les traités ».

818. Cette soumission du droit international conventionnel au respect de « l'ordre des compétences fixé par les traités » apparaît comme indispensable à la préservation de l'ordre juridique fédératif de l'Union dans la mesure où l'intégrité et, partant, l'effectivité du pacte fédératif constitutionnel formé par ces derniers en dépend ; toute Fédération reposant en effet sur une répartition des compétences et pouvoirs entre les membres fédérés et l'instance fédérale bien déterminée et destinée à assurer la réalisation des objectifs qui lui ont été assignés.

819. Dans cette perspective, la protection de « l'ordre des compétences défini par les traités » s'impose naturellement, pour la CJUE, comme une obligation constitutionnelle au regard des attributions que lui confère le pacte constitutionnel fédératif. En effet, en tant que garante du respect du droit dans l'interprétation et l'application des traités, la CJUE doit non seulement protéger l'ordre juridique de l'Union des risques de désintégration que comporte l'introduction de certains principes ou normes de droit international en son sein, mais également contribuer à son développement en favorisant la réalisation de ses objectifs, compte tenu de la logique et de la dynamique politiques qui l'habitent.

Conclusion de la troisième partie

820. La Cour de justice a consacré l'autonomie fonctionnelle de l'ordre juridique de l'Union en se fondant sur la spécificité constitutionnelle de ce dernier, telle qu'elle résulte originellement du traité de Rome. De fait, selon la jurisprudence initiée par la Cour de justice relativement à ce dernier, l'UE, en tant qu'ordre juridique constitutionnellement autonome, doit fonctionner sur la base de normes et principes propres car s'inscrivant dans la logique inhérente au processus d'intégration européenne.

821. L'autonomie fonctionnelle de l'ordre juridique de l'UE postule dès lors non seulement des rapports d'intégration particuliers entre le droit national des Etats membres et le droit de l'Union – lesquels procèdent des principes de primauté et d'effet direct de ce dernier – mais également une subordination du droit international conventionnel produisant ou susceptible de produire des effets dans l'Union au respect de « l'ordre des compétences fixé par les traités ».

822. L'étude des fondements de l'autonomie constitutionnelle de l'ordre juridique de l'Union menée dans la première partie de notre ouvrage permet de conclure que les règles de régulation des rapports entre le droit de l'Union et celui issu de ses Etats membres, d'une part, et de l'ordre juridique international, d'autre part, découlent – comme l'indique la jurisprudence de la Cour de justice sans toutefois le démontrer clairement – de la nature même de l'Union.

823. En effet, en tant que système juridique fédératif, l'Union s'inscrit, corrélativement aux ordres juridiques de ses Etats membres, dans un double rapport d'interdépendance et d'indépendance dont les principes de l'effet direct et de la primauté du droit de l'Union constituent respectivement des formes d'expression.

824. Par ailleurs, si l'Union respecte le droit international général et reconnaît la force obligatoire des accords internationaux auxquels elle est partie, les clauses du pacte constitutionnel fédératif sur lequel elle repose imposent à la Cour de justice de veiller à ce que l'introduction de normes conventionnelles dans l'ordre juridique de l'UE soit compatible avec « l'ordre des compétences fixé par les traités » ; ce, afin de garantir l'intégrité et, subséquemment, l'effectivité dudit pacte face au risque d'affaiblissement du droit de l'Union ou de désintégration de son ordre juridique qu'elles peuvent comporter. La problématique de l'adhésion de l'UE à la CEDH témoigne clairement de cet état de fait.

Conclusion générale

825. Nonobstant la versatilité du processus d'intégration ayant conduit à l'établissement de l'Union européenne, le discours de la Cour de justice relatif à l'autonomie de son ordre juridique repose sur une conception de la construction européenne inchangée depuis les prémices de celle-ci. Les termes peu explicites, et parfois jugés incantatoires, de la jurisprudence de la Cour de justice relative à l'autonomie de l'ordre juridique de l'Union – appréhendée en tant que principe dual de définition de ce dernier et de régulation de ses rapports avec les autres systèmes juridiques – apparaissent cependant comme juridiquement fondés et recèlent une cohérence réelle dans la mesure où ils font écho aux principes fondamentaux qui déterminent l'existence de l'institution politique autonome qu'est la Fédération.

826. La jurisprudence de la Cour de justice relative au principe d'autonomie renvoie en effet aux critères conceptuels et pratiques qui caractérisent la forme politique autonome qu'est la Fédération, en tant qu'ordre juridique faisant coexister une puissance publique fédérale avec les puissances publiques étatiques qu'elle fédère, sans pour autant attenter à leur existence propre. Le processus d'intégration européenne, dont le principe d'autonomie rend compte, s'inscrit au demeurant clairement dans le cadre du processus d'institutionnalisation et de différenciation qui consolide, au sein d'un ordre fédératif, les pouvoirs de l'instance fédérale afin de lui permettre de toujours mieux assurer la réalisation des buts existentiels de la Fédération.

827. A travers le prisme fédératif, nos travaux ont ainsi pu établir la pertinence juridique des assertions de la Cour de justice relatives à l'autonomie de l'ordre juridique de l'Union, ce qui s'avère utile dans la mesure où l'on peut aujourd'hui considérer, à la suite de l'actuel président de la Cour luxembourgeoise, Koen Lenaerts, que l'application du principe d'autonomie permet non seulement de protéger et d'affirmer l'identité de l'Union européenne sur la scène internationale, mais également de promouvoir les valeurs de liberté, de démocratie et de justice sur lesquelles elle est fondée[1475].

[1475] L'on pourra utilement se référer sur ce point à l'article dont les références sont les suivantes : LENAERTS K., GUTIERREZ-FONS J. A., « The autonomy of EU law, legal theory and european integration », *op. cit*, pp. 1496-1497.

Bibliographie

I. Thèses

- ANGELAKI A., *La différenciation entre les États membres de l'Union européenne*, Thèse de doctorat publiée, Bruxelles, Bruylant, 2020, 794 p.
- CORRE P., *Le statut d'État membre de l'Union européenne*, Thèse de doctorat, Droit public, Paris II, 2018, 674 p.
- DE LA ROSA S., *La méthode ouverte de coordination dans le système juridique communautaire*, Thèse de doctorat publiée, Bruxelles, Bruylant, 2007, 692 p.
- DECHATRE L., *Le pacte fédératif européen*, Thèse de doctorat, Droit public, Paris II, 2012, 842 p.
- DEROSIER J-P., *Les limites constitutionnelles à l'intégration européenne. Etude comparée : Allemagne, France, Italie*, Thèse de doctorat publiée, Issy-les-Moulineaux, LGDJ, Lextenso éditions, 2015, 601 p.
- DUBEY B., *La répartition des compétences au sein de l'Union européenne à la lumière du fédéralisme suisse – Systèmes, enjeux et conséquences*, Thèse de doctorat publiée, Genève, Bâle, Munich, Helbing & Lichtenhahn ; Bruxelles, Bruylant ; Paris, LGDJ, 2002, 876 p.
- GODIVEAU G., *Droit de la libre concurrence : la nouvelle approche de l'Union européenne*, Thèse de doctorat, Droit, Bordeaux IV, 2006, 755 p.
- GUILLARD C., *L'intégration différenciée dans l'Union européenne*, Thèse de doctorat publiée, Bruxelles, Bruylant, 2006, 619 p.
- MARTI G., *Le pouvoir constituant européen*, Thèse de doctorat publiée, Bruxelles, Bruylant, 2011, 803 p.
- MARTUCCI F., *L'ordre économique et monétaire de l'Union européenne*, Thèse de doctorat publiée, Bruxelles, Bruylant, 2015, 1271 p.
- MILLET F-X., *L'Union européenne et l'identité constitutionnelle des Etats membres*, Thèse de doctorat, Droit public, European University Institute, 2012, 487 p.
- RIALS S., *Le juge administratif français et la technique du standard (essai sur le traitement juridictionnel de l'idée de normalité)*, Thèse de doctorat publiée, Paris, LGDJ, 1980, 564 p.
- ROLAND S., *Le triangle décisionnel communautaire à l'aune de la théorie de la séparation des pouvoirs – Recherches sur la distribution des pouvoirs législatif et exécutif dans la Communauté*, Thèse de doctorat publiée, Bruxelles, Bruylant, 2008, 722 p.
- VOLMERANGE X., *Le fédéralisme allemand face au droit communautaire*, Thèse de doctorat publiée, Paris, L'Harmattan, 2000, 392 p.
- WICKER G., *Les fictions juridiques, contribution à l'analyse de l'acte juridique*, Thèse de doctorat publiée, Paris, LGDJ, 1997, 441 p.

II. Manuels – Ouvrages

- ADAM S., HAMMAMOUN S., LANNON E., LOUIS J-V., et al., *L'Union européenne comme acteur international*, Bruxelles, Editions de l'Université de Bruxelles, « Commentaire J. Mégret », 2015, 239 p.
- ALLAND D., *Manuel de droit international public*, Paris, PUF, 9ème éd., 2022, 372 p.
- ALOUPI N., FLAESCH-MOUGIN C., et al., *Les accords internationaux de l'Union européenne*, Bruxelles, Editions de l'Université de Bruxelles, « Commentaire J. Mégret », 2019, 368 p.
- AVRIL P., GICQUEL J., *Lexique de droit constitutionnel*, Paris, PUF, « Que sais-je ? », 5ème éd., 2016, 128 p.
- AVGERI P., MAGNILLAT M-P (dir.), *Enjeux et rouages de l'Europe actuelle*, Vannes, Editions Foucher, « LMD Référence », 8ème éd., 2010, 384 p.
AZOULAI L., BURGORGUE-LARSEN L. (dir.), *L'autorité de l'Union européenne*, Bruxelles, Bruylant, « Droit de l'Union européenne - Colloques », 2006, 274 p.
- BAILLEUX A., DUMONT H., *Le pacte constitutionnel européen – Fondements du droit institutionnel de l'Union*, Bruxelles, Bruylant, 2015, tome 1, 562 p.
- BARBATO J-C., PETIT Y. (dir.), *L'Union européenne, une Fédération plurinationale en devenir ?*, Bruxelles, Bruylant, « Droit de l'Union européenne », 2015, 442 p.
- BARBOU DES PLACES S. (dir.), *Aux marges du traité. Déclarations, protocoles et annexes aux traités européens*, Bruxelles, Bruylant, « Droit de l'Union européenne – Colloques », 2011, 254 p.
- BARENTS R., *The Autonomy of Community Law*, La Haye, Kluwer law international, 2004, 334 p.
- BEAUD O., *Théorie de la Fédération*, Paris, PUF, 2ème éd., 2009, 447 p.
- BEAUD O., *Le pacte fédératif – Essai sur la constitution de la Fédération et sur l'Union européenne*, Paris, Dalloz, « Droit *politique* – textes fondamentaux », 2022, 609 p.
- BENLOLO-CARABOT M., CANDAS U., CUJO E. (dir.), *Union européenne et droit international – En l'honneur de Patrick DAILLER*, Paris, Pedone, 2012, 912 p.
- BERRAMDAME A., ROSSETTO J., *Droit de l'Union européenne – Institutions et ordre juridique*, Paris, Montchrestien, Lextenso éditions, 2010, 595 p.
- BERTRAND B., PICOD F., ROLAND S., (dir.) *L'identité du droit de l'Union européenne : mélanges en l'honneur de Claude Blumann*, Bruxelles, Bruylant, 2015, 829 p.
- BERTONCINI Y., CHOPIN T., et al. (dir.), *Dictionnaire critique de l'Union européenne*, Paris, Armand Colin, 2008, 493 p.
- BESSON S., LEVRAT N. (Ed.), *L'Union européenne et le droit international*, Issy-les-Moulineaux, LGDJ, Lextenso éditions, Genève, Schulthess, 2015, 249 p.

- BITSCH M-T., *Histoire de la construction européenne de 1945 à nos jours*, Bruxelles, Editions Complexe, 2ème éd., 2001, 356 p.
- BLANCHARD D., *La constitutionnalisation de l'Union européenne*, Rennes, Apogée, 2001, 476 p.
- BLANQUET M., *Droit général de l'Union européenne*, Paris, Dalloz, Sirey, 11ème éd., 2018, 1035 p.
- BLIN O., *Droit institutionnel, matériel et contentieux de l'Union européenne*, Bruxelles, Bruylant, 5ème éd., 2022, 442 p.
- BLUMANN C., *Droit institutionnel de l'Union européenne*, Paris, LexisNexis, 8ème éd., 2023, 1133 p.
- BLUMANN C., DUBOUIS L., *Droit institutionnel de l'Union européenne*, Paris, LexisNexis, 7ème éd., 2019, 1040 p.
- BOULOUIS J., *Droit institutionnel des Communautés européennes*, Paris, Montchrestien, 4ème éd., 1993, 383 p.
- BOUTAYEB C., *Droit et institutions de l'Union européenne – La dynamique des pouvoirs*, Paris, LGDJ, Lextenso éditions, « Systèmes Droit », 2011, 251 p.
- BOUVERESSE A., et al. (dir.), *La citoyenneté européenne : quelle valeur ajoutée ? – European citizenship : what added value ?*, Bruxelles, Bruylant, « Droit de l'Union européenne – Colloques », 2023, 402 p.
- BULLIER A-J., *La common law*, Paris, Dalloz, 4ème éd., 2016, 180 p.
- BURGESS M., *Federalism and European Union : the building of Europe 1950-2000,* New York, Routledge, 2000, 290 p.
- BURGORGUE-LARSEN L. (dir.), *L'identité constitutionnelle saisie par les juges en Europe*, Paris, Pedone, « Cahiers européens n° 1», 2011, 168 p.
- BURGORGUE-LARSEN L., DUBOUT E., et al. (dir.), *Les interactions normatives : droit de l'Union européenne et droit international*, Paris, Pedone, « Cahiers européens n° 2 », 2012, 380 p.
- CHALTIEL F. (dir), 1957 - 2017 – *Les 60 ans des traités fondateurs de l'Union européenne*, Paris, Dalloz, « Les Panoramas de revues Dalloz – Revue de l'Union européenne », 2019, 467 p.
- CLEMENT-WILZ L. (dir.), *Le rôle politique de la Cour de justice de l'Union européenne*, Bruxelles, Bruylant, « Droit de l'Union européenne – Monographies », 2018, 472 p.
- CLERGERIE J-L., GRUBER A., RAMBAUD P., *Droit institutionnel et matériel de l'Union européenne*, Paris, Dalloz, « Précis », 13ème éd., 2020, 1143 p.
- CLOOTS E., DE BAERE G., SOTTIAUX S. (Ed.), *Federalism in the European Union*, Oxford and Portland, Oregon, Hart publishing, 2012, 414 p.
- COHEN-JONATHAN G., DUTHEIL DE LA ROCHERE J. (dir.), *Constitution européenne, démocratie et droits de l'homme*, Bruxelles, Bruylant, « Droit et justice », 2003, 307 p.
- COMMISSION DES COMMUNAUTES EUROPEENNES, *Trente ans de droit communautaire*, Luxembourg, Office des publications officielles des Communautés européennes, 1982, 536 p.
- COMMISSION EUROPEENNE, *Les pères fondateurs de l'Union européenne* [en ligne], Luxembourg, Office des publications de l'Union européenne, « Comprendre les politiques de l'Union européenne », 2013,

28 p., [consulté le 24 avril2020], http://publications.europa.eu/resource/cellar/68bdd08f-bc32-4cf3-b714-fe6237052617.0021.03/DOC_1
- CROISAT M., QUERMONNE J-L., *L'Europe et le fédéralisme – Contribution à l'émergence d'un fédéralisme intergouvernemental*, Paris, Montchrestien, « Clefs – Politique », 2ème éd., 1996, 156 p.
- CROISAT M., *Le fédéralisme en Europe,* Paris, Montchrestien – Lextenso éditions, « Clefs – Politique », 2010, 158 p.
- DAVY G., *Le droit, l'idéalisme et l'expérience*, F. Alcan, Paris, 1922, 168 p.
- D'ARCY F., *Les politiques de l'Union européenne*, Paris, Montchrestien, « Clefs – Politique », 2003, 152 p.
- DELIVET P., *Les politiques de l'Union européenne*, Paris, La documentation française, « Réflexe Europe », 2013, 294 p.
- DELPEREE F., *Le fédéralisme en Europe*, Paris, PUF, « Que sais-je ? », 2000, 127 p.
- DENIZEAU C. (dir.), *L'idée fédérale européenne à la lumière du droit comparé - ouvrage issu du colloque organisé à l'Université Paris II Panthéon-Assas le 5 avril 2018 par le Centre de droit public comparé*, Paris, Éditions Panthéon-Assas, 2019, 232 p.
- DE LA ROSA S., MARTUCCI F., DUBOUT E. (dir.), *L'Union européenne et le fédéralisme économique – Discours et réalités*, Bruxelles, Bruylant, « Droit de l'Union européenne », 2015, 461 p.
- DE ROUGEMONT D. (dir.), *Dictionnaire international du fédéralisme*, Bruxelles, Bruylant, 1994, 475 p.
- DE VILLIERS M., LE DIVELLEC A., *Dictionnaire du droit constitutionnel*, Paris, Sirey, 13ème éd., 2022, 424 p.
- DUBOUIS L., GUEYDAN C., *Les grands textes du droit de l'Union européenne : Traité -Droit dérivé - Jurisprudence,* Paris, Dalloz, 8ème éd., 2010, 1136 p.
- DUBOUT E., *Droit constitutionnel de l'Union européenne*, Bruxelles, Bruylant, 2021, 515 p.
- DUBOUT E., *Droit constitutionnel de l'Union européenne*, Bruxelles, Bruylant, 2ème éd., 2023, 521 p.
- FEVRIER J-M., TERPAN F., *Les mots de l'Union européenne – Droit, institutions, politique*, Toulouse, Presses universitaires du Mirail, 2004, 123 p.
- FRIEDRICH C., *Tendances du fédéralisme en théorie et en pratique*, trad. franç. PHILIPPART A. et L., Bruxelles, Institut belge de science politique, 1971, 205 p.
- GAILLARD M., *L'Union européenne – Institutions et politiques*, Paris, La documentation française, « Découverte de la vie publique », 5ème éd., 2018, 208 p.
- GAILLARD M., *L'Union européenne – Institutions et politiques*, Paris, La documentation française, « Découverte de la vie publique », 6ème éd., 2022, 236 p.
- GAUDIN H., BLANQUET M., ANDRIANTSIMBAZOVINA J., FINES F., *Les grands arrêts de la Cour de justice de l'Union européenne – Droit constitutionnel et institutionnel de l'Union européenne*, Paris, Dalloz, « Grands arrêts », 2ème éd., 2023, 1407 p.
- GAUTRON J-C., *Droit européen*, Paris, Dalloz, « Mémentos Dalloz », 14ème éd., 2012, 330 p.

- HAAS E. B., *The Uniting of Europe : Political, Social and Economical Forces 1950-1957*, London, Stevens and Sons limited, 1958, 552 p.
- JACQUE J-P., *Droit institutionnel de l'Union européenne*, Paris, Dalloz, « Cours Dalloz », 7ème éd., 2012, 786 p.
- JOUANJAN O., *Une histoire de la pensée juridique en Allemagne (1800-1918) – Idéalisme et conceptualisme chez les juristes allemands du XIXe siècle*, Paris, PUF « Léviathan », 2005, 364 p.
- KARPENSCHIF M., NOURISSAT C., (dir.), *Les grands arrêts de la jurisprudence de l'Union européenne*, Paris, PUF, « Thémis », 2010, 448 p.
- LAIDI Z., *La norme sans la force – L'énigme de la puissance européenne*, Paris, Presses de Sciences Po, 3ème éd., 2013, 303 p.
- LARSEN S. R., *The constitutional theory of the federation and the European Union*, London, Oxford University Press, 2021, 212 p.
- LECOURT R., *L'Europe des juges*, Bruxelles, Bruylant, 2007 (réimpression de l'ouvrage publié aux éditions Bruylant en 1976), 321 p.
- MAGNETTE P., (Ed.), *La constitution de l'Europe*, Bruxelles, éd. de l'ULB, 2ème éd., 2002, 215 p.
- MALLIEUX F., *Doctrine de l'idéalisme juridique : introduction à la philosophie du droit*, Librairie du Recueil Sirey, Paris, 1934, 209 p.
- MANIN P., *Droit constitutionnel de l'Union européenne*, Paris, Pedone, « Etudes internationales – n° 6 », 2004, 555 p.
- MARTI G., *Les grandes notions du droit de l'Union européenne*, Paris, PUF, « Thémis – droit », 2023, 352 p.
- MASCLET J-C., *Les grands arrêts de droit communautaire*, Paris, PUF, « Que sais-je ? », 3ème éd., 2007, 127 p.
- MONNET J., *Les Etats-Unis d'Europe ont commencé – La Communauté européenne du charbon et de l'acier – Discours et allocutions, 1952-1954*, Paris, Robert Laffont, 1955, 171 p.
- MONNET J., *Mémoires*, Paris, Fayard, 1976, 642 p.
- OBERDORFF H., *L'Union européenne*, Grenoble, Presses Universitaires de Grenoble, « Europa », 2010, 332 p.
- PARSONS C., *A Certain Idea of Europe*, Ithaca, Cornell University Press, 2003, 249 p.
- PERNICE I., *Fondements du droit constitutionnel européen*, Paris, Pedone, « Cours et travaux », 2004, 93 p.
- PESCATORE P., *Le droit de l'intégration - Emergence d'un phénomène nouveau dans les relations internationales selon l'expérience des Communautés européennes*, Bruxelles, Bruylant, « Droit de l'Union européenne », 2005 (réimpression de l'ouvrage publié chez A.W. Sijthoff-Leiden en 1972), 100 p.
- PESCATORE P., *L'ordre juridique des Communautés européennes. Etude des sources du droit communautaire*, Bruxelles, Bruylant, « Droit de l'Union européenne », 2006, (réimpression de l'ouvrage publié aux Presses universitaires de Liège en 1975), 334 p.
- PHILLIPE B., *Politique agricole européenne et marchés mondiaux*, Paris, Economica, 1986, 267 p.

- PICOD F. (dir.), *Jurisprudence de la CJUE 2020 – Décisions et commentaires*, Bruxelles, Bruylant, « Droit de l'Union européenne – Grands arrêts », 2021, 1190 p.
- PICOD F. (dir.), *Jurisprudence de la CJUE 2021 – Décisions et commentaires*, Bruxelles, Bruylant, « Droit de l'Union européenne – Grands arrêts », 2022, 1093 p.
- QUERMONNE J-L. (dir.), *Les mots de l'Europe – Lexique de l'intégration européenne,* Paris, Presses de Sciences Po, 2001, 362 p.
- REUTER P., *La Communauté européenne du charbon et de l'acier*, LGDJ, Paris, 1953, 320 p.
- RIDEAU J., *Droit institutionnel de l'Union européenne,* Paris, LGDJ, Lextenso éditions, 6ème éd., 2010, 1464 p.
- RIDEAU J., PEREZ S., *Les États membres de l'Union européenne : adéquations et résistances*, Bruxelles, Bruylant, « Droit de l'Union européenne – Grands écrits », 2020, 717 p.
- ROUX J., *Droit général de l'Union européenne*, Paris, LexisNexis, 4ème éd., 2012, 426 p.
- SAURUGGER S., *Théories et concepts de l'intégration européenne*, Paris, Presses de Sciences Po, 2ème éd., 2020, 448 p.
- SCHMITT C., *Théorie de la Constitution*, trad. franç. DEROCHE L., Paris, PUF, 2008, 576 p.
- SCHWOK R., *Théories de l'intégration européenne*, Paris, Montchrestien, « Clefs – Politique », 2005, 154 p.
- SIMON D., *Le système juridique communautaire*, Paris, PUF, 3ème éd., 1997, 779 p.
- SPAAK P-H., *Combats inachevés – De l'indépendance à l'alliance*, Fayard, 1969, vol. I, 315 p.
- SPAAK P-H., *Combats inachevés – De l'espoir aux déceptions*, Fayard, 1969, vol. II, 444 p.
- TEITGEN P-H., *Cours de droit institutionnel communautaire, structure et fonctionnement des Communautés européennes*, Paris, « Les cours de droit », 1974-1975, 529 p.
- TEITGEN P-H., *Droit institutionnel communautaire*, Bruxelles, Bruylant, « Droit de l'Union européenne – Grands écrits », 2019, 410 p.
- VAN CLEYNENBREUGEL P., *Droit matériel de l'Union européenne – Libertés de circulation et marché intérieur*, Bruxelles, Larcier, « Collection de la Faculté de droit de l'Université de Liège », 2017, 348 p.
- VAN RAEPENBUSCH S., *Droit institutionnel de l'Union européenne*, Bruxelles, Larcier, « Europe(s) », 2011, 781 p.
- VAN WAEYENBERGE A., *Nouveaux instruments juridiques de l'Union européenne – Evolution de la méthode communautaire*, Bruxelles, Larcier, 2015, 372 p.
- VERHOEVEN J., *Droit international public*, Bruxelles, Larcier, 2000, 856 p.

III. Articles – Contributions

- AGOSTINI C., « Pour une théorie réaliste de la validité », in DE BECHILLON D. et al. (dir.), *L'architecture du droit. Mélanges en l'honneur de Michel Troper*, Paris, Economica, 2006, pp.1-20.
- ALLAND D., « A la recherche de la primauté du droit communautaire », *Droits*, 2007, n° 45, pp. 109-125.
- AMIRANTE C., « Union européenne et libertés économiques entre marché, Etat et démocratie », in DE BECHILLON D. et al. (dir.), *L'architecture du droit. Mélanges en l'honneur de Michel Troper*, Paris, Economica, 2006, pp. 35-50.
- AZOULAI L., PICOD F., « L'Union européenne », in CHAGNOLLAUD D., TROPER M. (dir.), *Traité international de droit constitutionnel – Distribution des pouvoirs*, Paris, Dalloz, 2012, tome 2, pp. 77-109.
- BADIE B., « De la souveraineté à la capacité de l'Etat », in SMOUTS M-C (dir.), *Les nouvelles relations internationales. Pratiques et théories*, Paris, Presses de Sciences Po, 1998, pp. 37-58.
- BAUER-BERNET H., « Notions indéterminées et droit communautaire », in PERELMAN C., VANDER ELST R., (Ed.), *Les notions à contenu variable, Etudes publiées par Charles Perelman et Raymond Vander Elst,* Bruxelles, Bruylant, 1984, pp. 269-296.
- BEAUD O., « Peut-on penser l'Union européenne comme une fédération ? » in ESPOSITO F., LEVRAT N., (Ed.), *Europe : de l'intégration à la fédération*, Bruxelles, Bruylant-Academia, 2010, pp. 71-103.
- BEGG I., "EMU : consolidating and extending the policy system", in VANDERSANDEN G. (dir.), *Mélanges en hommage à Jean-Victor Louis*, Bruxelles, éd. de l'ULB, 2003, vol. II, pp. 191-202.
- BLANC D., « Histoire juridique des traités de l'Union européenne de Maastricht à Lisbonne », *Répertoire de droit européen*, février 2023, pp. 1-48.
- BLANQUET M., « L'acquis constitutionnel », *Revue des affaires européennes – Law & European Affairs*, 2001-2002, pp. 941-975.
- BLANQUET M., « Le système communautaire à l'épreuve de la « gouvernance européenne ». Pour une « nouvelle gouvernance raisonnée » », in BLANQUET M. (dir.), *Mélanges en hommage à Guy Isaac. 50 ans de droit communautaire*, Toulouse, Presses de l'Université des Sciences sociales, 2004, vol. I, pp. 239-269.
- BLASZCZYK M.C., « L'impact de l'élargissement vers les pays d'Europe centrale et orientale », in CERIC (Ed.), *L'intégration européenne au XXIe siècle. En hommage à Jacques Bourrinet*, Paris, La documentation française, 2004, pp. 159-167.
- BLIN O., « 50 ans de Commission européenne ou la légitimité intégrative en question », in BLANQUET M. (dir.), *Mélanges en hommage à Guy Isaac. 50 ans de droit communautaire*, Toulouse, Presses de l'Université des Sciences sociales, 2004, vol. I, pp. 287-321.
- BLUMANN C., « Quelques réflexions sur la notion de communautarisation dans le cadre de l'Union européenne », in *Droit et politique à la croisée des cultures. Mélanges Philippe Ardant*, Paris, LGDJ, 1999, pp. 61-76.

- BLUMANN C., « Essai sur le processus de constitutionnalisation de l'Union européenne », in GARBAR C-A. (dir.), *Les mutations contemporaines du droit public. Mélanges en l'honneur de Benoît Jeanneau*, Paris, Dalloz, 2002, pp. 277-292.
- BLUMANN C., « L'apport du droit de retrait à la qualification juridique de l'Union », in Centre de recherche sur l'Union européenne (Ed.), *L'Union européenne - Union de droit, union des droits. Mélanges en l'honneur du Professeur Philippe Manin*, Paris, Pedone, 2010, pp. 53-68.
- BORDES C., « Change – L'intégration monétaire européenne », *Encyclopædia Universalis* [en ligne], consulté le 27 octobre 2022, https://www.universalis.fr/encyclopedie/change-l-integration-monetaire-europeenne/
- BOURGUINAT H., « La zone européenne : les acquis et les défis », in CERIC (Ed.), *L'intégration européenne au XXIe siècle. En hommage à Jacques Bourrinet*, Paris, La documentation française, 2004, pp. 191-209.
- BOURRINET J., « L'intégration européenne confrontée aux défis du XXIème siècle », in CERIC (Ed.), *L'intégration européenne au XXIe siècle. En hommage à Jacques Bourrinet*, Paris, La documentation française, 2004, pp. 11-24.
- BROSSET E., « Le discours juridictionnel et les rapports entre ordres juridiques », in MICHEL V. (dir.), *Le droit, les institutions et les politiques de l'Union européenne face à l'impératif de cohérence*, Strasbourg, Presses universitaires de Strasbourg, 2009, pp. 243-270.
- BROUILLET E., GAGNON A-G., LAFOREST G., « Introduction – 1864, une année charnière dans l'avènement de la Confédération canadienne », in BROUILLET E., GAGNON A-G., LAFOREST G. (dir.), *LA CONFÉRENCE DE QUÉBEC DE 1864 150 ans plus tard – Comprendre l'émergence de la fédération canadienne*, Presses de l'Université Laval, Québec, 2016, pp. 1-27.
- BROUSSY E., DONNAT F., LAMBERT C., « *Suum cuique* : La Cour de justice ignore-t-elle la souveraineté des Etats membres ? », in *L'Etat souverain dans le monde d'aujourd'hui. Mélanges en l'honneur de Jean-Pierre Puissochet*, Paris, Pedone, 2008, pp. 19-25.
- BRUNET M., NOËL A., « CANADA - Histoire et politique », *Encyclopædia Universalis* [en ligne], consulté le 2 septembre 2022, https://www.universalis.fr/encyclopedie/canada-histoire-et-politique/
- BURGORGUE-LARSEN L., « Le traité établissant une constitution pour l'Europe au carrefour des ambivalences », in CERIC (Ed.), *L'intégration européenne au XXIe siècle. En hommage à Jacques Bourrinet*, Paris, La documentation française, 2004, pp. 39-71.
- BURROWS N., « The risks of widening without deepening », *European Law Review*, 1992, n° 4, pp. 352-360.
- CARABIBER C., « Le fédéralisme international dans l'œuvre du Professeur Georges Scelle », in *La Technique et les principes du droit public – Etudes en l'honneur de Georges Scelle*, Paris, LGDJ, 1950, tome I, pp. 55-66.
- CARCASSONNE G., « La Fédération éclairée », *Le Monde*, 29 février 2008, recension de l'ouvrage, *Théorie de la Fédération.*
- CAUNES K., « La nature du système juridique européen : retour sur le principe de primauté », in ZILLER J. (dir.), *L'européanisation des droits constitutionnels*

à la lumière de la Constitution pour l'Europe, Paris, L'Harmattan, 2003, pp. 281-298.
- CEREXHE E., « La problématique juridique des phénomènes d'intégration », in Institut d'études juridiques européennes (Ed.), *Mélanges Fernand Dehousse, vol. II : La construction européenne*, Bruxelles, Labor, 1979, p. 11-17.
- CHALMERS D., « Judicial preferences and the Community legal order », *Modern Law Review*, 1997, n ° 60, pp. 164-199.
- CHALTIEL F., « La souveraineté et l'Union européenne à la croisée des chemins », *Les Petites Affiches*, 22 janvier 2003, n° 16, pp. 6-10.
- CHARPENTIER J., « De la personnalité juridique de l'Union européenne », in GALABERT J-M, TERCINET M-R (dir.) *Mélanges en l'honneur du professeur Gustave Peiser*, Grenoble, Presses universitaires de Grenoble, 1995, pp. 93-102.
- COLARD D., « Le couple franco-allemand et la construction européenne », in BLANQUET M. (dir.), *Mélanges en hommage à Guy Isaac. 50 ans de droit communautaire*, Toulouse, Presses de l'Université des Sciences sociales, 2004, vol. I, pp. 43-54.
- COMBACAU J., « Sources internationales et européennes du droit constitutionnel », in CHAGNOLLAUD D., TROPER M. (dir.), *Traité international de droit constitutionnel – Théorie de la Constitution*, Paris, Dalloz, 2012, tome 1, pp. 405-439.
- CONSTANTINESCO L-J, « Fédéralisme-constitutionnaliste ou fonctionnalisme ? », in Institut d'études juridiques européennes (Ed.), *Mélanges Fernand Dehousse, vol. II : La construction européenne*, Bruxelles, Labor, 1979, pp. 19-27.
- CONSTANTINESCO V., « La primauté du droit communautaire, mythe ou réalité ? », in LÜKE G. (Ed.), *Rechtsvergleichung, Europarecht und Staatenintegration. Gedächtnisschrift für Léontin-Jean Constantinesco*, Köln, Berlin, Heymann, 1983, pp. 109-123.
- CONSTANTINESCO V., « L'article 5 CEE, de la bonne foi à la loyauté communautaire », in CAPOTORTI F., EHLERMANN C-D., et al (dir.), *Du droit international au droit de l'intégration : Liber amicorum Pierre Pescatore,* Baden-Baden, Nomos Verlagsgesellschaft, 1987, pp. 97-114.
- CONSTANTINESCO V., « Le principe de subsidiarité : un passage obligé vers l'union européenne », in *L'Europe et le droit. Mélanges en hommage à Jean Boulouis*, Paris, Dalloz, 1991, pp. 35-45.
- CONSTANTINESCO V., « L'émergence d'un droit constitutionnel européen / Rapport de synthèse », in FLAUSS J-F (dir.), *Vers un droit constitutionnel européen ? Quel droit constitutionnel européen ?*, Actes du colloque de Strasbourg des 18 et 19 juin 1993, *Revue universelle des droits de l'Homme*, 1995, vol. 7, pp. 445-450.
- CONSTANTINESCO V., « Les noms de l'Europe (des Communautés européennes à l'Union européenne) », in FLAUSS J-F, WACHSMANN P. *et al* (Ed.), *Le droit des organisations internationales.* Recueil d'études à la mémoire *de Jacques Schwob,* Bruylant, Bruxelles, 1997, pp. 309-330.

- CONSTANTINESCO V., « Par la norme vers la puissance ? L'expérience de l'Union européenne », in *Terres du droit. Mélanges en l'honneur d'Yves Jégouzo*, Paris, Dalloz, 2009, pp. 15-29.
- CONSTANTINESCO V., « La confrontation entre identité constitutionnelle européenne et identités constitutionnelles nationales : convergence ou contradiction ? Contrepoint ou hiérarchie ? », in Centre de recherche sur l'Union européenne, *L'Union européenne - Union de droit, union des droits. Mélanges en l'honneur du Professeur Philippe Manin*, Paris, Pedone, 2010, pp. 79-94.
- D. PLIAKOS A., « La nature juridique de l'Union européenne », *Revue trimestrielle de droit européen*, 1993, pp. 187-224.
- DAINTITH T., « Pouvoir étatique en droit et en économie », in *Philosophie du droit et droit économique, Quel dialogue ? Mélanges en l'honneur de Gérard Farjat*, Paris, Frison-Roche, 1999, pp. 367-380.
- DE LA ROSA S., « Cohérence du système communautaire et recours à la méthode ouverte de coordination », in MICHEL V. (dir.), *Le droit, les institutions et les politiques de l'Union européenne face à l'impératif de cohérence*, Strasbourg, Presses universitaires de Strasbourg, 2009, pp. 147-168.
- DE RAULIN A., « D'Aix la chapelle à Nice et le rêve d'une grande Europe », in BLANQUET M. (dir.), *Mélanges en hommage à Guy Isaac. 50 ans de droit communautaire*, Toulouse, Presses de l'Université des Sciences sociales, 2004, vol. I, pp. 31-41.
- DEBARD T., « A propos du processus de constitutionnalisation des traités. Brèves remarques, à mi-parcours, sur les exigences du formalisme juridique et de la démocratie », in *Les dynamiques du droit européen en début de siècle. Etudes en l'honneur de Jean-Claude Gautron*, Paris, Pédone, 2004, pp. 283-293.
- DEHOUSSE R., « La méthode communautaire a-t-elle encore un avenir ? », in VANDERSANDEN G. (dir.), *Mélanges en hommage à Jean-Victor Louis*, Bruxelles, éd. de l'ULB, 2003, vol. I, pp. 95-106.
- DELLAVALLE S., « La construction de l'Union européenne : une Constitution sans peuple ? », in CAZZANIGA G.M., ZARKA Y.C., (dir.), *Penser la souveraineté à l'époque moderne et contemporaine*, Paris, J. Vrin, 2001, pp. 543-562.
- DEPIGNY Y., « Étude critique de la théorie de la fédération de Olivier Beaud », *Revue de la recherche juridique – Droit prospectif*, 2011, n° 3, pp. 1171-1183.
- DE WITTE B., « Retour à « Costa » : la primauté du droit communautaire à la lumière du droit international », *Revue trimestrielle de droit européen*, 1984, pp. 425-454.
- DIECKHOFF A., JAFFRELOT C., « De l'Etat-nation au post-nationalisme ? », in SMOUTS M-C (dir.), *Les nouvelles relations internationales. Pratiques et théories*, Paris, Presses de Sciences Po, 1998, pp. 59-74.
- DONNER A.M., « Miroir du juge », in CAPOTORTI F., EHLERMANN C-D., et al (dir.), *Du droit international au droit de l'intégration : Liber amicorum Pierre Pescatore,* Baden-Baden, Nomos Verlagsgesellschaft, 1987, pp. 195-203.
- DUBOS O., « L'UE : sphinx ou énigme ? », in *Les dynamiques du droit européen en début de siècle. Etudes en l'honneur de Jean-Claude Gautron*, Paris, Pédone, 2004, pp. 29-56.

- DUBOUIS L., « Droit administratif et droit communautaire : deux cultures juridiques ? », in *Droit et politique à la croisée des cultures. Mélanges Philippe Ardant*, Paris, L.G.D.J, 1999, pp. 443-452.
- DUMONT H., « La question de l'Etat européen du point de vue d'un constitutionnaliste », *Droit et Société*, 2003, n° 53, pp. 29-71.
- DUPUY R-J., « La politique européenne du destin selon Jean Giraudoux », in *L'Europe et le droit. Mélanges en hommage à Jean Boulouis*, Paris, Dalloz, 1991, pp. 221-228.
- DUVERGER M., « Le pouvoir constituant dans l'Union européenne », in *A constitution for the European Union ? Working paper of the European University Institute*, 1995, n° 9, pp. 35-40.
- FAVOREU L., « Quel(s) modèle(s) constitutionnel(s) ? », in FLAUSS J-F (dir.), *Vers un droit constitutionnel européen ? Quel droit constitutionnel européen ?*, Actes du colloque de Strasbourg des 18 et 19 juin 1993, *Revue universelle des droits de l'Homme*, 1995, vol. 7, pp. 357-364.
- FAVOREU L., « Les Cours de Luxembourg et de Strasbourg ne sont pas des cours constitutionnelles », in *Au carrefour des droits. Mélanges en l'honneur de Louis Dubouis*, Paris, Dalloz, 2002, pp. 35-45.
- GAILLARD M. « La « compétence de la compétence » dans l'Union européenne », in DEBARD T. (dir.), *Les procédures de révision des traités communautaires : du droit international au droit constitutionnel*, Actes du colloque du Centre d'études européennes du 27 octobre 2000, Bruxelles, Bruylant, 2001, pp. 111-126.
- GANSHOF VAN DER MEERSCH W., « L'ordre juridique des Communautés européennes et le droit international », *Recueil des cours - Académie de droit international de La Haye*, 1978, vol. 148, 433 p.
- GARRON R., « Réflexions sur la primauté du droit communautaire », *Revue trimestrielle de droit européen*, 1969, pp. 28-48.
- GAUDIN H., « La « fonction constituante » de la Cour de justice des communautés européennes », in DEBARD T. (dir.), *Les procédures de révision des traités communautaires : du droit international au droit constitutionnel*, Actes du colloque du Centre d'études européennes du 27 octobre 2000, Bruxelles, Bruylant, 2001, pp. 25-52.
- GAUDIN H., « Révision des traités communautaires, révision des constitutions nationales : recherche sur la symétrie d'un phénomène », in BLANQUET M. (dir.), *Mélanges en hommage à Guy Isaac. 50 ans de droit communautaire*, Toulouse, Presses de l'Université des Sciences sociales, 2004, vol. II, pp. 541-557.
- GAUDIN H., « L'Etat vu de la Communauté et de l'Union européennes », *Annuaire de droit européen*, 2004, n° 2, pp. 231-256.
- GAUDIN H., « Primauté, la fin d'un mythe ? Autour de la jurisprudence de la Cour de justice », in Centre de recherche sur l'Union européenne, *L'Union européenne - Union de droit, union des droits. Mélanges en l'honneur du Professeur Philippe Manin*, Paris, Pedone, 2010, pp. 639-656.

- GAUDISSART M-A., « La portée des avis 1/91 et 1/92 de la Cour de justice des Communautés européennes », *Revue du marché unique européen* (devenue *Revue du droit de l'Union européenne)*, 1992, n° 2, pp. 121-136.
- GAUTRON J-C., GRARD L., « Le droit international dans la construction de l'Union européenne », in SFDI (Ed.), *Droit international et droit communautaire, perspectives actuelles*, Actes du colloque de la SFDI du 30 septembre au 2 octobre 1999, Paris, Pedone, 2000, pp. 11-152.
- GAUTRON J-C, « Un ordre juridique autonome et hiérarchisé », in Joël RIDEAU (dir.), *De la Communauté de droit à l'Union de droit, continuités et avatars européens*, Paris, LGDJ, 2000, pp. 25-41.
- GAUTRON J-C, « Fédéralisme fiscal et fédéralisme budgétaire d'un mythe à l'autre », in BLANQUET M. (dir.), *Mélanges en hommage à Guy Isaac. 50 ans de droit communautaire*, Toulouse, Presses de l'Université des Sciences sociales, 2004, vol. II, pp. 877-888.
- GAUTRON J-C., « Le droit de l'Union européenne connaît-il le phénomène des cycles ? », in COHEN-JONATHAN G., CONSTANTINESCO V., MICHEL V., (dir.*), Chemins d'Europe. Mélanges en l'honneur de Jean-Paul Jacqué*, Paris, Dalloz, 2010, pp. 305-317.
- GELAS H., « De la fécondité des crises. Le rôle des crises dans la construction européenne », *Droits*, 2007, n° 45, pp. 35-45.
- GIRAUD E., « Le rejet de l'idée de souveraineté, l'aspect juridique et l'aspect politique de la question », in *La technique et les principes du droit public – Etudes en l'honneur de Georges Scelle*, Paris, LGDJ, 1950, tome I, pp. 253-266.
- GLAESNER H-J, « Les objectifs de la Communauté économique européenne. Origine et développements », in *L'Europe et le droit. Mélanges en hommage à Jean Boulouis*, Paris, Dalloz, 1991, pp. 285-295.
- GRAF VITZTHUM W., « L'odyssée de l'Europe au XXIème siècle », in CERIC (Ed.), *L'intégration européenne au XXIe siècle. En hommage à Jacques Bourrinet*, Paris, La documentation française, 2004, pp. 25-35.
- GREWE C., « La situation respective du droit international et du droit communautaire dans le droit constitutionnel des Etats », in SFDI (Ed.), *Droit international et droit communautaire, perspectives actuelles*, Actes du colloque de la SFDI du 30 septembre au 2 octobre 1999, Paris, Pedone, 2000, pp. 251-282.
- HAURIOU M., « La théorie de l'institution et de fondation », in *La cité moderne et les transformations du droit, Cahiers de la Nouvelle Journée*, Paris, Librairie Bloud & Gay, 1925, n° 4, pp. 1-147.
- KAPTEYN P.J.P, "Outgrowing the treaty of Rome : from market integration to policy integration", in Institut d'études juridiques européennes (Ed.), *Mélanges Fernand Dehousse, vol. II : La construction européenne*, Bruxelles, Labor, 1979, pp. 45-54.
- KOVAR R., « La contribution de la Cour de justice à l'édification de l'ordre juridique communautaire », *Recueil des Cours de l'Académie de Droit Européen*, 1995, vol. IV-1, pp. 15-122.
- LAGRANCE M., « La Cour de justice des Communautés européennes du plan Schuman à l'Union européenne », in Institut d'études juridiques européennes

(Ed.), *Mélanges Fernand Dehousse, vol. II : La construction européenne*, Bruxelles, Labor, 1979, pp. 127-135.
- LEBEN C., « A propos de la nature juridique des Communautés Européennes », *Droits*, 1991, n° 14, pp. 61-72.
- LECOURT R., « Le rôle unificateur du juge dans la Communauté » in *Etudes de droit des Communautés européennes. Mélanges offerts à Pierre-Henri Teitgen*, Paris, Pedone, 1984, pp. 223-237.
- LECOURT R., « Quel eût été le droit des Communautés sans les arrêts de 1963 et 1964 ? », in *L'Europe et le droit. Mélanges en hommage à Jean Boulouis*, Paris, Dalloz, 1991, pp. 349-361.
- LENAERTS K., « Le cadre constitutionnel de l'Union et l'autonomie fonctionnelle de son ordre juridique », in PETRLIK D. et al. (dir.), *Évolution des rapports entre les ordres juridiques de l'Union européenne, international et nationaux : liber amicorum Jiří Malenovský*, Bruxelles, Bruylant, 2020, pp. 285-306.
- LENAERTS K., GUTIERREZ-FONS J. A., « The autonomy of EU law, legal theory and european integration *», European papers*, 2023, vol. 8, n° 3, pp. 1495-1511.
- LEQUESNE C., « Comment penser l'Union européenne ? », in SMOUTS M-C (dir.), *Les nouvelles relations internationales. Pratiques et théories*, Paris, Presses de Sciences Po, 1998, pp. 103-134.
- LEVADE A., « Identité constitutionnelle et exigence existentielle : comment concilier l'inconciliable ? », in Centre de recherche sur l'Union européenne, *L'Union européenne - Union de droit, union des droits. Mélanges en l'honneur du Professeur Philippe Manin*, Paris, Pedone, 2010, pp. 109-128.
- LOUIS J-V., « La primauté du droit international et du droit communautaire après l'arrêt « Le Ski » », in Institut d'études juridiques européennes (Ed.), *Mélanges Fernand Dehousse, vol. II : La construction européenne*, Bruxelles, Labor, 1979, pp. 235-242.
- LOUIS J-V., « Un gouvernement pour la Communauté européenne » in *Présence du droit public et des droits de l'Homme, Mélanges offerts à Jacques Velu*, Bruylant, Bruxelles, 1992, tome I, pp. 177-191.
- LOUIS J-V., « La primauté du droit de l'Union, un concept dépassé ? », in COHEN-JONATHAN G., CONSTANTINESCO V., MICHEL V., (dir.*), Chemins d'Europe. Mélanges en l'honneur de Jean-Paul Jacqué*, Paris, Dalloz, 2010, pp. 443-461.
- MADDALON P., « La dynamique de la démarche communautaire dans la construction européenne dans la jurisprudence de la CJCE », in HERVOUET F., NOREL P. (dir.), *La dynamique de la démarche communautaire dans la construction européenne*, Actes du colloque de la CEDECE des 12,13 et 14 octobre 2000, Paris, La documentation française, 2002, vol. II, pp. 79-89.
- MANIN P., « L'influence du droit international sur la jurisprudence communautaire », in SFDI (Ed.), *Droit international et droit communautaire, perspectives actuelles*, Actes du colloque de la SFDI du 30 septembre au 2 octobre 1999, Paris, Pedone, 2000, pp. 153-168.

- MANIN P., « La « méthode communautaire » : changement et permanence », in BLANQUET M. (dir.), *Mélanges en hommage à Guy Isaac. 50 ans de droit communautaire*, Toulouse, Presses de l'Université des Sciences sociales, 2004, vol. I, pp. 213-237.
- MANIN P., « La transformation de la Communauté européenne et le traité de Lisbonne », in *Terres du droit. Mélanges en l'honneur d'Yves Jégouzo*, Paris, Dalloz, 2009, pp. 85-98.
- MARX R., OLLIVIER M., « L'acte de l'Amérique du nord britannique », *Encyclopædia Universalis* [en ligne], consulté le 30 août 2022, https://www.universalis.fr/encyclopedie/acte-de-l-amerique-du-nord-britannique/
- MAULIN E., « Le pouvoir constituant dans l'Union européenne », *Droits*, 2007, n° 45, pp. 73-88.
- MAULIN E., « Cohérence et ordre juridique », in MICHEL V. (dir.), *Le droit, les institutions et les politiques de l'Union européenne face à l'impératif de cohérence*, Strasbourg, Presses universitaires de Strasbourg, 2009, pp. 9-24.
- MEHDI R., « Ordre juridique de l'Union européenne. – Effet direct », *JurisClasseur Europe – Traité*, fasc. 195, 2022.
- MEHDI R., « Ordre juridique de l'Union européenne. – Primauté du droit de l'Union européenne », *JurisClasseur Europe – Traité*, fasc. 196, 2022.
- MERTENS DE WILMARS J., « Réflexions sur les méthodes d'interprétation de la Cour de justice des Communautés européennes », *Cahiers de Droit Européen*, 1986, pp. 5-20.
- MERTENS DE WILMARS J., NYSSENS H., « Intégration européenne et correction des mécanismes du marché. Un modèle économique et social européen », in *Philosophie du droit et droit économique, Quel dialogue ? Mélanges en l'honneur de Gérard Farjat*, Paris, Frison-Roche, 1999, pp. 557-579.
- MICHEA F., « La primauté du droit de l'Union à la lumière du traité de Lisbonne », *Revue du Marché commun et de l'Union européenne*, juillet-août 2008, n° 520, pp. 446-447.
- MICHEL V., « Brèves réflexions sur une méthode d'élaboration du droit primaire », in COHEN-JONATHAN G., CONSTANTINESCO V., MICHEL V., (dir.*), Chemins d'Europe. Mélanges en l'honneur de Jean-Paul Jacqué*, Paris, Dalloz, 2010, pp. 499-509.
- MONACO R., « Les principes d'interprétation suivis par la Cour de justice des Communautés européennes », in *Mélanges offerts à Henri Rolin. Problèmes de droit des gens,* Paris, Pedone, 1964, pp. 217-227.
- MONJAL P-Y., « L'Avis 1/17 de la Cour de justice et le système juridictionnel des investissements : le CETA comme Gold-standard trade pact », *Revue du droit de l'Union européenne*, 2019, n° 2, pp. 11-13.
- MOUSKHELY M., « La théorie du fédéralisme », in *La technique et les principes du droit public – Etudes en l'honneur de Georges Scelle*, Paris, LGDJ, 1950, tome I, pp. 397-414.
- NEFRAMI E., « Accords internationaux. – Les accords internationaux dans l'ordre juridique de l'Union », *JurisClasseur Europe – Traité*, fasc. 192-2, 2021.

- PELLET A., « Les fondements juridiques internationaux du droit communautaire », *Recueil des Cours de l'Académie de Droit Européen*, 1997, vol. 2, pp. 193-271.
- PERALDI LENEUF F., « La Cour de justice des communautés européennes, cour suprême et/ou cour constitutionnelle ? », in HERVOUET F., NOREL P. (dir.), *La dynamique de la démarche communautaire dans la construction européenne*, Actes du colloque de la CEDECE des 12,13 et 14 octobre 2000, Paris, La documentation française, 2002, vol. II, pp. 7-25.
- PERELMAN C., « Les notions à contenu variable en droit, essai de synthèse », in PERELMAN C., VANDER ELST R. (Ed.), *Les notions à contenu variable, Etudes publiées par Charles Perelman et Raymond Vander Elst*, Bruxelles, Bruylant, 1984, pp. 363-374.
- PERNICE I., « Multilevel constitutionalism in the European Union », *European Law Review*, 2002, n° 5, pp. 511-529.
- PESCATORE P., « La carence du législateur communautaire et le devoir du juge », in LÜKE G. (Ed.), *Rechtsvergleichung, Europarecht und Staatenintegration. Gedächtnisschrift für Léontin-Jean Constantinesco*, Köln, Berlin, 1983, pp. 559-580.
- PESCATORE P., « Les objectifs de la Communauté européenne comme principes d'interprétation dans la jurisprudence de la Cour de Justice », in Université libre de Bruxelles, Centre interuniversitaire de droit public (éd), *Miscellanea W.J. Ganshof van der Meersch : studia ab discipulis amicisque in honorem egregii professoris edita,* Bruxelles et Paris, 1972, vol. 2, pp. 325-363.
- PLIAKOS A. D., « La nature juridique de l'Union européenne », *Revue trimestrielle de droit européen*, 1993, pp. 187-224.
- POTTEAU A., « Les dimensions constitutionnelles de l'autonomie de l'ordre juridique communautaire », in Centre de recherche sur l'Union européenne, *L'Union européenne - Union de droit, union des droits. Mélanges en l'honneur du Professeur Philippe Manin*, Paris, Pedone, 2010, pp. 179-196.
- PRAT A., « La différenciation, réponse au grand nombre d'Etats membres ? », in CERIC (Ed.), *L'intégration européenne au XXIe siècle. En hommage à Jacques Bourrinet*, Paris, La documentation française, 2004, pp. 73-86.
- QUERMONNE J-L., « Vers un pacte constitutionnel européen ? », in DEBARD T. (dir.), *Les procédures de révision des traités communautaires : du droit international au droit constitutionnel*, Actes du colloque du Centre d'études européennes du 27 octobre 2000, Bruxelles, Bruylant, 2001, pp. 147-155.
- RASMUSSEN H., "The Court of Justice of the European Communities and the process of integration", in ORBAN E., FAVOREU L. *et al.*, *Fédéralisme et Cours suprêmes,* Bruylant, Bruxelles, 1991, pp. 199-237.
- REUTER P., « Aux origines du Plan Schuman », in Institut d'études juridiques européennes (Ed.), *Mélanges Fernand Dehousse, vol. II : La construction européenne*, Bruxelles, Labor, 1979, pp. 65-68.
- REY J., « Les obstacles à l'intégration européenne », in Institut d'études juridiques européennes (Ed.), *Mélanges Fernand Dehousse, vol. II : La construction européenne*, Bruxelles, Labor, 1979, pp. 69-71.

- RIALS S., « Les standards, notions critiques du droit », in PERELMAN C., VANDER ELST R., (Ed.), *Les notions à contenu variable, Etudes publiées par Charles Perelman et Raymond Vander Elst*, Bruxelles, Bruylant, 1984, pp. 39-53.
- RIDEAU J. « Aspects juridiques de l'intégration économique en Europe : les Communautés européennes », in RIDEAU J. (Ed.), *Les aspects juridiques de l'intégration économique*, Académie de droit international de la Haye, Colloque de 1971, Sijthoff, Leiden, 1972, pp. 187-278.
- RIGAUX A., SIMON D., « L'arrêt Poplawski 2 : accroc limité ou ébranlement général dans la mise en œuvre de la primauté par le juge national ? », *Europe*, 2019, n° 10, étude n° 7, pp. 1-8.
- RODRIGUEZ IGLESIAS G.C., « Quelques réflexions sur la singularité des rapports du droit communautaire avec d'autres ordres juridiques », in VANDERSANDEN G. (dir.), *Mélanges en hommage à Jean-Victor Louis*, Bruxelles, éd. de l'ULB, 2003, vol. I, pp. 389-407.
- ROLIN H., « De la volonté générale dans les organisations internationales », in *La technique et les principes du droit public – Etudes en l'honneur de Georges Scelle*, Paris, LGDJ, 1950, tome II, pp. 553-564.
- ROUSSEAU D., « « Traité constitutionnel », un monstre juridique », *Le Monde*, 22 octobre 2002.
- RUBIO N., « Les droits dérivés des membres de la famille, de nationalité d'un État tiers, du citoyen de l'Union européenne », in LANFRANCHI M-P., et al. (dir.), *Nationalité et citoyenneté – perspectives de droit comparé, droit européen et droit international*, Bruxelles, Bruylant, 2012, pp. 229-244.
- SAIZ J-M., « La visión cristiana de los padres de Europa », *UNISCI Discussion Papers* [en ligne], n° 14, may 2007, pp. 115-129, [consulté le 24 avril 2020], http://www.unisci.es/la-vision-cristiana-de-los-padres-de-europa/
- SCHELLING T., SIMMONDS K., « The autonomy of the Community legal order: an analysis of possible foundations », *Harvard, International Law Journal*, 1996, vol. 37, n° 2, pp. 389-409.
- SCHNEIDER C., « Libres propos sur la contribution du droit à la dynamique de l'Europe puissance », in HERVOUET F., NOREL P. (dir.), *La dynamique de la démarche communautaire dans la construction européenne*, Actes du colloque de la CEDECE des 12,13 et 14 octobre 2000, Paris, La documentation française, 2002, vol. I, pp. 21-33.
- SIMON D., « Les exigences de la primauté du droit communautaire : continuité ou métamorphoses ? », in *L'Europe et le droit. Mélanges en hommage à Jean Boulouis*, Paris, Dalloz, 1991, pp. 481-493.
- SIMON D., « Les fondements de l'autonomie du droit communautaire », in SFDI (Ed.), *Droit international et droit communautaire, perspectives actuelles*, Actes du colloque de la SFDI du 30 septembre au 2 octobre 1999, Paris, Pedone, 2000, pp. 207-249.
- SIMON D., « Rapport introductif : Cohérence et ordre juridique communautaire », in MICHEL V. (dir.), *Le droit, les institutions et les politiques de l'Union européenne face à l'impératif de cohérence*, Strasbourg, Presses universitaires de Strasbourg, 2009, pp. 25-40.

- SINKONDO M., « Les droits identitaires de l'État et des personnes humaines à l'épreuve des réalités de la puissance étatique et de la théorie de la fédération », *Revue de la recherche juridique – Droit prospectif*, 2016, n° 3, pp. 991-1014.
- SOULIER G., DESCAMPS O., « Histoire de la construction européenne », JurisClasseur Europe – Traité, fasc. 100, 2021.
- SUEUR J-J., « Droit économique et méthodologie du droit », in *Philosophie du droit et droit économique, Quel dialogue ? Mélanges en l'honneur de Gérard Farjat*, Paris, Frison-Roche, 1999, pp. 291-308.
- TEITGEN P-H., « Le fédéralisme et l'Union française », in ARON R. (dir.), *L'ère des Fédérations*, Paris, Plon, 1958, pp. 171-180.
- THOUVENIN J-M., « Le droit communautaire, le droit international et l'arrêt *Kadi* du 3 septembre 2008 », *Revue du Marché commun et de l'Union européenne*, décembre 2008, n° 523, pp. 653-656.
- TIZZANO A., « L'article 235 CEE et le développement des compétences communautaires », in LÜKE G. (Ed.), *Rechtsvergleichung, Europarecht und Staatenintegration. Gedächtnisschrift für Léontin-Jean Constantinesco*, Köln, Berlin, 1983, pp. 781-799.
- TROPER M., « L'Europe politique et le concept de souveraineté », in BEAUD O., LECHEVALIER A., PERNICE I., STRUDEL S. (dir.), *L'Europe en voie de constitution. Pour un bilan critique des travaux de la Convention*, Bruxelles, Bruylant, 2004, pp. 117-137.
- TROPER M., « Droit constitutionnel et théorie générale de l'Etat », in CHAGNOLLAUD D., TROPER M. (dir.), *Traité international de droit constitutionnel – Théorie de la Constitution*, Paris, Dalloz, 2012, tome 1, pp. 197-225.
- TORCOL S., « Le droit constitutionnel européen, droit de la conciliation des ordres juridiques », *Revue française de droit constitutionnel*, 2016, n° 105, pp. 101-126.
- VER LOREN VAN THEMAAT P., « The interaction between European Community Law and public international Law in the light of the "Declaration on the progressive development of principles of public international law relating to a new international economic order" adopted at the 62nd conference of the international law association, held in Seoul, 1986 », in CAPOTORTI F., EHLERMANN C-D., et al (dir.), *Du droit international au droit de l'intégration : Liber amicorum Pierre Pescatore,* Baden-Baden, Nomos Verlagsgesellschaft, 1987, pp. 759-779.
- VERHOVEN J., « A propos des compétences « constitutionnelles » de l'Union », *Droits*, 2007, n° 45, pp. 89-107.
- WAELBROECK M., « Contribution à l'étude de la nature juridique des Communautés européennes », in *Mélanges offerts à Henri Rolin. Problèmes de droit des gens,* Paris, Pedone, 1964, pp. 506-516.
- WALKER N., « Le constitutionnalisme multiniveaux », in CHAGNOLLAUD D., TROPER M. (dir.), *Traité international de droit constitutionnel – Théorie de la Constitution*, Paris, Dalloz, 2012, tome 1, pp. 441-462.

- WEILER JHH., "« ... We will do, and hearken » (Ex. XXIV: 7), Reflections on a common constitutional law for the EU", in *L'espace constitutionnel européen*, BIEBER R. (Ed.), Zürich, Schulthess, 1995, pp. 413-468.
- ZOLLER E., « Aspects internationaux du droit constitutionnel : contribution à la théorie de la fédération d'États », *Recueil des cours - Académie de droit international de La Haye*, 2002, vol. 294, pp. 43-166.

IV. Ressources numériques

1. Déclarations et textes officiels relatifs à la construction européenne

- Discours de Winston Churchill relatif à l'unité européenne prononcé à l'université de Zurich, le 19 septembre 1946, disponible sur : https://www.cvce.eu/obj/discours_de_winston_churchill_zurich_19_septembre_1946-fr-7dc5a4cc-4453-4c2a-b130-b534b7d76ebd.html
- Déclaration de Robert Schuman relative à la construction européenne prononcée lors d'une conférence de presse au salon de l'Horloge du Quai d'Orsay, à Paris, le 9 mai 1950, disponible sur : https://www.robert-schuman.eu/fr/declaration-du-9-mai-1950
- Déclaration de René Pleven relative à la création d'une armée européenne prononcée devant l'Assemblée nationale française, à Paris, le 24 octobre 1950, disponible sur : https://www.cvce.eu/obj/declaration_de_rene_pleven_sur_la_creation_d_une_armee_europeenne_24_octobre_1950-fr-4a3f4499-daf1-44c1-b313-212b31cad878.html
- Projet de traité portant statut de la Communauté européenne, adopté par l'Assemblée ad hoc chargée de l'élaboration d'un projet de traité relatif à une communauté politique européenne, à Strasbourg, le 10 mars 1953, disponible sur : https://www.cvce.eu/obj/projet_de_traite_portant_statut_de_la_communaute_europeenne_strasbourg_10_mars_1953-fr-807979a3-4147-427e-86b9-565a0b917d4f.html
- Projet de traité d'union politique européenne présenté par la commission dirigée par Christian Fouchet, le 2 novembre 1961, disponible sur : https://www.cvce.eu/obj/projet_de_traite_plan_fouchet_i_2_novembre_1961-fr-485fa02e-f21e-4e4d-9665-92f0820a0c22.html
- Projet de traité d'union politique européenne présenté par la commission dirigée par Christian Fouchet, le 18 janvier 1962, disponible sur : https://www.cvce.eu/obj/projet_de_traite_plan_fouchet_ii_18_janvier_1962-fr-c9930f55-7d69-4edc-8961-4f12cf7d7a5b.html
- Mémorandum sur la coordination des politiques économiques et sur la coopération monétaire au sein de la Communauté, présenté le 12 février 1969 par la Commission européenne au Conseil des Communautés européennes, disponible sur : https://www.cvce.eu/obj/memorandum_sur_la_coordination_des_politiques_economiques_et_sur_la_cooperation_monetaire_au_sein_de_la_communaute_12_fevrier_1969-fr-0c6bb32d-10d3-4d61-bf4a-3f4883c6921b.html

- Communiqué final du sommet de La Haye des 1er et 2 décembre 1969 ayant réuni les chefs d'Etat ou de Gouvernement des Etats membres des Communautés européennes, disponible sur : https://www.cvce.eu/obj/communique_final_du_sommet_de_la_haye_2_decembre_1969-fr-33078789-8030-49c8-b4e0-15d053834507.html

- Communication de la Commission européenne au Conseil des Communautés européennes au sujet de l'élaboration d'un plan par étapes vers une union économique et monétaire en date du 4 mars 1970, disponible sur : https://www.cvce.eu/obj/communication_de_la_commission_au_conseil_au_sujet_de_l_elaboration_d_un_plan_par_etapes_vers_une_union_economique_et_monetaire_4_mars_1970-fr-cd1efcc8-838b-478b-8139-f786787329b4.html

- Rapport au Conseil et à la Commission concernant la réalisation par étapes de l'union économique et monétaire dans la Communauté, présenté par Pierre Werner, le 8 octobre 1970, disponible sur : https://www.cvce.eu/obj/chronologie_interactive_de_la_construction_europeenne_1945_2015-fr-944540bf-f5b2-44ed-aa4b-a618ed32d971.html

- Communiqué final du sommet de Paris des 9 et 10 décembre 1974 ayant réuni les chefs d'Etat ou de Gouvernement des Etats membres des Communautés européennes, disponible sur : https://www.cvce.eu/obj/communique_final_du_sommet_de_paris_9_et_10_decembre_1974-fr-2acd8532-b271-49ed-bf63-bd8131180d6b.html

- Rapport sur l'Union européenne de Leo Tindemans, présenté au Conseil européen le 29 décembre 1975, disponible sur : https://www.cvce.eu/obj/rapport_sur_l_union_europeenne_29_decembre_1975-fr-284c9784-9bd2-472b-b704-ba4bb1f3122d.html

- Déclaration solennelle sur l'Union européenne, signée par les chefs d'Etat ou de Gouvernement des Etats membres des Communautés européennes, réunis en Conseil européen à Stuttgart, le 19 juin 1983, disponible sur : https://www.cvce.eu/obj/declaration_solennelle_sur_l_union_europeenne_stuttgart_19_juin_1983-fr-a2e74239-a12b-4efc-b4ce-cd3dee9cf71d.html

- Projet de traité instituant l'Union européenne, adopté par le Parlement européen, le 14 février 1984, disponible sur : https://www.cvce.eu/obj/projet_de_traite_instituant_l_union_europeenne_14_fevrier_1984-fr-0c1f92e8-db44-4408-b569-c464cc1e73c9.html

- Rapport sur l'union économique et monétaire dans la Communauté européenne, présenté par Jacques Delors, le 12 avril 1989, disponible sur : https://www.cvce.eu/obj/rapport_sur_l_union_economique_et_monetaire_dans_la_communaute_europeenne_12_avril_1989-fr-725f74fb-841b-4452-a428-39e7a703f35f.html

- Déclaration de Laeken du 15 décembre 2001, disponible sur : https://www.cvce.eu/obj/declaration_de_laeken_sur_l_avenir_de_l_union_europeenne_15_decembre_2001-fr-a76801d5-4bf0-4483-9000-e6df94b07a55.html

2. Résolutions et conclusions européennes

- Résolution adoptée par les ministres des affaires étrangères des États membres de la CECA, à l'issue de la conférence de Luxembourg du 10 septembre 1952, disponible sur : https://www.cvce.eu/collections/unit-content/-/unit/02bb76df-d066-4c08-a58a-d4686a3e68ff/6550430e-98c0-4441-8a60-ec7c001c357b/Resources#68b6b3b5-11d3-425b-8a50-7983807c95a1_fr&overlay
- Résolution adoptée par les ministres des affaires étrangères des États membres de la CECA, à l'issue de la conférence de Messine des 1er, 2 et 3 juin 1955, disponible sur : https://www.cvce.eu/obj/resolution_adoptee_par_les_ministres_des_affaires_etrangeres_des_etats_membres_de_la_ceca_messine_1er_au_3_juin_1955-fr-d1086bae-0c13-4a00-8608-73c75ce54fad.html
- Résolution du Conseil et des représentants des gouvernements des États membres concernant la réalisation par étapes de l'Union économique et monétaire dans la Communauté, adoptée le 22 mars 1971, disponible sur : https://www.cvce.eu/obj/resolution_du_conseil_concernant_la_realisation_par_etapes_de_l_union_economique_et_monetaire_dans_la_communaute_22_mars_1971-fr-a985b0a5-9023-4107-afb6-8d033eb8ee93.html
- Conclusions de la présidence du Conseil européen de La Haye des 29 et 30 novembre 1976, disponibles sur : https://www.consilium.europa.eu/media/20788/the_hague_novembre_1976__fr_.pdf
- Conclusions du Conseil européen de Stuttgart du 17 au 19 juin 1983, disponibles sur : https://www.consilium.europa.eu/media/20677/1983_juin_-_stuttgart__fr_.pdf
- Conclusions de la présidence du Conseil européen de Rome des 14 et 15 décembre 1990, 1ère partie, disponibles sur : https://www.consilium.europa.eu/media/20534/1990_decembre_-__rome__fr__part_i.pdf
- Conclusions de la présidence du Conseil européen de Luxembourg des 28 et 29 juin 1991, disponibles sur : https://www.consilium.europa.eu/media/20525/1991_juin_-_luxembourg__fr_.pdf
- Conclusions du Conseil européen de Maastricht des 9 et 10 décembre 1991, extrait relatif au traité sur l'Union européenne, disponible sur : https://www.cvce.eu/obj/conclusions_du_conseil_europeen_de_maastricht_extrait_sur_le_traite_sur_l_ue_9_et_10_decembre_1991-fr-5e2b4039-cb13-4b58-8cf9-2a2eb2f09ffe.html
- Conclusions de la présidence du Conseil européen de Copenhague des 21 et 22 juin 1993, disponibles sur : https://www.consilium.europa.eu/media/21222/72922.pdf
- Conclusions de la présidence du Conseil européen de Madrid des 15 et 16 décembre 1995, disponibles sur : https://www.consilium.europa.eu/media/21175/madrid-conseil-europeen.pdf

- Conclusions de la présidence du Conseil européen de Turin du 29 mars 1996, disponibles sur :
https://www.consilium.europa.eu/media/21165/turin-conseil-europeen.pdf
- Conclusions du Conseil européen de Dublin des 13 et 14 décembre 1996, disponibles sur :
https://www.cvce.eu/obj/conclusions_du_conseil_europeen_de_dublin_rapport_sur_les_preparatifs_en_vue_de_la_troisieme_phase_de_l_uem_13_et_14_decembre_1996-fr-9bf2a5fd-f943-4472-845e-71d77389ca58.html
- Conclusions du Conseil européen d'Amsterdam des 16 et 17 juin 1997, extrait sur l'Union économique et monétaire et l'emploi, disponible sur :
https://www.cvce.eu/obj/conclusions_du_conseil_europeen_d_amsterdam_extrait_sur_l_uem_et_l_emploi_16_et_17_juin_1997-fr-cbfb1a80-fe61-475e-bcf4-6a630697ae16.html
- Conclusions du Conseil européen de Berlin des 24 et 25 mars 1999, extrait sur l'Agenda 2000, disponible sur :
https://www.cvce.eu/obj/conclusions_du_conseil_europeen_de_berlin_extrait_sur_l_agenda_2000_24_et_25_mars_1999-fr-d19db844-371e-416a-b7c9-e8c568d5bf5f.html
- Conclusions du Conseil européen de Tampere des 15 et 16 octobre 1999, disponibles sur :
https://www.cvce.eu/obj/conclusions_du_conseil_europeen_de_tampere_15_et_16_octobre_1999-fr-32135242-b375-47fe-adb4-e02ab2432945.html
- Conclusions du Conseil européen de Lisbonne des 23 et 24 mars 2000, disponibles sur :
https://www.consilium.europa.eu/fr/european-council/conclusions/1993-2003/
- Conclusions du Conseil européen de Nice des 7 et 9 décembre 2000, disponibles sur :
https://www.cvce.eu/obj/conclusions_du_conseil_europeen_de_nice_7_9_decembre_2000-fr-799a3864-0512-4bf8-997b-5cd6d08d2832.html
- Conclusions de la présidence du Conseil européen de Laeken des 14 et 15 décembre 2001, disponibles sur :
https://www.consilium.europa.eu/media/20946/68779.pdf
- Conclusions du Conseil européen de Copenhague des 12 et 13 décembre 2002, extrait sur l'élargissement, disponible sur :
https://www.cvce.eu/obj/conclusions_du_conseil_europeen_de_copenhague_extrait_sur_l_elargissement_12_13_decembre_2002-fr-ff7ff228-fa3b-4f89-b552-808f7eb2c5b3.html
- Conclusions du Conseil européen de Bruxelles du 12 décembre 2003, disponibles sur :
https://www.cvce.eu/obj/conclusions_du_conseil_europeen_de_bruxelles_12_decembre_2003-fr-338d5917-783b-4708-b76c-5a0e9bd4efeb.html
- Conclusions de la présidence du Conseil européen de Bruxelles des 21 et 22 juin 2007, disponibles sur :
https://data.consilium.europa.eu/doc/document/ST-11177-2007-REV-1/fr/pdf
- Conclusions du Conseil européen de Bruxelles des 11 et 12 décembre 2008, disponibles sur :

https://www.cvce.eu/obj/conclusions_du_conseil_europeen_de_bruxelles_11_et_12_decembre_2008-fr-b02d5dbf-2a6f-40e1-9fc6-d00c59e11e0e.html
- Conclusions du Conseil extraordinaire Affaires économiques et financières des 9 et 10 mai 2010, disponibles sur : https://www.cvce.eu/obj/conclusions_du_conseil_extraordinaire_affaires_economiques_et_financieres_9_et_10_mai_2010-fr-1742f67d-f777-4645-89f0-ba5a537d9b83.html
- Conclusions du Conseil européen de Bruxelles du 17 juin 2010, disponibles sur : https://www.cvce.eu/obj/conclusions_du_conseil_europeen_de_bruxelles_sur_la_strategie_europe_2020_17_juin_2010-fr-862a427f-81e7-4b98-b15c-5e7738a20084.html
- Conclusions du Conseil européen de Bruxelles des 17-21 juillet 2020, disponibles sur : https://www.consilium.europa.eu/media/45125/210720-euco-final-conclusions-fr.pdf
- Conclusions du Conseil européen de Bruxelles des 30 et 31 mai 2022, disponibles sur : https://www.consilium.europa.eu/media/56577/2022-05-30-31-euco-conclusions-fr.pdf
- Conclusions du Conseil européen de Bruxelles des 20 et 21 octobre 2022, disponibles sur : https://www.consilium.europa.eu/fr/press/press-releases/2022/10/21/european-council-conclusions-20-21-october-2022/

V. Sites internet

1. Sites officiels de l'UE

Union européenne : https://european-union.europa.eu/index_fr
Conseil de l'UE et Conseil européen : https://www.consilium.europa.eu/fr/
Parlement européen : https://www.europarl.europa.eu/portal/fr
Commission européenne : https://commission.europa.eu/index_fr
Cour de justice : https://curia.europa.eu

2. Sites officiels français

Présidence de la République française : https://www.elysee.fr/
Conseil constitutionnel : https://www.conseil-constitutionnel.fr/

3. Sites officiels divers

Conseil de l'Europe : https://www.coe.int/fr/
Cour EDH : https://prd-echr.coe.int/fr/
ONU : https://www.un.org/fr/
CIJ : https://www.icj-cij.org
Assemblée fédérale suisse : https://www.parlament.ch/fr
Ville de Genève : https://www.geneve.ch/

Archives nationales du Canada : https://bibliotheque-archives.canada.ca/fra
Cour suprême du Canada : https://www.scc-csc.ca/home-accueil/index-fra.aspx
Sénat du Canada : https://sencanada.ca/fr
Ministère de la justice canadien : https://www.justice.gc.ca/fra/

4. Sites de Fondation – Instituts universitaires

Fondation Robert Schuman : https://www.robert-schuman.eu/
CVCE – Université du Luxembourg : https://www.cvce.eu/
Digithèque MJP – Université de Perpignan : https://mjp.univ-perp.fr/

Table des matières

Structures éditoriales du groupe L'Harmattan

L'Harmattan Italie
Via degli Artisti, 15
10124 Torino
harmattan.italia@gmail.com

L'Harmattan Hongrie
Kossuth l. u. 14-16.
1053 Budapest
harmattan@harmattan.hu

L'Harmattan Sénégal
10 VDN SICAP AMITIE 3
BP 45034 Dakar-Fann
direction@senharmattan.com

L'Harmattan Cameroun
Tsinga/Derrière polyclinique FECAFOOT
BP 11486 Yaoundé
Jacques.koukam@harmattan.fr

L'Harmattan Burkina Faso
Villa 281, secteur 23 623, rue 14.32
Ouagadougou
zagbie@outlook.fr

L'Harmattan Guinée
Almamya, rue KA 028 OKB Agency
BP 3470 Conakry
harmattanguinee@yahoo.fr

L'Harmattan RDC
185, avenue Nyangwe
Commune de Lingwala - Kinshasa
matangilamusadila@yahoo.fr

L'Harmattan Congo
219, avenue Nelson Mandela
BP 2874 Brazzaville
deunovmikhael@gmail.com

L'Harmattan Mali
Immeuble Mgr Jean Marie Cissé
Aci Hamadallaye
BP 145 Bamako
syllaka@yahoo.fr

L'Harmattan Togo
Djidjole - Maison Amela
face EPP BATOME
02 BP 20680 Lomé
didieramela11@gmail.com

L'Harmattan Côte d'Ivoire
Résidence Karl - Cité des Arts
Abidjan-Cocody
03 BP 1588 Abidjan
harmattan.ivoire@gmail.com

L'Harmattan Bénin
Rue 604, (Immeuble à l'entrée
de la rue UCAO- Cite de Saint-Jean)
Cotonou
stepcorpus@gmail.com

Nos librairies en France

Librairie internationale
16, rue des Écoles
75005 Paris
librairie.internationale@harmattan.fr
01 40 46 79 11
www.librairieharmattan.com

Librairie des savoirs
21, rue des Écoles
75005 Paris
librairie.sh@harmattan.fr
01 46 34 13 71
www.librairieharmattansh.com

www.ingramcontent.com/pod-product-compliance
Lightning Source LLC
LaVergne TN
LVHW011145061026
849535LV00003B/608